ANSELM GRÜN

Mit Herz und allen Sinnen

Anselm Grün

Mit Herz und allen Sinnen

JAHRESLESEBUCH

Ausgewählt und herausgegeben
von Ludger Hohn-Morisch

HERDER
FREIBURG · BASEL · WIEN

Umschlaggestaltung: Finken & Bumiller, Stuttgart
Umschlagmotiv: Paul Klee, Südliche Gärten, 1919
New York, The Metropolitan Museum of Art
The Berggrün Klee Collection.
Fotos im Innenteil: Wolfgang Müller, Oberried

Druck und Bindung: Clausen & Bosse, Leck
Gedruckt auf umweltfreundlichem,
chlor- und säurefrei gebleichtem Papier
ISBN 3-451-26793-4

Inhalt

Mit Herz und allen Sinnen

Als *Mönch der Benediktinerabtei Müsterschwarzach* fühle ich mich der benediktinischen Spiritualität verpflichtet. Sie hat mich seit meiner Kindheit geprägt, zuerst im benediktinischen Internat, dann seit 1964 in der Klostergemeinschaft. Fasziniert hat mich an Benedikt immer, daß er eine »geerdete« Spiritualität vertritt. Spiritualität geschieht nicht bloß im Kopf, sonden in einer ganz konkreten Weise der Lebenskultur, der Kunst des gesunden Lebens. Spiritualität heißt zuerst einmal, daß ich hinabsteige in meine eigene Erdhaftigkeit, in meine Menschlichkeit. Benedikt nennt das die Demut, die »humilitas«, den Mut, mich bis zur Erde zu beugen und das Erdhafte, Vitale, Sinnliche, in mir anzuschauen und anzunehmen. Nur wer den Mut hat, hinabzusteigen in seine eigene Realität, der kann zu Gott aufsteigen. Das Paradox des christlichen Weges ist, daß wir durch Hinabsteigen zu Gott aufsteigen, so wie es uns Jesus vorgemacht hat, der aus dem Himmel herabgestiegen ist, um gemeinsam mit uns aufzusteigen zum Vater des Himmels.

Die »geerdete« Spiritualität zeigt sich für mich auch darin, daß ich Gott nicht in erster Linie durch mein Denken finde, sondern in meinem Herzen und durch alle meine Sinne. Für Benedikt drückt sich die Erfahrung Gottes aus in einem weiten Herzen. Wer Christus begegnet ist und in ihm Gottes Liebe erfahren hat, »dem weitet sich das Herz, und mit der unsagbaren Freude der Liebe eilt er voran auf dem Weg der Gebote Gottes« (RB Prolog). Die Weite des Herzens habe ich in der Regel Benedikts gefunden. Sie hat mich seit meinem Klostereintritt beeindruckt. Sie ist für mich zum Leitbild meiner eigenen Spiritualität geworden. Nur das weite Herz ist offen für die Liebe Gottes, die in unsern Herzen ausgegossen ist durch den Heiligen Geist (vgl. Röm 5,5). Für Cassian, auf den sich Benedikt immer wieder beruft, ist nur das weite Herz fähig, inneren Frieden und gelassene Ruhe zu erlangen. Enge und Angst sind für mich immer Zeichen mangelnder Spiritualität. Die Kirche braucht heute die Weite eines hl. Benedikt, um ihre Spiritualität nicht in ängstlicher Abgrenzung, sondern mit einem offenen Herzen den Menschen so nahe zu bringen, daß auch ihr Herz davon angesprochen wird.

Auf meinem spirituellen Weg war mir die Begegnung mit Graf Dürckheim in den siebziger Jahren wichtig. Er hat mich gelehrt, daß der Leib der wichtigste Partner auf dem geistlichen Weg ist. Nur wenn der Glaube sich auch im Leib ausdrückt, wird er in mir wirksam und wird meine Wunden und ängstlichen Verkrampfungen zu heilen vermögen. Mit dem Leib glauben heißt für mich vor allem, in Gebärden des Leibes meine Sehnsucht zu Gott auszudrücken. Und es bedeutet für mich, daß ich mich mit allen Sinnen Gott zu öffnen versuche. Für mich als ehelosen Mönch wurde die sinnliche Spiritualität zum Weg, meine Sexualität in mein geistliches Leben zu integrieren. Wenn ich ganz in meinen Sinnen bin, dann erahne ich ein tiefes Einssein mit mir, mit allen Kräften meines Leibes, dann erfahre ich mich auch eins mit Gott. Gotteserfahrung ist für mich ein Zweifaches: Zum einen erfahre ich Gott, wenn ich mich ganz eins fühle. Ich kann letztlich nur eins sein mit mir, wenn ich mit Gott eins bin, dem Grund meines Lebens. Zugleich drückt sich im Einssein mit Gott meine größte Würde als Mensch aus. Ich bin nicht nur dazu berufen, Gottes Gebote zu erfüllen. Ich darf in der Ekstase der Liebe mich selbst übersteigen und mit Gott eins werden. Zum andern erfahre ich Gott als den, der mich bedingungslos liebt. Im Angesicht Jesu Christi begegnet mir ein zärtlich liebender Gott, ein Gegenüber, ein Du, das mich in meiner Sehnsucht nach einer unvergänglichen Liebe anspricht und anzieht. Unter den liebenden Augen Gottes zu leben und in mir nicht nur die Liebe zu Menschen zu spüren, sondern zu Gott, der allein die Sehnsucht zu erfüllen vermag, die in jeder menschlichen Liebe steckt, darin besteht für mich geistliches Leben. Liebe zwischen zwei Menschen geht immer über das Herz und die Sinne. Auch die Liebe zu Gott findet keinen anderen Weg als über das menschliche Herz und über die Sinne. Ich erahne Gottes Liebe in meinen Sinnen, wenn die Sonne meine Haut wärmt, oder wenn mich Gott im Wind meine Haut zärtlich streichelt.

Die Texte, die Ludger Hohn-Morisch aus einigen meiner Bücher ausgewählt hat, wollen in diese Spiritualität einführen, die mit Herz und Sinnen Gott erfahren und in Gott zur Ruhe und zur Lebendigkeit finden will. Dem Leser wünsche ich, daß er an jedem Tag etwas erahnt von der Liebe Gottes, die auch seinen Leib durchdringen, seine Wunden heilen und seine Sehnsucht nach einer unzerstörbaren Liebe erfüllen möchte.

JANUAR

Leben und frei sein mit Gott

GEHEIMNIS DER FREIHEIT

Die Botschaft der Freiheit geht auf Jesus selbst zurück. Jesus befreit den Menschen zu dem, was er ist, zum Sohn und zur Tochter Gottes. Wenn wir aber Söhne und Töchter Gottes sind, dann dürfen Menschen uns nicht versklaven, dann dürfen wir keinem Menschen Macht über uns geben. Wenn ich Gott gehöre und nicht der Welt, dann befreit mich das von der Macht der Welt, von der Macht ihrer Erwartungen, ihrer Ansprüche, wie sie in der Steuerforderung zum Ausdruck kommen.

Wenn ich Gott gehöre und nicht einem Menschen, dann befreit mich das auch in den Beziehungen zu anderen Menschen. Manche Eheleute stellen an ihren Partner den Anspruch, daß sie einander gehören. Sicher gehen sie einen Weg miteinander und haben sich für immer darauf eingelassen. Aber trotzdem gehört der eine nicht dem anderen. Jeder gehört vielmehr Gott. Jeder ist gottunmittelbar. Das gibt ihm seine wahre Würde und zugleich seine Freiheit. Das gilt auch für jede Freundschaft. Manche verwechseln Freundschaft mit der Forderung, der Freund müßte immer für sie dasein, er müsse ihnen ganz gehören, er dürfe sich nicht anderen zuwenden. Solche Freundschaften können zu einer Kette werden, die fesselt und unfrei macht. Echte Freundschaft weiß immer um die Freiheit des Freundes. Kein Mensch gehört mir allein, wir alle gehören vielmehr Gott.

Ich erlebe es in der Begleitung immer wieder, wie Menschen, denen ich mich ungeteilt zuwende, daraus einen Anspruch an mich herauslesen. Sie wollen über meine Zeit verfügen, über meine Nähe, über meine Gefühle. Und diese Erfahrung mache ich nicht allein. Viele Seelsorger und Therapeuten erzählen mir von ähnlichen Erwartungen, mit denen sie sich konfrontiert sehen. Für mich ist mein Mönchsein konkreter Ausdruck dessen, daß ich allein Gott gehöre. Und das gibt mir Freiheit. Aus dieser Freiheit heraus kann ich mich auf Menschen einlassen und ihnen Nähe schenken, ohne sie an mich binden zu wollen und ohne mich an sie zu binden. Die Freiheit der Beziehung ist die Voraussetzung, daß etwas wachsen kann.

102, 14f

Zugeneigt und doch frei

Wir sollen uns nicht von Gesetzen bestimmen lassen, sondern allein vom Geist Christi, der aber immer auch der Geist der Liebe ist. Wir sollen uns auch nicht von den eigenen Gewissensbissen drangsalieren lassen. Denn sie stammen oft aus ängstlicher und enger Erziehung. Der Christ ist frei. Die Welt hat keine Macht mehr über ihn. Er muß sich nicht ständig fragen, ob er dafür bestraft wird, wenn er etwas tut, was gegen die Normen der Eltern oder gegen die inneren Normen ist. Aber er darf aus seiner Freiheit auch keine Ideologie machen. Die wahre Freiheit besteht darin, daß ich mich von ihr auch distanzieren kann. Wer erwachsen werden will, muß sich innerlich von seinen Eltern frei machen. Aber manche verstehen diese Freiheit falsch. Sie können die Eltern nicht mehr besuchen, weil es sofort Streit gibt. Bei jedem Wunsch, den die Eltern sagen, wittern sie eine Vereinnahmung. Sie haben das Gefühl, sie werden noch als Kinder behandelt, und wehren sich mit heftigen Vorwürfen. Sie meinen, das seien sie ihrer Freiheit schuldig.

Aber wenn sie wirklich frei geworden sind vom Einfluß der Eltern, dann können sie auch ab und zu geben. Dann spüren sie vielleicht, daß die Eltern sie gerne noch als Kinder behandeln würden. Aber sie haben Abstand dazu. Weil sie erwachsen und selbständig geworden sind, können sie diese Erwartungen mit Humor anschauen, ohne sich von ihnen bestimmen zu lassen, aber auch ohne humorlos und kämpferisch gegen jede vermeintliche Vereinnahmung sofort anzugehen. [...]

Sie passen sich nicht resigniert an, sondern sie handeln aus wahrer Freiheit heraus, aus einer Freiheit, die aber zugleich ihnen selbst und den Eltern nützt. Denn was nützt es, ständig nur Grabenkämpfe zu führen, die zu nichts nütze sind? Die wahre Freiheit zeigt sich darin, daß ich mich frei auf den anderen einlassen und seine Wünsche erfüllen kann, ohne mich dabei zu verkaufen und zu verraten. *102, 46f*

Wir gehören nicht unseren Eltern

Als Söhne und Töchter Gottes gehören wir Gott und nicht unseren Eltern. Viele kommen nicht los von den Erwartungen ihrer Eltern. Sie meinen, ihre wichtigste Aufgabe bestehe darin, es ihren Eltern recht zu machen. So trauen sie sich nicht, zu widersprechen und ihren eigenen inneren Impulsen zu folgen. Manchmal erlebe ich vor allem Frauen in der Lebensmitte, die ihr Leben lang nie der inneren Stimme getraut, sondern sich ganz und gar den Wünschen der Eltern angepaßt haben. Sie haben oft das Gefühl, man habe sie um ihr Leben betrogen. Sie haben nicht selber gelebt, sondern sind von andern gelebt worden. Die Trauer über all das ungelebte Leben kann in eine tiefe Resignation, ja Depression hineinführen. Da hat sich jemand nie getraut, seine Aggressionen zu leben, weil er das eine Mal, da er aggressiv war, so brutal bestraft worden ist, daß er jedes Gefühl von Wut und Zorn sofort unterdrückt hat. Die Unterdrückung der Aggression hat in ihm das Gefühl der Ohnmacht erzeugt, er könne sein Leben nie meistern, er werde dem Leben nie gerecht. In solchen Menschen entsteht oft Angst vor dem Leben, Angst, den Anforderungen nicht gewachsen zu sein. Die unterdrückte Aggression richtet sich gegen sie selbst und raubt ihnen alle Energie und das Vertrauen ins Leben.

Andere trauern ihr Leben lang der nicht gestillten Sehnsucht nach einer liebenden Mutter oder einem verläßlichen Vater nach. Weil sie als Kind nie die Mutter und den Vater erfahren haben, nach dem sie sich gesehnt haben, verweigern sie entweder das Leben oder sie suchen nach Ersatzmüttern oder Ersatzvätern, die aber ihre Erwartungen meistens auch nicht erfüllen können. [...]

Wir sollen den Eltern zurückgeben, was sie uns gegeben haben. Sie haben uns das Leben geschenkt, die Erziehung, die Basis für unseren Beruf. Wir verdanken ihnen unsere Wurzeln, aus denen heraus unser Lebensbaum wachsen kann. Aber wir verdanken ihnen nicht unsere Einmaligkeit, unser einzigartiges Bild. Das verdanken wir Gott. *102, 18f*

Resignierte und verbitterte Ordensleute

In der Begleitung erlebe ich viele Ordensleute, die sich in ihrer Gemeinschaft nicht frei fühlen. Alles ist so eng, alles ist reglementiert. Für die eigenen Bedürfnisse ist überhaupt kein Raum. Wenn eine Schwester darüber klagt, wie eng ihre Gemeinschaft ist, dann versuche ich zuerst, gemeinsam mit ihr anzuschauen, wo sie sich gegen diese Enge wehren kann, wo sie widerstehen und für ihren Freiraum kämpfen kann. Ich mache ihr Mut, für die Freiheit zu kämpfen. Aber dieser Kampf darf auch kein Kampf gegen Windmühlen werden, sonst würde es ihr ergehen wie Don Quichote. Sie muß auch realistisch sehen, was sie ändern kann und was nicht. Ein anderer Weg wäre dann, trotz der Enge, die sie nicht auflösen kann, die innere Weite und Freiheit zu erfahren. Auch wenn sich nach außen gar nichts ändert, liegt es immer auch an mir, ob ich mich wirklich frei fühle. Über mein Gewissen kann niemand bestimmen. Was sich in meinem Herzen tut, das ist unabhängig von allen anderen. In meiner persönlichen Beziehung zu Gott bin ich ganz frei. Da hat niemand hineinzureden. Und zugleich erfahre ich in dieser persönlichen Beziehung zu Gott wahre Freiheit. Ich kann auch meinen inneren Weg in einer Gemeinschaft gehen, die für mich kein Verständnis hat, die mich mit aller Macht einengen möchte.

Natürlich darf das kein bloßer Rückzug in die Innerlichkeit sein. Und vor allem darf es kein Ausdruck innerer Resignation sein. Leider erlebe ich das oft genug bei Ordensleuten, daß sie völlig resigniert sind und in ihrer Verbitterung hart werden. Das tut dem spirituellen Leben nie gut. Spiritualität ist für mich immer der Weg in die Freiheit. Ich muß selbst spüren, wieviel äußere Freiheit ich mir erkämpfen muß, wo es sich lohnt, mich für eine weitere und freiere Gemeinschaft einzusetzen, und wo bei allem Kampf nur der Weg in die innere Freiheit übrig bleibt.

102, 47f

Unfähig, selbst zu leben

Eine Frau erzählte mir von einem Mann, von dem sie nicht loskam, obwohl er sie ständig verletzte. Er habe sie so tief getroffen, weil er für sie »die Leichtigkeit des Seins« verkörperte. Sie, die bisher immer ihre Pflichten erfüllt hat, die für ihre Familie gekämpft und gesorgt hat, war so fasziniert von dieser Leichtigkeit des Lebens, daß sie sich von diesem Mann auch nicht distanzieren konnte, als er eine andere Freundin hatte. Gegen solche Abhängigkeiten kann man sich oft kaum wehren. Sie zeigen, daß eine wichtige Seite in uns getroffen worden ist. Und diese Seite müssen wir versuchen zu leben und in unsern Lebensentwurf zu integrieren. Dann werden wir innerlich freier werden. Aber es braucht oft lange Zeit, bis wir diese innere Freiheit gefunden haben. Doch wenn wir die Leichtigkeit nur spüren, wenn der andere da ist, sind wir abhängig von ihm. Wenn wir uns nur lebendig fühlen, wenn der andere in unserer Nähe ist, dann ist das gegen unsere Würde. Wir leben dann nicht aus uns heraus, sondern von der Gnade eines anderen. Vom anderen beschenkt zu werden, ist wunderschön. Aber sich unfähig zu fühlen, selbst zu leben, und immer nur danach Ausschau zu halten, daß der andere kommt, damit wir uns selbst fühlen, das führt in eine totale Abhängigkeit. Und solche Abhängigkeit ärgert uns, weil sie uns unsere Würde nimmt. Allerdings braucht es auch viel Geduld mit uns und unseren Gefühlen. Denn solche Freiheit läßt sich nicht mit einem bloßen Willensentschluß erringen. Sie steht vielmehr am Ende eines langen Prozesses. In diesem Prozeß des Freiwerdens geht es darum, dankbar anzunehmen, was der andere uns schenkt, und es immer mehr in das eigene Leben zu integrieren. Dann werden wir uns mehr und mehr selbst spüren und die Qualitäten in uns erfahren, die der andere in uns hervorgelockt hat. *102, 16f*

Das Paradox der Anbetung

Indem ich mich vergesse, komme ich zur Ruhe, da hört der Lärm meiner Gedanken und Gefühle auf. Da bin ich endlich angekommen, da bin ich nach langem Suchen endlich daheim. Daheim sein kann man nur, wenn man vor dem Geheimnis niederfällt. Anbetung ist die Erfahrung von Heimat. Wenn wir vor dem Geheimnis Gottes niederfallen, sind wir wirklich angekommen. Dann wird es ruhig in unserer Seele, da spüren wir, daß unsere tiefste Sehnsucht erfüllt ist, daß wir endlich gefunden haben, wovor wir niederfallen können. Denn der Mensch sucht sein Leben lang nach dem, vor dem er niederfallen kann, der alle seine Kräfte bindet und alle Sehnsüchte und Bedürfnisse erfüllt.

Das Urbild solcher Anbetung ist die Huldigung der Magier, die auf die Sehnsucht ihres Herzens hören, auf den Stern, der am Firmament ihres Herzens aufgetaucht ist, und die sich nun aufmachen, das göttliche Kind zu suchen. Sie gehen verschlungene Wege, um endlich in das Haus einzutreten, in dem sie wahrhaft zu Hause sein können, in das Haus, in dem Maria und das Kind wohnen. Sie treten ein und fallen vor dem göttlichen Kind nieder. Sie breiten ihre Schätze aus, das Gold als Zeichen ihrer Liebe, den Weihrauch als Zeichen ihrer Sehnsucht und die Myrrhe als Zeichen ihrer Schmerzen. Die Künstler haben die Magier immer als drei Könige dargestellt. Der eine ist alt, der andere jung, der dritte schwarz. Der König ist ein Bild für den ganzen und schönen Menschen, der über sich selbst herrscht und von niemandem beherrscht wird, der weise ist und um die Geheimnisse des Lebens weiß. Die Dreizahl deutet daraufhin, daß alle Kräfte in uns nur in der Anbetung ihr Ziel finden. Das Junge und Alte und auch das Schwarze als Bild für den eigenen Schatten müssen vor dem göttlichen Kind niederfallen, um verwandelt und erlöst zu werden.

60, 58f

SELBSTABSICHERUNG UND SELBSTFIXIERUNG

Freiheit ist für das Johannesevangelium wesentlich Liebe. Jesus sagt von dieser Liebe, die ihn frei macht von allem Festhalten an sich selbst: »Es gibt keine größere Liebe, als wenn einer sein Leben für seine Freunde hingibt« (Johannes 15,13). Wer bei allem, was er tut, immer darauf sehen muß, was es für ihn bringt, der ist nicht wirklich frei, der erfährt nicht wirklich Freundschaft. Freundschaft und Liebe brauchen die Freiheit von allem Sichfestklammern am eigenen Leben. Aber diese Freiheit ist keine Leistung, die ich Gott und den anderen erbringen kann, sondern Ausdruck wahrer Liebe. Erst in der Liebe zu Gott und zu den Menschen werde ich wahrhaft frei.

Jesus, der sich als Sohn Gottes ganz besaß, war zugleich frei. Er mußte nicht an sich festhalten, sondern konnte sich in der Freiheit hinabbeugen bis zum Staub unserer Füße, bis zur tiefsten Wunde des Todes. Paulus hat diese johanneische Sicht in seinem Hymnus ausgedrückt: »Er war Gott gleich, hielt aber nicht daran fest, wie Gott zu sein, sondern er entäußerte sich und wurde wie ein Sklave und den Menschen gleich« (Philipper 2,6f).

Wir wollen wie Gott sein und wachen ängstlich darüber, daß wir an unserer Größe festhalten. Wer Gott in sich erfährt, der braucht sich nicht an sich festzuklammern. Er ist frei, sich hinabzubeugen. Denn er weiß, daß Gott auch in der Niedrigkeit in ihm ist. Wer sich krampfhaft an sich klammert, der ist nicht bei sich und hat Gott nicht wirklich erfahren. Die Freiheit, sich hinzugeben, ist immer auch Kriterium wahrer Gotteserfahrung. Die Gewißheit, daß Gott in mir ist, befreit mich von aller Selbstabsicherung und Selbstfixierung. *102, 29f*

Was wohl die anderen von mir denken

»*Wenn jemand mich liebt, wird er an meinem Wort festhalten;* mein Vater wird ihn lieben, und wir werden zu ihm kommen und bei ihm wohnen« (Johannes 14,23). Weil Gott in uns wohnt, weil wir restlos von ihm angenommen und geliebt sind, brauchen wir keine Angst zu haben, wenn Menschen über uns etwas Negatives denken. Wir sind nicht abhängig von ihrem Urteil.

Natürlich weiß ich, daß vielen diese Gedanken allein gar nichts nützen. Trotz aller Einsicht, daß es doch nicht so wichtig ist, was andere von ihnen denken, können sie sich von der Angst vor ihrem Urteil doch nicht frei machen. Sie gehen trotzdem in jedes Gespräch und in jede Gruppe mit dieser Angst, was wohl die anderen von ihnen denken. Oft genug projizieren sie dann ihre eigene Selbstablehnung in die andern hinein und interpretieren jede kleine Bemerkung als Ablehnung, Kritik, Verurteilung, Abwertung. Es braucht lange, bis man sich so intensiv in die Wirklichkeit der Liebe Gottes, die in uns wohnt, hineinmeditiert hat, bis Gottes Wirklichkeit stärker ist als die Gedanken, die wir uns über uns und die anderen machen, bis der Geist Gottes uns mehr durchdringt als der Geist der Angst und Sorge. Es gibt keinen Trick, diese Freiheit zu erringen. Aber ich habe oft genug erlebt, daß Menschen, die sich lange darum bemüht haben, an die Wirklichkeit Gottes in ihrem Leben zu glauben, sich auf einmal ganz frei gefühlt haben. Ein Priester, der von vielen Ängsten getrieben war, erzählte, daß er sich einmal für einen kurzen Augenblick ganz frei gefühlt hat. Das war für ihn ein Glücksgefühl. Und da ist eine Mauer zerbrochen. Da ist die Hoffnung gewachsen, daß diese Erfahrung immer wieder einmal die Angst zurückdrängen kann. Diese Freiheitserfahrung war zugleich Gotteserfahrung. *102, 33f*

Die Wahrheit in der Stille

Erst wenn wir die Wirklichkeit erkennen, wie sie in Wahrheit ist, können wir richtig damit umgehen, können wir als freie Menschen in dieser Welt leben. Dann hat die Welt keine Macht über uns. Wir machen uns ja Illusionen über die Welt, weil wir im Grund unseres Herzens Angst haben vor ihr, Angst vor ihren Abgründen, vor ihrer Dunkelheit, Angst vor dem Schicksal, Angst vor dem Chaos, Angst vor der Bedrohung, die uns überall in dieser Welt auflauert. Ich kenne viele Menschen, die ständig auf der Flucht sind vor der eigenen Wahrheit. Sie haben Angst vor der Stille. Da könnte ja in ihnen etwas hochkommen, was sie nicht im Griff haben.

Ich habe einmal für einen Familienkreis eine Wanderwoche veranstaltet. Ich schlug vor, wie bei den Jugendwanderungen auch hier jeweils eine Stunde am Tag schweigend zu wandern. Eine Frau wehrte sofort ab. Das würde ihr angst machen. Da hätte sie ja nichts in der Hand. Da wüßte sie nicht, was da in ihr alles hochkommen würde. Eine andere war gegen das Schweigen, weil die Kinder es nicht aushalten würden. Aber dahinter versteckte sie nur die eigene Angst. Denn die Kinder konnten sich sehr gut auf das Schweigen einlassen. Am zweiten Tag fragten sie mich schon ganz neugierig, ob wir das wieser so machen würden »mit den schönen Gedanken«. Schweigen war für sie, sich schöne Gedanken auszudenken, den guten Gedanken, die in ihnen auftauchten, nachzugehen.

Viele sind ihr ganzes Leben lang auf der Flucht vor sich selbst. Weil sie Angst haben vor der eigenen Wahrheit, sind sie Sklaven ihrer eigenen Betriebsamkeit geworden. Es muß immer etwas los sein. Das Schlimmste, das ihnen passieren kann, wäre, daß nichts los ist, daß sie nichts hätten, womit sie sich gegen die aufkommende Wahrheit wehren könnten. *102, 24f*

Kultur der Arbeit

Die Verbindung von Gebet und Arbeit, die Bewältigung der Arbeit vom Gebet her, wie sie Benedikt in seiner Regel beschreibt, ist gerade für den heutigen Menschen eine wichtige Botschaft. Denn viele Menschen fühlen sich heute von ihrer Arbeit überfordert. Überall hört man Klagen über den Streß, in den einen die Arbeit treibt. Die Arbeit scheint den Menschen zu entfremden, ihn aufzureiben. Als Gegenströmung gegen die Überforderung durch die Arbeit möchten heute viele aus der Arbeitswelt aussteigen. In der Suche nach einem alternativen Lebensstil möchten sie nicht bloß einfacher leben, sondern häufig auch weniger arbeiten, manchmal so wenig, daß sich selbst ihr einfacher Lebensstil nicht mehr verdienen läßt. Gerade Gruppen, die nach religiöser Vertiefung suchen, glauben häufig, dies nur über eine Reduzierung der Arbeit tun zu können. [...]

Benedikt sieht Gebet und Arbeit im letzten als Einheit, und zwar gerade von seiner Idee der Gegenwart Gottes her. Die Arbeit wird selbst zum Gebet, wenn ich sie in der Gegenwart Gottes verrichte. Wenn ich in der Gegenwart Gottes arbeite, dann antworte ich Gott mit meinem Tun, ich kann mich dann ganz auf die Arbeit einlassen, ohne in meinem Kopf gespalten zu sein. Denn das Sicheinlassen auf die Arbeit geschieht im Gehorsam Gott gegenüber und als Antwort auf seine Gegenwart. Auch hier prägt die Gegenwart Gottes meine Art zu arbeiten. Wer hastig und fahrig arbeitet, wer alles auf einmal erledigen will, der fällt ständig aus der Gegenwart Gottes heraus. In der Gegenwart Gottes arbeiten verlangt, daß ich mit innerer Ruhe und ohne Hast arbeite, aus der eigenen Mitte heraus, gesammelt, mich ganz auf die Arbeit einlassend.

7, 24ff

Vom Zwang, immer perfekt zu sein

Christus ist für Paulus der, der mich von inneren und äußeren Zwängen befreit. Und von solchen Zwängen sind wir heute genauso beherrscht wie die Menschen zur Zeit des Paulus. Da ist einmal der Zwang, Gott etwas vorweisen zu müssen, vor ihm etwas leisten zu müssen.

Tief in unserem Herzen ist uns dieser Zwang eingeprägt. Ob bewußt oder unbewußt, wir glauben doch irgendwie, daß wir unsere Daseinsberechtigung verdienen müssen, daß wir sowohl vor Gott etwas leisten müssen, um vor ihm bestehen zu können, als auch vor den Menschen, um bei ihnen beliebt zu sein. Das kann der Zwang des Perfektionismus sein, der uns dazu treibt, jeden Fehler zu vermeiden.

In der Begleitung erlebe ich oft, welche Tyrannei so ein Perfektionismus ausüben kann. Da werden Menschen dazu gezwungen, sich ständig zu überfordern, weil sie Angst haben, sie könnten einen Fehler machen. Und wenn sie einen Fehler machen, dann sind sie nichts mehr wert, dann fällt ihr ganzes Lebensgebäude zusammen. So versuchen sie, sich und ihr Verhalten, ihre Emotionen und ihre Worte ständig zu kontrollieren. Aber je mehr sie sich kontrollieren, desto mehr gerät ihnen ihr Leben außer Kontrolle. Da sind sie fixiert, jeden Fehler zu vermeiden, und tappen doch von einem Versagen in das andere. Sie können sich noch so anstrengen, sie entrinnen dem Zwang nicht. Sie können den Perfektionismus durchschauen und verfluchen, aber dennoch werden sie von ihm immer wieder angetrieben, mehr zu leisten, als ihnen gemäß ist.

Da ist der Zwang, sein Leben selbst in Griff zu bekommen. Ich erlebe viele Menschen, die etwa in der Lebensmitte in eine Krise geraten. Viele gestehen sich diese Krise nicht ein. Es darf vor allem niemand merken, daß ihr Leben nicht mehr im Lot ist, wie sie nach außennhin gerne zeigen möchten. So versuchen sie, die Krise mit Gewalt in den Griff zu bekommen. *102, 41f*

Umgang mit Verletzungen

Wir können uns kaum dagegen wehren, daß wir verletzt werden. Bevor wir überlegen, trifft uns ein beleidigendes Wort oder eine ironische Bemerkung. Aber, so ist Basilius überzeugt, wir sind der Verleumdung und Beleidigung nicht einfach ausgeliefert. Da hat die Vernunft eben eine wichtige Aufgabe, uns davon zu befreien. Mit unserer Vernunft können wir uns fragen, was die Verleumdung mit uns zu tun hat. Es ist ja das Wort eines andern, das uns im Tiefsten nicht berühren kann. Unser eigentliches Selbst kann nicht verletzt werden, unsere eigene Wahrheit wird von der Verfälschung der Wahrheit nicht getrübt. Die Frage, die Basilius uns im Anschluß an Epiktet stellt, könnte da auch für uns eine Hilfe sein: In welcher Hinsicht berührt dich das eigentlich? Welche Schicht in dir wird von dem verletzenden Wort erreicht? Es ist nur dein emotionaler Bereich, der da verwundet wird. Und diesen Bereich kannst du nie ganz verschließen und solslt es auch nicht. Da darfst du dich ruhig kränken lassen. Aber du mußt immer wissen, daß darunter ein Bereich ist, der von den Worten der anderen nicht berührt werden kann. Diesen unantastbaren Bereich deines wahren Selbst kann weder ein beleidigendes Wort, noch eine verächtliche Bemerkung, noch ein verletzender Blick erreichen. Wenn ich um diese Freiheit weiß und daran fest glaube, dann wird auch die Verletzung des emotionalen Bereiches an Tiefe verlieren. Ich weiß dann, daß sich die Spur der Kränkung irgendwo in mir verläuft und nicht bis ins Innerste vordringen kann.

Natürlich besteht in solchen Anweisungen auch eine Gefahr. In der Begleitung treffe ich auch auf Menschen, die einen Panzer um sich herum aufbauen, an dem jedes kritische Wort abprallt. Sie lassen sich von keinem Wort treffen. Das ist nicht die Freiheit, die Basilius meint. Es ist vielmehr ein Bollwerk aus Angst, das sie sich aufbauen. Sie müssen an der Illusion ihrer Rechtschaffenheit festhalten, weil sonst ihr ganzes Lebensgebäude zusammenkrachen würde. Und dann wäre überhaupt kein Ich mehr da, dann wären sie wertlos und ihr Leben sinnlos. Manche brauchen diesen Schutz. Aber ich spüre dann im Gespräch, daß dieser Schutz nicht der Freiheit entspricht, sondern der Angst. *102, 68f*

Verantwortlich für das eigene Geschick

Wenn ich einem, der mir von den tiefen Verletzungen seiner Kindheit erzählt oder von den Verletzungen, die ihm seine Frau oder die ihr ihr Mann immer wieder zufügt, dann erscheint es mir wie ein Hohn, wenn ich das Wort des Johannes zitiere: »Wer sich nicht selbst verletzt, kann von niemandem verletzt werden.« Oder: »Keiner ist das Opfer eines anderen, sondern er erleidet das von ihm selbst verhängte Geschick.« Und dennoch weiß ich, daß Chrysostomus in gewisser Weise auch recht hat. Wie oft erlebe ich, daß sich Menschen, die in der Kindheit verletzt worden sind, auch als Erwachsene immer wieder den Chef, den Ehepartner, den Mitarbeiter aussuchen, der sie genauso verletzt wie damals der Vater oder die Mutter. Offensichtlich führen die Verletzungen, die wir nicht anschauen und aufarbeiten, dazu, daß wir immer wieder in Situationen geraten, die die Verletzungen von früher fortsetzen. Wir machen uns selbst zum Opfer. Wir verhängen selbst über uns das Schicksal, Opfer zu sein, ständig verletzt zu werden.

Da sucht sich eine Frau einen Mann als Freund, der sie genauso entwertet wie einst ihr Vater. Sie liebt ihn, weil er gut zu ihr ist. Aber immer wenn sie von Heirat spricht, stößt er sie zurück, nimmt er sie nicht für voll. Sobald sie Verbindlichkeit will, wird sie entwertet, genau wie vom Vater, der nur mit ihr gespielt hat, ohne sie ernst zu nehmen. Letztlich nimmt sie sich selbst nicht ernst, so daß sie sich immer wieder verletzen läßt. Sie hat Angst, sich von ihm zu trennen, weil sie sich dann völlig wertlos fühlt. Aber indem sie dem, den sie liebt, soviel Macht über sich gibt, macht sie sich zu seinem Opfer und verletzt sich dadurch selbst. In solchen Situationen braucht es für den Begleiter nicht nur Verständnis für die fatale Situation, sondern auch den Mut eines Chrysostomus, die eigene Verantwortung für das Martyrium, das sie erleidet, zu benennen.

102, 74f

Abschied von der Vollkommenheit

Im Gespräch spüre ich, wie ich oft aggressiv werde, wenn jemand nur jammert über seine Situation, aber nicht bereit ist, irgend etwas zu verändern. Wir sind unseren Fehlern und Schwächen nicht einfach ausgeliefert. Wir können etwas tun. Wir können uns befreien von mancher Abhängigkeit und Sucht. Aber zugleich mache ich, je älter ich werde, die Erfahrung, daß ich nicht alles kann, was ich will, daß ich trotz aller Einsicht und trotz aller psychologischen und spirituellen Methoden immer wieder in Fehler falle, die mich ärgern, weil sie mein eigenes Selbstbild stören. Aber wenn ich mich dann vor Gott setze und mich ihm so hinhalte, wie ich bin, ohne auf mich zu schimpfen, dann mache ich die Erfahrung einer neuen Freiheit: Ich muß mich ja gar nicht in Griff bekommen. Ich kämpfe und versuche, manches in mir zu verbessern. Aber ich stoße immer wieder auf meine Struktur und gerate immer wieder in Fallen. Wenn ich dann Gott meine leeren Hände hinhalte, dann fühle ich mich ganz frei, frei von allem Ehrgeiz, mich selbst besser machen zu wollen, frei von allen Selbstvorwürfen, frei von allem Druck, den ich mir selbst mache. Dann ahne ich etwas von der Freiheit der Söhne und Töchter Gottes, von der Freiheit, daß ich im Hause Gottes so sein darf, wie ich bin, daß trotz aller Fehler und Schwächen im Grunde alles gut ist, weil ich in Gottes guten Händen bin, die mich durch Kampf und Niederlage, durch Gelingen und Versagen mehr und mehr in das Bild formen, das er sich von mir gemacht hat. *102, 84f*

Wenn ich meine Grenze überschreite

Im Gespräch mit einem Gast merke ich sehr schnell, ob ich innerlich frei bin oder nicht. Wenn ich mich frei auf den andern einlasse, dann bin ich ganz präsent. Und ich spüre die Anstrengung nicht. Ich bin einfach da und höre zu. Und wenn ich das Gefühl habe, etwas sagen zu wollen, dann kommen die Worte von alleine. Nach dem Gespräch fühle ich mich selbst beschenkt und kann Gott für dieses Geschenk danken. Aber wenn ich mein Maß überschritten habe, wenn ich in das Gespräch nur gehe, weil ich zugesagt habe oder weil ich es nicht fertig gebracht habe, nein zu sagen, dann fühle ich mich sehr schnell müde und ausgebrannt. Und es tauchen Gefühle von Ärger und Unzufriedenheit auf, weil jeder an mir zerrt und jeder etwas von mir will. Ich zweifle, ob das Gespräch sinnvoll ist. Ich denke, der andere nutzt mich aus. Ich kann dann zwar versuchen, mich ganz auf den Augenblick einzulassen und mich von allen kommentierenden Gedanken und von den negativen Emotionen zu befreien. Manchmal gelingt es auch. Aber oft sind die Gefühle auch ein wichtiger Hinweis, daß meine Grenze überschritten ist. Und diesen Hinweis muß ich ernst nehmen. Dann wäre es Ausdruck meiner Freiheit, beim Zusagen besser auf meine Gefühle zu hören, ob ich jetzt nur zusage, weil ich den andern nicht verletzen will, oder weil es mir schmeichelt, so gefragt zu sein, oder weil ich meine eigenen Bedürfnisse damit ausleben möchte. Freiheit ist nicht eine Leistung, die ich erbringen kann, sondern Ausdruck dafür, daß ich so lebe, wie es mir gemäß ist und wie es meiner Begrenzung und zugleich meinen Fähigkeiten und meinen Kräften entspricht. *102, 99f*

Es ist kalt im Haus der Liebe

Die wahre Freiheit besteht darin, selbstlos lieben zu können. Aber oft genug wird im Namen der Liebe die Freiheit unterdrückt und Macht ausgeübt. Wenn z. B. ein Pfarrer in der Pfarrgemeinderatssitzung bei jedem Konflikt einwirft, wir sollten doch einander lieben, dann ist das eine subtile Form von Machtausübung. Er läßt den Konflikt nicht hochkommen, er unterdrückt jeden Widerspruch. Er vermittelt denen, die ehrlich miteinander streiten wollen, ein schlechtes Gewissen. In so einer Atmosphäre »von oben verordneter Liebe« kann man nicht kämpfen, da kann man nicht frei seine Meinung äußern. Ähnlich ist es in manchen Gemeinschaften. Da wird jede abweichende Meinung sofort damit geahndet, daß Christus doch möchte, daß wir einander lieben, daß wir miteinander eins seien. Die Liebe wird verwechselt mit erzwungener Einheit. Die wahre Einheit entsteht immer aus der gesunden Spannung von Gegensätzen. Wenn man aber im Namen der Liebe jede Spannung von vornherein vermeiden möchte, dann wird die Liebe zur Tyrannei und zum Zwang.

Es ist eigenartig, daß gerade in Klöstern, in denen man ständig von der Liebe spricht, am wenigsten geliebt wird. Da herrscht oft eine aggressive und gereizte Stimmung. Da ist nicht Freiheit, sondern Anpassung. Da ist keine Einheit, sondern Zwang. Ein Angestellter meinte einmal von der Gemeinschaft, der er diente und in der man sich als »Haus der Liebe« bezeichnete: »Seitdem wir ein Haus der Liebe sind, wird es immer kälter bei uns.« Wenn die Liebe nicht von der Freiheit geprägt ist, dann entspricht sie nicht der Liebe, die Jesus uns vorgelebt und gepredigt hat. Das vollkommene Gesetz der Freiheit, von dem Jakobus spricht, muß die Grundlage unserer Liebe sein, damit wir in unserer Liebe einander die Freiheit gewähren und damit wir in unserer Liebe selbst frei sind und nicht Sklaven unserer Angst vor dem schlechten Gewissen. [...]

Die Liebe, die Christus uns verkündet, ist nicht die Liebe von Sklaven, sondern von freien Söhnen und Töchtern, es ist die Liebe, die der Freiheit entspringt und in die Freiheit führt. *102, 100f*

Angst und Zwang statt Freiheit

Wenn wir von einem Mann oder einer Frau fasziniert sind, so führt das erst einmal in die Abhängigkeit und Unfreiheit. Aber wenn wir das, was uns am andern fasziniert, in uns selbst verwirklichen, dann freuen wir uns immer noch am andern, aber es wächst zugleich in uns die Freiheit. Wenn wir uns nur lebendig fühlen, wenn der andere bei uns ist, dann sind wir abhängig. Und Abhängigkeit beeinträchtigt unsere Würde. Nur die innere Freiheit entspricht unserer Würde. Daher geht es nicht nur in der Freundschaft, sondern auch in der Ehe darum, diese innere Freiheit zu gewinnen. Dann kommt Gelassenheit und Weite in die Beziehung, dann dürfen wir die Freundschaft oder Partnerschaft genießen, ohne uns davon total abhängig zu machen, ohne den anderen an uns fesseln zu wollen. Manche suchen diese Freiheit, indem sie sich innerlich völlig vom andern lösen, indem sie sich vorsagen, sie würden keinen Menschen brauchen, sie könnten alle Probleme alleine lösen. Sie haben so große Angst vor Abhängigkeit, daß sie sich auf niemanden wirklich einlassen. Das ist kein Zeichen von Freiheit, sondern von Angst und innerem Zwang.

Freiheit heißt vielmehr, daß ich mich auf andere Menschen einlasse, daß ich mich ihnen anvertraue. Ich weiß, daß ich andere brauche, um meinen Weg zu gehen. Ich lasse mich auf sie ein, lasse sie aber auch wieder los, ohne mich an sie zu klammern. Diese Spannung von Freiheit und Bindung, von Freisein und Sicheinlassen auf andere gehört wesentlich zum Menschen. Peter Schellenbaum nennt diese Spannung von Freiheit und Bindung das »Nein in der Liebe«, die Kunst, sich in der engen Bindung an einen anderen Menschen zugleich auch abzugrenzen und seine Freiräume zu wahren, sich auch in der Bindung innerlich frei zu fühlen, immer wieder neu die Spannung zwischen Nähe und Distanz auszupendeln. Nur wer frei ist, kann sich binden. *102, 91f*

Konflikte zulassen

Die Freiheit ist auch eine wesentliche Voraussetzung für den Umgang miteinander. Solange wir einem anderen Menschen über uns Macht geben oder solange wir uns von ihm abhängig machen, sind wir nicht frei. Freiheit bedeutet aber nicht, daß wir uns total von den anderen distanzieren. Die Kunst bestünde vielmehr darin, daß wir uns auf einen Konflikt einlassen können und uns zugleich frei davon fühlen. Wir stehen dann nicht unter Druck, den Konflikt unbedingt lösen zu müssen, den anderen für uns gewinnen zu müssen. Wir lassen den Konflikt zu. Wir stehen über dem Konflikt. Das ist wahre Freiheit.

Da ist die Chefin eines Altenheimes in Konflikt geraten mit dem Pfarrer, der seine eigenen Probleme auf sie projiziert und ihr das Leben zur Hölle macht. Sie kann sich diesem Konflikt nicht entziehen. Denn wenn sie kündigen würde, würde sie sich als Versagerin fühlen. Ihr Verhalten könnte dann von den anderen als Flucht verstanden werden. Ihre Aufgabe ist es, den Konflikt anzuschauen, ohne sich persönlich hineinziehen zu lassen. Da ist das Gebet eine wichtige Hilfe, immer wieder Abstand zu dem Emotionsbrei zu bekommen, der in diesem Konflikt um sie herum stets von neuem aufgerührt wird. Wenn sie sich auf diesen Emotionssumpf einläßt, wird sie davon in die Tiefe gerissen. Im Gebet und im Gespräch über den Konflikt kann sie Abstand dazu gewinnen und in der Distanz allmählich frei werden.

Die Freiheit würde bedeuten, daß ich mich gegen ungerechtes Verhalten wehre, daß ich mich aber davon nicht verletzen lasse, sondern aufrecht und frei darauf reagiere. Das ist kein einfacher Weg. Es braucht die Reflexion, das Durchschauen des Konfliktes. Und es braucht das Gebet, um vor Gott objektiver anschauen zu können, was eigentlich läuft. Im Gebet kann ich mitten im Konflikt immer wieder die Freiheit spüren, daß die Streithähne mich im Innersten nicht treffen können. Diese Freiheit ist die Voraussetzung dafür, den Konflikt anständig lösen zu können. *102, 89f*

Respekt vor des anderen Gewissen und Gefühl

Ein entscheidender Bereich, in dem der paulinische Grundsatz der Rücksicht auf das Gewissen der anderen hilfreich ist, ist die Freundschaft und Partnerschaft. Da hat ein junger Mann eine feste Freundin, die er auch heiraten will. Aber er findet nichts dabei, mit einer andern Frau, mit der er regelmäßig Tennis spielt, nach dem Spiel in die Sauna zu gehen. Er meint, er sei frei, das zu tun, was ihm Spaß mache. Und das sei ja keine Untreue seiner Freundin gegenüber. Wenn dann die Freundin dagegen protestiert, weil sie es einfach nicht aushalten kann, werden oft Vorwürfe laut, sie sei zu prüde und zu eng, sie dürfe ihn doch nicht in seiner Freiheit beschneiden. Hier ist es nicht das Gewissen der Freundin, auf das der Freund Rücksicht nehmen muß, sondern ihr Empfinden. Ich darf meine Gefühle nicht zur obersten Norm machen. In einer Freundschaft muß ich auch auf die Gefühle des Partners Rücksicht nehmen. Da nützt es nichts, wenn ich sage, mir würde das nichts ausmachen, ich würde das als Ausdruck meiner Freiheit sehen, mit der Bekannten in die Sauna zu gehen. Es kann durchaus sein, daß es dem jungen Mann nichts ausmacht und ihn in seiner Treue zu seiner Freundin nicht beeinträchtigt. Aber er muß auch seine Freundin ernst nehmen und darf ihr nicht einreden, wie sie zu fühlen habe, wie frei und offen sie sein müßte. Den anderen ernst nehmen, ohne seine Gefühle zu bewerten, das ist die Voraussetzung echter Freundschaft und Partnerschaft.

Ich erlebe viele Eheleute, die meinen, sie könnten eine Dreiecksbeziehung leben. Aber meistens spürt schon nach kurzer Zeit der Partner oder die Partnerin, daß es einfach nicht geht, daß sie bei aller Bereitschaft, dem anderen Freiheit zuzugestehen, in ihrem Gefühl so verletzt werden, daß sie die Beziehung ihres Partners zu einer/einem anderen nicht mehr ertragen können. Echte Freiheit würde sich darin zeigen, daß ich aus Rücksicht auf den Partner auf eine Beziehung verzichten kann, die mir wichtig ist. [...]

Entscheidend ist, daß ich den andern in seinem Gewissen und in seinem Gefühl ernst nehme und nicht verletze. *102, 49f*

Das Gute einfach tun

Walter Nigg nennt Benedikt den bauenden Menschen, der unverzagt und unverdrossen schlicht das Nächstliegende tut, einen durch und durch positiv eingestellten Menschen, dem jede negative Tendenz, jede Polemik fernlag. Positive Menschen zu werden, die aufbauen können, ohne andere zu zerstören, darin liegt eine der wichtigsten Forderungen Benedikts an uns heute. Wir sollten darauf verzichten, große Programme aufzustellen. Denn man kann auch vor dem Konkreten und Nächstliegenden in Programme fliehen. Es ginge vielmehr darum, das, was man als gut und erstrebenswert erkannt hat, einfach zu tun, ohne sein Tun ständig gegen jemanden richten zu müssen. Gerade in unserer entchristlichten Welt bewirken wir wenig, wenn wir ständig über die Entchristlichung jammern. Es käme darauf an, unser Christentum zu leben, ohne den Anspruch, die einzig guten Menschen auf der Welt zu sein.

Von Benedikt hören wir nie ein Wort der Klage über die damaligen hoffnungslos erscheinenden Zustände in Kirche und Welt. Benedikt vergeudet seine Kraft nicht mit Anklagen, sondern widmet sich schlicht seinem Werk. In seiner kleinen Mönchsgemeinschaft versucht er, Frieden zu verwirklichen. Dieser Friede hat nicht gleich das ganze Abendland erfaßt. Dazu war die Gemeinschaft von Monte Cassino viel zu unbedeutend. Aber Benedikt hat mit seinem Versuch, in seiner Gemeinschaft Frieden zu stiften, Erfahrungen weitergegeben, die durch die Jahrhunderte gewirkt und zum Frieden im Abendland des Mittelalters wesentlich beigetragen haben. *7, 44f*

»LIEBE, UND TU', WAS DU WILLST«

Manch einer mag meinen, jener Sabbatkonflikt der Jünger Jesu (Markus 3,1-6) sei ein typisch jüdischer Konflikt, über den wir längst erhaben sind. Aber ich erlebe viele Menschen, die in ihrem Herzen ähnlich denken wie die Pharisäer damals. Sie leben in ständiger Angst, daß sie ein Gebot Gottes übertreten könnten. Und wenn etwas in ihrem Leben schief geht, dann sehen sie darin sofort eine Strafe Gottes. Für uns sind es nicht die jüdischen Gebote, die uns bedrängen, sondern die Gebote unserer Eltern, die sich in uns eingegraben haben: »So etwas tut man nicht. So darf man nicht denken. Das darf man nie sagen.«

Auch die elterlichen Gebote waren meistens gut gemeint. Aber sie werden in uns leicht zu einer absoluten Norm, die uns einengt und angst macht. Dann führen solche inneren Gebote in die Unfreiheit. Jesus verkündet unsere Freiheit von der absoluten Macht der Gesetze. Alle Gesetze sind für den Menschen da und nicht umgekehrt. Was unserem Wesen wirklich entspricht, das ist die höchste Norm. Wenn wir unserem Wesen gemäß leben, dann tut uns das gut, dann sind wir frei. Und in diesem Gespür für das Wesentliche dürfen wir auch ein Gebot übertreten. Augustinus hat das in seinem berühmten Wort ausgedrückt: »Liebe, und tu«, was du willst.« Die Liebe entspricht unserem Wesen. Wenn wir lieben, dann handeln wir wesensgemäß, dann tun wir von innen heraus das Richtige und brauchen uns nicht ängstlich an die Gebote zu klammern. Dann sind wir wahrhaft frei.

Jesus hat die Freiheit gegenüber dem Gesetz und gegenüber den Erwartungen der Menschen nicht nur verkündet, sondern sie auch selbst gelebt. Als er am Sabbat den Mann mit der verdorrten Hand in der Synagoge heilte (Markus 3,1-6), da ließ er sich von den feindlichen Blicken der Pharisäer nicht bestimmen, sondern folgte dem eigenen Impuls. Er sah jeden einzelnen seiner Gegner voll Zorn und Trauer an. Er distanzierte sich von ihren Erwartungen, ohne die Verbindung mit ihnen abzubrechen. *102, 20f*

Verankert sein in Gott und frei

Bei manchem Menschen kann man sagen: »Das ist wahrhaft ein freier Mensch. Er ist nicht abhängig von der Meinung der anderen. Er ist nicht abhängig von Zustimmung und Zuwendung. Er ruht in sich. Er ist frei in seinem Denken. Er ist auch frei in seinem Fühlen. Er ist in Berührung mit der Wirklichkeit. Wenn er einem begegnet, so ist er ganz in der Begegnung. Er ist frei, sich einem andern ganz und ungeteilt zuzuwenden. Er ist frei von Berechnung, frei von der Überlegung, was der andere von ihm möchte oder was er von ihm denkt. Er ist frei, weil Gottes Geist ihn prägt, weil er in Gott seinen Grund hat und daher nicht ständig auf die Reaktion anderer Rücksicht nehmen muß.« Wenn wir uns in so einen Menschen genauer hineinfühlen, werden wir bald erkennen, daß es sein Verankertsein in Gott ist, das ihn so frei gemacht hat. [...]

Nach solcher Freiheit sehnen wir uns alle. Sie ist das Ziel jedes geistlichen Weges. Für den Christen besteht diese Freiheit wesentlich in der Freiheit zu lieben. Aber um zu dieser Freiheit der Liebe zu gelangen, müssen wir zuerst die Freiheit von allen Abhängigkeiten einüben. Dazu geben uns die Kirchenväter und die frühen Mönche gute Anregungen. Sie stehen darin im Einklang mit vielen griechischen Philosophen, für die die Freiheit das höchste Ziel überhaupt war. Anstatt einen Gegensatz zwischen griechischer und christlicher Freiheit zu konstruieren, geht es mir um eine gesunde Verbindung, nicht um Reduzierung des Christlichen auf die psychologische Ebene griechischer Philosophie, sondern um die Integration der psychologischen Ebene in den christlichen Weg der Freiheit. Ich habe allzu oft erlebt, wie Christen das Gesetz der Freiheit dadurch verfälschen, daß sie die Menschen mit ihrer Forderung, selbstlos zu lieben, überfordern. Denn sie nehmen die Bedingungen nicht ernst, wie wir zu dieser Freiheit von uns selbst gelangen sollen. Es ist zu einfach zu sagen, wir bräuchten einfach nur zu lieben, dann würde alles andere von allein stimmen. Die Frage ist, wie wir zu dieser Liebe fähig werden. *102, 103f*

Freiheit – Einheit – Heimat

Wenn wir in uns den Raum des Schweigens spüren, dann ist das der Raum, in dem wir daheim sein können, weil das Geheimnis selbst in uns wohnt, weil dort, wo Gott in uns wohnt, jetzt schon der Himmel in uns ist, der uns hier in der Fremde Heimat schenkt.

Freiheit, Einheit und Heimat, diese drei Kriterien echter Spiritualität und wirklicher Gotteserfahrung gehören zusammen. Wer mit sich eins ist, wer nicht mehr hin- und hergezerrt wird von den verschiedensten Wünschen und Bedürfnissen, der ist auch frei. Wer in Gott ruht, wer in Gott Heimat gefunden hat, der richtet sich nicht mehr nach den Maßstäben dieser Welt, über den hat die Welt keine Macht, er ist frei geworden von den Erwartungen dieser Welt. So können wir an der Freiheit in uns erkennen, wie weit wir auf unserem spirituellen Weg sind. Aber zugleich müssen wir uns eingestehen, daß die Freiheit hier auf unserem Pilgerweg immer relativ ist, daß wir erst im Tod die wahre Freiheit erfahren, wenn wir für immer frei sind, Gott zu schauen und uns liebend in Gottes liebende Arme fallen zu lassen.

Freiheit, Einheit und Heimat sind auch die Voraussetzungen, um wahrhaft lieben zu können. Wer in sich zerrissen ist, kann nicht wirklich lieben. Er wird vielleicht oft von der Liebe sprechen und er wird mit aller Kraft versuchen zu lieben. Aber es wird nicht die Liebe sein, die heilt, die eint und befreit, sondern eher eine Liebe, die den anderen an sich bindet, die Macht ausübt, die das eigene schlechte Gewissen beruhigen soll. Die Liebe, zu der uns das vollkommene Gesetz der Freiheit aufruft, läßt den Menschen frei sein, sie gibt ihm seine königliche Würde. Sie bewirkt Frieden, ermöglicht dem zerrissenen Menschen, daß er ja zu sich sagen kann und so mit sich eins wird. Wahre Liebe eint und heilt den Menschen, sie macht ihn ganz. Und sie schenkt ihm Heimat, sie gewährt ihm ein Haus, in dem er wahrhaft zuhause sein kann, in dem er wahrhaft der sein kann, zu dem Gott ihn berufen hat, ein freier Sohn und eine freie Tochter Gottes. *102, 106f*

Fasten – Übung in Freiheit

Ich möchte am Beispiel des Fastens und des Verzichtens aufzeigen, wie die Askese auch heute ein Weg in die Freiheit sein könnte. Die Fastenzeit, zu der uns die Kirche jährlich einlädt, hat den Sinn, daß wir uns jedes Jahr wenigstens sieben Wochen lang bewußt in die innere Freiheit einüben. Zunächst ist der Verzicht ein Test, ob wir wirklich frei sind. Wir alle sind heute von vielen Süchten beherrscht. Indem ich während der Fastenzeit auf Alkohol oder Fleisch oder Kaffee verzichte, teste ich mich, ob ich süchtig bin oder noch frei, ob ich noch selbst bestimmen kann, was ich essen und trinken möchte, oder ob ich das Bier oder den Kaffee einfach brauche. Sucht macht abhängig und diese Abhängigkeit ist gegen unsere Würde. Im Verzicht wollen wir unsere eigene Würde und die eigene Freiheit als Ausdruck dieser Würde erleben. Wir wollen uns beweisen, daß wir noch selbst über uns verfügen können, daß wir nicht über uns verfügen lassen. Die Selbstverfügung, die Autarkie, ist ein wichtiger Begriff der griechischen Freiheitsidee. Gegenüber der relativen Freiheit, der Freiheit von Bindungen, Ängsten, Zwängen und Abhängigkeiten, bezeichnet die Autarkie die positive Freiheit, die darin besteht, sich selbst zu besitzen, über sich selbst zu verfügen. Der Verzicht ist ein Test dafür, daß wir noch selber über uns bestimmen und über uns verfügen, anstatt über uns verfügen zu lassen, daß wir noch selber leben, anstatt gelebt zu werden. [...]

Der Verzicht, den wir im Fasten üben, ist aber nicht nur ein Weg in die Freiheit, sondern auch Ausdruck unserer Freiheit. Wir müssen Gott mit unserem Verzicht nichts beweisen. Wir müssen keine Leistung vollbringen, damit wir uns gut fühlen. Fasten als Verzicht ist vielmehr Ausdruck dafür, daß wir Gott gehören und nicht der Welt, daß wir uns selbst gehören und nicht unseren Leidenschaften und Süchten, unseren Bedürfnissen und Wünschen. *102, 82ff*

Regie im eigenen Lebenshaus

Der Weg der Freiheit führt auch für uns Christen über die Unterscheidung zwischen dem, was in unserer Macht ist, und den äußeren Dingen, über die wir keine Macht haben. Die äußeren Dinge werden aber auch über uns keine Macht haben, wenn wir ihnen keine geben. Es ist immer unsere Entscheidung, ob wir einem Ereignis Macht geben oder nicht, ob wir uns den ganzen Tag darüber aufregen, daß uns ein Mißgeschick vor den Augen anderer passiert ist, oder ob wir dazu ja sagen, im Bewußtsein, daß das nicht unser wahres Selbst berührt. Wir sind größtenteils selbst für unser Glück oder Unglück verantwortlich. Das hat Watzlawick in seinem Buch »Die Kunst, unglücklich zu sein« ähnlich beschrieben wie damals Epiktet und Clemens. Geistliches Leben heißt, daß wir die Dinge von Gott her sehen und unsere alltägliche Sichtweise hinterfragen, daß wir die Projektionen entlarven, die wir ständig auf Menschen und Ereignisse werfen und mit denen wir Gottes Absicht mit uns verdunkeln, so daß wir sie nicht mehr entdecken können.

Ein zweiter Bereich ist die Vorstellung unseres Lebens als großes Fest. Wenn unser Leben ein Fest ist, das Gott mit uns feiert, wenn wir teilhaben am großen Fest der Schöpfung, dann bekommt unser Leben eine göttliche Würde, dann ist unser Leben wert, gefeiert zu werden. Eine Weise, unser Leben zu feiern, wären heilende Rituale. Sie geben uns auch das Gefühl der Freiheit, das Gefühl, daß wir unser Leben aus freiem Entschluß so formen und gestalten, daß es unser eigenes Leben ist, daß wir selber leben, anstatt von äußeren Zwängen gelebt zu werden. Auch hier sind wir für uns selbst verantwortlich. Es liegt an unserer Freiheit, wie wir unser Leben formen, welche Rituale wir ihm einprägen, ob es uns gut tut oder nicht, ob wir darin glücklich werden oder nicht. *102, 65f*

Mit Ängsten leben (1)

Angst ist heute eine Grunderfahrung des Menschen. Es sind viele Ängste, die uns bedrängen, Angst vor der Zukunft, Angst vor Krieg und Zerstörung, Angst vor Arbeitslosigkeit, Angst vor Versagen, Angst vor Krankheit und Tod, Angst vor der Sinnlosigkeit des Daseins. [...]

Mit der Existenz des Menschen ist eine Grundangst verbunden, die auch von de Psychologie nicht aufgelöst werden kann. Es ist die Angst, die durch seine Endlichkeit gegeben ist, die Angst, kein Recht für sein Dasein zu haben, nicht in sich zu ruhen, sondern angewiesen zu sein auf einen anderen. Diese Grundangst des Menschen kann keine Psychologie aufheben, sie kann nur in einem abgrundtiefen Vertrauen auf Gott überwunden werden, der uns den Grund unseres Daseins schenkt, der uns aus Liebe geschaffen hat und uns aus Gnade leben läßt.

Fritz Riemann hat vier Grundformen menschlicher Angst beschrieben. Und Eugen Drewermann hat gezeigt, daß diese Grundängste letztlich nur im Glauben überwunden werden können (vgl.: Ders., Grundformen menschlicher Angst; und: Eugen Drewermann, Psychoanalyse und Moraltheologie, Bd. I., Mainz 1982, 145ff). Die erste Angst ist die Angst des hysterischen Menschen. Es ist die Angst vor der Haltlosigkeit des Daseins. Und diese Angst versucht der Mensch zu überwinden, indem er sich an vielem festhält, am Besitz, am Erfolg, vor allem aber an Menschen. Er klammert sich an einen geliebten Menschen und erwartet von ihm absolute Geborgenheit, absoluten Halt. Aber dadurch gerät er nur noch mehr in Angst, weil er spürt, daß kein Mensch ihm absoluten Halt geben kann. Jeder ist sterblich, jeder hat seine Schwächen. Absolute Geborgenheit kann uns nur Gott schenken. Er trägt uns und hält uns. Aus seinen schützenden und liebenden Armen werden wir niemals fallen. Er erfüllt uns unsere Sehnsucht nach absolutem Halt. Ein Mensch kann uns Zeichen sein für diese absolute Geborgenheit. Und nur wenn wir ihn als Zeichen und Mittler für Gottes unendliche Liebe sehen, können wir uns über die Geborgenheit, die er uns schenkt, freuen und sie ohne Angst genießen. *39, 22f*

Mit Ängsten leben (2)

Die zweite Angst ist die Angst des zwanghaften Menschen. Es ist die Angst vor der Wertlosigkeit des Daseins. Und diese Angst versucht man zu überwinden, indem man sich seinen Wert selbst beweisen will, durch viel Arbeit, durch immer höhere Leistung, aber auch durch peinlich genaue Erfüllung aller religiösen Pflichten. Man will sich selbst, den anderen und auch Gott seinen Wert beweisen. Man will so auf sich aufmerksam machen, daß einen keiner mehr übersehen kann. Man will Gott gegenüber so gewissenhaft seine Pflicht tun, daß ihm gar nichts anderes übrig bleibt, als einen zu belohnen. Doch auch mit dem größten Ehrgeiz können wir die Angst vor unserer Wertlosigkeit nicht überwinden. Im Gegenteil, wir spüren, daß uns unsere Leistung den anderen nicht näher bringt. Und wir merken, daß wir den Anspruch, immer perfekt und immer besser als die anderen sein zu müssen, nie erfüllen können. So treiben wir uns zu Höchstleistungen an und setzen uns dauernd unter Druck. Wir verspannen und verkrampfen uns. Die Angst vor der eigenen Wertlosigkeit können wir nur durch den Glauben überwinden. Im Glauben erfahren wir, daß wir vor Gott wertvoll sind, bevor wir etwas geleistet haben, wertvoll einfach durch unser Sein, so wertvoll, daß Christus für uns gestorben ist, daß Gott sich um uns kümmert, ja daß er sogar Wohnung in uns nimmt. *39, 23f*

Mit Ängsten leben (3)

Die dritte Angst ist die Angst des depressiven Menschen. Es ist die Angst vor der Schuldhaftigkeit des Daseins. Man hat das Gefühl, allein durch sein Dasein schon Schuld auf sich geladen zu haben. Und man entschuldigt sich dann ständig, daß man überhaupt am Leben ist, daß man den anderen die Zeit stiehlt, den Raum zum Leben, die Luft zum Atmen wegnimmt. Oder man versucht, diese Angst durch Übernützlichkeit zu ersticken. Aber auch das gelingt nicht. Man verausgabt sich, und irgendwann kann man nicht mehr und spürt, daß man das ganze Leben versäumt hat. Um die Schuld für sein Dasein abzutragen, hat man am Leben vorbeigelebt. Und so steht man völlig leer und ausgepumpt da. Auch diese Angst kann uns nur der Glaube nehmen, der Glaube, daß wir aus Gnade leben, daß wir leben, weil Gott uns gewollt und uns aus Liebe, aus seinem Wohlgefallen heraus geschaffen hat. Wir glauben, daß Gott uns liebt, daß er Zeit für uns hat, daß er froh ist über unser Dasein. Diese Erfahrung des Glaubens befreit uns von aller Angst und von den unnützen Schuldgefühlen, mit denen wir uns oft genug zerfleischen. Wenn in mir manchmal solche lähmenden Schuldgefühle auftauchen, dann hilft mir der Satz aus dem 1. Johannesbrief: »Wenn das Herz uns auch verurteilt – Gott ist größer als unser Herz, und er weiß alles« (3,20).

39, 24f

Mit Ängsten leben (4)

Die letzte Angst ist die des schizoiden Menschen, der Angst hat vor tausend Dingen, die ihn bedrohen. Er hat Angst vor dem dunklen Keller, Platzangst, Angst vor vergifteter Nahrung, Angst vor Einbrechern, Angst vor einem Unfall. Ein Stück weit sind diese Ängste normal. Aber viele steigern sich in solche Ängste hinein. Der Glaube befreit uns auch von dieser Angst. Er zeigt uns, daß uns im Grunde nichts passieren kann. Der Glaube zeigt uns, daß wir den Tod, der hinter all diesen Bedrohungen letztlich steckt, schon überwunden haben, daß wir schon jenseits der Schwelle leben. Weil wir durch die Taufe schon teilhaben am ewigen Leben, kann uns auch der Tod nicht mehr von Gott trennen. Er kann uns nur noch tiefer in ihn hineintauchen. Weil wir schon in Gott wohnen, kann uns niemand mehr unser Haus zerstören.

Die Frage ist, wie wir einen solchen Glauben, ein solches Vertrauen gewinnen können. Kann man sich das einfach vornehmen? Sicher nicht. Das Vertrauen kann jedoch wachsen, wenn wir uns bewußt immer wieder in die Begegnung mit Jesus hineinmeditieren. Man kann sich den Glauben nicht einreden. Aber wir alle haben eine Ahnung in uns, daß solch ein Glaube befreien könnte. Die Meditation der biblischen Heilungsgeschichten läßt in uns diesen Glauben wachsen. Wir müssen uns nur mit den Kranken identifizieren und uns immer wieder sagen: Das bin ich, und dieser Jesus ist heute lebendig, er begegnet mir in der Eucharistie leibhaftig. Er schaut mich an, er traut mir etwas zu. Ich lasse ihn an mir handeln, ich lasse mich auf die Begegnung mit ihm ein. Ich lasse zu, daß er mich annimmt, daß er mich berührt und seine Kraft und seine Lebendigkeit in mich einströmen läßt. *39, 25f*

Das transpersonale Selbst in uns

Während es der klassischen Psychotherapie darum geht, daß der Mensch zu seiner Identität findet und alles, was er in sich an Gefühlen und Gedanken entdeckt, annimmt, sich damit identifiziert, verkündet die transpersonale Psychologie eine Entidentifizierungs-Therapie. Wir sollen die Identität zwischen unseren Wünschen, Hoffnungen, Begierden, Kränkungen und unserem Selbst aufheben. Wir sollen unterscheiden zwischen dem transpersonalen Selbst, das auf dem Grund unserer Seele ist, und den »peripheren Fluktuationen« und Oberflächenwellen, in denen sich die Gedanken und Gefühle zeigen, die den Kern in uns nicht berühren. Dadurch verlieren unsere persönlichen Probleme an Dringlichkeit. Sie sind nicht mehr »so eine todernste Angelegenheit« (Ken Wilber, Wege zum Selbst. München 1984, 172). [...]

In uns ist schon ein Kern, in dem wir mit uns eins sind, ein Kern, der nicht berührt ist von den Bewegungen unseres Lebens. Und unsere Aufgabe ist es, in diesen Kern vorzudringen, dort unser transpersonales Selbst zu entdecken. »Die Disidentifikation vom Ego, in der ein Mensch sein wahres Wesen erkennt, ist in der transpersonalen Psychotherapie die wichtigste Voraussetzung für seine Befreiung« (R. N. Walsh / F. Vanghan, Psychotherapien im Vergleich, in: Psychologie in der Wende, 187). Die Disidentifikation führt jedoch zu einer neuen Identifizierung. »Hier erfährt man sich nicht mehr als isoliert, sondern als Teil eines größeren Ganzen, als zutiefst mit allem verbunden und in Beziehung stehend« (ebd., 208). Und für James Bugental, einem wichtigen Vertreter der transpersonalen Psychologie, ist es Gott, der uns »unsere Sehnsucht nach mehr Wahrheit und Lebendigkeit« (in: Ders., Stufen therapeutischer Entwicklung, ebd., 218) nach der Einheit mit uns selbst und mit allen Menschen und mit der Schöpfung erfüllt. Gott weist uns hin »auf die endlos attackierte und doch unzerstörte Würde unseres Seins, auf das Gefühl des Wunderbaren, in dem wir ständig leben, wenn wir wahrhaft bewußt sind« (ebd., 218). *39, 39f*

Ein Gefühl von Freiheit

Wenn ich morgens mit dem Jesusgebet meditiere, so horche ich in mich hinein. Das Jesusgebet ist für mich der Schlüssel, der mir mein Herz aufschließt und mich in den innersten Ort des Herzens dringen läßt. Dort hat niemand Zutritt außer Gott. Ich habe dann das Gefühl: Dort bin ich ganz allein mit Gott. Die Mitbrüder mit ihren Problemen bleiben draußen. Was es heute an Wirbel in der Verwaltung geben wird, das berührt mich hier nicht. Die Fragen, die ich heute in meiner Arbeit angehen muß, gehen mich an diesem Ort nichts an. Selbst die Probleme der Welt, Probleme der Umweltzerstörung und Hochrüstung, bleiben da draußen. Das gibt mir ein Gefühl von Freiheit. Es gibt einen Ort, an den ich mich zurückziehen kann, an dem mich niemand erreicht als Gott. Keiner kann mich anrufen. Keiner dringt in meine Gedanken und Gefühle ein und beschäftigt mich dort. Ich bin allein mit Gott. Ein Punkt in mir ist völlig unberührt von dem, was täglich auf mich einströmt. Wenn ich mir das bewußt mache, tut es mir gut. Ich spüre, die Probleme, denen ich mich heute wieder stellen muß, beherrschen mit nicht. Sie liegen nicht wie ein Fels auf meinem Herzen. Es ist ein Abstand zwischen ihnen und mir. Das bedeutet nicht, daß ich vor den Problemen davonlaufe.

Natürlich besteht die Gefahr, daß ich so fasziniert bin von diesem Ort des reinen Schweigens, daß ich dort in der Höhle bleiben möchte. Aber Gott ruft mich wie den Propheten Elija heraus aus der Höhle: »Komm heraus, und stell dich auf den Berg vor den Herrn« (1 Könige 19,11). Auf dem Berg, im Sturm des Alltags, da will Gott vorüber ziehen. Ich darf mich nicht in der Höhle verkriechen. Aber ich kann mich dem Sturm nur stellen, weil ich in mir einen Ort spüre, wo der Sturm nicht hindringen kann. Diese Erfahrung ist für meine Arbeit entscheidend. Die Arbeit erdrückt mich nicht, sie hält mich nicht in Dauerstreß, weil ich einen inneren Abstand dazu habe, einen Ort, an dem sie mich nicht mehr verfolgt, einen Ort, an dem ich ganz ich selbst sein kann, allein mit meinem Gott.

39, 44f

FEBRUAR

Sinnspuren aus Glaubenstiefe

Zum Eigentlichen vordringen

Im Glauben übersteigen wir die Ich-Ebene, auf der wir normalerweise leben, auf der wir bestimmt sind von unserem Bedürfnis nach Anerkennung, Erfolg, Zuwendung, Besitz, Macht, Zärtlichkeit und Liebe. Im Glauben verlassen wir diese Ebene. Wir benutzen den Glauben nicht, um unser Bedürfnis nach Geborgenheit und Zuwendung zu befriedigen, sondern wir stoßen im Glauben auf unser eigentliches Geheimnis vor, auf das Geheimnis unseres Selbst, das nicht mehr berührt ist von Ängsten und Enttäuschungen, Wünschen und Bedürfnissen, sondern das verbunden ist mit Gott.

Bei diesem Modell »Glauben als Übersteigen« definieren wir uns nicht mehr von unserer Leistung und Anerkennung aus, von dem aus, was die Menschen von uns halten und über uns sagen, sondern von dem her, was Gott von uns hält und was Gott von uns sagt, von dem her, was Gott mit uns und aus uns macht, was wir von Gott her sind, nämlich, daß wir Söhne Gottes sind, daß wir mit Christus auferweckt worden sind. Von der Definition unseres Menschseins hängt es ab, wie wir mit unserem Leben zurechtkommen, wofür wir uns anstrengen, wodurch wir enttäuscht werden, ob wir uns überfordern oder aber gelassen und froh, frei und zufrieden leben können. Die Definition des Glaubens ermöglicht es uns, die Ebene von Erfolg und Anerkennung zu übersteigen und zu unserem eigentlichen Geheimnis vorzudringen.

Auf einmal wird klar, was der Epheserbrief als Wesen unserer Existenz beschreibt: »Gepriesen sei der Gott und Vater unseres Herrn Jesus Christus; er hat uns mit allem Segen seines Geistes gesegnet durch unsere Gemeinschaft mit Christus im Himmel. Denn in ihm hat er uns erwählt vor der Erschaffung der Welt, damit wir heilig und untadelig leben vor Gott; er hat uns aus Liebe im voraus dazu bestimmt, seine Söhne zu werden durch Jesus Christus und nach seinem gnädigen Willen zu ihm zu gelangen, zum Lob seiner herrlichen Gnade« (1,3-6).

39, 8f

Heilungsgeschichten heute

Wenn Jesus vom Glauben spricht, dann meint er damit ein grundloses Vertrauen auf Gott. »Dein Glaube hat dir geholfen.« Das bedeutet, weil du dich in deiner Not an mich gewandt hast, weil du Vertrauen zu mir gefaßt hast, darum bist du gesund geworden, darum konnte ich dich heilen. In den Heilungsgeschichten berichtet uns die Bibel von Menschen, die in der Begegnung mit Jesus Heilung erfahren haben. Jesus hat offensichtlich Vertrauen ausgestrahlt, so daß die Menschen den Mut fanden, sich mit ihren Krankheiten an ihn zu wenden. Wenn wir die Heilungsgeschichten heute lesen, dann nicht, um interessante Einzelheiten aus dem Leben Jesu zu erfahren, sondern um selbst in der Begegnung mit Jesus heil zu werden.

Alle Krankheiten, die Jesus geheilt hat, sind psychosomatischer Natur. Sie verdeutlichen, was auch in uns latent vorhanden ist. Wir sind blind und verschließen die Augen vor unangenehmen Dingen. Wir sind gelähmt, wir trauen uns nicht, aus uns herauszugehen, auf andere zuzugehen. Wir sind taub, wir wollen nicht hören, was uns nicht paßt. Wir haben kein Gespür für die Untertöne und Zwischentöne, für das, was der andere uns eigentlich sagen möchte. Wir sind stumm, unfähig zu echter Kommunikation. Wir finden keine Worte, die verbinden und Leben spenden. Wir sind aussätzig. Wir können uns selbst nicht annehmen, wir fühlen uns ausgestoßen, isoliert und trauen uns nicht, uns den anderen zuzumuten. Wir sind besessen von fixen Ideen, beherrscht von wirren Gedanken, die uns dazu treiben, uns selbst zu schaden. Wir sind tot, als Lebende starr geworden, kalt, ohne inneren Antrieb, hoffnungslos. Wenn wir die psychologische Bedeutung der verschiedenen Krankheiten verstehen, können wir uns mit unseren Wunden und Gefährdungen, mit unseren Ängsten und Komplexen in den Heilungsgeschichten wiederfinden und in der Begegnung mit Jesus Heilung erfahren. *39, 16f*

Glauben heisst vertrauen

Der Glaube als Vertrauen entlastet uns auch in unserer Arbeit und in der Verantwortung, in der wir stehen. Ich übergebe Gott meine Arbeit und vertraue darauf, daß er sie benutzt, um Gutes zu schaffen. Ich allein kann nicht bewirken, daß meine Arbeit Erfolg hat, daß die Entscheidungen alle richtig sind. Wenn ich mir über alle Folgen meiner Arbeit den Kopf zerbreche, könnte ich nie zur Ruhe kommen.

Der Glaube nimmt uns die Last, die uns die Verantwortung für andere aufbürdet. Wenn wir etwa meinen, wir seien ganz allein für die richtige Entwicklung der Kinder verantwortlich, so leben wir immer in der Angst, daß die Kinder sich doch anders entwickeln, daß sie unsere Fehler mitbekommen und davon negativ beeinflußt werden. Wir haben keine Garantie, trotz aller religiösen Erziehungen, daß die Kinder in die Kirche gehen und dem Glauben treu bleiben werden. Aber wir dürfen darauf vertrauen, daß sie nie aus der liebenden Hand Gottes fallen und daß Gott sie auch über Umwege auf die richtige Bahn führen wird.

39, 20f

Glauben als Umdeuten

Der Glaube deutet das ganze menschliche Leben um. Er bezieht sich auf alle Bereiche, auf Erfolg und Mißerfolg, auf Geburt und Tod, auf Gesundheit und Krankheit, auf Glück und Unglück, auf alle Erfahrungen, die uns oft dunkel erscheinen und die wir nicht einordnen können: auf die Erfahrung von Krisen, die unser Leben erschüttern, auf die Erfahrung von Einsamkeit und Verzweiflung, von Leere und Sinnlosigkeit, von Enttäuschung und Nichtverstandenwerden, von Ungeborgenheit und Fremdheit. So ein umfassendes Deutungsmodell kann ich mir nicht mehr selbst entwerfen, sondern es muß mir von einem andern angeboten werden. Ich kann mir die Deutung nicht selbst geben, ich muß sie von Gott gesagt bekommen.

Gott deutet uns die verschiedensten Situationen unseres Lebens in seinem Wort, das uns in der Bibel überliefert ist. Dieses Wort wird uns in der Liturgie gesagt, wir tragen es mit uns in der Meditation und im Gebet. Indem wir uns ein Schriftwort immer wieder vorsagen, üben wir uns ein in die Umdeutung des Glaubens, versuchen wir, unser Leben von diesem Wort her zu beleuchten und umzudeuten. Die Sakramente der Kirche deuten die Knotenpunkte unseres Lebens um, die Feste des Kirchenjahres greifen die verschiedenen Erfahrungen unseres Lebens auf und lassen sie uns in einem neuen Licht sehen. Ebenso wollen uns die Dogmen der Kirche helfen, unser Leben anders zu sehen. Die Dogmen bringen uns keine neuen Fakten, sondern sie deuten uns die Fakten, mit denen wir uns konfrontiert sehen. [...]

Christus ist der Erleuchter, der Erzieher und Wegweiser zum Leben. Er deutet uns unser Leben, so daß es verständlich und durchschaubar wird. *32, 11f*

Ein neue Sehweise

Das Wesen des Glaubens besteht von der Etymologie her in einem guten Sehen der Wirklichkeit. Ich sehe die Welt gut und deute sie in die Richtung des Gutseins um. Wenn ich aber etwas für gut und lieb halte, kann ich es auch lieb haben und lieb nennen. Die Liebe folgt aus dem Glauben. Sie ist das dem Glauben gemäße Verhalten. Sie ist kein Gebot, das uns von außen her auferlegt wird und uns überfordert. Wenn ich etwas als gut erkannt habe und wenn es mir lieb geworden ist, dann gehe ich von selbst gut damit um, dann habe ich es auch lieb und behandle es lieb. Und ich werde es auch lieb nennen. Im Loben bringe ich das als gut Erkannte und Erlebte auch zur Sprache.

Der Zusammenhang von Glauben, Lieben und Loben beschreibt für mich die Grundstruktur der christlichen Botschaft. Jesus hat uns nicht eine Fülle neuer Gebote auferlegt, sondern er hat uns zuerst gelehrt, unser Leben, die Welt und Gott neu zu sehen. Und aus dieser neuen Sicht, die er uns selbst vorgelebt hat, erwächst dann von selbst auch ein neues Verhalten und ein neues Daseinsgefühl. Jesus hat uns durch seine Art, mit den Menschen umzugehen, durch seine Worte, durch sein Leben und durch sein Sterben die Augen geöffnet, er hat uns den Glauben als neue Sehweise, die Liebe als neue Verhaltensweise und das Loben als Ausdruck unseres neuen Daseinsgefühls ermöglicht. *32, 13*

Erlebtes umdeuten (1)

Bei manchen erweckt das Wort »umdeuten« den Eindruck, daß ich die Wirklichkeit verfälsche oder eben beliebig umdeute, damit ich besser damit zurechtkomme. Doch das ist nicht gemeint. Wenn ich willkürlich umdeute, dann kann das auf Dauer meinen Verstand nicht befriedigen. Ich muß das Umdeuten vor meinem Verstand rechtfertigen können. Es muß der Wahrheit entsprechen, sonst würde ich es als billigen Trick durchschauen. Und was ich als psychologischen Trick durchschaut habe, wirkt nicht mehr. Auf Dauer wirkt nur, was wirklich ist, was der Wirklichkeit entspricht. Ich kann zwar sagen, daß es mir seelisch gutgeht, wenn ich mein Leben vom Glauben her deute. Aber zugleich weiß ich, daß der Glaube nur wirkt, wenn das, woran ich glaube, auch wirklich existiert. Im Glauben übersteige ich also schon die psychologische Ebene und beziehe mich auf den wirklichen Gott.

Das ist zwar noch kein Gottesbeweis. Er liegt höchstens in der Richtung des ontologischen Gottesbeweises bei Anselm von Canterbury, der davon ausgeht, daß wir die Vorstellung von einem höchsten Gut haben. Da aber ein höchstes Gut, das existiert, ein nur gedachtes höchstes Gut übertrifft, übersteigen wir in unserer Vorstellung schon die Ebene des Denkens und beziehen uns auf den tatsächlich existierenden Gott. So könnte man auch den psychologischen Gottesbeweis aufbauen. Psychologisch können wir feststellen, daß uns der Glaube gesund macht. Aber da wir zugleich unseren Verstand beim Glauben nicht ausschalten, würde ein Glaube, der von unserem Verstand als psychologischer Trick entlarvt würde, uns nicht weiterhelfen. Nur wenn wir fest davon überzeugt sind, daß dem Glauben eine Wirklichkeit entspricht, kann der Glaube positiv in uns wirken.

Im Begriff des Glaubens ist also schon die Ebene des bloßen Denkens und Sicheinbildens überschritten und die Ebene des existierenden Gottes berührt. Allerdings ist das kein zwingender Beweis, sondern es setzt die Grundentscheidung voraus, daß wir unserem Erkenntnisvermögen trauen und nicht als Blinde herumtappen in einer hoffnungslos absurden Welt. *39, 26f*

Erlebtes umdeuten (2)

Das Wort »umdeuten« bezieht sich auf die Tatsache, daß wir ja unbewußt immer schon deuten, daß wir bei der Deutung unseres Lebens von Deutungen ausgehen, die wir unbewußt von unserer Umgebung übernehmen. Gegenüber dieser oft unreflektierten Deutung deutet uns der Glaube unser Leben um. Er läßt es uns so deuten, wie Gott unser Leben sieht. Und diese Deutung entspricht der Wirklichkeit mehr als unsere gewohnten Deutungen. Wir entnehmen die Deutung des Glaubens der Heiligen Schrift. Aber wir beziehen die Worte der Schrift bewußt auf unser Leben und fragen uns: Wenn das stimmt, was sagt das über mein Leben, wie muß ich mich dann sehen und fühlen? Wenn das Wort aus Psalm 23 stimmt: »Der Herr ist mein Hirt, nichts wird mir fehlen«, was bedeutet das dann für meine Erfahrung von Einsamkeit und Enttäuschung? Wie deutet dieser Satz den Tod eines Menschen, der mir sehr wichtig war? Wie sehe ich dann meinen Mangel an Anerkennung und Zuwendung? Das Modell des Glaubens als Umdeuten bezieht die Worte der Schrift auf meine konkrete Lebenssituation und läßt mich dann in einer neuen, der Erlösung durch Christus entsprechenden Weise mit den Erfahrungen meines Lebens umgehen.

Ein anderer Einwand meint, das Umdeuten führe dazu, alles einfach hinzunehmen und nicht nach wirklichen Lösungen Ausschau zu halten. Man müsse alles fromm umdeuten, um damit fertig zu werden. Damit lasse ich aber die Zustände, wie sie sind. Doch für mich ist das Umdeuten etwas Aktives. Ich muß nicht sofort umdeuten, sondern mich zuerst fragen, ob ich etwas ändern kann oder will. Die Alternative lautet für mich: ändern oder umdeuten, aber nichts dazwischen, nicht ein wehleidiges Jammern, daß man da nichts machen könne, daß halt alles so schwer sei. Die Alternative »ändern oder umdeuten« zwingt mich gerade zu einer aktiven Reaktion. Ich muß mich entscheiden, was ich will, wie ich auf die Herausforderungen des Lebens, auf die Herausforderungen durch Mitmenschen und durch Situationen bei der Arbeit reagiere.

39, 27f

ERLEBTES UMDEUTEN (3)

Das Umdeuten muß redlich sein. Ich muß es vor meinem Verstand und vor meinen Gefühlen verantworten können. Ich kann mir nicht Beliebiges einreden. Es geht nicht darum, nur an die Macht der positiven Gedanken zu glauben und mir einzureden: Es geht mir von Tag zu Tag besser, obwohl es mir gar nicht gutgeht. Das Umdeuten des Lebens nimmt die Realität an, wie sie ist. Aber im Glauben übersteige ich die Ebene der Probleme und sehe die Probleme von einer anderen Warte aus. Diese Warte ist nicht beliebig, sondern es ist die Sicht des Glaubens, des Wortes Gottes, das mir meine Welt in ein neues Licht taucht. Wenn ich mich z. B. maßlos über einen Menschen ärgere, dann kann ich mir nicht vorsagen: »Ich ärgere mich nicht. Es macht mir gar nichts aus, was er sagt.« Da würde ich mir künstlich etwas einreden.

Umdeuten könnte so aussehen: »Ich ärgere mich zwar. Aber warum nehme ich ihn eigentlich so wichtig? Warum gebe ich ihm soviel Macht über mich? Warum beziehe ich alles, was er sagt, auf mich? Das ist doch sein Problem. Ich kann ihn nicht ändern, aber ich brauche ja nicht zu reagieren. Ich lebe mein Leben. Ich bin nicht verantwortlich für sein komisches Verhalten.« Oder ich kann mir sagen: »Ein anderer hat nur soviel Macht über mich, wie ich ihm gebe. Wenn ich mich über einen ständig ärgere, wenn ich mich ständig provozieren lasse, dann gebe ich ihm zuviel Macht über mich. Ich erweise ihm mehr Ehre, als ihm gebührt. So wichtig ist der andere gar nicht.« Das sind rein menschliche Umdeutungen, aber Umdeutungen, die ich vor mir und meinem Verstand verantworten kann. Ich kann die Situation auch im Glauben umdeuten. Dann frage ich mich, was Gott mir durch den anderen sagen will, auf welche eigenen Fehler er mich stoßen will, wohin mich Gott durch den anderen führen will. Oder ich kann für ihn beten. Das ist auch eine Umdeutung der Situation. Im Beten reagiere ich aktiv. Ich frage mich, worunter der andere leidet, wo er unzufrieden ist mit sich selbst. Und ich bete für ihn, daß Gott ihm inneren Frieden schenkt. *39, 30f*

Es ist noch Platz

Es ist unsere Entscheidung, wie wir unser Leben kommentieren. Der Glaube deutet unser Leben ganz bewußt von Gott her. Er sieht in allem Gott am Werk. Gott spricht zu mir in allen Dingen meines Lebens. Er mutet mir diese Aufgabe zu, er begleitet mich bei Schwierigkeiten, er hilft mir, er ist bei mir, er ist in mir. Sein Geist belebt mich und gibt mir Schwung. Wenn ich von dieser Sicht her an meine Arbeit herangehe, so erscheint sie in einem anderen Licht. Ich nehme sie an als Aufgabe von Gott. Und wenn etwas schiefläuft, so kommentiere ich es nicht sofort als Versagen oder als Verschulden der anderen, die mir übel wollen, sondern ich bespreche es mit Gott, frage ihn, was er mir damit sagen will. Ich darf dabei jedoch die Ereignisse nicht vorschnell als Willen Gottes deuten, sondern soll nach dem Willen Gottes in den Ereignissen fragen. [...]

Eine Schwester wollte an ihrem Geburtstag die Vormittagspause besonders schön gestalten, kochte Kaffee, zündete Kerzen an und wartete auf die Mitschwestern. Aber die wußten nichts davon. Und ausgerechnet an diesem Tag kamen sie nicht, da sie von irgend etwas aufgehalten wurden. So saß die Schwester allein in ihrem Büro und wartete vergebens. Schon tauchten Gedanken der Enttäuschung und der Traurigkeit in ihr auf. Ausgerechnet heute lassen sie mich allein. Da kam ihr ein Geistesblitz. Sie griff zum Telefon und rief die Pförtnerin an: Die geladenen Gäste wollten nicht kommen, es sei noch Platz, ob sie nicht kommen wolle. Die Pförtnerin meinte, sie verstünde zwar gar nichts, aber sie komme trotzdem. Im Büro erklärte es ihr die Schwester. Draußen waren zufällig die Putzfrauen gerade am Werk. Auch sie lud sie ein. Und sie hatten viel Spaß miteinander. Es wurde eine schöne Kaffeepause, ein echtes Geburtstagsgeschenk. Das biblische Gleichnis vom königlichen Gastmahl war für die Schwester ein Modell, ihre Situation umzudeuten. Auf einmal konnte sie aktiv und mit viel Phantasie auf ihr Alleingelassenwerden reagieren. Sie machte der Pförtnerin und den Putzfrauen und nicht zuletzt sich selbst viel Freude. Hätte sie sich in ihre traurigen Gedanken vergraben, wäre ihr der Geburtstag verdorben worden. Die Umdeutung hat sie ihn in einem neuen Licht erleben lassen.

32, 17ff

Glaubensrealistische Sicht

Es gibt Menschen, die alles sehr trist sehen, ihre Arbeit, ihre Familie, die Situation in der Firma, die Gesellschaft, die Politik. Sie können meist zahlreiche Fakten aufzählen, die ihre negative Sicht bestätigen. Aber die gleichen Fakten kann ich auch anders sehen und dann anders darauf reagieren. In unserer Klostergemeinschaft ist vieles nicht in Ordnung. Wir sind keine ideale Gemeinschaft, sondern eben eine Gemeinschaft von Menschen mit Fehlern und Schwächen. Aber ich kann meine Energie damit verschwenden, darüber zu jammern, in welch desolatem Zustand die Gemeinschaft ist und daß sich da sowieso nichts mehr machen läßt. Oder ich kann die Situation vom Glauben her sehen. Dann glaube ich, daß Gott immer noch diese Gemeinschaft begleitet, daß er sie trägt mit all ihren Schwächen und daß er sie in seinem Geist erneuern kann.

Wenn ich die Situation so sehe, so lasse ich mich nicht hängen und höre auf, um mich herum eine negative Stimmung zu verbreiten. Ich sehe es als Herausforderung von Gott her, als Herausforderung, erst einmal mich selbst von seinem Geist durchdringen zu lassen. Denn was ich an der Gemeinschaft an Negativem sehe, das ist ja auch in mir. Das muß erst einmal in mir verwandelt werden. Und ich sehe es als Herausforderung, mich für die Erneuerung der Gemeinschaft einzusetzen, nicht in einem blinden Reformeifer, sondern aus der Hoffnung heraus, daß Gott auch mit dieser Gemeinschaft große Dinge tun kann.

Der Glaube deutet den Zustand der Gemeinschaft um und läßt mich angemessen darauf reagieren. Der Glaube sieht von Gott her neue Möglichkeiten, aber er ist keine utopische Lösung. *32, 19f*

Ein Mensch – eins mit Gott

Im 5. Kapitel erzählt uns Markus von dem Besessenen, der in Grabhöhlen haust, der sich selbst vom Leben ausgeschlossen hat, der sich zurückgezogen hat in die Isolation. Aber er schreit doch, er möchte Zuwendung. Er setzt sich von den Menschen ab und möchte doch, daß sie ihn beachten. Doch die Hirten wollen nur ihre Ruhe haben. Sie binden ihn mit Fesseln. Aber es ist so viel Kraft in ihm, daß er sie zerreißt. Er weiß nicht, wohin mit seinen Kräften. Er schlägt sich selbst, er richtet seine Aggressionen gegen sich. Da sieht er Jesus, läuft auf ihn zu. Jesus fragt ihn: Wie heißt du? Jesus läßt sich nicht von dem chaotischen Verhalten beeindrucken. Er glaubt an den Menschen hinter der kaputten Fassade. Zunächst versteckt sich der Besessene hinter den anderen, die ihn so gemacht haben, hinter den Eltern, hinter der Gesellschaft. Wir sind Legion, sagt er. Aber Jesus hält an seinem Glauben an den guten Kern in diesem Menschen fest. Und da fahren die bösen Geister aus ihm aus.

In der Eucharistie spielen wir diese Begegnung nach. Ich bin der Besessene, innerlich zerrissen, voll von Aggressionen und giftigen Gefühlen. Ich erfahre mich als unannehmbar, chaotisch, beherrscht von tausend wirren Gedanken. Aber ich laufe in der Kommunion trotzdem auf Jesus zu, strecke die Hand aus. Und er fragt nach mir, nach meinem Namen, nach meinem Wesen. Und er gibt mir selbst die Antwort: »Mein Leib für dich. Es ist gut, daß es dich gibt. Ich freue mich über dich, du darfst leben. Ich gebe mich dir, ich nehme dich an. Ich werde eins mit dir.« Und ich antworte: »Amen, ja so ist es. Das bin ich wirklich, ein Mensch, eins mit Gott.« Die Kommunion gibt mir die Möglichkeit, mich anzunehmen, obwohl ich mich als so unannehmbar erfahre. Ich kann mir zwar auch von der Psychologie her immer wieder vorsagen, daß ich mich annehmen sollte. Aber es gelingt mir kaum. Nur wenn ich in der Begegnung mit Jesus erfahren darf, daß er mich vorbehaltlos annimmt, leibhaft, mit allen Sinnen, fahren die wirren Geister, mit denen ich mich selbst zerstöre, aus mir aus, und ich darf neu aufleben. Jetzt kann ich mich annehmen, weil ich das Vertrauen Jesu in mich erfahren habe.

39, 19f

Die Welt mit guten Augen sehen

Glauben heißt, die Deutung des Lebens und der Welt durch Jesus zu übernehmen. Das bedeutet, die Welt mit guten Augen ansehen, sie gutheißen, sie annehmen als Welt des guten Gottes. Die Welt wird dann nicht als das Fremde und Bedrohliche erfahren, sondern als Schöpfung Gottes. Sie wird durchlässig für Gott. Sie spiegelt Gottes Herrlichkeit wider. Diese neue Sicht läßt mich anders mit der Natur umgehen und gibt mir ein anderes Gefühl. Es ist keine Naturschwärmerei, sondern eine Sicht, die in der Natur Gottes Geist am Werk sieht. Wenn ich mit diesem Blick durch die Natur gehe, so erscheint sie mir in einer ganz neuen Dimension. Sie wird mir vertraut. Ich fühle mich eins mit ihr. Sie ist Werk Gottes, meines Schöpfers. Gott hat mich aus dem gleichen Stoff gemacht wie sie. Das Leben, das ich in ihr spüre, ist auch mein Leben. Es ist Gottes Leben.

Und dann wird alles durchlässig für Gott. Die Blume spiegelt Gottes Schönheit wider. Die Sonne läßt mich seine Wärme und Liebe spüren. Im Wind durchweht mich Gottes Geist, er rüttelt mich durch im Sturm, er reinigt mich, indem er mich durchbläst, und er streichelt mich zärtlich im Säuseln. Ich brauche den Dingen nur auf den Grund zu gehen, mich ganz in die Dinge hineinzuspüren, dann entdecke ich auf ihrem Grund Gott. Diese neue Sicht der Natur läßt mich nie zu Ende kommen mit ihr. Das Geheimnis Gottes wohnt in der Schöpfung. Und so wird die Schöpfung für mich nie langweilig. Ich spüre in ihr immer wieder etwas von dem unendlichen Geheimnis Gottes. Und diese Sicht führt auch zu einem neuen Erleben meiner selbst. Ich fühle das Leben Gottes, das in der Natur um mich herum so mannigfaltig sich regt, auch in mir.

32, 33f

Einer dem anderen eine Brücke sein

Was für eine klösterliche Gemeinschaft gilt, ist auch für die Gemeinschaft einer Ehe gültig. Auch da gehen häufig Ehen in die Brüche, weil man sie mit zu idealen Vorstellungen befrachtet. Als Christen, so meinen viele, müßten sie doch eine echte christliche Ehe führen, mit gemeinsamem Gebet, mit einer Liebe ohne Ende, mit ständiger Rücksichtnahme, mit der Bereitschaft, zu vergeben und immer wieder auf den anderen einzugehen, aber auch mit der Bereitschaft zu Verzicht und einfachem Leben. So gut all diese Ideale sind, wenn man sie sich gegenseitig an den Kopf wirft, überfordert man sich und den andern. Dann sind nicht die Ehepartner das Problem, sondern ihre utopischen Ehevorstellungen. Je mehr sie sich anstrengen, ihr Ideal zu erreichen, desto schwieriger wird ihr Zusammenleben. Weil sie den Himmel zu zweit erleben wollen, wird ihr Miteinander allmählich zur Hölle.

Der Glaube will uns nicht mit utopischen Vorstellungen überfordern, sondern er will uns unser Leben umdeuten. Wir sollen nicht in Resignation verfallen und einfach von der Idee einer christlichen Ehe Abschied nehmen. Wir sollen vielmehr in Demut annehmen, daß wir Menschen sind, daß wir auch ganz egoistische Wünsche haben, daß in uns Gedanken auftauchen, die nicht unseren Idealvorstellungen entsprechen. Wir müssen die Fakten annehmen, wie sie sind. Dann können wir sie umdeuten. Dann entdecken wir, daß trotz unserer Reibereien der eine für den anderen Mittler zu Gott ist, daß in unserer Gefühlskälte doch noch die Sehnsucht nach lebendiger Liebe ist und daß in uns die Quelle göttlicher Liebe ist, die unsere endliche und beschränkte Liebe immer wieder neu beleben kann. *32, 21f*

Die wahre Sehnsucht berühren

Der Glaube zeigt mir mein eigentliches Selbst. Die Worte der Bibel öffnen mir gegenüber der Ebene der Ego-Bedürfnisse eine andere Ebene, die Ebene des von Jesus Christus erlösten Menschen, des Menschen, in dem Gott selbst Wohnung genommen hat. Und wir müssen uns gegenüber unserem Selbstverständnis, das auf der Ego-Ebene stehen bleibt, immer wieder einweisen lassen in das eigentliche Geheimnis unseres Seins.

Die Wahrheit wird uns freimachen, sagt Johannes. Wenn wir durch die Beschäftigung mit der Bibel an den Kern unseres Seins rühren, dann ist das die wahre Befreiung von unseren Problemen. Wir kreisen dann nicht mehr um unsere Probleme, sondern wenden uns ganz bewußt der Dimension des Glaubens zu. Wir brauchen dann nicht mehr darum zu ringen, die Sprache des Glaubens unserer alltäglichen Sprache anzupassen. Wir brauchen nicht mehr künstlich zeitgemäß zu predigen, sondern wir sollen in unserer Verkündigung das eigentliche Geheimnis des Menschen aufzeigen. Der Glaube wird dann nicht mehr verpsychologisiert, sondern wir rühren an eine Dimension, die die Ebene der Psychologie übersteigt, an das Geheimnis der Gotteskindschaft, an das Geheimnis der Vergöttlichung des Menschen durch den Gottmenschen Jesus Christus. Aber auch dieses Geheimnis müssen wir so verkünden, daß sich die Menschen im Innersten ihres Herzens angesprochen fühlen, daß ihre wahre Sehnsucht angerührt wird, die Sehnsucht, sich selbst zu vergessen und in Gott ihren Frieden finden zu können. *39, 45f*

Nach der Drachme suchen

Wenn wir den transpersonalen Ansatz auf den Glauben anwenden, so verstehen wir Glauben als das Transzendieren unserer Ego-Ebene auf die Ebene hin, auf der wir mit Gott verbunden sind. Wir reduzieren den Glauben dann nicht mehr auf die psychologische Ebene unseres Ichs, das vor allem daran interessiert ist, von unangenehmen Symptomen frei zu werden. Wir lösen uns von der Fixierung auf unsere Probleme und wenden uns ganz bewußt Gott zu, aber dem Gott, der in uns wohnt.

In den Begriffen der deutschen Mystik könnte man sagen, wir wenden uns dem Seelengrund zu, dem Ort, an dem Gott in uns geboren wird, an dem wir wahrhaft wir selbst sind. Tauler meint, in diesen Seelengrund könnten wir nicht aus eigener Kraft gelangen, sondern nur, wenn wir Gott an uns handeln lassen. Und er legt das Gleichnis von der verlorenen Drachme (Lukas 15,8-10) so aus, daß Gott in unser Haus eindringt und alles, was wir als Möblierung unseres Ichs geschaffen haben, erst einmal durcheinanderwirft, um unter all dem Besitz, den wir uns durch unsere Arbeit an uns selbst erworben haben, nach der Drachme zu suchen, nach unserem wahren Selbst. Gott muß also erst die Ausstattung unseres Ichs, die wir durch psychologische Methoden mühsam geschaffen haben, also unsere Ich-Stärke, unser Rollenverhalten, unsere Selbstsicherheit, unser Selbstvertrauen, umwerfen, damit wir auf die Drachme stoßen, das Wertvollste, das wir in uns haben: Gott in uns. *39, 40f*

Sich selbst lieben

Sich selbst lieben heißt sich annehmen. Auf den Rat, sich selbst anzunehmen, stößt man heute allerorten. Aber die Frage ist, wie ich das denn konkret tun soll. Lieben heißt gut haben, gut handhaben. Es hat etwas mit den Händen zu tun. Auch annehmen kann ich nur mit den Händen. Ich nehme etwas in meine Hände, es wird ein Teil von mir. Sich selbst annehmen heißt, sich selbst in seine Hände nehmen, zärtlich und gut mit sich umgehen. Liebe ist etwas Handgreifliches, etwas Leibhaftes. Ich gehe gut mit mir um, wenn ich meinen Leib gut behandle, ich soll ihn nicht verweichlichen, sondern durchsichtig machen auf Gott hin. Ich soll auf ihn hören. Durch Krankheit, durch Behinderungen, durch Schmerzen sagt er mir etwas über mich selbst aus. Was er mir sagt, das soll ich annehmen, in meine Hände nehmen, ein Teil von mir werden lassen, mich damit aussöhnen. Das Gleiche gilt für die Gedanken, die in mir aufsteigen. Auch sie soll ich annehmen, als einen Teil von mir akzeptieren. Aber ich soll auch unterscheiden, ob die Gedanken nicht von aussen auf mich einstürmen und mich daran hindern, ich selbst zu sein. Dann muß ich auch gegen die Gedanken kämpfen und mich dadurch gut behandeln, daß ich gute Gedanken in mich einlasse, mich von ihnen heilen lasse.

Die Mönche füllten sich bewußt mit guten Gedanken an, indem sie die Bibel lasen. Bibel lesen war für sie nicht nur Gottesliebe, sondern auch ein Stück Selbstliebe. Denn die Bibel vertreibt unsere negativen Gedanken und heilt uns durch die göttlichen Gedanken, die uns unseren eigentlichen Kern erst entdecken lassen. Alle Askese ist letztlich Selbstliebe. Wir gehen gut mit uns um, wir wollen den guten Kern in uns immer mehr zum Wachsen bringen und durch die Mittel der Askese wie Disziplin, Beten, Schriftlesung, Fasten usw. das Dornengestrüpp entfernen, das uns daran hindert, uns zu entfalten und aufzublühen. *32, 43f*

Wie kann ich Gott lieben? (1)

Was meint Jesus und was meint das AT damit, daß wir Gott lieben sollen mit ganzem Herzen und ganzer Seele, mit all unseren Gedanken und mit all unserer Kraft (vgl. Markus 12,30)? Wir kennen alle dieses Gebot. Aber wie sieht das aus, wenn ich Gott aus ganzem Herzen liebe? In seinen Abschiedsreden sagt Jesus: »Wenn ihr mich liebt, werdet ihr meine Gebote halten« (Johannes 14,15). Jesus beschreibt Liebe als Verhalten, als Tun. Die Gebote halten heißt, mit sich selbst, mit seinem Leben, mit seiner Zeit, mit der Schöpfung und mit den Menschen so umgehen, wie es Gott entspricht. Die Liebe zu Gott zeigt sich im richtigen Umgang mit seinen Spiegelungen, mit seiner Schöpfung, vor allem mit seiner höchsten Schöpfung, dem Menschen.

Wir sind immer in Gefahr, die Spiegelungen Gottes für Gott zu halten, uns so in sie zu verlieren, daß sie absolute Bedeutung für uns gewinnen. Dann werden sie für uns zu Götzen. Und dann verkehrt sich alles. Wir werden zu Sklaven, zu Sklaven des Erfolges, des Geldes, des Besitzes, der Anerkennung, zu Sklaven von Menschen, die wir anbeten, die für uns alles werden. Gott mit ganzem Herzen zu lieben, das meint, daß wir Gott an die erste Stelle rücken, daß wir alles so behandeln, wie es der Wirklichkeit entspricht, als das uns von Gott Gegebene und nicht als Gott selbst. Gott lieben ist damit letztlich der wirklichkeitsgerechte Umgang mit Menschen und Dingen, mit unserer Zeit und mit unserem Leben. [...]

Ich nehme auch die Krankheit aus Gottes Händen an, als etwas, worin er zu mir spricht, mich auf meine Grenzen hinweist, auf eine innere Unordnung, die in mir ist, oder aber einfach als das, was er mir in seinem unerklärlichen Ratschluß zumutet, vielleicht um ein Stück Unheil in dieser Welt auszuleiden. *32, 44f*

Wie kann ich Gott lieben? (2)

Aber kann ich Gott nur in seinen Spiegelungen lieben, im Mitmenschen, in der Schöpfung, in mir selbst? Gibt es nicht auch eine direkte Beziehung zu Gott? Die Psalmen sprechen davon, daß wir Gott lieben, indem wir seine Gebote meditieren, indem wir seine Taten in der Geschichte betrachten, indem wir einverstanden sind mit dem, was er in der Schöpfung geschaffen und was er in der Geschichte getan hat. Die Liebe zu Gott zeigt sich also in der Zeit, die wir uns für ihn nehmen. In dieser Zeit beschäftigen wir uns bewußt mit dem, der hinter aller Schöpfung und Geschichte steht, der auch hinter unserem Leben steht. Und dieses Geheimnis, das alle sichtbare Wirklichkeit übersteigt, wird in der Bibel als eine Person gesehen, mit sehr menschlichen Farben geschildert, als liebenswerter Gott, aber oft genug auch als unverständlicher Gott, über dessen Tun man lange nachdenken muß, mit dem man lange ringen und kämpfen muß, um sich schließlich zu ergeben und daran glauben zu können, daß man sich in seine liebenden Hände hinein ergibt.

Die Welt und die Menschen werden nur durchlässig auf Gott hin, wenn wir uns Zeit nehmen allein für diesen Gott, wenn wir in die Stille hineinhorchen, um diesem Geheimnis näher zu kommen, es besser zu verstehen und schließlich mit ihm eins zu werden. Gott lieben heißt letztlich, mit ihm eins werden. Die Liebe deutet nicht nur um, sie wandelt um. Sie nimmt Gott und sein unbeschreibliches Geheimnis so in die Hände, daß sie eins werden mit ihm. [...]

Wir vergessen uns und unsere Probleme, wir tadeln uns nicht, und wir rechtfertigen uns nicht vor Gott. Wir geben das Kreisen um uns selbst auf und fallen einfach nieder, weil Gott uns berührt. *32, 46f*

EINANDER LIEBEN (1)

Das Gebot der Bruderliebe scheint uns zu überfordern. Wie kann ich einen Menschen lieben, der mir unsympathisch ist, der in mir negative Gefühle auslöst? Ich kann doch meine Gefühle nicht vergewaltigen, ich kann doch nicht mir selbst und dem anderen gegenüber unehrlich sein. Wenn wir vom Begriff der Liebe als Umwandeln der umgedeuteten Wirklichkeit oder als Gutbehandeln des als gut Gesehenen ausgehen, dann zwingt uns die Liebe nicht, unsere negativen Gefühle zu unterdrücken und ein künstliches Wohlverhalten allen Menschen gegenüber an den Tag zu legen. Wozu wir uns zwingen müssen, das ist die neue Sicht des andern. Wir müssen unsere Vorurteile in Frage stellen und versuchen, den anderen bewußt einmal mit der Brille des Glaubens zu betrachten und in ihm an einen guten Kern zu glauben.

Zur Liebe müssen wir uns nicht zwingen. Die Liebe folgt aus dem Glauben. Wir müssen nur unser Verhalten in Übereinstimmung mit unserer Sichtweise bringen. Sonst sind wir in uns selbst gespalten. Aber wir brauchen in uns keine Gefühle der Liebe zu erzeugen. Wenn wir im andern eine Sehnsucht nach dem Guten entdecken, werden in uns auch positivere Gefühle hochkommen. Lieben bedeutet dann, den anderen so zu behandeln, daß wir seine Sehnsucht nach dem Guten ernst nehmen, daß wir das Gute in ihm immer mehr hervorlocken, daß wir dazu beitragen, daß das Gute in ihm das Krankhafte und Unheile, das Böse und Dunkle immer mehr überwindet, so daß der ganze Mensch gut wird. Lieben heißt: den anderen gut machen, ihn immer mehr in einen guten Menschen verwandeln.

32, 47f

Einander lieben (2)

Utopische Vorstellungen erschweren oft die Liebe zwischen den Partnern in einer Ehe oder Freundschaft. Da schwärmt man von der gegenseitigen Liebe und fällt aus allen Wolken, daß der Partner das Geschirr nicht abgespült hat. Der Höhenflug der Liebe endet in den Banalitäten des Alltags. Für Benedikt zeigt sich die brüderliche Liebe ganz konkret in der Bereitschaft, die täglichen Dienste zu übernehmen und gewissenhaft und sorgfältig auszuführen. Die Liebe muß Fleisch werden. Sie muß die Realität des Lebens annehmen. Die Realität ist oft genug nüchtern und besteht aus tausend Kleinigkeiten. Dem andern begegne ich eben nicht nur in seinen hehren Gedanken und Gefühlen, sondern in seinen Gewohnheiten, die mir auf die Nerven gehen. Für Benedikt zeigt sich daher die Liebe gerade auch im Ertragen der gegenseitigen Schwächen und Gebrechen. Statt utopischen Vorstellungen nachzuhängen, läßt sich die Liebe auf die Wirklichkeit des anderen und des konkreten Miteinanders ein, sie verschließt die Augen nicht vor der Wirklichkeit, aber sie überspringt die Ebene, auf der man sich gegenseitig reibt. Sie sieht durch das Sichtbare hindurch auf das Unsichtbare im andern, auf seine gute Absicht, auf seinen guten Kern, auf seine positiven Möglichkeiten. Und sie behandelt ihn von dieser Ebene aus. Dadurch relativieren sich viele Reibereien. Sie werden nicht verleugnet und verdrängt, sondern angenommen und verwandelt.

Die Utopie endet in Resignation, die Liebe dagegen geht die alltäglichen Probleme aktiv an, mit viel Phantasie, mit Geduld und einem langen Atem und mit Humor. *32, 50f*

Erkennen und Tun

Leider wurde und wird der Glaube oft so verstanden und verkündet, daß wir uns anstrengen müssen, uns nach dem Willen Gottes zu richten. Wir müssen Tag für Tag neu versuchen, seine Gebote zu erfüllen, an uns zu arbeiten, daß wir dem entsprechen, was wir vor Gott sein sollten. Wir laufen dann ständig mit schlechtem Gewissen herum, da wir hinter unserem Ideal zurückbleiben. Dabei ist es oft unklar, ob es wirklich das Idealbild ist, das sich Gott von uns gemacht hat, oder vielmehr das Idealbild unseres Über-Ichs, mit dem uns das Über-Ich zu Perfektion und Höchstleistung antreibt.

Gott ist gnädiger als unser Über-Ich. Er will, daß wir lebendig werden und frei, und nicht, daß wir uns verkrampfen und in ständiger Anspannung leben. Die Frohe Botschaft des Glaubens verkündet uns nicht, was wir sein sollten oder eigentlich tun müßten, sondern zuerst, wer wir eigentlich sind. Wir sind durch Christus erlöst, wir sind schon die, in denen Gott wohnt. Natürlich sind wir auch die Sünder, Menschen, die verstrickt sind in viele Abhängigkeiten, die egoistische Absichten haben und ein falsches, verlogenes Herz. Aber selbst unter all unserer Schuld ist noch ein Kern, der von der Sünde nicht berührt ist. [...]

Es gibt in uns eine Lauterkeit, die von der Erbsünde nicht getrübt ist, einen Kern, der nur von Gottes Gnade, aber nicht von der menschlichen Schuld umfangen ist. Christus will uns mit seiner Botschaft an diesen Kern erinnern. Wir sollen uns freuen über unser wahres Geheimnis, daß wir schon erlöst sind, daß wir schon Anteil haben am göttlichen Leben. Wenn wir das Geheimnis unserer Existenz berührt haben, dann müssen wir natürlich auch danach leben. Denn eine Erkenntnis, die nur im Kopf bleibt, verfliegt wieder. Wir würden in einen Zwiespalt geraten, wenn Erkenntnis und Tun auseinanderklafften. Ein Stück weit bleiben wir allerdings mit unserem Tun immer hinter der Erkenntnis des Glaubens zurück. Aber je mehr wir uns dem Geheimnis unseres Lebens zuwenden, desto mehr werden wir daraus leben. *39, 46f*

WOHER WILL ICH MICH DEFINIEREN?

Meine geistlichen Lehrer sagten oft: Dies oder jenes Problem müsse ich übernatürlich lösen. Wenn ich Schwierigkeiten mit Mitbrüdern hatte, sollte ich es geistlich bewältigen. Oft wehrte ich mich gegen solche übernatürlichen Lösungen. Sie kamen mir zu billig vor, sie schienen mir zu schnell das Problem zu überspringen. Doch nun sehe ich das etwas anders. Ich merke, daß es nichts nützt, das ständige Streben nach Anerkennung nur dadurch zu lösen, daß man doch mehr auf seine guten Seiten und auf die tatsächlichen Bestätigungen sehen soll. Man muß die Ebene übersteigen. Man muß sich fragen: Woher will ich mich definieren, von meinem Wert bei den anderen oder von meinem Wert vor Gott, von meinem Geheimnis, daß ich Sohn Gottes bin? Das wäre so eine übernatürliche Lösung.

Der Glaube überspringt nicht die Ebene, sondern übersteigt sie. Überspringen würde bedeuten, daß ich gar nicht wahrnehme, wie sehr ich mich nach Anerkennung und Zuwendung sehne. Ich würde es einfach verdrängen. Ich würde das Problem nicht angehen, sondern mich in die heile Welt des Glaubens flüchten, in die Höhle bei Gott. Übersteigen heißt dagegen, daß ich zugebe, wie sehr es mich schmerzt, daß andere mehr Liebe und Zuwendung bekommen als ich, aber ich fixiere mich nicht darauf. Ich gestehe es mir zu, daß ich auf meiner Ego-Ebene eben noch empfindlich bin und verletzlich. Aber ich übersteige diese Ebene und wende mich dem eigentlichen Geheimnis meines Seins zu, daß ich Kind Gottes bin. Wenn ich das meditiere, dann kreise ich nicht mehr um meine Anerkennung, ich erfahre mich neu. Ich bekomme Abstand zu meinem Bedürfnis. Es beherrscht mich nicht mehr. Aber es genügt eben nicht, sich das nur theoretisch klarzumachen. Unsere Definition von der Ego-Ebene her sitzt uns so sehr im Fleisch, daß wir uns bewußt in die andere Definition einüben müssen, durch Meditation, Gebet, Liturgie und Bibellesung. Wir müssen es uns von Gott immer wieder sagen lassen, wer wir sind. Das Wort Gottes muß mehr Macht in uns gewinnen als das Wort der Menschen.

39, 51f

Weinstock und Reben

Das Johannesevangelium beschreibt das neue Sein durch das Bild vom Weinstock und den Reben. So wie die Rebe am Weinstock hängt und von seinem Leben durchströmt wird, so hängen wir an Christus. Jesus spricht in diesem Zusammenhang immer wieder vom Bleiben in ihm. »Wer in mir bleibt und in wem ich bleibe, der bringt reiche Frucht« (15,5). Das Bild vom Weinstock scheint uns allzu weit weg von unserer Alltagserfahrung zu sein.

Ich brauchte lange, um davon berührt zu werden. Aber wenn ich mich in dieses Bild hineinvertiefe, dann ahne ich etwas vom Geheimnis meines Lebens. Mein Geheimnis besteht darin, daß ich eins bin mit Jesus Christus, daß ich von seinem Leben durchpulst werde, daß ich in ihm lebendig werde und Frucht bringe. Wenn ich mir vorstelle: Das bin ich, das ist meine Wirklichkeit, dann trete ich meinem Alltag mit seinen Problemen anders gegenüber. Ich entnehme den Worten Jesu zwar keine konkrete Handlungsanweisung. Aber weil ich durch dieses Bild in Berührung komme mit meinem eigentlichen Selbst, kann ich wirklichkeitsgerechter leben. Ich übertreibe nicht die Bedeutung meiner Arbeit, meiner Wirkung bei den Menschen, es bekommt alles seinen richtigen Stellenwert. Auf einmal ist es gar nicht mehr wichtig, ob jemand heute an mich denkt, mir einen Brief schreibt oder mich anruft. Es ist nicht mehr wichtig, ob ich von Mitbrüdern übergangen werde oder ob mir einer aus seiner Unzufriedenheit heraus verletzende Worte an den Kopf wirft. Das ist im Vergleich zum Geheimnis meines Lebens unbedeutend. Ich mache mir keine Vorwürfe, wenn mich die Worte immer noch treffen, wenn trotz aller Meditation Ärger in mir hochsteigt oder Eifersucht mich beherrscht. Ich lasse das zu. [...]

Mein Rückzug auf mein transzendentes Selbst ist keine Flucht vor dem Verletztwerden. Ich mache mich dadurch nicht unangreifbar. Im Gegenteil, ich bin weiter verwundbar. Aber die Wunde geht nicht bis an die Substanz. *39, 58f*

Mitten aus den Problemen heraus ...

Als Henri Nouwen sieben Monate in einem Trappistenkloster zugebracht hatte, dachte er, er habe einige seiner persönlichen Probleme lösen können. Doch kurz nach seiner Rückkehr in seinen Beruf machte er ein paar Erfahrungen mit sich, die ihn sehr enttäuschten und demütigten. Da erkennt er: »Klöster baut man nicht, um Probleme zu lösen, sondern um Gott mitten aus den Problemen heraus zu loben.«

Viele meinen, durch Beten und Meditieren könnten sie ihre Probleme lösen, könnten sie ihre Depression überwinden, ihre Empfindlichkeit ablegen, ihre innere Leere ausfüllen. Doch häufig nützt ihr Beten nichts. Sie beten dann immer mehr und werden noch unzufriedener. Das ist dann wieder eine typische Lösung »Mehr desselben.« Und dahinter steckt die utopische Vorstellung, sie würden alle ihre Probleme einmal lösen, sie würden irgendwann einmal endgültig alle Krisen hinter sich gebracht haben. Aber diese utopische Vorstellung, die zu einem ständigen Mehr an Gebet führt, ist selbst das Problem.

Mitten aus den Problemen heraus Gott zu loben, das deutet die Situation um. Ich bitte nicht um eine Änderung der Situation, um eine Lösung des Problems, sondern ich lobe Gott mitten aus den Problemen heraus. Das relativiert die Probleme, das ändert schon die Situation. Denn ich habe Abstand dazu, ich werde nicht mehr beherrscht von meinen Schwierigkeiten, ich muß nicht immer daran denken, ich kann von mir selbst absehen und auf Gott sehen, den ich lobe ob seiner »gerechten Gerichte«. Dadurch habe ich schon die Ebene verlassen, auf der ich im Problem stecke. Ich kann alles von einer anderen Warte aus sehen. [...]

Ich laufe nicht länger der utopischen Lösung nach, daß ich alle meine Probleme lösen muß. Im Loben löse ich nicht das Problem, sondern ich löse mich von ihm. *32, 56f*

ERKENNEN UND UMWANDELN

Der Glaube als Umdeuten der Wirklichkeit vollzieht sich in drei Schritten: Der erste Schritt ist das Erkennen einer Lösung zweiter Ordnung, die neue Sichtweise. Manchmal blitzt es förmlich auf, und man sieht die Situation, sich selbst und den anderen völlig neu. Ein andermal muß ich mir bewußt die Frage stellen: Kann ich das nicht auch anders sehen? Gibt es nicht auch ein anderes Verstehensmodell? Dann relativiert sich meine bisherige Betrachtungsweise, und ich ahne etwas von der Umdeutung des Glaubens.

Der zweite Schritt ist das Umwandeln der Wirklichkeit in die Liebe. In der Liebe gehe ich auf neue Weise mit der umgedeuteten Wirklichkeit um, ich gehe gut um, behandle sie gut, mache sie gut. Der dritte Schritt ist das Loben, in dem ich das neu Gesehene auch benenne, die neue Sehweise auch mit Worten ausdrücke. Man kann nicht sagen, welcher Schritt dem andern folgt. Alle Schritte hängen miteinander eng zusammen. Rein logisch ist das Sehen das erste. Aber manchmal lerne ich auch erst neu zu sehen, wenn ich liebe oder wenn ich lobe. Das Wort des Lobes kann mir die Wirklichkeit neu erschließen und sie mir liebenswert machen. Und umgekehrt drängt die Liebe zum Loben.

Das Modell »Glauben als Umdeuten« kann uns nicht nur den Zusammenhang von glauben, lieben und loben deutlich machen, sondern es hilft uns auch, mit unserem Leben, mit unseren Schwierigkeiten und Problemen, mit unseren Ängsten und Schwächen, mit der Unvollkommenheit der Menschen um uns herum, mit unserer Gemeinschaft in der Familie, im Kloster und in der Kirche besser zurechtzukommen. Der Glaube als Umdeuten bewahrt uns vor den Fehllösungen der Utopie, der Paradoxie, der schrecklichen Vereinfachung und vor einem ständigen »Mehr desselben« und weist uns einen Weg, wirkliche Lösungen zu entdecken, Lösungen zweiter Ordnung, Lösungen von Gott, der allein die Lösung unseres Lebens in Händen hält, der auch das Problem unseres Todes zu lösen vermag, in dem letztlich all unsere Probleme gipfeln und den er in der Auferstehung seines Sohnes umgedeutet und umgewandelt hat zum Weg in ein Leben in Fülle. *32, 64f*

Wir dürfen Angst haben und empfindlich sein

Viele klagen, sie hätten schon soviel gebetet, und immer sei es noch nicht besser geworden. Sie kämen immer noch nicht mit ihrer Empfindlichkeit oder ihrer Eifersucht zurecht. Sie hätten immer noch Angst, sie würden in bestimmten Situationen wieder unsicher wirken, rot werden oder schwitzen. Alles Beten und positive Denken, alles Einreden würde da nichts nützen. Und je mehr sie beten, desto schlimmer würde es mit ihnen. Hier hilft oft auch nicht ein »Mehr desselben«. Das Umdeuten wäre weit besser. Ich brauche meine Angst ja gar nicht wegzubeten. Ich darf sie ja haben. Aber in meiner Angst kann ich mir zugleich vorstellen, daß Gott bei mir ist. Das vertreibt die Angst noch nicht, aber es relativiert sie. Ich kann damit leben. Ich brauche ja gar nicht überall sicher zu wirken. Es tut mir vielleicht gut, wenn die andern auch meine Unsicherheit sehen. Das schafft Verbindung, das macht sympathisch, es läßt mich menschlicher erscheinen.

Ebenso ist es mit der Empfindlichkeit. Ich darf auch empfindlich sein. Ich muß meine Empfindlichkeit gar nicht mit aller Gewalt loswerden. Ich kann sie auch umdeuten. Sie weist mich auf die Punkte hin, in denen ich mich immer noch nicht annehmen kann. Sie zwingt mich daher immer wieder, ehrlich in mich hineinzuhorchen und mich mit mir auszusöhnen. Wir meinen ja oft, wir hätten uns längst angenommen. Unsere empfindlichen Reaktionen sind ehrlicher, als wir uns das eingestehen. Wenn ich meine Empfindlichkeit so umdeute und wenn ich darin erkenne, was Gott mir über mich sagen will, dann wird sie nicht einfach von mir abfallen, aber ich leide nicht mehr darunter. Ich kann damit leben. *32, 23f*

27. FEBRUAR

Unsere Welt wäre sehr arm und leer

Wenn in mir Zweifel hochsteigen, versuche ich, den Zweifel zu Ende zu denken. Ich sage mir dann: Ja, es kann wirklich sein, daß mein Glaube Einbildung ist, aber was bedeutet das, wenn die Bibel und die vielen heiligen Bücher in allen Religionen nur eine Selbsttäuschung sind, wenn die vielen frommen und heiligen Menschen nur einer Illusion nachgelaufen sind? Alles wäre nur ein Trick, damit es uns hier erträglicher ginge.

Wenn ich mir das vorstelle, dann kommt ein klares Gefühl in mir hoch, nein, so absurd kann die Welt nicht sein. Die vielen Menschen, die auf Gott ihre Hoffnung gesetzt haben, sind für mich Beweis genug. Die Erfahrungen, die sie gemacht haben, die Weisheit, die aus ihnen spricht, ihre Gelassenheit und Zuversicht, ihre Liebe und ihr selbstloser Einsatz für andere, das alles erscheint mir echt zu sein. Das kann keine Selbsttäuschung sein. Und selbst wenn das alles Einbildung wäre, dann wäre die gegenteilige Ansicht, daß Gott nicht existiert, daß mit dem Tod alles aus ist, auch nur Einbildung. Denn dann müßten wir zugeben, daß wir im Grunde die Wirklichkeit nicht erkennen können. Aber selbst wenn wir das zugeben, daß wir letztlich nicht wissen, wie es sich wirklich verhält, dann würde ich mich dennoch lieber für die Alternative des Glaubens entscheiden. Sie scheint mir zum einen plausibler zu sein, zum anderen macht sie für mich das Leben lebenswerter und reicher. Denn ohne die Sicht des Glaubens gäbe es keine Kunstwerke, keine romanischen Kirchen, keine gotischen Dome, keine Bach-Kantaten, keine Matthäuspassion, keinen Messias von Händel, keine Symphonien von Mozart und Beethoven. Unsere Welt wäre sehr arm und leer. *39, 74f*

Selbstannahme und Solidarität

Einssein mit mir selbst bedeutet Einverstandensein mit meinem Leben, Ausgesöhntsein mit meiner Vergangenheit und den Wunden, die sie mir geschlagen hat, Einverstandensein mit dem, was mir Gott gerade zumutet in meiner Arbeit, in der Gemeinschaft, in der ich stehe, mit mir selbst. In dieser Erfahrung der Einheit und des Einverstandenseins gelingt auf einmal, wonach ich mich schon immer gesehnt habe: endlich mich selbst annehmen zu können, restlos ja zu sagen zu mir und meinem Leben. Doch dieses Gelingen ist nicht das Ergebnis meiner eigenen Anstrengung, sondern der Erfahrung der Einheit mit Gott, die mir Jesus in seinen Abschiedsreden zugesagt hat. Die Selbstannahme gelingt mir nicht von selbst, auch wenn ich mich noch so oft dazu antreibe. Ich brauche dazu eine Erfahrung, die mich übersteigt. Wenn all das, was mir so oft aufstößt und mich an mir ärgert, mit Gott eins ist, und wenn ich in der Meditation diese Einheit mit Gott erfahre, dann ist auch alles in mir eingetaucht in Gott, dann kann ich von Gott her auch eins sein mit mir selbst, einverstanden mit meinen Schwächen.

Die Einheit mit mir und mit Gott führt auch zur Erfahrung der Einheit mit den Menschen und zur Solidarität mit der ganzen Menschheit. In Gott werden wir eins mit den Sorgen und Nöten aller Menschen. Aber in dieser tiefen Einheit mit Gott stören die Bedrängnisse durch andere nicht unseren Frieden. Schwierige Mitmenschen mit ihrer Unzufriedenheit und mit ihren Aggressionen wühlen uns nicht im Innersten auf. Wir brauchen uns aber auch nicht mehr von ihnen zurückzuziehen, um uns vor ihnen zu schützen. Im reinen Schweigen vor Gott können wir uns mit ihnen eins fühlen, ohne von ihrer Zerrissenheit selber zerrissen zu werden. Weil wir in Gott mit ihnen eins sind, sind wir mit den Menschen auf einer tieferen Ebene eins als auf der Ebene der Gefühle. *39, 60f*

Das Unerwartete tun – Lösungen zweiter Ordnung

Die römische Besatzungsmacht hatte das Recht, jeden Juden zu zwingen, eine Meile mitzugehen, um den Weg zu zeigen oder eine Last zu tragen. Diesem Recht mußten die Juden sich beugen. Sie taten es nur zähneknirschend. Und während ein Jude dem Römer seinen Koffer trug, wuchs in seinem Herzen der Haß. Die Feindschaft wurde so nur noch vertieft. Jesus sagt nun, statt einer Meile sollten wir zwei gehen. Wir sollten den Römer auf unserem gemeinsamen Weg für uns gewinnen. Wir sollten uns willig anbieten und mit ihm ins Gespräch kommen. Dann werden wir uns nach zwei Meilen als Freunde trennen. Wir sollen den Haß durch die Liebe, das Böse durch das Gute besiegen. Nur das heilt den Riß der menschlichen Gemeinschaft. Nur durch solch überraschendes Handeln, das die vertraute Ebene von Sieg und Niederlage, von Recht und Rechthabenwollen überspringt und von einer anderen Ebene aus mit dem Nächsten umgeht, wird die Zerrissenheit der Menschen untereinander geheilt. Es sind typische Lösungen zweiter Ordnung, die Jesus hier vorschlägt. Gerade durch das für den anderen überraschende Verhalten kann ich den Spalt zwischen den Menschen überwinden und die Verhärtungen des menschlichen Herzens durch die Liebe aufbrechen.

39, 65f

MÄRZ

Leben im Kreuz – Erfahrung und Symbol

Im Zeichen des Kreuzes

Das Christentum hat das Kreuz nicht entdeckt. Vielmehr ist das Kreuz in allen Religionen ein wichtiges Symbol. Im alten Ägypten war das Henkelkreuz Zeichen für »Leben«. Weit verbreitet ist auch das Radkreuz. Es gilt als Bild der Sonnenscheibe. Es findet sich sowohl in Asien als auch in Europa. Viele Städte sind nach diesem Muster des Radkreuzes gebaut, vor allem Rom, das als »Roma quadrata«, als viergeteilte Stadt geplant worden ist. Im nordgermanischen Bereich gibt es das Hammer-Kreuz. Es gilt als Waffe des nordischen Gottes Thor. In Indien finden wir das Hakenkreuz, das »Glückszeichen« bedeutet. Bei den Indianern in Lateinamerika finden wir das Kreuz in chi-förmiger Gestalt, die bei uns als Andreas-Kreuz bekannt ist. In allen Kulturen ist das Kreuz also ein kosmisches Symbol und ein Symbol für den Segen, den die Götter dem Menschen schenken, für Leben und Glück.

Unabhängig vom Tod Jesu am Kreuz ist es schon ein Heilszeichen, ein Zeichen, das uns hinweist auf das wahre Leben, das uns zeigen möchte, wie menschliches Leben gelingt. In Israel ist das »T« ein Heils- und Schutzzeichen. So heißt es bei Ezechiel 9,4: »Der Herr sagte zu ihm: Geh' mitten durch die Stadt Jerusalem, und schreib' ein T auf die Stirn aller Männer, die über die in der Stadt begangenen Greueltaten seufzen und stöhnen.« Wer mit dem »T« besiegelt ist, der wird vor Vernichtung bewahrt. Die frühen Christen beziehen sich auf diese Stelle, um die Stirnsignierung mit dem Zeichen des Kreuzes zu begründen. Das Kreuzzeichen, das sich die Christen auf die Stirne zeichnen, ist ein eschatologisches Siegel, ein Zeichen der Rettung, wenn die Welt zu Ende geht, und ein Eigentums-, Schutz- und Weihezeichen. Wer sich mit dem Kreuz bezeichnet, der gehört ganz und gar Christus an, er weiht sich ihm und erfährt von ihm her Schutz in allen Bedrängnissen dieser Zeit. *99, 11f*

In Kontakt zur Quelle des Lebens

Das Geheimnis seines Leidens und Sterbens und seines Hinübergangs zum Vater im Tod und in der Auferstehung deutet Johannes zuerst in den Kapiteln 13-17, bevor er es dann in den Kapiteln 18-21 beschreibt. Leiden und Tod Jesu sind die letzte Konsequenz seiner Menschwerdung. Gottes Herrlichkeit hat sich so tief zu den Menschen herabgelassen, daß sie sich selbst in seinen Tod hinein begibt. Die Fußwaschung zeigt, daß sich Jesus im Tod bis zu den schmutzigen Füßen des Menschen hinabbeugt, um ihn von Grund auf rein zu machen. Er beugt sich bis zu seiner Sünde hinab, um auch sie durch seine Liebe abzuwaschen. In den Abschiedsreden läßt uns Jesus nochmal in das Geheimnis seines Wesens schauen.

Da entfaltet er das neue Sein, das er uns durch seinen Tod und seine Auferstehung geschenkt hat. In seinem Tod ist Jesus leibhaft von uns gegangen. Aber er läßt uns nicht als Waisen zurück. Er schenkt uns seinen Geist. Und in diesem Geist werden wir ihn sehen. »Ihr aber seht mich, weil ich lebe und weil auch ihr leben werdet. An jenem Tage werdet ihr erkennen: ich bin in meinem Vater, ihr seid in mir, und ich bin in euch« (14,19). In diesem Wort sagt uns Jesus, wer wir durch ihn geworden sind. Wir sind lebendig geworden. Leben war ein Schlüsselwort der Gnosis. Nach Leben haben sie sich gesehnt, nicht nach dem reduzierten Leben, nach dem Scheinleben, sondern nach echtem Leben, nach Leben in Fülle. Dieses Leben Jesu ist in uns. Wir werden leben durch seinen Geist. Wenn ich dieses Wort in mich hineinfallen lasse, dann erfahre ich mich neu, dann entdecke ich erst meine innere Lebendigkeit. Ich komme in Kontakt zur Quelle des Lebens in mir. Und der Kern dieser Lebendigkeit ist das: »Ihr seid in mir, und ich bin in euch.« Dieses Wort kann man nicht mehr erklären. Man muß es zu schmecken versuchen, wie es die Mönche in der lectio divina empfehlen, dann erlebt man sich neu, dann geht einem das Geheimnis des eigenen Seins auf. *39, 56f*

Wir sind kreuzförmig

»*Wer mein Jünger sein will, der verleugne sich selbst*, nehme sein Kreuz auf sich und folge mir nach« (Markus 8,34). Die Selbstverleugnung meint nicht, daß ich nicht ich selbst sein darf. Sie bedeutet vielmehr, daß ich die Ego-Ebene übersteige, das Ich loslasse, um zu meinem wirklichen Wesen zu gelangen, zu meinem Selbst. Und das Kreuz auf sich nehmen heißt nicht, daß ich mir künstlich das Leben schwer mache und ständig nach Opfer und Verzicht suche, sondern daß ich mich aussöhne mit meinem Leben, das mich oft genug durchkreuzt, ohne daß ich es will. Mein Kreuz auf mich nehmen heißt, mich annehmen mit meinen Gegensätzen. Ich spüre Gutes und Böses in mir, Licht und Dunkel, männliche und weibliche Züge, Güte und Haß, Zärtlichkeit und Sadismus.

All das soll ich annehmen als einen Teil von mir, dazu will mich Jesus mit seinem Wort vom Kreuztragen ermutigen. Und er will damit auch sagen, daß ich mich mit meinen verschiedenen Ebenen annehme, die alle ihr Recht fordern, die zwar übersprungen, aber nicht aufgelöst werden können: die Ego-Ebene mit ihrem Bedürfnis nach Anerkennung, Erfolg, Zuwendung, Angstfreiheit, Ich-Stärke, Besitz und Macht, die Ebene des Leibes mit seinem Anspruch auf Lebendigkeit, Gesundheit, auf Befriedigung seiner Bedürfnisse wie Schlaf, Essen und Trinken, und die Ebene des Selbst, auf der ich zu meinem eigentlichen Kern finde.

Wir sind von unserem Wesen her kreuzförmig. Wir sind an unser Selbst angenagelt. Und wir müssen uns selbst aushalten mit den Gegensätzen, die uns manchmal zu zerreißen drohen. Aber wenn wir sie annehmen, entdecken wir doch in uns eine Mitte, die all die verschiedenen Strebungen in uns zusammenhält. Das Kreuz macht uns weit, wenn wir es annehmen. Und es macht uns offen. *39, 70f*

KREUZ – SYMBOL DER MENSCHWERDUNG (1)

Das Kreuz als Ursymbol der Menschheit ist nicht ein missionarisches Zeichen, das an alle Menschen appellieren möchte, Christen zu werden. Natürlich ist das Kreuz für uns im Abendland immer mit Jesus Christus verbunden und zum Zeichen für die Liebe geworden, die Jesus bis zum Tod am Kreuz durchhielt. Keiner kann in unserer Welt mehr daran vorbeigehen, daß Jesus Christus gelebt und für uns am Kreuz gestorben ist. Auch wenn im Mittelalter das Kreuz manchmal zum Herrschaftssymbol verwendet wurde, hat das Kreuz diese Funktion heute nicht mehr. Das Kreuz will uns vielmehr daran erinnern, was das Geheimnis des Menschen ist. Es ist Zeichen des abendländischen Humanismus, des Menschenbildes, wie es uns Gott in Jesus Christus am deutlichsten aufgezeigt hat, so wie es uns der Titusbrief schildert: »Erschienen ist die Güte und Menschenfreundlichkeit (humanitas) Gottes, unseres Retters« (3,4).

Als der katholische Philosoph Peter Wust an Kehlkopfkrebs erkrankt war und seinen Tod erwartete, schrieb er an seinem letzten Weihnachtsfest 1939 seinen Studenten diesen Satz aus dem Titusbrief als letztes Vermächtnis. Mitten in einer Zeit der Unmenschlichkeit verwies er auf die wahre Humanitas, wie sie uns in Jesus Christus erschienen ist. Das Kreuz ist Bild für authentische Menschlichkeit. Und diesen christlichen Humanismus haben wir heute bitter nötig.

Das Kreuz zeigt uns den Weg wahrer Menschwerdung. Zur Menschwerdung gehört, daß wir ja sagen zu den Gegensätzen, die in uns stecken. Als Menschen gehören wir zugleich der Erde und dem Himmel an. Wir sind ausgespannt zwischen Licht und Dunkel, zwischen Gott und Mensch, zwischen Mann und Frau, zwischen Höhen und Tiefen, zwischen gut und böse. Der Mensch ist Kreuz. Der Stamm des Kreuzes ruht in der Erde. Der Mensch gehört zur Erde. Auch als einer, der einen spirituellen Weg geht, kann er die Erde nicht abschütteln. *99, 86f*

KREUZ – SYMBOL DER MENSCHWERDUNG (2)

Vertikale und Horizontale treffen sich im Kreuzungspunkt, der die Mitte des Menschen symbolisiert. Das Ausgespanntsein zwischen Himmel und Erde und zwischen den Menschen reißt uns nur dann nicht auseinander, wenn wir in diesem Mittelpunkt ruhen. Nur weil die Horizontale von der Vertikalen getragen ist, verlieren wir uns nicht an die anderen. Unsere Hinwendung zur Welt geht von diesem Mittelpunkt aus. Diese Mitte besteht jedoch nicht darin, daß wir die Gegensätze, die unsere Existenz ausmachen, ausscheiden, sondern daß wir sie in uns vereinen. Wir erreichen unsere Ganzheit nur, wenn wir die Gegensätze in uns verbinden und aushalten. Das Kreuz bringt Ordnung in unsere Gegensätzlichkeit. Das Kreuz als unser Heil bedeutet, daß wir unsere eigene Gespaltenheit akzeptieren, daß wir die ungelösten Konflikte in uns aushalten und uns in dieser Spannung immer mehr für Gott aufbrechen lassen.

Das Kreuz zeigt uns nicht nur das Heil als Ganzheit, es weist uns auch den Weg zu diesem Heil. Unser Weg ist nie eine Einbahnstraße, auf der wir Gott immer näher kommen und uns immer mehr beherrschen, sondern ein Kreuzweg, auf dem wir immer wieder durchkreuzt werden. Gerade wenn wir meinen, einen Schritt nach vorne getan zu haben, wirft uns der Querbalken wieder um. Gerade wenn wir glauben, etwas von Gottes Licht geschaut zu haben, erfaßt uns das Dunkel in einem nie gekannten Ausmaß. Unser Weg ist ein ständiges Auf und Ab. Und nur wenn wir dazu ja sagen, daß Gott uns immer wieder durchkreuzt und uns aus der Bahn wirft, gehen wir den wahren Weg zu Gott, den Kreuzweg, der uns mehr und mehr für Gott und für die Menschen aufbricht, den Weg der Liebe, auf dem wir uns berühren lassen von den Menschen und so verwundet werden, bis durch diese Wunde Gottes Liebe eindringen und uns verwandeln und heilen kann. *99, 89f*

»Lerne erst dich selber kennen«

In der Geschichte der Spiritualität gibt es unter anderem zwei Strömungen. Da gibt es eine Spiritualität von oben und eine von unten. Spiritualität von unten meint, daß Gott nicht nur in der Bibel und durch die Kirche zu uns spricht, sondern gerade auch durch uns selbst, durch unsere Gedanken und Gefühle, durch unseren Leib, unsere Träume und gerade auch durch unsere Wunden und unsere vermeintlichen Schwächen.

Die Spiritualität von unten wurde vor allem im Mönchtum praktiziert. Die frühen Mönche setzten beim Umgang mit den eigenen Leidenschaften an, sie begannen bei der Selbsterkenntnis, um den wahren Gott erkennen und ihm begegnen zu können. Evagrius Ponticus formuliert diese Spiritualität von unten in dem klassischen Satz: »Willst du Gott erkennen, lerne vorher dich selber kennen.« Das Aufsteigen zu Gott geht über das Hinabsteigen in die eigene Realität bis zu den Tiefen des Unbewußten. Die Spiritualität von unten sieht den Weg zu Gott nicht als Einbahnstraße, auf der man immer weiter auf Gott zugeht. Der Weg zu Gott führt vielmehr über Irrwege und Umwege, über das Scheitern und über die Enttäuschung von sich selbst. Nicht meine Tugend ist es, die mich vor allem für Gott öffnet, sondern meine Schwäche, meine Ohnmacht, ja sogar meine Sünde.

Die Spiritualität von oben setzt bei den Idealen an, die wir uns machen. Sie geht von Zielvorstellungen aus, die der Mensch durch Askese und Gebet erreichen sollte. Die Ideale werden dabei aus dem Studium der Heiligen Schrift, der kirchlichen Morallehre und der Vorstellung von sich selbst genommen. Die Grundfrage dieser Spiritualität von oben ist: Wie hat ein Christ zu sein? Was muß ein Christ tun? Welche Haltungen müßte er verkörpern? Die Spiritualität von oben entspringt der menschlichen Sehnsucht, immer besser zu werden, immer höher aufzusteigen, Gott immer näher zu kommen. *82, 7f*

Gott hat ein Bild von mir

Es geht uns nicht darum, die Spiritualität von unten in totalen Gegensatz zu der von oben zu setzen. Einseitigkeit ist nie hilfreich. Und so gibt es auch eine gesunde Spannung dieser beiden spirituellen Ansätze. Die Spiritualität von oben stellt uns Ideale vor Augen, denen wir nacheifern und die wir letztlich erfüllen sollen. Ideale haben durchaus eine positive Wirkung auf den Menschen. Vor allem für Jugendliche sind Ideale lebensnotwendig. Denn ohne Ideale würden sie nur um sich selbst kreisen. Sie könnten gar nicht die Möglichkeiten entfalten, die in ihnen stecken. Und sie würden nicht mit ihrer Kraft in Berührung kommen, die geweckt werden möchte. Ideale locken junge Menschen aus sich heraus, so daß sie sich selbst überschreiten, überwinden und neue Möglichkeiten entdecken können. Ohne Ideale würden viele an ihren eigenen Möglichkeiten vorbeileben. Um wachsen zu können, brauche ich Vorbilder. Gestalt wächst an Gestalt. Heilige können für junge Menschen gute Vorbilder sein, die sie herausfordern und anspornen, an sich zu arbeiten und ihre eigentliche Berufung zu entdecken. Aber wir können die Heiligen nicht kopieren. Der Blick auf die Heiligen will uns kein schlechtes Gewissen machen, daß wir nicht so heilig sind, er will uns vielmehr dazu ermutigen, nicht zu klein von uns zu denken und unsere persönliche Berufung zu entdecken, das einmalige Bild zu erkennen, das Gott sich von jedem von uns gemacht hat. [...]

Wir kommen also nicht ohne Spiritualität von oben aus. Sie hat eine positive Funktion, indem sie Leben in uns weckt. Krankmachend wirkt sie nur dann, wenn die Ideale den Kontakt mit unserer Wirklichkeit verlieren. Es gibt Menschen, die sich so hohe Ideale machen, daß sie sie nie erreichen können. Um aber nicht resigniert aufzugeben, verdrängen sie die eigene Wirklichkeit und identifizieren sich mit dem Ideal. *82, 13f*

Jesus geht den unteren Weg

In Jesu Verhalten und in seiner Verkündigung begegnen wir immer wieder einer Spiritualität von unten. Jesus wendet sich bewußt den Zöllnern und Sündern zu, weil er spürt, daß sie offen sind für die Liebe Gottes. Die Gerechten kreisen dagegen in ihrem Vollkommenheitsstreben oft nur um sich selbst. Während Jesus den Sündern und Schwachen gegenüber barmherzig und sanft auftritt, verurteilt er die Pharisäer scharf. Die Pharisäer verkörpern die typische Spiritualität von oben. Sie haben durchaus gute Seiten und wollen Gott in ihrem ganzen Tun gefallen. Aber sie merken eben nicht, daß sie in ihrem Streben, alle Gebote zu halten, gar nicht Gott meinen, sondern sich selbst. Sie glauben, sie könnten aus eigener Kraft Gottes Gebote erfüllen. Es geht ihnen weniger um die Begegnung mit Gott als vielmehr um die Gerechtigkeit und die Erfüllung des Gesetzes. Auch wenn sie alles für Gott tun wollen, so brauchen sie ihn in Wahrheit aber nicht. Entscheidend ist ihnen die Erfüllung der Normen und der Ideale, die sie sich gesetzt haben. Vor lauter Fixierung auf die Gebote vergessen sie, was Gott eigentlich vom Menschen möchte. Jesus sagt es ihnen im Matthäusevangelium zweimal ausdrücklich: »Barmherzigkeit will ich, nicht Opfer« (Matthäus 9,13).

In der Erzählung vom Pharisäer und Zöllner zeigt Jesus, daß er keine Spiritualität von oben, sondern eine von unten möchte, weil sie den Menschen für Gott öffnet. Das zerschlagene Herz, das verwundete und gebrochene Herz wird für Gott aufgebrochen. Der Zöllner, der seine eigene Sünde erkennt, der um die Unmöglichkeit weiß, das von ihm verübte Unrecht wiedergutmachen zu können, der sich in seiner Verzweiflung reumütig an die Brust klopft und Gott um Erbarmen bittet, er wird von Gott gerechtfertigt (Lukas 18,9-14). *82, 20f*

Aufstieg durch Abstieg

Benedikt von Nursia beschreibt die Spiritualität von unten im längsten Kapitel seiner Regel. Es ist das 7. Kapitel über die Demut. Vermutlich kommt dieses Kapitel nicht zufällig an siebter Stelle. Die Sieben bezeichnet die Verwandlung des Menschen durch Gott. So gibt es sieben Sakramente und sieben Gaben des Heiligen Geistes, die den Menschen durchdringen und verwandeln. Oft haben sich die Mönche an diesem Kapitel gerieben. Demut klingt in unseren Ohren negativ. Die Tradition der Bibel und der Kirchenväter meint mit humilitas keine moralische oder soziale Tugend, sondern eine religiöse Haltung. Das Kapitel über die Humilitas beschreibt daher nicht den Tugendweg des Mönches, sondern den spirituellen Weg, den inneren Weg, den Weg der menschlichen Reifung und den Weg der Kontemplation, den Weg wachsender Gotteserfahrung. Der Weg der Humilitas führt über das Hinabsteigen in die eigene Erdhaftigkeit und Menschlichkeit zu Gott. Aufstieg durch Abstieg, das ist das Paradox der benediktinischen Spiritualität von unten. [...]

Die Demut ist für Benedikt Nachahmung Christi, der sich selbst entäußert hat und uns Menschen gleich wurde (vgl. Philipper 2,6ff). In der Demut wachsen wir in die Gesinnung Jesu hinein, der nicht an sich und seiner Gottheit festgehalten hat, sondern sich selbst erniedrigt hat und gehorsam bis zum Tod geworden ist. Demut ist für die Kirchenväter zugleich Voraussetzung für die Kontemplation, für den spirituellen Weg. Benedikt sieht in der Demut einen Übungsweg in die vollkommene Liebe, in das Einswerden mit Gott in der Kontemplation. Diese vollkommene Liebe (caritas) ist gekennzeichnet durch die Liebe zu Christus (amor Christi = die erosgetränkte Liebe zu Christus, die intime persönliche Beziehung zu ihm) und durch die Lust an den Tugenden (dilectatione virtutum), wobei die Tugend nicht moralisch gesehen wird, sondern als Kraft des Menschen, die ihm von Gott geschenkt wird. *82, 31f.34f*

Unsere zweite Natur

Das Ziel des inneren Weges, wie ihn Benedikt in seinem Demutskapitel beschreibt, ist die vollkommene Liebe, die alle Furcht vertreibt. Der Weg zur Reinheit des Herzens und zur vollkommenen Liebe führt über das Hinabsteigen in die eigene Realität der Gedanken und Gefühle, der Leidenschaften und Triebe, des Leibes und des Unbewußten. Benedikts Spiritualität beginnt unten, bei der Wirklichkeit des Menschen, bei seinen Bedürfnissen, bei seinen Wunden und Verletzungen, bei den Widerwärtigkeiten des Alltags, und führt über das Hinabsteigen empor zu Gott, empor zur vollkommenen Liebe. Die caritas perfecta bewirkt, daß wir nicht mehr aus Furcht leben, nicht mehr fremdbestimmt, nicht mehr von den Erwartungen der Menschen oder von den Forderungen des eigenen Über-Ichs, sondern mühelos und im Einklang mit unserem wahren Wesen. Die Liebe wird zu unserer zweiten Natur. Sie macht unser Herz rein, so daß es Gott schauen kann.

Benedikt beschreibt die vollkommene Liebe mit drei Ausdrücken: *amor Christi* meint die erosgetränkte und zärtliche Liebe zu Christus, die persönliche Beziehung zu ihm, aus der heraus der Mönch nun lebt. Die *consuetudo ipsa bona*, die gute Gewohnheit, bedeutet, daß das Halten der Gebote nicht mehr von außen her geschieht, sondern von innen her, daß der Mönch so zusammenwächst (con-suetudo) mit dem Willen Gottes, daß er von innen heraus richtig lebt und das tut, was Gott von ihm will, was seinem wahren Wesen entspricht. Die *dilectatio virtutum*, die Freude an den Tugenden, beschreibt die Lust an der eigenen Kraft, die uns von Gott her geschenkt wird. Es ist unsere verwandelte Natur, die dem Bild Gottes von uns entspricht. *82, 41f*

In einer anderen Kraft (1)

Karlfried Graf Dürckheim, der sich der Jungschen Psychologie verpflichtet wußte, sprach vom Weg des Mündigwerdens als von einem Weg wachsender Seinserfahrung. Dieser Weg führt auch nach Dürckheim über den Mut, in die eigene Dunkelheit, Einsamkeit und Traurigkeit hinabzusteigen. Das Ziel des Reifungsweges ist, daß das Bild Gottes in einem hervortritt, daß der Mensch mit seinem wahren Wesen in Berührung kommt. Es ist ein Wandlungsweg, in dem das »Inbild« des Menschen immer mehr hervortritt. Dürckheim meint nun, daß der Mensch Seinserfahrungen gerade in Stunden größter Not machen kann: »Es sind Stunden, in denen wir an die Grenze unserer menschlichen Macht und Weisheit gelangten, scheiterten, dann aber fähig waren, uns zu unterwerfen. Und im Augenblick des Loslassens und Eingehens des alten Ich und seiner Welt verspürten wir in uns das Aufgehen einer anderen Wirklichkeit. So mancher hat es erfahren, wenn der Tod ganz nah war, in Bombennächten, in schwerer Krankheit oder anderen Weisen drohender Vernichtung, wie gerade in dem Augenblick, in dem die Angst ihren Höhepunkt erreichte und die innere Abwehr zusammenbrach, wenn er sich jetzt unterwarf und die Situation annahm ..., schlagartig ganz ruhig wurde, unversehens ohne Angst war und spürte, daß etwas in ihm lebendig ist, an das kein Tod und keine Vernichtung herankommt. Für einen Moment wußte er dann: ›Wenn ich hier wieder herauskomme, dann weiß ich ein für allemal, von woher und auf was hin ich zu leben habe.‹ Der Mensch weiß nicht, was es ist, aber er fühlt sich plötzlich in einer anderen Kraft« (in: Ders., Überweltliches Leben in der Welt. Der Sinn der Mündigkeit. Weilheim 1968, 20). *82, 46f*

In einer anderen Kraft (2)

Ähnliche Seinserfahrungen kann der Mensch machen, wenn er die Sinnlosigkeit, die Verzweiflung spürt, wenn ihm Unrecht geschieht. »Hier nun hat es mancher erfahren, daß in dem Augenblick, in dem er nachgab, sich selbst hingab und also das Unannehmbare annahm, ihn plötzlich das Sein, nun aber als ein tieferer Sinn, erfüllte. Mit einem Male fühlt sich der Mensch in eine unbegreifbare Ordnung gestellt. Klarheit durchleuchtet ihn« (ebd., 20f). Auch wenn sich ein Mensch seiner Einsamkeit stellt, die Traurigkeit aushält, die ihn überfällt, »dann kann er sich plötzlich aufgefangen fühlen und von einer Liebe umfangen und geborgen, von der er nicht sagen könnte, wer ihn liebt oder wen er liebt. Er steht eben einfach, wie vordem in der Kraft und in der Klarheit, nun ›in der Liebe‹ und dabei jedesmal auch in einem Zustand, der ihn zum lebendigen Zeugen eines alle seine bisherigen Daseinsvoraussetzungen übergreifenden Seins macht« (ebd., 21). Für Dürckheim geht der Weg zu Gott also oft über die Erfahrung der eigenen Not, der Bedrohung durch fremde Mächte, der Verzweiflung, der Ungerechtigkeit, der Einsamkeit und der Traurigkeit. Indem sich der Mensch in diese dunklen Erfahrungen hineinwagt, verwandelt sich das Gefühl, und auf dem Grund der Not zeigt sich der tragende und befreiende, der liebende und erleuchtende Gott.

82, 48f

VERDRÄNGTES LEID

Heute können wir im Fernsehen zwar alle Leiden dieser Welt hautnah miterleben. Aber es ist eher eine Sucht, die Bilder von zerschossenen Menschen und zerstörten Städten, von hungernden und abgemagerten Kindern anzuschauen. Wir sehen soviel Leid, aber wir leiden nicht mit. Das ist emotional auch gar nicht möglich. Die Flut von Informationen über Leidsituationen hat uns heute hart gemacht. Als Schutz vor der Überfülle des Leidens haben sich viele innerlich verschlossen. Leidende Menschen kann man zwar im Fernsehen anschauen, aber man möchte ihnen nicht begegnen. Diese Haltung führte zu dem inhumanen Urteil, daß Behinderte in einer Pension Feriengästen nicht zuzumuten sind, weil sie ihr Urlaubsvergnügen beeinträchtigen. So meinen ja auch manche, man dürfe den Kindern das Kreuz nicht zumuten. Es würde sie krank machen, am Kreuz einen leidenden Menschen anzuschauen. Das Leid wird tabuisiert. Es darf nicht sein. Es ist eine Zumutung für uns. Leidvergessenheit aber führt zur Gefühllosigkeit, zur Härte, zur Isolierung. Man ist nicht mehr bereit, mit anderen zu fühlen, sich in andere hineinzuversetzen. Es geht nur noch um das eigene Glück. Das ist aber nicht erreichbar, wenn man es am Leid vorbei erzwingen möchte.

Eine andere Tendenz ist, daß man das Leid besonderen Berufsgruppen zuordnet, den Ärzten, den Psychologen, den Sozialarbeitern, den Priestern. Die sollen sich damit beschäftigen. Dafür werden sie ja auch bezahlt. Die anderen sollen davon verschont bleiben. Das führt dazu, daß viele heute in den Städten an leidenden Menschen vorübergehen, sei es an Opfern von Verkehrsunfällen oder von Raubüberfällen, sei es an Bettlern oder Menschen, denen es offensichtlich schlecht geht. Man will nicht hinsehen, man will für sich sein, sich nicht in seinem privaten Glück stören lassen. Man möchte nicht in Berührung kommen mit leidenden Menschen. *99, 80f*

Das Kreuz – Zeichen der Sehnsucht, der Erinnerung und des Segens

Der Drang der Menschen, an vielen wichtigen Orten, wie auf dem Gipfel der Berge, wie an Wegkreuzungen, an Kirchtürmen, Häusern und an den Unfallstellen entlang der Autobahnen und Landstraßen Kreuze zu errichten, ist nicht immer Ausdruck kirchlicher Frömmigkeit. Offensichtlich steckt dahinter eine tiefer liegende Sehnsucht, sich immer und überall an Gott zu erinnern, dem diese Welt gehört und der allein sie menschlich werden läßt. Wird die Welt sich selbst überlassen, so hat sie die Tendenz, sich absolut zu gebärden, brutal und grausam zu werden.

Das Kreuz will uns daran erinnern, daß uns überall Gottes liebende und heilende Gegenwart umgibt, daß wir nicht allein auf uns gestellt sind und auf Menschen, die über uns Macht ausüben wollen, sondern daß wir überall den Raum Gottes erfahren können. Dort, wo Gott uns nahe ist, kann uns die oft aggressive Nähe von Menschen nicht bestimmen. Das Kreuz ist zugleich Symbol dafür, daß wir unter dem Schutz Gottes stehen. Denn das Kreuz war für die frühen Christen immer auch ein Bild dafür, daß die Dämonen, Mächte dieser Welt, uns nicht mehr schaden können, daß wir unter dem Schutz Christi stehen, der die Macht der Dämonen gebrochen hat.

Und das Kreuz ist ein Zeichen des Segens. Mit dem Kreuz segnet man Menschen und Gegenstände. Das Kreuz zeigt uns, daß unsere Welt und daß wir selbst unter dem Segen Gottes stehen, daß Gott seine segnende und Leben spendende Hand über uns hält. *99, 95f*

PROTEST GEGEN SELBSTGERECHTIGKEIT

Für Paulus ist das Kreuz ein Protest gegen die Selbstgerechtigkeit und gegen jede Verabsolutierung endlicher Mächte. Unsere Gesellschaft hat heute in sich die Tendenz zur Verabsolutierung. Da ist in erster Linie der Staat, der immer mehr auf die Freiheit des Menschen zugreifen und in seine Geschicke eingreifen möchte. Da sind die Sekten und die innerkirchlichen Strömungen, die den Menschen autoritär bestimmen möchten. Da sind Wirtschaftsverbände, die für ihre Forderungen absolute Gültigkeit proklamieren und die die Gesellschaft allein nach wirtschaftlichen Gesichtspunkten formen möchten. Da ist die Tendenz zur Verrechtlichung. Wohin diese Verabsolutierung des Rechts führt, zeigt uns Amerika, wo die Juristen alles bestimmen, wo sich kaum mehr ein Arzt getraut, eine schwierige Operation durchzuführen, weil er mit einem Bein schon im Gefängnis steht.

Wenn man nicht mehr nach Treu und Glauben miteinander handelseinig wird, sondern allein die Rechtsabteilungen der Firmen das Sagen haben und kleinere Firmen juristisch austricksen, wo man nicht mehr friedlich nebeneinander leben kann, sondern von Gerichten klären lassen muß, wieviel Laub in meinen Garten von den Bäumen des Nachbarn fallen darf, da bleibt die Menschlichkeit auf der Strecke. Gerichte fällen nicht nur ein Urteil, sie stellen auch Maßstäbe für unser Zusammenleben auf. Und ihr Urteil basiert auf ganz bestimmten Werten. Wir sind auch bei uns heute in Gefahr, die Maßstäbe und Werte, die ein Gericht aufstellt, absolut zu setzen, etwa den Maßstab, daß Behinderte uns in unserem Vergnügen nicht stören dürfen oder daß das Kreuz unsere Selbstzufriedenheit nicht in Frage stellen darf.

Das Kreuz protestiert gegen diese Verabsolutierungen. Es verweist uns darauf, daß wir Menschen keine absoluten Maßstäbe haben, daß allein Gott der Absolute ist, daß der Mensch nur dann menschlich leben kann, wenn er zu etwas Größerem, wenn er zu Gott aufschauen kann.

99, 93f

Jeder hat seine eigene Geschichte mit dem Kreuz

Jeder wird seine eigenen Erfahrungen mit dem Kreuz und dem Kreuzzeichen erzählen können. Der eine bleibt gerne vor einem Feldkreuz stehen, wenn er durch die Fluren spazieren geht. Der andere liebt bestimmte Kreuzesdarstellungen. Mir persönlich ist das romanische Kreuz aus der Würzburger Neumünsterkirche sehr ans Herz gewachsen. Und ich erinnere mich noch gerne an das Kreuzzeichen, das mir mein Vater immer auf die Stirne gezeichnet hat, wenn ich nach den Ferien ins Internat zurückkehrte. Das war keine bloße Floskel. In diesem Kreuzzeichen drückte der Vater seinen Glauben aus, daß ich nicht ihm, sondern Gott gehöre und unter Gottes Schutz stehe. Und er legte seine ganze Liebe da hinein, der er sonst nicht so leicht Ausdruck verleihen konnte.

Jeder hat seine eigene Geschichte mit dem Kreuz. Anstatt nur über das Kreuz zu diskutieren, wäre es hilfreicher, wenn wir einander unsere Erfahrungen mit dem Kreuz erzählen würden. Da würden wir spüren, wie sehr Gott an uns gerade durch so konkrete Bilder wie das Kreuz wirkt, wie er uns seine heilende und erlösende Liebe im Bild des Kreuzes erfahren läßt. Und wir würden erfahren, wieviele Menschen sich in der täglichen Gebärde des Kreuzzeichens immer wieder daran erinnern, daß sie von Gott geliebte und befreite Menschen sind, daß der Tod keine Macht mehr über sie hat, daß es keine Einsamkeit und keine Verzweiflung gibt, die nicht von Gottes liebender und erlösender Liebe umfangen ist. Im Kreuz, das unsere Räume ziert und mit dem wir uns bezeichnen, erfahren wir, was es heißt, Mensch zu sein. *99, 103f*

Einsamkeit und Angst – spirituelle Quellen

Es gibt Ängste, die mit der menschlichen Existenz notwendig gegeben sind, die Angst vor der Einsamkeit und die Angst vor dem Tod. Hier geht es darum, die Angst zuzulassen und ihr auf den Grund zu folgen. Im Tiefsten bin ich einsam. Es gibt Bereiche, in die mir niemand folgen kann. Da fühle ich mich allein. Hermann Hesse versteht das Menschsein als Einsamsein: »Leben ist Einsamsein. Kein Mensch kennt den anderen, jeder ist allein.« Für Paul Tillich ist Religion das, was jeder mit seiner Einsamkeit anfängt. Wenn ich mich aussöhne mit meiner Einsamkeit und mit meiner Angst vor ihr, dann könnte ich das Geheimnis meiner Existenz entdecken: »Wer die letzte Einsamkeit kennt, kennt die letzten Dinge« (Friedrich Nietzsche). Die Einsamkeit, das Alleinsein könnte mich zu der tiefen Erfahrung führen, daß ich mit allem eins bin. Letztlich verweist mich meine Einsamkeit auf Gott. Der katholische Philosoph Peter Wust hat das in seiner letzten Einsamkeit vor dem Sterben erfahren: »Ich glaube, der tiefste Grund aller menschlichen Einsamkeit ist das Heimweh nach Gott.« Im Sterben ist jeder einsam. »Sterben bedeutet letzte und restlose Einsamkeit. Es macht einsam und läßt einen in die äußerste Einsamkeit eintauchen« (Christian Schütz). So könnte mich die Einsamkeit herausfordern, mich ganz und gar Gott anheimzugeben. Dann wird die Einsamkeit für mich fruchtbar werden, zur Quelle meiner Spiritualität.

Trotz des Glaubens an die Auferstehung wird immer noch die Angst vor dem Sterben bleiben. Ich kann die Angst nur zulassen und mir sagen: »Ja, ich werde sterben. Ich kann durch einen Unfall sterben oder durch Krebs oder Herzinfarkt. Ich kann mich letztlich nicht davor schützen.« Wenn ich das zulasse, werde ich gezwungen, über mein Menschsein nachzudenken: Worin besteht mein Leben, was ist der Sinn meines Lebens?

82, 63f

Die Wunde hält uns wach

Da ist eine Frau, die als kleines Mädchen von drei Jahren von ihrer Mutter mit dem Stock auf den nackten Hintern verprügelt worden ist, ohne daß ihr der Grund dafür klar war. Unwillkürlich machte sich das Mädchen ganz steif, um sich in ihrer Ohnmacht und Wut dagegen zu wehren. Mit fünfzig Jahren hat sie starke Rückenschmerzen. In der therapeutischen und geistlichen Begleitung wird ihr bewußt, daß sie sich mit ihrem harten Rücken gegen alle Verletzungen wehrte, die ihr das Leben immer wieder schlug. Aber die Erkenntnis der Ursache nimmt die Rückenschmerzen noch nicht weg. Erst als sie sowohl im Gespräch als auch in der Massage mit ihrer Wunde in Berührung kommt, kann sie die Verkrampfung lassen. Da beginnen ihre Gefühle in ihrem Rücken zu fließen, und es strömt eine wohlige Energie in ihr. Sie blüht auf, freut sich an ihrer neu gefundenen Lebendigkeit. Und sie erkennt, daß es für sie lebensnotwendig war, sich so zu verkrampfen. Aber jetzt ist das Sichverschließen keine angemessene Verhaltensweise mehr, es würde ihre Rückenschmerzen nur noch verstärken. Jetzt ist sie so stark, daß sie sich dem Schmerz der Kindheit neu stellen kann, daß sie auch die Wut auf ihre Mutter zulassen kann, die sie bisher idealisiert hatte.

Der Dialog mit ihren Rückenschmerzen und das Anschauen ihrer Lebenswunde hat neues Leben in ihr aufblühen lassen. Sie kann sich aussöhnen mit ihrer Vergangenheit, die sie nun realistisch betrachten kann, mit ihren Wunden, aber auch mit ihren guten Erfahrungen. Und sie spürt, daß das Leben in ihr wieder fließt, daß sie richtig Lust bekommt zu leben. Ihr geistliches Leben war über weite Strecken ein Versuch gewesen, vor der Wunde ihres Lebens davonzulaufen. Jetzt kann sie sich der Wunde stellen, jetzt kann sie die Wunde als Quelle ihrer Spiritualität erkennen und lieben lernen. Die Wunde hält sie wach, damit sie sich nicht wieder in sich selbst verschließt. *82, 78f*

ENTTÄUSCHUNGEN ALS CHANCE WAHRNEHMEN

Immer wieder enttäuscht uns das Leben. Wir sind enttäuscht über uns selbst, über unser Versagen und Scheitern. Wir sind enttäuscht von unserem Beruf, von unserem Ehepartner, von der Familie, vom Kloster, von der Pfarrei. Manche reagieren resigniert auf die Enttäuschung. Sie finden sich halt ab mit dem Leben, wie es ist. Aber in ihrem Herzen stirbt jede Lebendigkeit ab, jede Hoffnung. Die Träume vom Leben werden begraben. Auch die Enttäuschung könnte mich zum Schatz führen. Vielleicht will sie mich von den Illusionen befreien, die ich mir über mich und meine Zukunft gemacht habe. Vielleicht habe ich alles mit einer rosaroten Brille angeschaut, und jetzt reißt mir die Enttäuschung die Brille aus dem Gesicht und zeigt mir die Wahrheit meines Lebens.

Die Enttäuschung entlarvt die Täuschung, der ich bisher verfallen war, und hebt sie auf. Sie zeigt mir, daß mein Selbstbild nicht gestimmt hat, daß ich mich falsch eingeschätzt habe. So ist die Enttäuschung die Chance, das wahre Selbst zu entdecken, das Bild, das Gott sich von mir gemacht hat. Natürlich tut die Enttäuschung erst einmal weh. Aber durch den Schmerz hindurch kann ich lernen, mich mit der Realität auszusöhnen und so realistisch und angemessen zu leben. *82, 81*

In meinen Wunden wachsen Perlen

»*Verwundete Austern lassen aus blutigen Wunden* eine Perle entstehen. Den Schmerz, der sie zerreißt, verwandeln sie in einen Juwel« (Richard Shanon). In meinen Wunden wachsen die Perlen. Sie können in mir aber nur entstehen, wenn ich mich mit meinen Wunden aussöhne. Wenn ich die Zähne zusammenbeiße, um meine Wunden krampfhaft zu verschließen, kann darin nichts wachsen. Es tut oft weh, mit meiner Wunde in Berührung zu sein. Da spüre ich die Ohnmacht, sie loszuwerden. Sie wird immer in mir sein, selbst wenn sie vernarbt ist. Aber wenn ich meine Wunde annehme, dann kann sie sich zu einer Quelle von Leben und Liebe verwandeln.

Dort, wo ich verwundet bin, bin ich auch lebendig, dort spüre ich mich, dort spüre ich die andern. Da kann ich die anderen eintreten lassen in meine Wunde, da wird Begegnung und Berührung möglich, die auch den anderen zu heilen vermag. Nur der verwundete Arzt kann heilen, so sagen die Griechen. Wo ich stark bin, dort kann ein anderer nicht in mich eindringen. Dort wo ich gebrochen bin, kann Gott in mich einbrechen, können Menschen bei mir eintreten. Dort komme ich in Berührung mit dem wahren Selbst, dem Bild, das Gott sich von mir gemacht hat.

Wir leben oft in der Illusion, daß all unsere Wunden heilen können. Wir benutzen dann Gott dazu, daß er unsere Wunden heilen soll. Unter Heilung verstehen wir, daß die Wunden sich schließen und wir sie nicht mehr spüren. Solange sie nicht vernarben, kreisen wir um unsere Wunden und bohren uns immer tiefer in sie ein. Wir werfen Gott vor, daß er diese Wunde zuließ. Erst wenn wir bereit sind, uns mit unserer Wunde auszusöhnen, kann sie für uns zum Tor nach innen werden, zum Tor in den unverwundeten und heilen Raum, in dem Gott selbst in uns wohnt.

82,81f

Aus einer anderen Wirklichkeit leben

Zum Bild des wahren Humanismus gehört auch die Verwundbarkeit und Gebrochenheit des Menschen. Der wahre Mensch ist der verwundbare Mensch. Heute ist es modern, sich cool zu geben, unverwundbar zu sein, nichts an sich herankommen zu lassen. Aber wer sich nicht verwunden läßt, der kann auch nicht lieben. Wahre Liebe schließt die Bereitschaft ein, sich verwunden zu lassen. Das Bild des Kreuzes zeigt uns mitten in der Brutalisierung unserer Gesellschaft ein anderes Menschenbild, einen, der noch mitleiden kann, einen, der selbst Gewalt erleidet, weil er für die Menschen eintritt.

Es ist erschreckend, wie heute die Hemmschwelle zur Gewalt immer geringer wird. Das Kreuz ist eine ständige Mahnung mitzuleiden, anstatt anderen Leid zuzufügen, sich verwunden zu lassen, anstatt andere zu verletzen. Das Kreuz erinnert uns daran, daß Nachfolge Christi immer auch bedeutet, sein Kreuz auf sich zu nehmen, ja zu sagen zu dem, was uns Tag für Tag durchkreuzt, ja zu sagen zu dem Leiden, das uns trifft. Kreuzesnachfolge heißt, daß uns die Welt gekreuzigt ist, daß die Welt keine Macht mehr über uns hat, daß wir uns nicht definieren von Machtstreben, Ruhmsucht, Reichtum, Bequemlichkeit, sondern daß wir aus einer anderen Wirklichkeit heraus leben, aus der Wirklichkeit der Liebe, die uns im gekreuzigten Christus am deutlichsten vor Augen geführt wird. *99, 92f*

Uns mit unseren Gegensätzen aussöhnen

Für mich persönlich ist das Kreuz Zeichen für die Liebe Gottes, die in alle Bereiche dieser Welt eindringt und in alle Kammern meines Herzens. Und es erinnert mich immer wieder, daß da einer für mich gestorben ist, daß ich mit meinen Fehlern und Schwächen für diesen Jesus aus Nazaret wichtig bin, daß ich aus der Hingabe eines anderen Menschen leben darf. Wenn ich auf das Kreuz schaue, denke ich nicht nur an Jesus Christus, sondern auch an die Menschen, aus deren Hingabe ich leben kann, an meine Eltern und Geschwister, an Mitbrüder und Freunde, auf die ich mich verlassen kann, die mich tragen. Das Kreuz ist für mich eine ständige Mahnung, ja zu sagen zu dem, was mich täglich durchkreuzt. [...] Mir ist wichtig, daß meine Arbeit gut vonstatten geht, daß alles gut organisiert und die Probleme angepackt und schnell gelöst werden. Das Kreuz weist mich daraufhin, daß nicht alles so glatt geht, wie ich mir das gerne erträume, daß ich mich aussöhnen muß mit den täglichen Durchkreuzungen, mit allem, was mir in die Quere kommt und meine Pläne über den Haufen wirft.

Bei der geistlichen Begleitung ist das Kreuz, das an der Wand hängt, ein Bild dafür, daß Gott den Menschen gerade durch seine Verwundungen aufbricht für sich selbst und für das Geheimnis seiner göttlichen Liebe. Und der Blick auf das Kreuz mahnt mich, behutsam mit den Menschen umzugehen, verfahrene Situationen, tief sitzende Verletzungen, Blockaden, Verzweiflung, Sinnlosigkeit anzuschauen und auszuhalten, anstatt vorschnell nach Lösungen zu suchen. Es geht nicht darum, Gegensätze und Spannungen aufzulösen, sondern sie fruchtbar werden zu lassen.

Jeder geistliche Ansatz, der nur einen Pol betont, ist mir angesichts des Kreuzes verdächtig. Unser Leben wird nur gelingen und wird für Gott offen sein, wenn wir uns mit den Gegensätzen in uns aussöhnen.

99, 99f

Das Kreuz mit unserer Sexualität (1)

Die wahre Askese ist nicht Verzichten und Abtöten, sondern Einübung in die Menschwerdung, Einüben auch ins Genießen. Ähnlich ist es mit der Sexualität. Wir haben sie oft in den Turm eingesperrt, aus Angst, die bellenden Hunde würden uns zerreißen. Aber dann fehlt uns die Kraft der Sexualität für unsere eigene Lebendigkeit und für unsere Spiritualität.

Eine Spiritualität, die die Sexualität einsperrt, muß ständig Angst haben vor den lauernden Begierden, die einen überfallen. Es ist eine negative Sicht von Sexualität, wenn sie nur das zu Beherrschende ist. Sexualität ist die wichtigste Quelle für unsere Spiritualität. Wenn wir uns mit ihr anfreunden und wie der junge Mann im Märchen gut mit ihr reden, dann könnte sie uns auf den Schatz in unserer Tiefe hinweisen, auf den Schatz unserer Lebendigkeit und unserer spirituellen Sehnsucht. Dann könnte sie uns vielleicht sagen: »Versuche, wirklich zu leben und zu lieben. So wie du jetzt lebst, lebst du an dir und am Leben vorbei. Gib dich nicht zufrieden mit einem bloß korrekten Leben! In dir ist eine größere Sehnsucht nach Leben und Liebe. Traue deiner Sehnsucht! Gib dich dem Leben hin, gib dich den Menschen hin, liebe sie mit deinem Herzen! Und liebe Gott mit ganzem Herzen, liebe ihn mit deinem Leib und mit deiner Leidenschaft! Ruhe nicht, bis du dich in Gott hinein übersteigst und mit ihm eins wirst!«

Aber es geht nicht nur darum, in den Turm hineinzusteigen und mit meiner Sexualität zu sprechen, um den Schatz zu entdecken, zu dem sie mich führen möchte. Oft überfällt uns die Sexualität, dann kommen wir gar nicht dazu, mit ihr zu sprechen. Sie hat uns einfach. Viele leiden an der Selbstbefriedigung. Und jeder Kampf dagegen endet meistens in der Enttäuschung. Anstatt sich dann mit Schuldgefühlen zu bestrafen, wäre es hilfreicher, seine Ohnmacht einzugestehen, seine Sexualität jemals in Griff zu bekommen. *82, 65f*

Das Kreuz mit unserer Sexualität (2)

Die Mönche sprechen immer wieder davon, daß wir zuerst unsere Ohnmacht eingestehen müssen. Dann erst nimmt Gott von uns den Kampf. So heißt es in einem Apophthegma: »Ein Bruder befragte sich beim Altvater Agathon wegen der Unzucht. Er erklärte ihm: Wohlan, wirf dein Unvermögen vor Gott, und du wirst Ruhe finden.« Erst wenn der junge Mönch seine Ohnmacht bekennt, daß er die Sexualität nicht beherrschen kann, kann Gott ihn durch die Ohnmacht hindurch zu neuer Freiheit führen.

Es gibt beide Erfahrungen: durch Ohnmacht gegenüber seiner Sexualität den Frieden mit sich und Gott erlangen oder die Verwandlung der Sexualität, wie sie etwa im Tantrismus geübt wird. Dort wird die sexuelle Erregung bewußt eingesetzt, um spirituelle Kräfte zu wecken. Die Sexualität gilt hier als spirituelle Kraft, die uns auf Gott hin treibt. In der Spiritualität von unten nehmen wir unsere Sexualität dankbar an, weil sie uns immer wieder daran erinnert, daß unser geistliches Leben in der Lust am Leben gipfelt, daß wir nicht bloß korrekt leben sollen, sondern über uns hinauswachsen dürfen in der Ekstase in Gott hinein. Wir haben in unserer geistlichen Tradition Sexualität meistens zu negativ gesehen als die Leidenschaft, die uns von Gott trennt. Natürlich kann uns die Sexualität so bestimmen, daß sie uns Gott gegenüber verschließt. Aber es gibt auch die spirituelle Erfahrung, daß das Sichregen der Sexualität immer auch eine spirituelle Energie mit sich bringt, daß die Sexualität uns immer wieder an unsere Sehnsucht erinnert, mit aller Leidenschaftlichkeit und Liebe mit Gott zu verschmelzen und in ihm die Erfüllung unserer Sehnsucht zu erleben. *82, 66f*

IMMER DIE GLEICHEN PROBLEME

Ich spüre, daß sich in meine Spiritualität von unten immer wieder der Ehrgeiz einschleicht, daß ich mich selber ändern kann, daß ich den Weg zu Gott selbst finde, zwar etwas anders als in meiner Jugend, aber eben doch selber. Spiritualität von unten würde aber gerade heißen, daß ich mir eingestehe, niemals eine Methode zu finden, mich selbst zu erlösen, mich selbst zu verwandeln. Ich muß mir vielmehr immer wieder sagen: Trotz all deiner spirituellen Bemühungen, trotz all der Bücher, die du schreibst, wirst du dich immer mit den gleichen Problemen herumschlagen, wirst du nie deine Empfindlichkeit und deinen Ehrgeiz loswerden. Erst dieses Eingeständnis meiner Ohnmacht kann mich wirklich für Gott öffnen. Da spüre ich, daß ich meine Hände nur noch auftun muß, um mich in Gott hinein zu ergeben. Daher haben mich die Schlußworte des Romans »Das Ende einer Affäre« so stark angerührt. Da betet der Schriftsteller, der sich in Sarah verliebt hatte und nun nach ihrem Tod mit ihrem Mann zusammen ein Glas Bier trinkt: »O Gott, Du hast genug getan, Du hast mir genug geraubt. Ich bin zu müde und zu alt, als daß ich mit der Liebe von neuem beginnen könnte. Darum laß mich, bitte, für immer allein« (Hamburg 1974, 183). Nach all den leidenschaftlichen Abenteuern mit seiner Geliebten, am Ende der Affäre, da kann er sich nur noch in Gott hinein ergeben. Es war nicht seine Tugend, die ihm diese Erfahrung Gottes geschenkt hat, sondern das Scheitern seiner verbotenen Liebe.

Ähnlich betet der Landpfarrer im Roman von George Bernanos: »Ich bin nun gänzlich entblößt, o Herr, wie du allein zu entblößen vermagst, denn nichts entgeht deiner schreckenerregenden Vorsorge, nichts deiner schreckenerregenden Liebe« (in: Ders., Tagebuch eines Landpfarrers. München 1949, 201). Irgendwann einmal werde ich müde sein von all den Versuchen, mich zu ändern. Dann wird auch mein Versuch, mich in Gott hinein loszulassen, nicht mehr Tugend sein, auf die ich stolz bin, sondern Ausdruck des gänzlich Entblößtseins. *82, 71f*

PRIESTERLICHE SCHWINDELGEFÜHLE

Es kommt häufig vor, daß Priester bei der Messe Angst bekommen, ihnen würde schwindlig. Oft ist es gerade der Augenblick nach der Wandlung, da diese Angst auftaucht. Manche halten sich dann krampfhaft am Altar fest, anderen bricht der Schweiß aus. Manche meinen dann, es würde bei ihnen etwas nicht stimmen. Sie suchen immer neue Ärzte auf, um ein Heilmittel dagegen zu finden. Besser wäre es, den Schwindel zu befragen: »Wo schwindle ich?« Das ist nicht moralisch gemeint. Keiner schwindelt bewußt. Aber der Schwindel weist oft darauf hin, daß da ein Zwiespalt in einem ist, der Zwiespalt zwischen Idealbild und Wirklichkeit. Meistens ist hier die Spiritualität von oben Ursache des Schwindels. Das Ideal war so hoch, daß einem schwindlig werden kann. Manch ein Priester hat gerade im Augenblick der Wandlung unbewußt ein archaisches Priesterbild in sich, das Bild des Priesters, der Irdisches in Himmlisches wandelt, der in Berührung kommt mit dem Göttlichen, der ins Allerheiligste eintritt, usw. Und zugleich spürt der Priester, daß er Mensch ist, mit Fehlern und Schwächen, mit sexuellen Phantasien und voller Aggressionen. Diese beiden Bilder kann er nicht zusammenbringen. So reagiert der Leib. Das Verdrängte meldet sich so stark zu Wort, daß er es beachten muß.

Sich zu beherrschen und die Zähne zusammenzubeißen, hilft nicht weiter. Er muß sich seiner Wirklichkeit stellen. Wenn ich mit meinem Schwindel ins Gespräch komme, könnte er mich auf diesen Zwiespalt aufmerksam machen. Er könnte mich lehren, diese beiden Bilder zusammenzubringen, meine menschliche Realität mit ihren Fehlern und Schwächen anzunehmen und mich so, wie ich bin, von Gott in Dienst nehmen zu lassen. [...]

Natürlich ist der Dialog mit dem Schwindel keine Garantie dafür, daß er auch aufhört. Aber vielleicht läßt er mich besser erkennen, wie es um mich steht.

82, 73f

Humor – Sprache der Transzendenz

Eine Spiritualität, die sich von der Demut leiten läßt, führt nicht zu einem Menschen, der sich künstlich klein macht, der sich dafür entschuldigt, daß er überhaupt auf der Welt ist. Vielmehr wird die Demut zu innerer Wahrhaftigkeit führen, zur Gelassenheit und zum Humor. Im Humor steckt die Ahnung, daß alles in uns sein darf, daß wir von der Erde genommen sind und daher vor nichts Irdischem zurückschrecken dürfen. Humor ist die Aussöhnung mit unserer Menschlichkeit, Erdhaftigkeit, Hinfälligkeit. Im Humor steckt das Einverstandensein mit mir, so wie ich bin. Der Soziologe Peter L. Berger nennt den Humor ein »Zeichen der Transzendenz«. Im Humor wird eine widrige Situation überstiegen und spirituell bewältigt, indem man sich einerseits damit aussöhnt, sie andererseits von Gott her relativiert und übersteigt. [...]

Heinrich Lützeler meint, Humor habe immer mit der Entlarvung der Wirklichkeit zu tun: »Die bedeutenden Gestalter des Komischen – Aristophanes, Shakespeare, Cervantes, Molière zum Beispiel – waren Realisten, und nichts Menschliches blieb ihnen fremd. Hinter tausend Verhüllungen, hinter prunkenden Kulissen und tönenden Worten holten sie unfehlbar das Allzumenschliche hervor« (in: Ders., Über den Humor. Zürich 1966, 12). Humor ist zuerst die Selbstentlarvung, in der man sich von der Sucht befreit, sich als Denkmal zu fühlen. Im Humor findet man das rechte Maß für sich selbst, da befreien wir uns von allem Pathos, in dem wir uns selbst so gerne aufblähen. »Der Mensch, der lachend seine eigenen Fehler sieht, und der Mensch, der lachend sich in die dumpfe Materie verstrickt weiß, sind beide auf dem Weg zum Humor; beide erkennen scharfsinnig das Unvollkommene der Welt, aber nicht trotzend, nicht verzweifelt, nicht mürrisch, nicht kalt, sondern trotz allem diese schöne Erde liebend und von der geheimen Überzeugung beseelt, daß auch das Unvollkommene irgendwie in Ordnung ist« (ebd., 23f).

82, 95f

Achtsam sein mit den Scherben des Lebens

Das Scheitern an uns selbst kann uns zur Verzweiflung an uns selber führen. Aber diese Verzweiflung könnte uns auch öffnen für die Gnade Gottes, die uns aufrichtet. Deshalb wohl nennt Benedikt am Ende des 4. Kapitels, in dem er all die Werke aufzählt, die wir selbst tun können, um uns zu formen und für Gottes Gnade zu bereiten, als das wichtigste Werkzeug der geistlichen Kunst: »An der Barmherzigkeit Gottes niemals verzweifeln.« Er hat offensichtlich gespürt, daß die Askese uns leicht in die Verzweiflung führen kann, weil wir doch nicht erringen, was wir möchten. Doch normalerweise gehen wir anders mit unseren Fehlern und unserem Scheitern um. Wir verurteilen uns selbst oder schließen die Augen davor. Es wäre wichtig, achtsam die Scherben seines Lebens in die Hand zu nehmen. Daraus kann etwas Neues erwachsen. Manche haben gerade in der Lebensmitte den Eindruck, daß sie vor einem Scherbenhaufen sitzen. Und meistens reagieren sie mit Resignation. Doch die Scherben können neu zusammengesetzt werden. Vielleicht war die alte Schale unseres Lebens zu eng geworden. Vielleicht mußte sie zerbrechen. Das Versagen kann zur Chance werden. Wir lernen oft mehr durch unser Versagen als durch unsere Erfolge. Ein erfolgreiches Leben ist nach C. G. Jung der größte Feind für die Verwandlung. Durch Scheitern und Versagen hindurch erkennen wir, daß allein Gott aus den Ruinen unseres Lebens sein Haus bauen kann, das Haus seiner Herrlichkeit. [...]

Ich muß ja gar nichts leisten. Gott ist es, der mich verwandelt, der mich durch mein Scheitern und meine Sünde, durch meine Mißerfolge und Enttäuschungen, für sich aufbricht, damit ich endlich aufhöre, Gott mit meiner eigenen Tugend zu verwechseln, und mich ihm ganz und gar übergebe. *82, 88f*

SANFTMUT – MILDE – GROSSHERZIGKEIT

Das Neue Testament versteht die Demut nicht nur als Verhalten Gott gegenüber, sondern auch gegenüber den Menschen. Daher wird Demut zusammen gesehen mit Sanftmut, Milde, Großherzigkeit. »Darum bekleidet euch mit aufrichtigem Erbarmen, mit Güte, Demut, Milde (Sanftmut), Geduld (Langmut)!« (Kolosser 3,12). Mit diesen fünf Begriffen beschreibt Paulus das Verhalten Gottes zu uns und zugleich das Wirken des neuen Menschen, der durch Christus erlöst worden ist.

Der Demütige verachtet den Bruder und die Schwester nicht, sondern sieht in ihnen Christus. Daher gehört zur Demut die Ehrfurcht vor dem Geheimnis des anderen und das große Herz, in dem auch der Bruder und die Schwester Raum haben. Wer seiner eigenen Menschlichkeit begegnet ist, dem ist nichts Menschliches mehr fremd. Er ist ausgesöhnt mit allem Menschlichen, das ihm begegnet, gerade auch mit dem Schwachen und Kranken, mit dem Unvollkommenen und Gescheiterten. Er sieht alles umfangen vom milden Blick Gottes, von der barmherzigen Sicht Jesu. Und so kann er nicht anders, als selbst barmherzig und milde auf alles zu sehen, was ihm in seiner eigenen Seele und was ihm in den Menschen begegnet.

Die Sanftmut ist keine Haltung, die von seinem Charakter herströmt, sie ist nicht Ausdruck mangelnder Aggression, sondern letztlich Ausdruck des Glaubens an den barmherzigen Gott, der seinen Sohn Jesus Christus hinabsteigen ließ in die Wirklichkeit dieser Erde. Jesus Christus hat alles Menschliche angenommen und so erlöst. Er hat in seiner Menschheit alle unsere Schwächen und Menschlichkeiten mit hinaufgenommen in den Himmel. [...]

Wir steigen auf zu Gott, indem wir hinabsteigen in unser Menschsein. Das ist der Weg der Freiheit, das ist der Weg der Liebe und der Demut, der Sanftmut und der Barmherzigkeit, der Weg Jesu auch für uns.

82, 99f

Gut von Menschen reden

Es ist eine Erfahrungstatsache, daß wir mit Loben bei vielen Menschen oft weiterkommen als mit ständiger Kritik. Wer Kinder zu erziehen hat, der weiß, wieviel ein lobendes Wort bewirken kann. Wenn ich im Lob das Gute am andern benenne, wecke ich es zum Leben, ich locke das Gute in ihm hervor. Das Lob vergißt nicht, daß im andern auch negative Seiten sind, die keineswegs gelobt werden können. Aber das Loben spricht bewußt das Gute an. Es hebt das Gute ins Wort und damit zum Leben. Denn auch hier gilt, was ausgesprochen wird, wird wirksam. Das Aussprechen schafft etwas von dem, was ausgesprochen wird. Zumindest wird es für den Hörer bewußter, und dadurch kann es in ihm etwas bewirken.

Wer das Loben allerdings nur als pädagogischen Trick einsetzt, wird vom andern bald durchschaut werden. Und dann wirkt das Lob nicht mehr. Im Wesen des Lobes liegt es, daß der Lobende von sich selbst absieht, daß er es nicht verzweckt. Im Loben sollen wir von unseren Absichten absehen und auf den anderen sehen, ihn in den Mittelpunkt stellen. Das kommt schon in der sprachlichen Form zum Ausdruck. Ich sage zwar zu jemandem: »Ich danke dir«, aber nie, »ich lobe dich«, sondern ich kleide das immer in einen Satz, in dem der andere Subjekt ist: »Du hast das gut gemacht, du siehst schön aus, du hast einen guten Eindruck gemacht« (Claus Westermann, Das Loben Gottes in den Psalmen. Göttingen 41968, 22).

Im Loben vergesse ich mich, vergesse ich auch die Wirkung des Wortes auf den anderen. Ich lobe, weil ich das so sehe und weil der andere in mir das Lob hervorruft. Im Loben lasse ich dem andern Raum. Er wächst durch das Lob. Er kann sich entfalten. Das Gute in ihm wird durch mein Ansprechen verstärkt. Und er kann nun selbst ein Stück mehr an das Gute in sich glauben, es zulassen und so sein Wachsen fördern.

32, 61f

WO SCHEINBAR ALLES SCHIEFLÄUFT

Der Weg zum Schatz, zum wahren Selbst, ist der eine Aspekt einer Spiritualität von unten. Der andere Aspekt ist die Erfahrung der Talsohle, der eigenen Ohnmacht, die dann zum Absprung in die Gnade Gottes wird. In der Tiefe kann ich nicht nur heil werden. Dort, wo ich am Ende bin, werde ich ganz und gar auf Gott geworfen. Dort, wo ich vor Gott kapituliere, wo ich einsehe, daß ich mich nicht aus eigener Kraft aus dem Sumpf herausziehen kann, dort kann eine persönliche Beziehung zu Gott anfangen.

In der geistlichen Begleitung erleben wir immer wieder, wie Menschen über sich enttäuscht sind, weil sie ihr eigenes geistliches Programm nicht erfüllen können, weil sie trotz allen Bemühens immer wieder versagen. Anstatt ihnen Mut zu machen, daß sie mit mehr Willenskraft alle Fehler beseitigen können, versuchen wir, sie darauf hinzuweisen, daß das eine entscheidende geistliche Erfahrung ist. Wir haben für uns keine Garantie. Wir können mit uns nicht machen, was wir wollen. Aber gerade dort, wo wir nichts mehr machen können, wo wir an unseren eigenen Vorstellungen von uns scheitern, wo nach menschlichen Maßstäben alles schief läuft, dort möchte Gott uns anrühren und uns zeigen, daß alles Gnade ist.

In solchen Erfahrungen der eigenen Grenze und Ohnmacht erleben wir, so glaubt Karl Rahner, den Heiligen Geist an uns am Werk. Rahner beschreibt die Erfahrung des Heiligen Geistes gerade in Grenzsituationen und in der Ergebung in Gott hinein: »Haben wir schon einmal versucht, Gott zu lieben, dort, wo keine Welle einer gefühlvollen Begeisterung einen mehr trägt, wo man sich und seinen Lebensdrang nicht mehr mit Gott verwechseln kann, dort, wo man meint zu sterben an solcher Liebe, wo sie erscheint wie der Tod und die absolute Verneinung, dort, wo man scheinbar ins Leere und gänzlich Unerhörte zu rufen scheint, dort, wo es wie ein entsetzlicher Sprung ins Bodenlose aussieht, dort, wo alles ungreifbar und scheinbar sinnlos zu werden scheint?« (in: Ders., Über die Erfahrung der Gnade; in: Ders., Schriften zur Theologie III. Einsiedeln 1957, 106).

82, 55ff

APRIL

Die Farben des Lebens in den Festen und Feiern des Kirchenjahres

Bilder und Symbole des Kirchenjahres

Das Kirchenjahr mit seinen verschiedenen Festen gibt den oft ins Unbewußte abgeschobenen Gedanken und Gefühlen, Bildern und Vorstellungen die Möglichkeit, sich auszudrücken, sich darzustellen. Es führt uns Bilder und Symbole vor Augen, die unseren unbewußten Bildern und den Inhalten unserer Träume entsprechen. In unserer alltäglichen Sprache haben wir keine Worte und Begriffe für das, was sich unterhalb der Oberfläche tut. Und dennoch muß es in die Sprache ge-

hoben werden, damit es sich nicht abspaltet und uns selbst in eine unheilvolle Spaltung führt. Wenn es zur Sprache kommen darf, dann kann es seine heilsame Wirkung auf uns entfalten, dann verleiht es uns neue Kräfte und ein inneres Gleichgewicht.

Die Bilder und Symbole des Kirchenjahres führen uns vor Augen, wer wir wirklich sind. Sie heben unsere unbewußten Gedanken und Gefühle ins Bewußtsein und geben ihnen eine Form, sich auszudrücken. Das tut uns gut. Das befreit uns von der Angst, daß uns da aus dem Unbewußten etwas überschwemmen könnte. Und es gibt uns die Möglichkeit, nun selbst in aller Offenheit mit unserem Unbewußten umzugehen. Das Kirchenjahr hält uns keine psychologischen Vorlesungen über unser Unbewußtes, es analysiert es auch nicht, sondern es stellt es dar, in Bildern und Symbolen, in der Feier der Liturgie, in Riten und Gebärden. Es agiert die unbewußten Inhalte aus, es bringt sie in die Aktion.

Die Liturgie ist letztlich ein Spiel, ein heiliges Spiel, das jeden miteinbezieht und das ihm Anteil gibt am Dargestellten, am Geheimnis des Festes, am Mysterium unserer Erlösung. *29, 9f*

Feiern verbinden uns mit unseren Wurzeln

Der Mensch durchbricht in der Feier bewußt seinen Alltag, um ihn dann wieder neu bewältigen zu können. In der Feier trinkt er von der Quelle des Lebens. Da taucht er ein in das eigentliche Geheimnis seines Lebens, das sich im Anlaß des Festes darstellt: etwa in der Geburt eines Menschen, in seiner Hochzeit, oder in wichtigen Ereignissen aus der Geschichte seines Volkes, etwa der Befreiung aus Unterdrückung und Fremdherrschaft.

Ein Fest verbindet den Menschen mit seinen Wurzeln, aus denen er lebt. C. G. Jung meint, die Verbindung der »Gegenwart mit der historischen und mythischen Vergangenheit«, wie sie die Feste des Kirchenjahres vollziehen, sei für den Menschen gesund. Es mache ihn eins mit sich selbst, lasse ihn teilnehmen am Strom des Lebens. Wenn sich ein Mensch von seiner eigenen Vergangenheit abschneidet, wenn er seine Erinnerungen verdrängt und gesichtslos lebt, so wird er krank, oft genug depressiv (Harvey Cox). Die Erinnerung blickt zwar in die Vergangenheit, eröffnet uns aber zugleich neue Horizonte für die Zukunft. Sie zeigt uns, wozu auch wir fähig sind.

So ist das Festefeiern lebensnotwendig, es schenkt uns die Kraft, die wir brauchen, um unser Leben zu meistern. Aber wir können nicht beliebig Feste feiern. Ein eigentliches Fest ist nur, wenn wir davon leben können, wenn etwas zur Sprache kommt, das uns eine neue Sicht unserer selbst und unseres Lebens, ein neues Daseinsgefühl schenkt. Für die Alten gab es ein echtes Fest nur, wenn Gott und seine Taten gefeiert wurden. Ein rein profanes Fest war für sie unvorstellbar. Ein Fest, das ich feiere, weil ich gerade Lust dazu habe, etwa eine Party, zu der ich einlade, weil mir danach ist, entspricht nicht dem, was die Alten unter Fest verstanden. [...]

Sie wollten im Feiern einer Gottestat wieder zu echten Menschen werden, zu Menschen, die um ihre Würde wissen, um ihre Wurzeln, um ihre Möglichkeiten, zu Menschen, die nicht in der Vergessenheit leben und in der Aktivität des Alltags innerlich vertrocknen. *29, 16f*

DEM RHYTHMUS DER NATUR LAUSCHEN

Im Leben der Natur hat der Mensch seit jeher sein eigenes Lebensgesetz erkannt. Wie die Natur aufblüht und wieder stirbt, so auch der Mensch. Indem er das Stirb und Werde der Natur feiert, bejaht er sein eigenes Schicksal und söhnt sich damit aus. An der Wurzel mancher christlichen Feste steht noch ein heidnisches Naturfest. Das mag einem als heidnisches Relikt vorkommen, das man überwinden müsse. Aber die Verbundenheit des Kirchenjahres mit dem Rhythmus der Natur ist für uns heilsam. Wir sehen in dem Geschehen um uns herum ein Symbol für das, was in uns abläuft. Wenn wir Ostern feiern, so bekräftigt das Aufblühen der Natur das in der Auferstehung Christi aufgebrochene Leben. Wir sollen uns nicht als Geistwesen über alles Natürliche erheben. Wir sind eingebettet in die Natur. Wenn wir dazu ja sagen und mit ihr leben, dann tut uns das gut. Gerade heute, da die Natur immer mehr zerstört und ausgebeutet wird, würde uns das Mitleben mit dem Rhythmus der Natur, zu dem uns das Kirchenjahr einlädt, auch zu einer neuen Verantwortung für sie führen. Und es tut unserer Psyche gut, wenn wir in den Rhythmus der Natur einschwingen, anstatt uns einen künstlichen Rhythmus aufzusetzen, der unserer Natur widerspricht. Naturgemäß leben heißt auch, dem Wesen unserer Seele gemäß leben.

Wir sind einfach abhängig vom Geschehen um uns herum, von der Jahreszeit, vom Zustand der Natur um uns herum. In unseren Träumen zeigen uns Naturbilder oft an, wie es um uns steht. In der Liturgie des Kirchenjahres werden die Bilder der Natur aufgenommen, damit sie ihre heilende Wirkung in uns entfalten können. Das Leben in der Natur soll uns die eigene Lebendigkeit entdecken helfen. *29, 18f*

4. APRIL

VERWANDELN, NICHT VERÄNDERN

Die monastische Askese ist eine Askese der Verwandlung und nicht der Veränderung. Verändern ist etwas Gewaltsames. Ich will mich ändern, weil ich so, wie ich bin, nicht gut bin. Ich will mich anders machen, einen anderen aus mir machen. Verwandlung ist sanfter. Alles darf sein, alle Gedanken und Gefühle, alle Bedürfnisse und Leidenschaften. Sie müssen nur verwandelt werden. Verwandlung meint, daß ich mich in die Bedürfnisse und Leidenschaften hineinspüre und sie zu Ende denke, zu Ende fühle. Dann entdecke ich, was eigentlich darin gemeint ist.

Wenn ich meine Wut zu Ende fühle, werde ich am Ende meiner Wut mit dem Mitleid in Berührung kommen, das ich dem anderen gegenüber empfinde. Dann kann ich wirklich vergeben, weil ich spüre, daß der andere auch nur ein Mensch ist. Wenn ich mir die Wut verbiete, dann werde ich trotz aller Versuche, dem anderen zu vergeben, in mir Ablehnung und Abneigung spüren. Nur die zu Ende gefühlte Wut kann sich in Mitleid und Vergebung verwandeln. [...]

Verwandelt werden kann nur, was angeschaut wird. Die Mönche verdrängen nichts, sie lassen alles zu, aber sie versuchen, in den Leidenschaften die Kraft zu erspüren, die von Gott kommt. Verwandlung meint, daß das Eigentliche durchbricht durch das Schemenhafte, durch die Rollen und Masken hindurch. Verwandlung versucht, in den Gefühlen und Leidenschaften, in den Stärken und Schwächen, in den Wünschen und Bedürfnissen das zu entdecken, was werden möchte, was in den Blockaden und Gefährdungen meines Lebens an Echtem und Wahrem durchkommen möchte. *64, 61f*

EUCHARISTIE – WEG MENSCHLICHER SELBSTWERDUNG (1)

In der Zusammenfassung seiner psychologischen Deutung der Eucharistiefeier schreibt C. G. Jung: »Die Messe ist Summe und Quintessenz einer vieltausendjährigen Entwicklung, welche mit fortschreitender Ausweitung und Vertiefung des Bewußtseins die anfänglich isolierte Erfahrung eines spezifisch disponierten Individuums allmählich zum Gemeingut einer größeren Gruppe werden läßt. Der zugrundeliegende psychische Vorgang bleibt allerdings Geheimnis und wird in entsprechenden Mysterien oder Sakramenten anschaulich und eindringlich dargestellt, unterstützt von Belehrungen, Übungen, Meditationen und Opferakten, welche den Mysten so weit in die Sphäre des Mysteriums eintauchen, daß er sich seines intimen Zusammenhangs mit den mythischen Ereignissen einigermaßen bewußt werden kann. ... Das Christentum hat nach einigem Zögern die Mysterienfeier zur öffentlichen Veranstaltung gemacht, denn es war seine besondere Angelegenheit, möglichst viele Menschen in das Erlebnis des Mysteriums einzuführen. So konnte es denn nicht ausbleiben, daß der einzelne Gelegenheit bekam, sich seiner eigenen Wandlung und der dazu nötigen psychologischen Bedingungen, wie z. B. Bekenntnis und Bereuung der Sünden, bewußt zu werden. Damit war der Grund zur Einsicht gelegt, daß es bei der Wandlung im Mysterium sich weniger um ein magisches Bewirktwerden als vielmehr um psychologische Vorgänge handelte« (in: Ders., Ges. Werke XI. Zürich 1963, 322).

Der einmalige Weg Jesu wird also in der Eucharistiefeier immer wieder dargestellt, damit wir daran Anteil haben und wie Jesus und in Gemeinschaft mit Jesus verwandelt werden, unser Selbst finden und mit Gott eins werden. Eucharistie ist für Jung also ein Weg menschlicher Selbstwerdung, der die Sehnsüchte und Erfahrungen der ganzen Menschheit aufgreift und zusammenfaßt. [...] Indem wir in der Eucharistie den Weg Jesu gehen, gelangen wir mehr und mehr zu uns selbst.

64, 11f

Eucharistie – Weg menschlicher Selbstwerdung (2)

Es gibt verschiedene Wege, zu sich selbst zu kommen, sich in die Individuation einzuüben. Da gibt es psychologische Methoden, die uns lehren, mit der eigenen Vergangenheit, mit dem Schatten und mit dem Unbewußten umzugehen, falsche Selbstbilder abzubauen und zum eigentlichen Wesen vorzustoßen. Und dann gibt es die Methoden der Meditation und Kontemplation. Der wichtigste Übungsweg der Kontemplation geht über den Atem, über das Achten auf den Fluß des Atems. Der Atem ist in seiner Struktur ein entscheidendes Bild für den Weg menschlicher Selbstwerdung. Er vollzieht sich in vier Schritten: im Annehmen, Loslassen, Einswerden und Neuwerden. Jeder Weg in die Selbstwerdung führt über diese vier Schritte. Das gilt für die psychologischen wie für die spirituellen Wege in gleicher Weise.

Diese vier Schritte der Menschwerdung bilden auch die Struktur der Eucharistiefeier. In der Eucharistie feiern wir den Weg Jesu Christi. Christus selbst nimmt uns mit auf seinen Weg der Menschwerdung, auf seinen Weg zum Vater. Indem wir uns von Jesus mitnehmen lassen auf seinen Weg, werden wir eingeführt in das Geheimnis des menschlichen Lebens. Jesu Weg ist ein archetypischer Weg, ein Weg, der typisch ist für jedes menschliche Leben, und ein Weg, der etwas in uns in Bewegung bringt. Archetypen sind nach C. G. Jung immer auch Beweger, die etwas in uns bewirken. Indem wir uns also auf den Weg Jesu einlassen, wirkt er in uns ein Heil, seine Erlösung, bringt er uns zur wahren Gestalt, führt er uns zum wirklichen Leben. *64, 12f*

EUCHARISTIE UND MENSCHWERDUNG (1)

Vier Schritte der Menschwerdung werden in der Eucharistie der Reihe nach entfaltet. Das Annehmen geschieht im Wortgottesdienst. Nach der Begrüßung, in der wir einander wahrnehmen und annehmen, geht es im Bußakt darum, sich selber anzunehmen. Ich stelle mich vor Gott, so wie ich bin, mit meinen guten Seiten, mit dem, was geglückt ist, aber auch mit meinem Schatten, mit meiner Schuld. Der Bußakt meint nicht, daß wir uns selbst vor Gott schlecht machen und uns künstlich in die Haltung des Sünders hineinsteigern. Wir stellen uns vor Gott hin, wie wir sind, wir halten unsere Wahrheit hin. Und dazu gehört auch, daß wir unseren Schatten anschauen und unsere Schuld. Schuld heißt eigentlich Spaltung. Wenn wir etwas in uns nicht anschauen wollen, entsteht in uns eine Spaltung. Wir spüren, was für uns stimmt, aber wir tun es nicht. So spaltet uns die Schuld von unserem unverfälschten Kern, von unserem Selbst. Und sie trennt uns von Gott und von den Menschen. Schuld schließt immer aus. Wenn wir uns schuldig fühlen, fühlen wir uns ausgeschlossen aus der Gemeinschaft. Der Bußakt will uns so, wie wir sind, in das Erbarmen Gottes stellen, damit wir wieder eins werden mit uns selbst, mit Gott und mit unseren Brüdern und Schwestern. Wir können uns nicht durch eigene Kraft annehmen. Wir brauchen Erfahrung dazu, normalerweise die Erfahrung von Menschen, die uns annehmen, oder aber religiöse Erlebnisse, die uns im Herzen spüren lassen, daß wir ganz und gar akzeptiert sind. [...]

Um das Annehmen geht es auch im gesamten Wortgottesdienst. Die Lesungen und das Evangelium wollen uns sagen, wer wir eigentlich sind. [...]

In den Lesungen will uns Gott sagen, wer wir wirklich sind, daß das Geheimnis unseres Lebens tiefer liegt, daß wir vor Gott wertvoll sind, daß Gott selber in uns wohnt. Im Hören der Lesung sollen wir uns hineinspüren in das Geheimnis unserer Existenz. Die Würde und das Licht unseres Lebens soll uns aufgehen. Graf Dürckheim meinte einmal, es gäbe viele Menschen, die ihren Schatten verdrängen. Aber es gäbe auch viele, die ihr Licht verdrängen. *64, 14f*

EUCHARISTIE UND MENSCHWERDUNG (2)

Der zweite Schritt der Menschwerdung ist das Loslassen. [...] Wenn wir den Tod Jesu am Kreuz in der Eucharistie feiern, dann ist das zum einen Einübung in das Loslassen, zum anderen ins Annehmen dessen, was uns Tag für Tag durchkreuzt, einverstanden sein mit den Menschen, die unsern Weg kreuzen, mit den Mißgeschicken, die uns passieren, mit der Krankheit und mit all dem Unvorhergesehenen, mit dem wir nicht gerechnet haben. Aber das, was uns durchkreuzt, wird in der Eucharistiefeier zugleich umgedeutet als der Weg zum wahren Leben. [...]

Das Loslassen vollzieht sich in den Riten der Gabenbereitung und Wandlung. In Brot und Wein bringen wir unser Leben vor Gott und heben es in den göttlichen Bereich. Wir übergeben mit diesen Gaben Gott unser Leben, wir übergeben unseren Alltag, unsere Arbeit, unsere Erfolge, unsere Sehnsüchte, unsere Liebe, unsere Freude. Alles halten wir Gott hin, damit er es annehme und verwandle. Wir lassen es los, überlassen es Gott, damit er es uns verwandelt wieder zurückgebe. [...]

Loslassen verbindet sich dann mit der Wandlung, in der unsere Gaben durch den Geist Gottes in Leib und Blut Jesu Christi verwandelt werden. Leib und Blut symbolisieren den Tod Jesu, der in der Wandlung unter uns gegenwärtig wird. Und sie symbolisieren die verwandelte Schöpfung. Gottes Geist, der am Anfang die Welt ins Dasein gerufen hat, schafft in der Wandlung einen neuen Anfang. Unsere gottlose Welt wird in göttliche Gaben verwandelt, in Fleisch und Blut Jesu Christi. Wie das Wort Gottes die Welt gebildet hat, so werden göttliche Worte über die Gaben gesprochen, damit sie neu geschaffen werden. Und diese verwandelten, von Gottes Geist durchdrungenen Gaben, Leib und Blut Jesu Christi werden nun wieder emporgehoben, in den göttlichen Bereich, aus dem sie kommen. Und sie werden uns gezeigt, damit wir es alle sehen können: Es sind unsere Gaben, aber doch verwandelte, von Gott uns zurückgegeben als Brot des Lebens und Kelch des Heils.

64, 17f

Eucharistie und Menschwerdung (3)

Der dritte Schritt auf dem Weg der Kontemplation und im Prozeß der Menschwerdung ist das *Einswerden*. Es geschieht im Heiligen Mahl, in der Kommunion, wenn wir Leib und Blut Christi essen und trinken. In der Kommunion werden wir eins mit Jesus Christus und durch ihn eins mit Gott. Wir werden hineingenommen in die Gemeinschaft des dreifaltigen Gottes. Wir werden eingetaucht in das Leben, das zwischen Vater und Sohn im Heiligen Geist hin und hergeht. Von jeher war die Ahnung im Menschen, durch ein heiliges Mahl eins zu werden mit Gott. In allen Religionen gibt es heilige Mahlzeiten, durch die man Anteil gewinnt am Leben der Gottheit. Diese Sehnsucht erfüllt uns Jesus Christus auf neue Weise in der Eucharistie. [...]

Wenn wir mit allen Sinnen zulassen, was in der Kommunion an uns geschieht, dann kann das Sichselbstannehmen nochmals auf eine neue Weise geschehen. Im Wortgottesdienst war die Selbstannahme eher unser Tun. Wir halten uns selber Gott hin mit unserem Schatten und unseren Möglichkeiten. In der Kommunion tut Gott an uns etwas. Und wir brauchen nur nachzuvollziehen, was er an uns tut. Wenn ich zulasse, was da an mir geschieht, dann nehme ich mich schon an. Wenn Gott mit mir eins ist, dann kann ich auch mit mir selbst eins werden, einverstanden mit meinem Leben, mit meinem Leib, mit meiner Seele, mit meinen lichten und dunklen Seiten, mit meinen Stärken und Schwächen. Dann kann ich einverstanden sein mit meinem Schicksal, mit meiner Vergangenheit und mit der Situation, in der ich gerade stehe, einverstanden auch mit meinem Sein zum Tode, mit meiner Vergänglichkeit, mit meiner Sterblichkeit. Wenn ich bejahe, was Gott in der Eucharistie an mir tut, dann kann ich meine Widerstände gegen das Leben aufgeben und mich in Gott hineinfallen lassen. [...]

Dann bin ich im Frieden mit mir und meinem Leben, im Frieden mit Gott und mit den Menschen, die er mir zumutet. *64, 22f*

Eucharistie und Menschwerdung (4)

Der vierte Schritt der Menschwerdung ist das Neuwerden. Wenn wir mit Christus eins geworden sind, sind wir auch neu geworden, neu geschaffen durch seinen Geist. Wir haben teil an seiner Auferstehung, die unseren Tod vernichtet und verwandelt hat. In der Auferstehung hat Christus die Grenzen unserer Existenz aufgebrochen und uns von den Fesseln des Todes befreit. In der Kommunion macht er uns so fähig, selbst aufzustehen aus dem Grab unseres Selbstmitleids, aus dem Grab unserer Resignation und Enttäuschung, aus dem Grab unserer Angst und Traurigkeit. An uns ist wahr geworden, was Paulus sagt: »Wenn also jemand in Christus ist, dann ist er eine neue Schöpfung: Das Alte ist vergangen, Neues ist geworden« (2 Korinther 5,17). In uns ist nicht mehr nur die Vergangenheit, die uns prägt, die uns oft genug festhält, weil sie uns mit Komplexen und Ängsten beladen hat. In uns ist zugleich Neues, der Geist Jesu Christi, der uns neu schafft. In uns ist Kreativität, Lebendigkeit, Phantasie. [...]

Da ist die Erfahrung, daß wir durch Christus eine neue Schöpfung sind, eine wichtige Ergänzung, ein neuer Weg, die Vergangenheit zu bewältigen. In uns sind eben nicht nur die Wunden der Vergangenheit, in uns ist zugleich auch das Neue, das Christus uns schenkt. Das bedeutet nicht, daß wir die Augen verschließen vor den eigenen Problemen, von der Prägung durch die Vergangenheit. Wir schauen sie an, aber wir sehen zugleich auf Jesus Christus, der uns seinen Geist schenkt, der uns mit seinem ewig neuen Leben durchdringt. Und wenn wir das zulassen, wenn wir das in der Meditation in uns eindringen lassen, dann verliert die Vergangenheit an Macht über uns. Dann ist sie immer noch da, aber sie ist nicht die einzige Realität. Das Neue ist mitten in den alten Wunden. Und wenn wir uns dem neuen Leben öffnen, dann kann es in uns auch wirken und uns immer mehr von der Macht des Alten befreien.

64, 26ff

Damit das Herz aufgeht

Zachäus hat Jesus freudig bei sich aufgenommen. Die Freude, daß Jesus uns annimmt, wie wir sind, daß er uns etwas zutraut und eins werden möchte mit uns, ist die Grundstimmung, in der wir Eucharistie feiern sollten.

Aber wenn Jesus Zachäus nicht verurteilt, sondern an das Gute in ihm glaubt, hat das auch Folgen für die Art, wie wir miteinander Eucharistie feiern. Denn es geht ja nicht nur um meine persönliche Begegnung mit Jesus Christus, sondern gemeinsam halten wir Mahl mit Christus. Dabei sollten wir durch die Art, wie wir feiern, wie wir das Evangelium auslegen, wie wir die liturgische Handlung vollziehen, allen Feiernden vermitteln, daß sie sein dürfen, wie sie sind, daß sie bedingungslos von Gott angenommen sind, daß Gott ihnen etwas zutraut, daß er den guten Kern in ihnen hervorlocken möchte. Und was Jesus mit uns tut, müssen wir auch einander erweisen. Da dürfen wir nicht in unseren Vorurteilen gefangen bleiben, da können wir nicht mehr einander abstempeln oder abschreiben, da sind wir herausgefordert, an das Gute in jedem zu glauben und ihm so zu begegnen, daß er selbst an das Gute in sich glauben kann, daß das Herz ihm aufgeht und er auf einmal wie Zachäus frei wird von den Mechanismen falscher Selbstbestätigung auf Kosten anderer. In der Art, wie wir miteinander in der Eucharistie umgehen, sollte jeder spüren, daß ihm Heil widerfahren ist und daß er Grund hat zur Freude. Eucharistie ist nicht nur ein Weg zu meiner Menschwerdung, sondern auch ein Ort, wo wir einander helfen, Mensch zu werden, unsere Masken abzulegen und die eigenen Möglichkeiten in uns zu entdecken, an den guten Kern in uns zu glauben und ihn zu entfalten. *64, 42f*

Alles in mir darf sein

Wenn der Priester Brot und Wein in Leib und Blut Christi wandelt, ohne sich selbst zu wandeln, dann bleibt er auf halbem Weg stehen. Und so wäre gerade in der Priesterausbildung mehr Wert auf die innere Wandlung zu legen als auf die äußeren Rubriken. Die eucharistische Wandlung will unsere Bedürfnisse in Sehnsucht nach Gott verwandeln, unsere Probleme in Herausforderungen, uns auf den Weg zu machen, unsere Angst in Vertrauen, unsere Wunden in Quellen des Lebens, unsere Sexualität in Zärtlichkeit und Liebe, unsere Zerrissenheit in Ganzheit, unsere Leidenschaften in kraftvolle Suche nach Gott und unsere Schuld in eine felix culpa, in einen Einfallsort für die Gnade Gottes. Eucharistie will uns Mut machen, uns im Leib zu spüren und zu erkunden, wo unverwandelte Bereiche sind, wo wir Bedürfnisse und Wünsche ausgeschlossen und wo wir die Sexualität verdrängt haben. Und wir sollen uns, wenn wir die verwandelten Gaben von Brot und Wein essen und trinken, von Christus ganz und gar durchdringen lassen, damit alles in uns von seiner Lebendigkeit berührt und angesteckt wird. Verwandelt werden kann aber nur, was angenommen, was angeschaut und Gott hingehalten wird. Wir müssen unseren Leib auf den Altar legen, unseren Leib, der unsere Wahrheit Gott hinhält, unsere verdrängten Gefühle und unterdrückten Triebe, unsere Sehnsucht und unsere Angst. [...]

C. G. Jung meint, jeder Mensch habe immer zwei Pole in sich: Liebe und Haß, Disziplin und Disziplinlosigkeit, Angst und Vertrauen, Güte und Härte, Offenheit und Verschlossenheit. Der Weg zur Menschwerdung geht nicht über das Abschneiden eines Poles, sondern um das Zulassen beider Pole, um das rechte Gleichgewicht und um das Verwandeln beider Pole, damit wir auf beiden Seiten für Gott offen werden. [...]

Alles in uns darf sein, aber alles in uns wird Gott hingehalten, damit er es verwandle. *64, 58f*

Seinsgerechte Liturgie

Romano Guardinis Frage, ob der heutige Mensch noch liturgiefähig sei, ob er zum liturgischen Akt noch fähig sei, ist auch heute noch eine Herausforderung, den Sinn für das heilige Spiel, für den Ausdruck des erlösten Menschen in den Gebärden und Gesten der Liturgie wieder neu zu wecken. Sowohl in der Meditationsbewegung wie in vielen Formen des New-Age ist dafür ein neuer Sinn erwacht. Aber gleichzeitig sind Menschen, die für den Ausdruck des Leibes ein Gespür haben, auch sehr sensibel, wenn Liturgie nicht seinsgerecht gefeiert wird, wenn die Gesten nicht mehr Ausdruck der Seele sind, sondern Ausdruck von Zerstreutheit, von Oberflächlichkeit, von mangelndem Leben. [...]

So müßten wir heute wieder neu überlegen, welche Formen uns helfen könnten, Eucharistie so zu feiern, daß sie unser Leben verwandelt, daß wir uns da hineinspielen in die Freiheit und Freude der Kinder Gottes. Dabei ginge es sicher nicht nur um neue Formen, sondern auch um ein neues Verständnis der alten Formen, die für viele keine Bedeutung mehr haben. Der einfache Ritus des Brotbrechens könnte uns zeigen, daß Christus sich für uns aufbricht, daß er sich für uns öffnet, damit wir alle Anteil haben an ihm. Wir brechen das Brot als Zeichen dafür, daß Christus sich im Tod für uns zerbrechen ließ, damit wir nicht zerbrechen an unserem Leben. Wir brechen das Brot als Erinnerung daran, daß Christus sich für uns aufbrach, um das Zerbrochene und Zerrissene in uns zu verbinden und zu heilen, und als Zeichen, daß auch wir bereit sind, uns füreinander aufzubrechen und einander Anteil an unserem Leben zu schenken. [...]

An vielen gehen diese Riten einfach vorbei, einmal weil sie sie nicht mehr verstehen, zum anderen, weil sie nicht deutlich genug ausdrücken, was sie meinen. Wir müßten heute wieder lernen, die Riten so zu vollziehen, daß die Menschen ihr Leben darin ausgedrückt finden, und wir bräuchten Phantasie, um Riten und Formen zu entwickeln, in denen wir uns hineinspielen können in das Geheimnis unserer erlösten Existenz.

64, 68ff

HEILUNG ERFAHREN

Wenn wir die Eucharistie als heiliges Spiel verstehen, dann könnten wir das Evangelium als Drehbuch sehen, das dann in der Eucharistie dargestellt wird. Freilich wird es in einem sehr ritualisierten Spiel ausagiert. Wir dürfen Wortgottesdienst und Abendmahl nicht zu sehr auseinanderreißen. Im Mahl wird Wirklichkeit, was im Evangelium verkündet wird. Das Evangelium berichtet nicht Vergangenes, sondern es wird uns als frohe Botschaft verkündet, die uns heute gilt, die uns heute das Heil vermitteln will. Es kündet von Jesus Christus, der in Palästina vor 2000 Jahren gelebt hat, der aber jetzt als der Erhöhte genauso unter uns lebt, und der an uns genauso handelt wie an den Menschen, denen er damals begegnet ist. Wenn wir die Eucharistie als Darstellung und Spiel des Evangeliums verstehen, dann wird sie nie langweilig, dann bekommt der immer gleiche Ritus eine jeweils andere Färbung. Und dann geht es immer um uns und unser Leben. Wir spielen uns in immer neue Möglichkeiten unseres Lebens hinein, wir stellen im Laufe des Kirchenjahres die verschiedenen Seiten unseres beschädigten und verwundeten Lebens dar und erfahren die Heilung des ganzen Menschen.

Bei den Heilungsgeschichten ist es am einleuchtendsten, daß sie in der Eucharistie an uns geschehen. Wir kommen zur Eucharistie jeweils in einer ähnlichen Situation wie die Kranken des Evangeliums. Manchmal fühlen wir uns aussätzig, unrein, unannehmbar, unausstehlich. In der Kommunion gehen wir wie der Aussätzige (Markus 1,40) auf Jesus zu. Und indem der Priester uns die Hostie in die Hand legt, berührt uns Jesus und sagt zu uns: »Ich will es – werde rein!«

Ich muß mich dann nicht krampfhaft bemühen, ja zu sagen zu mir selbst. Ich brauche nur nachzuvollziehen, was Christus an mir tut. Dann kann es mir genauso gehen wie dem Aussätzigen im Evangelium. Kommunion ist dann nicht Belohnung für die Sündenreinen, sondern Heilung der Kranken. Wir dürfen in jeder Situation zu Christus kommen, wir müssen uns nur so, wie wir sind, ehrlich ihm hinhalten. *64, 70f*

Feiern in Bildern und Symbolen des Lebens

Die Bilder, mit denen wir Eucharistie feiern, können uns den Reichtum des Geschehens erschließen. Es ist dann nicht immer der gleiche Ritus, über dessen Eintönigkeit sich viele Jugendliche beschweren. Nach außen hin läuft die Feier zwar mehr oder weniger gleich ab. Aber je nach dem Bild, das uns das Evangelium malt, erleben wir die Eucharistie immer wieder anders. Im Bild leuchtet die Wahrheit Gottes und die Wirklichkeit unserer Erlösung auf. Aber im Bild kommen wir auch in Berührung mit unserem eigenen Wesen.

Die Bilder der Bibel ermöglichen es uns, uns anzuschauen mit unseren Schattenseiten, mit unseren Krankheiten, mit unseren Hemmungen, mit unserer Einsamkeit und Verlassenheit, mit unserer Angst und Verzweiflung, mit unserem Haß und unserer Enttäuschung. Und die Bilder zeigen uns auch unsere Lichtseiten, sie führen uns vor Augen, wie uns die Erlösung verwandelt und befreit, aufrichtet und lebendig macht. Wenn wir die Eucharistie immer wieder unter dem Bild des Evangeliums oder des jeweiligen Festes feiern, wird sie uns nach und nach den Reichtum der Erlösung erfahren lassen. Wir werden mehr und mehr spüren, was das Geheimnis unserer erlösten und verwandelten Existenz ist. Die Bilder ermöglichen es uns, das Geheimnis dessen zu verstehen, was wir da feiern.

Ohne Bilder wird das, was wir tun, leer und bedeutungslos. Erst die Bilder erschließen uns die Bedeutung unseres Handelns. Politik ohne Bilder wird blaß und farblos. Liturgie ohne Bilder wird zum leeren Ritual. Die Bilder von Erlösung, die uns die Bibel vor Augen führt, lassen die Feier der Eucharistie erst zu dem werden, was sie ist, zur Feier eines geglückten Lebens, zur Feier gelungener Menschwerdung, zur Feier unserer Freiheit und Freude, zur Feier unserer Würde und unserer Verwandlung durch Jesus Christus. *64, 77f*

»WIR WOLLEN ESSEN UND FRÖHLICH SEIN«

Auch das Gleichnis vom verlorenen Sohn (Lukas 15,11-32) deutet das Geheimnis der Eucharistie. Eucharistie ist das Festmahl, das Gott mit uns hält, weil wir, die tot waren, wieder leben, und weil wir, die verloren waren, wiedergefunden wurden. Gott hat uns sein Vermögen geschenkt. Wir leben aus dem, was er uns von sich, von seinem Vermögen, von seinem Wesen geschenkt hat. Doch wir haben es verschleudert. Wir sind in ein fernes Land gezogen, sind unserem Wesen fremd geworden, haben uns unserer Würde entfremdet und haben unseren Hunger mit billigem Zeug gestillt. Wir leben in der Fremde und stopfen uns zu mit Dingen, die uns im Grunde nicht zufriedenstellen. Indem wir zur Eucharistie gehen, sind wir schon in uns gegangen, ahnen wir schon, daß wir woanders hingehören, daß es eine Heimat für uns gibt. Eucharistie ist nun das Mahl der Freude, das Gott mit uns feiert. Wir sind es nicht wert, aber er selbst läßt das beste Gewand für uns holen, er überkleidet uns mit seiner Herrlichkeit. Und er gibt seinen Sohn selbst hin, um mit uns feiern zu können: »Wir wollen essen und fröhlich sein. Denn mein Sohn war tot und lebt wieder; er war verloren und ist wiedergefunden worden« (Lukas 15,23f).

Aber das Fest ist erst vollkommen, wenn auch der ältere Bruder sich auf das Fest einlassen kann. Der ältere Bruder, das kann ein Bild sein für uns, wenn wir uns über andere aufregen, denen Gott seine Güte erweist, obwohl sie es nicht verdient haben. Es kann aber auch ein Bild sein für einen Teil in uns. Dann sind beide Söhne zwei Aspekte unserer Seele, die miteinander verbunden werden müssen. Da ist der eine Teil, der etwas riskiert, der aber auch das Vermögen verschleudert, der sich selbst verliert. Und da ist der andere, der korrekt ist, alles richtig macht, aber sich nicht traut, die eigenen Bedürfnisse anzumelden und auszudrücken. Beide Seiten in uns haben ihre Gefahren in sich. Beide werden im Mahl der Eucharistie miteinander verbunden. Christus verbindet sie, aber das bedeutet, daß auch wir ja sagen zu beiden Seiten in uns. *64, 38ff*

Das Fest könnte ein Spiegel sein

Wenn alle Zeiten gleich sind, dann werden sie sinnlos. Wenn der Sonntag zum Alltag wird, dann verdirbt das auch den Alltag, dann wird auch der Alltag leer und öde und verliert seinen Sinn. Das heute weit verbreitete Gefühl der Sinnlosigkeit rührt sicher auch ein Stück davon her, daß man keine Feste mehr feiern kann, die aus der Zeit herausgehoben sind, Feste, an denen etwas Größeres durchbricht, an denen der Sinn des Ganzen durchscheint, weil man sich von Gott berührt weiß.

Vom Fest fällt Licht auch auf die übrige Zeit. Sie bekommt eine andere Qualität.

Oft hört man das Argument: Ich kann meine Gefühle nicht machen, ich kann mich nicht einfach auf Kommando freuen, nicht einfach deswegen, weil gerade Weihnachten oder Ostern ist. Aber es ist auch nicht nötig, daß wir uns an Weihnachten in ein Gefühl der Freude hineinsteigern. Es geht vielmehr darum, daß wir uns auf ein von uns unabhängiges Geheimnis einlassen, daß wir uns so, wie wir uns gerade fühlen, mit dem Fest konfrontieren. Was dabei herauskommt, haben wir nicht in der Hand. Aber es tut uns auf jeden Fall gut, uns dem Fest zu stellen. Denn sonst leben wir so dahin und kultivieren unsere Lustlosigkeit und Sinnlosigkeit, ohne diesem Gefühl überhaupt auf den Grund zu gehen. Das Fest wäre ein Spiegel, in dem wir uns anschauen sollten. Und wenn uns Weihnachten auf unsere tiefe Einsamkeit stößt, dann hat es auch einen Sinn. Es ist jedenfalls besser, durch die Konfrontation mit dem Fest an die Wurzel unserer Einsamkeit heranzukommen, als ihr ständig auszuweichen. Von der Wurzel her kann auch Heilung geschehen. *29, 20*

Fasten will zur Quelle führen

Ostern als der Durchzug durch das Rote Meer, durch die Pforte des Todes und als Einzug in das Land des Neuen Lebens ist das Ziel unserer Wanderschaft. Doch in der Fastenzeit wagen wir uns zusammen mit Christus in die Wüste hinein. Das Fasten unterstützt unsere Wüstenerfahrung. Es nimmt uns so vieles, mit dem wir sonst die hochsteigende Leere zustopfen und die sich zu Wort meldenden Begierden und Bedürfnisse zufriedenstellen können. Wir werden mit unserer eigenen Nacktheit konfrontiert. Und da spüren wir, daß wir uns nicht selbst genügen, daß in uns ein Spalt offensteht, durch den das Nichts uns anstarrt. Vor diesem Nichts wollen wir uns schützen, indem wir den Spalt zuschütten mit Essen und Trinken. Wenn wir im Fasten den Spalt bewußt offenlassen, dann tauchen aus der Tiefe unseres Abgrunds alle möglichen bedrohlichen Gedanken auf, unterdrückte Gefühle, Ängste. Wir werden mit unserer innersten Wahrheit konfrontiert, daß wir Geschöpfe Gottes sind, die von Gott ständig am Sein gehalten werden und ohne Gott in das Nichts versinken würden. Wer sich dieser Wahrheit stellt, wird innerlich frei, er hat die Angst überwunden und kann sich an seinem Sein freuen, das ihm Gott Tag für Tag schenkt.

Das Fasten nimmt uns die Hülle weg, die über unseren Gedanken und Gefühlen liegt. Und so rühren wir an all den Ärger, der in uns steckt, an unsere unerfüllten Wünsche und Bedürfnisse. Das Fasten zeigt uns, was der Grund unseres Lebens und unseres Wohlbefindens ist. Sind wir mit Gott nur zufrieden, sind wir nur dann gut gelaunt, wenn wir genügend zu essen und zu trinken haben? Ist unsere Frömmigkeit nur eine Verlängerung unseres Wohlbefindens auf Gott, oder leben wir aus einem anderen Grund, aus einer anderen Quelle? Das Fasten will uns zu dieser Quelle führen, in der Gottes Geist selbst in uns sprudelt. Es treibt uns in die eigene Ohnmacht, damit wir nichts von uns, sondern alles von Gott her erwarten.

29, 41f

Passionszeit – oder: Wir dürfen Probleme haben

In den letzten beiden Wochen vor Ostern tritt die Passion Jesu in den Blickpunkt. Drei Gründe sind es, die die Kirche bewegt, uns einzuladen, das Leiden Jesu zu betrachten. Der erste Grund liegt darin, daß der Mensch gerne vor dem Leiden flieht. Doch zum Menschsein gehört notwendigerweise das Leiden an seiner endlichen Existenz, an seinen Grenzen und Schwächen, an seiner Sterblichkeit. Doch viele wollen nicht wahrhaben, daß sie endlich sind. Sie gebärden sich wie Gott. Darin besteht die Ursünde, sein zu wollen wie Gott, allmächtig, sich selbst genug, unangefochten. Aus dieser Ursünde entsteht alles Unheil. Jetzt muß sich einer vor dem anderen verstecken, weil er doch nicht Gott ist, sondern nackt. Jetzt muß einer auf den andern neidisch werden und ihn aus dem Weg räumen, um an seiner eigenen Größe festhalten zu können wie Kain. Die Kirche führt uns in der Passionszeit den leidenden Gott vor Augen, damit wir von unserem Größenwahn lassen, sein zu wollen wie Gott. Dieser Größenwahn führt nicht bloß zu immer neuer Sünde, sondern auch in die Krankheit. [...]

In eine Angstneurose gerät einer, der meint, immer der Beste und Größte sein und alles perfekt machen zu müssen. Es lassen sich heute viele Ersatzleiden beobachten. Einer leidet an Magengeschwüren, weil er es nicht aushalten kann, daß die Welt sich nicht nach seinen Vorstellungen richtet und weil er den Ärger über diese Enttäuschung in sich hineinfrißt. Ein anderer erleidet einen Herzinfarkt, weil er vor sich selbst davonläuft und sich in ständige Aktivität flüchtet. Alle Fluchtwege vor dem Leiden führen nur zu neuen Leiden, zu Ersatzleiden. In der Passionszeit schauen wir auf das Leiden Jesu, um uns damit auszusöhnen, daß wir endlich und schwach sind, von andern angefeindet und bedroht, daß unser Leben auf den Tod zuläuft. *29, 43f*

Karfreitag – Heilung unserer inneren Wunden

Ein wahres Mysterienspiel ist die Liturgie des Karfreitags. Da wird nicht gepredigt, nicht mit Worten gedeutet und erklärt, sondern da werden Riten vollzogen, die so dicht sind, daß sie keine redselige Predigt vertragen. Das Psychodrama beginnt mit einem tiefen Schweigen. Der Priester wirft sich zu Boden. Er muß sich vor dem Geheimnis beugen. Wir können nur betroffen, sprachlos staunend das Geheimnis unserer Erlösung feiern. Das Schweigen bereitet uns auf das Hören der geheimnisvollen Worte aus dem Propheten Jesaja vor: »Er hat unsere Krankheit getragen, unsere Schmerzen auf sich geladen, durch seine Wunden sind wir geheilt« (53,4f).

Damit ist der Schlüssel angegeben, wie wir Jesu Passion zu sehen haben: seine Verachtung und Verspottung, seine Schwäche und sein Scheitern, seine Verlassenheit und Verzweiflung, das sind unsere Wunden. Das sind aber zugleich auch die Wunden, durch die wir geheilt werden. Die Passionsgeschichte ist eine einzige Heilungsgeschichte, die Geschichte der Heilung unserer inneren Wunden. Und daher werden diese Wunden erst einmal schonungslos aufgedeckt, unsere eigenen Wunden, aber auch das Krankheitsbild unserer Welt, in der einer dem anderen die Schuld zuschiebt, in der einer den anderen verrät, in der Menschen in den Mühlen der Sachzwänge zerquetscht werden, in der einer den andern lächerlich macht, verspottet und schließlich schadenfroh zuschaut, wie er qualvoll stirbt. In der Passionsgeschichte schildert uns Johannes diese Welt. Aber zugleich schildert er ihre Erlösung. Er will uns zeigen, daß in all diese unheilvollen Situationen Christus hineingestiegen ist und sie erlöst hat. Er hat unsere und unserer Welt Wunden auf das Kreuz hinauf- und sie dort aus unserer Welt herausgetragen. Der Weg der Passion ist für Johannes zugleich der Weg der Verherrlichung. Das Kreuz ist nicht bloß ein Marterwerkzeug, sondern zugleich der Thronsitz, von dem aus Christus über die ganze Welt herrscht. Am Kreuz, dort, wo unsere Wunden und unsere Nöte sich verdichten, da herrscht nun Christus als der Sieger über alles Leid. *29, 48f*

Karsamstag – Begegnung mit unserem Schatten

Auch der Karsamstag hat eine wichtige Funktion auf dem Weg unserer Ganzwerdung. Die Liturgie mutet uns zu, uns einen ganzen Tag lang dem toten Christus am Grab zu stellen. Und sie fordert uns auf, in das eigene Grab zu steigen, in die eigene Tiefe, und darin eins zu werden mit dem Grund unseres Seins, mit den Wurzeln unseres Lebens. Christus ist nicht nur unseren Tod gestorben, sondern er war drei Tage lang tot. Er konnte nichts mehr tun, nichts mehr fühlen, er war leblos, von jeder Kommunikation abgeschnitten. Im Grab hat Christus den Tod erfahren als radikale Einsamkeit, in die kein Wort der Liebe mehr dringt. Der Karsamstag will uns sagen: In unsere Einsamkeit, in unsere Kälte, in unsere Starre, da ist Christus eingedrungen. Und dort, wo sonst der Tod herrscht, da wohnt nun seine Liebe. Da, wo wir abgeschnitten sind vom Leben, da erreicht er uns mit seinem Wort der Liebe.

Christus ist in das Reich des Todes hinabgestiegen, in den Hades, in die Scheol, wie die Juden sagen. Die Scheol ist das Reich des Schattenhaften. Von der Psychologie her können wir dieses Bild daher so deuten: Christus ist in unseren Schatten hineingestiegen, in unser Unbewußtes, um all das zu erlösen, was in unserem Schatten begraben liegt. Jung spricht vom kollektiven Unbewußten. Dort sind viele positive Kräfte, aber auch zerstörerische und chaotische, die einen verschlingen können. Christus ist nicht nur dem Bösen begegnet, das offen zu Tage tritt, sondern er ist auch in das Böse hineingestiegen, das unter der Oberfläche verborgen ist. Und das ist noch wesentlich chaotischer, zerstörerischer als das, was sich offen als böse zeigt. Wir erschrecken ja selbst oft vor unseren gemeinen und unmenschlichen Gedanken und Wünschen, die in uns aufsteigen, wir erschrecken vor der Destruktivität, zu der wir fähig sind. Auch da hinein ist Christus gestiegen.

So können wir mit ihm zusammen selbst in das eigene Grab, in das eigene Unbewußte steigen, allerdings nur soweit, als wir uns in der Verbindung mit Christus wissen. *29, 52f*

Ostern – Barrieren überspringen, miteinander gehen

Ostern ist die Feier des Lebens. Wir feiern die Überwindung des Todes durch das Leben. Christus hat den Tod besiegt. Aber das heißt nun auch: In uns ist das Leben stärker als der Tod. Es ist nicht mehr totzukriegen. In der Eucharistie essen und trinken wir uns in das neue Leben der Auferstehung hinein. In uns ist nun das Leben, das alle Fesseln sprengt. Dieses Leben muß auch Ausdruck finden. Eine Möglichkeit wäre, es auszutanzen. Im Mittelalter veranstaltete man an Ostern Ball- und Tanzspiele, entweder im Kreuzgang oder auch in der Mitte des Kirchenschiffes. Bei unseren Osterkursen in Münsterschwarzach feiern die Jugendlichen nach der Osternacht noch weiter. Dabei drängt es sie immer wieder, die Osterfreude in den Leib zu lassen und sie im Tanzen auszudrücken. Sie führen Reigentänze auf, sie tanzen miteinander um das Osterfeuer. Tanzen kann man nicht allein. Doch Ostern kann man eben auch nicht alleine feiern. Das kann man nur miteinander. Und so wäre es gut, wenn auch eine Pfarrgemeinde nach der Osternacht noch miteinander feiert, ein Ostermahl miteinander hält oder ein Osterfeuer entzündet und um es herumtanzt. Das Leben des Auferstandenen, das alle Grenzen überspringt, sollte an Ostern auch die Barrieren zwischen uns überspringen und uns miteinander im gemeinsamen Feiern verbinden.

Eine andere Möglichkeit, Ostern in einem eigenen Ritual fortzusetzen, wäre der Emmausgang, der in manchen Gegenden am Ostermontag noch üblich ist. Man geht miteinander zu einer abgelegenen Kapelle oder zu einem Wallfahrtsort und hält zum Abschluß miteinander Mahl. Es ist ein Ritual, das die Emmausgeschichte in das Leben hinein übersetzt. Im Miteinandergehen kann man erfahren, daß der Auferstandene mit uns geht und uns unser bisheriges Leben deutet als Weg in die Herrlichkeit. Und im gemeinsamen Mahl bezeugt man, daß jedes Mahl uns mit dem Auferstandenen verbindet. *29, 61f*

Christi Himmelfahrt – Christus in uns

Das Fest Christi Himmelfahrt will unseren Blick auf unser Ziel richten, auf den Himmel. Wir sollen nicht aufgehen in den irdischen Geschäften, sondern aufschauen zu Christus, der schon beim Vater ist. Was auf den ersten Blick wie ein moralischer Appell aussieht, ist in Wirklichkeit eine befreiende Botschaft. Denn wer vom Himmel als von seiner Heimat her leben kann, für den relativieren sich viele Dinge seines Lebens, für den haben Erfolg und Besitz und Gesundheit nicht mehr den höchsten Stellenwert, er kann allem gelassener und ohne Angst gegenübertreten. Wenn er im Herzen schon am Ziel ist, dann ist der Weg nicht mehr so beschwerlich, dann hat er einen inneren Abstand zu dem, was ihm auf dem Weg begegnet. Er klammert sich nicht daran fest. Er ist in seinem Herzen schon woanders. Jung meint, daß der Blick auf Christus, der die Schwelle des Todes bereits überschritten hat, dem Menschen guttut und ihn psychisch gesund hält. Nun kann er im Tod ein positives Ziel sehen. Das hält ihn lebendig. Denn »von der Lebensmitte an bleibt nur der lebendig, der mit dem Leben sterben will« (C. G. Jung).

Für Jung ist die Religion eine Schule, die uns auf die zweite Lebenshälfte hin erzieht. Christi Himmelfahrt ist innerhalb dieser Lebensschule das Fest, das uns über die Selbstbehauptung in der Welt hinausführt in einen Bereich, wo wir erst wahrhaft zum Menschen werden. [...]

Wir berühren nicht mehr den historischen Jesus, sondern den Christus im Geist. Aber ihn berühren wir wirklich, er ist in uns. Ja, er ist uns sogar nähergekommen als damals. Denn damals stand er neben und zwischen den Menschen. Aber jetzt ist er in uns. Solange ein Mensch neben uns lebt, sind wir fixiert auf das, was wir sehen. Aber sein eigentliches Geheimnis übersehen wir oft. Christus mußte zum Vater gehen, damit wir nicht an seiner historischen Gestalt hängenbleiben. Wenn er geht, können wir alles verinnerlichen, was er gelebt hat. Christus kann nun in uns Gestalt annehmen. So ginge es am Fest Christi Himmelfahrt darum, daß wir Christus nicht oben im Himmel suchen, sondern in uns.

29, 63ff

Pfingsten – Lebendigkeit, Liebe, Freude...

Um an Pfingsten etwas vom Heiligen Geist in sich zu spüren, könnte es hilfreich sein, sich einfach einmal in den Wind zu stellen, die Augen zu schließen und mit allen Sinnen den Wind wahrzunehmen, wie er zärtlich über die Wangen streicht, wie er einen kräftig durchweht, wie er einen in Bewegung bringt. Wer den Wind als Symbol für den Gottesgeist versteht, der kann unmittelbar im Wehen des Windes Gottes Geist spüren. Es ist nicht bloß Einbildung, sondern Realität. Der Geist Gottes ist ja im Wind, er ist in diesem Augenblick, da der Wind mich durchweht, in mir, er reinigt und belebt mich, er streichelt und liebkost mich. Im Wind spüre ich das Leben der Natur, aber zugleich erfahre ich in ihm auch das Leben des Heiligen Geistes, ja den Heiligen Geist selbst.

Ein anderes Bild für den Heiligen Geist ist das Feuer, die Glut. Der Geist läßt sich in Feuerzungen auf die Jünger nieder. Feuer ist Symbol für die Lebendigkeit. Wenn wir von einem Menschen sagen, in ihm brenne ein Feuer, so meinen wir, er sei lebendig, voller Kraft, aus seinen Augen funkelt es, da geht etwas von ihm aus: Leben, Liebe, Freude. Pfingsten ist das Fest unserer eigenen Lebendigkeit. Wir sehnen uns danach, wirklich lebendig zu sein, wirklich lieben zu können. Oft genug fühlen wir uns ausgebrannt, leer, langweilig, ohne Gefühle, ohne Schwung. Und wir fühlen, daß wir in uns nicht genügend Kraft haben, die uns antreibt. Wenn wir diese Erfahrung zulassen, spüren wir auch in uns eine Sehnsucht nach einer Lebensquelle, die nicht versiegt, nach einer Kraft, die nicht erlahmt, und nach einer Glut, die nicht ausgeht. Wir ahnen darin schon, daß es doch so etwas wie den Heiligen Geist geben müsse, einen Geist, der von Gott kommt und doch in uns ist, der teilhat an der Fülle des Lebens und uns davon mitteilt. *29, 67f*

Wenn Jesus den Menschen begegnete

Wenn wir im Neuen Testament nach der Erlösung durch Jesus Christus fragen, dann müssen wir uns davor hüten, die Erlösung sofort mit dem Tod Jesu in Verbindung zu bringen. Manche meinen, Jesus sei nur auf die Welt gekommen, um für die Sünder zu sterben. Doch das widerspricht seiner Botschaft. Jesus hat die Nähe Gottes verkündet: »Das Reich Gottes ist nahe. Kehrt um, und glaubt an das Evangelium« (Markus 1,15). Und er hat Zeichen dieser neuen Nähe Gottes gesetzt, indem er Kranke heilt, Besessene von ihren Zwängen befreit, Menschen ihre Schuld vergibt und sogar Tote auferweckt. Für Jesus ist das Reich Gottes Wirklichkeit geworden in den Krankenheilungen und in der Austreibung der Dämonen. So hält er den Pharisäern, die ihn des Bündnisses mit Beelzebub verdächtigen, entgegen: »Wenn ich aber die Dämonen durch den Geist Gottes austreibe, dann ist das Reich Gottes schon zu euch gekommen« (Matthäus 12,28).

Das ganze Wirken Jesu ist erlösendes und befreiendes Wirken. Jesus hat die Nähe des Gottesreiches nicht als Lehre, sondern als Ereignis verkündet. Und Jesus verbindet das Herannahen der Gottesherrschaft mit seiner eigenen Person. In ihm, seiner Botschaft vom barmherzigen Gott und in seinem Handeln, in seiner Begegnung mit den Menschen wird das Reich Gottes sichtbar. In ihm naht sich Gott auf neue Weise den Menschen und verkündet ihnen seinen wahren Willen, einen Willen, der immer das Heil des Menschen will, die Barmherzigkeit und Liebe als sein wahres Wesen. So geschieht Erlösung für die Menschen, indem Jesus mit ihnen Mahl hält, sich ihnen zuwendet, ihnen die Vergebung zuspricht und ihnen durch sein ganzes Verhalten zeigt, daß sie von Gott geliebt sind, daß ihr Leben unendlich wertvoll ist. Erlösung versteht Jesus so, daß er die Menschen Gottes liebende und heilende Nähe spüren läßt, daß er sie aufrichtet und ihnen ihre unantastbare Würde zurückschenkt. *81, 19f*

Ein beleidigter Gott?

Erlösung wurde vor allem in der westlichen Theologie als Erlösung aus der Schuld gesehen. Tertullian und Augustinus haben diese Sicht für den Westen in den Mittelpunkt gerückt. Anselm von Canterbury hat dann die klassische Satisfaktionstheorie entfaltet, die unserem Verstand erklären will, warum Jesus uns durch seinenTod am Kreuz von unserer Schuld erlöst hat. Anselm hat zurecht versucht, die Erlösungsbotschaft in seine Zeit zu übersetzen und sie so darzulegen, daß sie unserem Verstand einsichtig ist. Allerdings wurde seine Lehre oft verzerrt. In den Köpfen vieler stellt sie sich vergröbert so dar: Der Mensch hat durch seine Schuld Gott beleidigt. Er kann seine Schuld nicht wiedergutmachen, weil es eine unendliche Beleidigung ist. Eine unendliche Wiedergutmachung kann nur der Sohn Gottes leisten. Wir wehren uns heute zurecht gegen eine Vorstellung von Gott, der die Sühne seines Sohnes braucht, um aus seinem Schmollwinkel herauszukommen und seine Beleidigung aufzuheben.

Es wäre ein fatales Gottesbild, wenn Gott den Tod seines Sohnes nötig hätte, um vergeben zu können. Das hat Anselm so auch nicht gemeint. Anselm ging es nicht um den beleidigten Gott, sondern um die Freiheit des Menschen. Wie kann der Mensch, der in Schuld geraten ist, seine Freiheit und Würde wiederfinden? Anselm will aus dem Glauben heraus eine Antwort finden, die auch den Verstand befriedigt. Fides quaerens intellectum, der Glaube, der nach Einsicht sucht, ist für ihn die Grundlage seiner Theologie. Anselm zeigt, daß Gott den Menschen so ernst nimmt in seiner Freiheit, daß er sich auf ihn in seiner Selbstverurteilung einläßt. Im Kreuz Jesu Christi wählt Gott eine Vermittlung der Vergebung, die das menschliche Herz erreicht und es voll Dankbarkeit erkennen läßt: Ich darf aufhören mit meinen Selbstvorwürfen, mit meiner Selbstablehnung, mit meinen Schuldgefühlen. *81, 25f*

Das Geheimnis des Todes Jesu

Wenn Jesus selbst daran gedacht hätte, daß er die Menschen durch seinen Tod erlösen müsse, dann wäre es ja sinnlos gewesen, weiter die Umkehr zu predigen und weiterhin die Vergebung der Sünden zu verkünden und auch selbst den Menschen zuzusprechen.

Dennoch muß sich Jesus auch Gedanken über seinen Tod gemacht haben. Denn als die herrschenden Kreise ihn ablehnten und als er Zeuge für die Ermordung Johannes des Täufers wurde, mußte er damit rechnen, daß auch er ein solches Schicksal erleiden werde. Manche tun sich mit solchen Gedanken schwer. Sie meinen, Jesus als Gottessohn habe immer und zu jeder Zeit genau gewußt, wie sein Leben verlaufen und daß er für die Sünden der Menschen sterben werde. Doch Jesus war Gott und Mensch zugleich, und er war als Gottes Sohn ganz Mensch. Und mit dem Verständnis des Konzils von Chalzedon von der Verbindung der beiden Naturen Gott und Mensch ist es nicht zu vereinbaren, daß Jesus als Mensch den menschlichen Gesetzen wachsender Bewußtwerdung enthoben gewesen wäre. Es ist letztlich immer ein Geheimnis, Gott und Mensch in Jesus zusammenzudenken. Aber wir müssen ernst nehmen, daß er ganz Mensch war. Als dieser Mensch, der sich menschlich entwickelt hat, der als Kind noch nicht wußte, was ihm am Ende seines Lebens blühen würde, ist Jesus zugleich wahrer Gott.

Wir werden nie eindeutig klären können, wie Jesus seinen Tod verstanden hat. Da steht das Urteil von H. Patsch, daß Jesus seinen Tod als Selbsthingabe für die Völkerwelt verstanden habe, der Meinung von Kurt Niederwimmer gegenüber, »daß man sich die Möglichkeit nicht verschleiern dürfe, daß Jesus in der Verzweiflung gestorben sei« (in: Joachim Gnilka, Wie urteilte Jesus über seinen Tod?, in: Karl Kertelge (Hg.), Der Tod Jesu. Deutungen im NT. Freiburg i. Br. ^{2}1982, 14). *81, 20f*

Jesu Kreuz und Tod – Klarstellungen (1)

Die Frage ist, wie wir die Erlösung von der Schuld verstehen sollen. Was hat die Vergebung mit Jesu Tod am Kreuz zu tun? Wie kann ein vergangenes Ereignis uns Vergebung vermitteln? Gott ist – so sagt uns das Matthäusevangelium – immer der Barmherzige, der uns die Schuld vergibt. Er wendet sich in Jesus, seinem Sohn, auf besondere Weise den Sündern zu. Diese Zuwendung zu den Sündern erreicht im Tod Jesu ihren Gipfelpunkt. Gott braucht nicht den Tod Jesu, um uns vergeben zu können. Er vergibt, weil er uns liebt. Warum aber verbindet dann Matthäus und nach ihm die westliche Theologie die Vergebung der Sünden mit dem Tod Jesu?

Für mich geht es am Kreuz nicht um die Frage, wie Gott vergibt, sondern wie ich als einer, der sich schuldig fühlt, an Gottes Vergebung glauben kann. Der Tod Jesu am Kreuz ermöglicht es mir, an die Vergebung zu glauben. Wenn ich auf Jesus sehe, der selbst seinen Mördern noch vergibt, dann darf auch ich vertrauen, daß Gott mir meine Schuld nicht anrechnet. Dabei ist das Kreuz jedoch mehr als nur die psychologische Ermöglichung, an die Erlösung zu glauben. Im Kreuz drückt Gott vielmehr seine bedingungslose Liebe zu uns aus. Wir können nicht sagen, daß das Keuz die Vergebung erst bewirkt, denn Gott vergibt immer und überall, aber das Kreuz drückt die Vergebung Gottes so aus, daß sie uns erreicht. Karl Rahner spricht hier von der Selbstmitteilung Gottes. Gott teilt sich in seiner vergebenden Liebe im Tod seines Sohnes am Kreuz uns mit. In einem geschichtlichen Ereignis, in dem Tod auf Golgota, läßt Gott seine vergebende Liebe sichtbar für alle Menschen erscheinen und vermittelt durch dieses Geschehen den Menschen die Vergebung ihrer Sünden. *81, 29f*

Jesu Kreuz und Tod – Klarstellungen (2)

Wir müssen uns vor dem magischen Mißverständnis hüten, als ob der Tod Jesu notwendig war, damit Gott uns vergeben könne. Gottes vergebende Liebe ist absolut. Sie hat nichts nötig, schon gar nicht den Tod seines geliebten Sohnes. Gott hat schon vor dem Tod Jesu am Kreuz Menschen ihre Sünden vergeben. Gott braucht den Tod seines Sohnes nicht, aber offensichtlich braucht der Mensch das Bild des Kreuzes, um an die Vergebung durch Gott glauben zu können. Er hat von seiner leib-seelischen Struktur her die Vermittlung der Vergebung durch den Tod Jesu nötig. Seine Selbstverurteilung hindert ihn daran, an die Vergebung zu glauben. Es genügt ihm nicht, wenn wir ihm sagen, Gott sei barmherzig, er würde ihm schon vergeben. Das hört er zwar, aber es dringt nicht in sein schulderfülltes Herz. Und vor allem hebt es nicht die unbewußte Selbstablehnung auf und befreit ihn nicht von der Selbstzerfleischung durch Schuldgefühle.

Der Psychologe Paul Tournier erzählt einmal, daß er bei einem Patienten seine falschen, durch zu strenge Erziehung verursachten Schuldgefühle aufgearbeitet hat. Doch dann stieß er auf wirkliche Schuld. Er wies den Patienten auf die Barmherzigkeit Gottes hin. Doch der rief aus: »Alles muß bezahlt werden!« Offensichtlich ist tief in der menschlichen Seele dieses Gesetz eingeschrieben, daß die Schuld nicht einfach durch einen äußeren Spruch vergeben werden kann, sondern daß sie bezahlt werden muß. Die Frage ist, woher dieses unbewußte Gesetz kommt. Wir dürfen daraus kein theologisches Prinzip machen, als ob Gott die Schuld nur vergeben könne, wenn sie bezahlt würde, wie das die mittelalterliche Theologie gemeint hat. Aber wir können darin Gottes Weisheit entdecken. [...]

Der Blick auf Jesus, der selbst seine Mörder noch liebt, kann uns von der tief in uns sitzenden Selbstverurteilung befreien und uns einen Glauben an die Vergebung ermöglichen, den nicht nur der Verstand, sondern auch das Herz, ja sogar das Unbewußte noch mitvollziehen kann.

81, 31f

Die Sonntage im Jahreskreis – Widerschein des Lebens

Nach Pfingsten werden die Sonntage im Jahreskreis fortgesetzt, die zwischen Weihnachtszeit und Fastenzeit begonnen wurden. Die Sonntage im Jahreskreis entfalten in ihren Lesungen den Reichtum der Heiligen Schrift. Im Licht der Bibel sollen wir uns selbst neu sehen und verstehen lernen. Da werden uns in den Evangelien Heilungsgeschichten erzählt. Indem wir sie hören, entdecken wir unsere Krankheiten, die Beeinträchtigungen unseres Lebens: Wir sind oft gelähmt, können nicht aus uns heraus, fühlen uns blockiert. Wir sind die blinden, die keinen Blick für den anderen haben, die den eigenen Weg nicht kennen. Wir sind taub und stumm, wir haben kein Ohr, die Not des anderen zu hören, kein Wort, das uns mit dem anderen verbindet, das Leben in ihm weckt. Wir sind aussätzig, wir können uns selbst nicht leiden mit unseren Schwächen und schließen uns von der menschlichen Gemeinschaft aus. Wir finden uns in den Kranken wieder. Aber wir dürfen Jesus auch zutrauen, daß er uns heilt. In der Eucharistie begegnen wir wie die Kranken damals Jesus. In der Kommunion kommen wir in körperlichen Kontakt zu ihm. Wenn wir das gleiche Vertrauen haben wie die Kranken damals, dann können auch wir in dieser Begegnung gesund werden.

Wir hören in den Evangelien die Gleichnisse Jesu. Die Gleichnisse vom Himmelreich wollen uns Wege zeigen, wie wir zu uns selbst kommen, wie wir das eigentliche Leben, den Schatz im Acker, die kostbare Perle finden können, wie unser Leben intensiver und reicher werden könnte. In die gleiche Richtung zielen auch die Weisungen und Forderungen Jesu, die uns oft als Überforderungen erscheinen. Aber auch sie wollen uns nur die Möglichkeiten aufzeigen, wie frei und wie menschlich wir leben könnten, wenn wir von unserem eigenen Ego ließen, wenn wir uns nicht krampfhaft an uns festhalten müßten, sondern uns einlassen würden auf Christus. Die Bergpredigt schildert uns den neuen Menschen, der in Gott seinen Grund gefunden hat und daher frei ist vom Zwang zur Selbstbehauptung. *29, 71f*

MAI

Mein Leben zur Sprache und ins Schweigen bringen vor Gott

Seelsorge und Psychologie

»Seelsorge« ist heute mehr und mehr die Domäne der Psychologie geworden. Die Psychologen sagen uns, was für die »Seele«, für die »Psyche« des Menschen gut ist und was ihr schadet. Die Theologen scheinen ihr Vertrauen auf die eigene seelsorgliche Erfahrung verloren zu haben und versuchen nun – manchmal kritiklos –, auch für die Führung im geistlichen Leben psychologische Methoden zu übernehmen. Sicher kann die Seelsorge heute nicht mehr an den Erkenntnissen der Psychologie vorbeigehen. Doch statt alles Heil von der Psychologie zu erwarten und die Theologie an der Psychologie zu messen und es ihr zu unterwerfen, wäre es »heilsamer« für die Menschen unserer Zeit, sich auf die psychologische Erfahrung der religiösen Praxis zu besinnen. Eine Theologie, die nur den verschiedensten psychologischen Schulen nachlaufen will, wird von den Psychologen nicht ernst genommen. Die Psychologen erwarten heute von den Theologen, daß sie die reiche Erfahrung, die die Beter aller Zeiten gesammelt haben, wieder entdecken und für den heutigen Menschen fruchtbar machen.

Die Gebetspraxis, die uns bei den Mönchen des 3. – 6. Jahrhunderts begegnet, ist eine Fundgrube für psychologische Erfahrungen. Für die alten Mönche klafften der religiöse und psychologische Weg noch nicht auseinander. Für sie war der rein religiöse Weg zugleich auch der psychologische. Der religiöse Weg beinhaltete all die psychologischen Erkenntnisse und Methoden, die heute eine sich selbständig machende Wissenschaft für sich beansprucht. [...]

Der Beter ist nicht bloß fromm, sondern er wird durch das Gebet auch ein reifer, gesunder, weiser, ein heiler Mensch, ein Mensch, von dem wir heute sagen würden, er hat zu sich selbst gefunden, er ist mit sich identisch geworden, er hat sich selbst verwirklicht. *1, 7f*

Gebet als Heilsalbe

Das Gebet wird von den Mönchen als Heilmittel verstanden. Es gibt jedoch verschiedene Arten von Arzneien. Die einen spüren die Krankheitsursachen auf, legen sie bloß, verstärken sie erst, bevor sie sie bekämpfen. Andere Arzneien sind wie Salben, die auf die Wunden gestrichen werden, ohne die Wunden genauer zu kennen, oder wie Stärkungsmittel, die die Widerstandskraft des Menschen gegen alle im einzelnen gar nicht analysierten Krankheitskeime aktivieren. Ähnlich ist das Gebet für die Mönche einmal mehr ein aufdeckendes und analysierendes Mittel. Durch Selbstbeobachtung und Selbsterkenntnis werden die Ursachen der Fehlhaltungen bloßgelegt. Ein andermal ist das Gebet mehr eine Heilsalbe oder ein Stärkungsmittel, das gegen alle Krankheiten eingesetzt werden kann, ohne um sie im einzelnen zu wissen. Durch ständiges Beten wird der Mensch innerlich immun gegen Sünde und Schuld. Fehlhaltungen, die sich in ihm eingeprägt haben, werden langsam abgebaut. Diese Heilung vollzieht sich oft unmerklich, lange Zeit nicht erkennbar. Nach außen ist keine Veränderung zu sehen, doch im Innern, im Unbewußten bahnt sich eine Wandlung an. Tag für Tag pflügt der Bauer sein Feld, und nichts ändert sich. Aber das gepflügte Feld bringt seine Frucht. So wächst auch in dem vom Gebet gepflügten Unbewußten für viele unbemerkt die Frucht der Verwandlung. *1, 42f*

Übers Gebirge gehen

Die Bibel schildert uns in vielen Begegnungsgeschichten, was im Menschen verwandelt wird, wenn er Gott oder wenn er Jesus Christus begegnet. In der Begegnung mit Gott finden die Propheten zu ihrem Weg, und sie treten mit neuem Selbstbewußtsein auf. In der Begegnung mit Jesus Christus werden Menschen gesund, sie richten sich auf, finden den Mut, ja zu sich zu sagen, und sie entdecken ihre unantastbare Würde. In der Begegnung mit Jesus fühlen sich die Sünder von Gott angenommen und können sich nun selbst annehmen. Sie sind auf einmal frei, sich Gott zu übergeben und ihren Besitz mit den Armen zu teilen (vgl. Lukas 19,1-10).

Wie Menschen sich in der Begegnung verwandeln, das schildert uns Lukas in der Begegnung von Maria und Elisabeth (1,39-56). Maria muß erst aus ihrem Haus ausziehen, sie muß alles hinter sich lassen, was sie schützt, wohinter sie sich verstecken könnte. Sie muß aus sich herausgehen, und sie muß über das Gebirge wandern, über die Berge ihrer Hemmungen und ihrer Ängste, über die Berge der Vorurteile und Mauern zwischen sich und Elisabeth. Sie kann nur sich selbst mitnehmen. Sie muß ganz sie selbst sein, ohne schützenden Hintergrund, um ganz beim anderen ankommen und ihm begegnen zu können. Und als sie dann Elisabeth begegnet und sie grüßt, da hüpft das Kind in Elisabeths Schoß auf, da kommt Elisabeth zu sich selbst, da kommt sie in Berührung mit ihrem unverfälschten Kern, mit ihrem wahren Selbst, mit dem Bild, das sich Gott von ihr gemacht hat. Und Elisabeth erkennt zugleich das Geheimnis von Maria. Sie spricht Maria an. Sie erklärt ihr, wie sie ihr Leben sieht. Und Maria antwortet mit dem Magnificat, in dem sie das Geheimnis ihres Lebens vor Gott her zur Sprache bringt. *60, 9f*

Gebet – Begegnung mit mir selbst (1)

Um Gott begegnen zu können, muß ich erst einmal mir selbst begegnen. Ich muß erst einmal bei mir sein. Und das bin ich im Normalfall nicht. Denn wenn ich mich beobachte, so entdecke ich, daß meine Gedanken hin- und herwandern, daß ich irgendwo mit meinen Gedanken bin, nur nicht bei mir. Ich habe keinen Kontakt zu mir, die Gedanken reißen mich aus mir heraus und führen mich woanders hin. Nicht ich denke, sondern es denkt in mir, die Gedanken verselbständigen sich, sie überdecken mein eigentliches Ich. Der erste Akt des Gebetes ist, daß ich erst einmal mit mir selbst in Berührung komme. Das haben uns die Kirchenväter und frühen Mönche immer wieder gelehrt. So sagt Cyprian von Karthago: »Wie kannst du von Gott verlangen, daß er dich hört, wenn du dich selbst nicht hörst? Du willst, daß Gott an dich denkt, und du selber denkst nicht an dich.« [...]

Du selbst bist ja gar nicht bei dir, wie willst du, daß Gott bei dir ist? Wenn ich nicht bei mir zu Hause bin, kann Gott mich auch nicht antreffen, wenn er zu mir kommen möchte. Auf mich hören heißt einmal, auf mein wahres Wesen hören, mit mir in Berührung kommen, es heißt aber auch, auf meine Gefühle und Bedürfnisse hören, auf das hören, was sich in mir regt. [...]

Gebet ist keine fromme Flucht vor mir selbst, sondern zuerst einmal ehrliche und schonungslose Selbstbegegnung. So sagt Evagrius Ponticus: »Willst du Gott erkennen, so lerne dich vorher selber kennen.« Das ist keine Verpsychologisierung des Glaubens, sondern notwendige Voraussetzung des Betens. Wenn ich sofort in fromme Worte oder Gefühle fliehe, so führt mich das Gebet nicht zu Gott, sondern nur in die weiten Räume meiner Phantasie. Ich muß erst ehrlich in mich selbst hineinhorchen. In der Begegnung mit Gott muß ich mir selbst begegnen. Dabei können wir nicht sagen, was zuerst kommt, die Selbstbegegnung als Voraussetzung für die Gottesbegegnung oder die Gottesbegegnung als Voraussetzung für die Selbstbegegnung. Beides bedingt sich gegenseitig und vertieft sich einander. *60, 11f*

Gebet – Begegnung mit mir selbst (2)

Die Frage ist, wie ich zu dem Punkt vorstoßen kann, an dem ich wirklich Ich sagen kann. Ein Weg besteht darin, einfach immer wieder zu fragen: Wer bin ich? Dann werden mir spontan Antworten oder Bilder kommen. Und zu jeder dieser Antworten sage ich dann: Nein, das bin ich nicht, das ist nur ein Teil von mir. Ich bin nicht der, für den mich meine Freunde halten, ich bin nicht der, für den ich mich selbst halte. Ich bin nicht identisch mit der Rolle, die ich bei Bekannten spiele, und nicht mit der Maske, die ich mir bei Fremden überstülpe. Ich kann beobachten, daß ich mich anders in der Kirche gebe als in der Arbeit, anders daheim als in der Öffentlichkeit. Wer bin ich wirklich? Ich bin auch nicht identisch mit meinen Gefühlen und Gedanken. Die Gedanken und Gefühle sind in mir, aber das Ich geht nicht in ihnen auf, es ist jenseits allen Denkens und Fühlens zu suchen. Wir können dieses Ich nicht definieren und festhalten. Aber indem wir immer tiefer in uns hineinfragen, werden wir eine Ahnung von dem Geheimnis des eigenen Ich bekommen.

Ich, das ist mehr als sich von anderen zu unterscheiden, mehr als der bewußte Personkern, mehr als das Ergebnis meiner Lebensgeschichte. Das Ich heißt: Ich bin von Gott bei meinem Namen gerufen, mit einem unverwechselbaren Namen. Ich bin ein Wort, das Gott nur in mir spricht. Mein Wesen besteht nicht in meiner Leistung, nicht in meinem Wissen, auch nicht in meinem Fühlen, sondern in dem Wort, das Gott nur in mir spricht und das nur in mir und durch mich in dieser Welt vernehmbar werden kann. Sich selbst begegnen heißt daher, eine Ahnung von diesem einmaligen Wort Gottes in mir zu bekommen. Gott hat schon durch meine Existenz gesprochen, er hat sein Wort in mir gesagt. Beten als Selbstbegegnung heißt, in seinem innersten Geheimnis Gott zu begegnen, der mich in mir selbst angesprochen und sich in mir ausgesprochen hat.

60, 12f

Gebet – Begegnung mit Gott

Der zweite Schritt des Gebetes wäre die Begegnung mit Gott. Wir meinen oft, wir würden Gott doch längst kennen. Wir beten ja schon lange zu ihm. Wir haben ja schon genug von ihm gehört und können uns vorstellen, wer er ist. Aber stimmt das, was wir von Gott wissen, mit dem wirklichen Gott überein? Oder projizieren wir nur unsere Wünsche und Sehnsüchte auf Gott? Entstammen unsere Gottesbilder nur unserer Erziehung oder den Phantasien des eigenen Herzens? Auf der einen Seite brauchen wir Bilder, um uns Gott vorzustellen und um ihm begegnen zu können. Aber auf der anderen Seite müssen wir diese Bilder immer wieder übersteigen auf den eigentlichen Gott hin. Wir dürfen uns Gott nicht so niedlich vorstellen, nicht als den Kumpel, dem wir auf die Schulter klopfen. Es ist der unendliche Gott, der Schöpfer der Welt.

Wir können Gott nur in Gegensätzen denken. Gott ist der unendliche Schöpfer, aber er ist auch der, der sich jetzt um mich kümmert, der mich jetzt liebend anschaut. Gott ist der, der das große Universum geschaffen hat, aber er ist auch in mir, mir innerlicher, als ich mir selbst bin. Gott ist der barmherzige Vater, der mich liebend aufnimmt, aber er ist auch der Herr, vor dem mir nichts anderes übrigbleibt, als vor ihm niederzufallen. Gott ist mir vertraut, weil er sich mir geoffenbart hat und weil ich ihm in mir selbst begegne, aber er ist zugleich der ganz Andere, Unverfügbare, Unverständliche, der alle unsere theologischen Lehrsätze immer wieder in Frage stellt.

Wenn wir diesem Gott wirklich begegnen und nicht mehr nur den Begriffen unserer Theologie, dann mag es uns ergehen wie Ijob, der nach seinen Kämpfen mit Gott bekennen muß: »Vom Hörensagen nur hatte ich von dir vernommen; jetzt aber hat mein Auge dich geschaut. Darum widerrufe ich und atme auf, in Staub und Asche« (Iiob 42,5f).

60, 14f

Alle Kammern aufschliessen

In dem Drama »Der seidene Schuh« läßt Paul Claudel Dona Proeza auf die Frage »Womit soll ich denn beten?« antworten: »Alles, was uns mangelt, das eben dient uns zum Gebet. Der Heilige betet mit seiner Hoffnung, der Sünder mit seiner Sünde.« Wir sollen im Gebet Gott also unseren Mangel hinhalten, unsere Sehnsucht, unser Ungenügen an uns und unserem Leben. Und wir sollen Gott unsere Sünde hinhalten, unsere Schattenseiten.

Das Gebet befreit nur dann, wenn ich Gott auch in meine Abgründe schauen lasse, in das Verdrängte, in das vom Leben Ausgeschlossene, in die mörderischen Tendenzen meines Herzens, in das Falsche und Dunkle, in die Leidenschaften der Seele und in die Bedürfnisse und Wünsche, die unter der Oberfläche liegen. Im Gebet darf ich meine Angst und meine Verzweiflung sagen. Ich darf Gott alle Stimmungen und Gefühle zeigen, die ich mir selbst nicht erklären kann. Ich darf bloßlegen, was ich verdrängt habe, was ich bei mir selbst nicht wahrhaben wollte, weil es meine Ehre ankratzt, das Idealbild zerbricht, das ich unbewußt von mir habe. (...)

Nur wenn ich alles Gott hinhalte, wird das Gebet mich befreien. Ich brauche vor nichts in mir Angst zu haben. Es darf alles sein, aber es muß in die Beziehung zu Gott gebracht werden. Was ich von der Begegnung mit Gott ausschließe, das wird mir an meiner Lebendigkeit fehlen, das wird auch von meinem Leben ausgeschlossen. Es wird mich nur hinterrücks überfallen und mir schaden, anstatt meine Beziehung zu Gott zu intensivieren.

Das Gebet muß nicht fromm sein, sondern in erster Linie ehrlich. Beten heißt dann, alle Kammern meines Leibes und meiner Seele, meines Bewußten und meines Unbewußten aufzuschließen und Gott dort eintreten zu lassen, so daß das ganze Haus meines Lebens von Gott bewohnt und erleuchtet wird. *60, 20ff*

Immer wieder die Zerstreuungen beim Gebet...

Das Gebet zwingt uns zur Selbsterkenntnis, weil wir, ohne unsere innersten Gedanken und Strebungen zu kennen, nicht gesammelt beten können. Ohne innere Wachsamkeit werden wir beim Gebet ständig von Zerstreuungen geplagt. Umgekehrt aber sind die Zerstreuungen, die beim Gebet immer wieder auftauchen, ein gutes Mittel, sich selbst zu erkennen. I. Hausherr, einer der besten Kenner des alten Mönchtums, meint, die Zerstreuungen beim Gebet hätten die gleiche Funktion für die Selbsterkenntnis wie die Träume: »Die Zerstreuungen sind sehr wertvoll aufgrund der Hinweise, die sie geben. Sie sind eine Art von Wachträumen über das, was uns beschäftigt.«

Wie die Träume uns Aufschluß über das geben, was auf dem Grund unserer Seele, in unserem Unbewußten vor sich geht, so auch die Zerstreuungen, die ja auch aus dem Unbewußten stammen. Sie zeigen die Neigungen unseres Herzens. Wenn wir merken, daß wir immer wieder an das gleiche denken, an bestimmte Menschen, Ereignisse, oder daß uns immer wieder die gleichen Probleme oder Pläne im Kopfe herumschwirren, so können wir daraus sehr wertvolle Rückschlüsse über uns selbst ziehen. Und sobald wir uns auf diese Weise selber besser erkannt haben, werden die Zerstreuungen nachlassen, und wir werden fähig, gesammelt zu Gott zu beten. *1, 14f*

Die Kunst des Dankens

Selbsterkenntnis geschieht nicht bloß im Blick auf mich selbst, sondern in entscheidendem Maß im Blick auf den Mitmenschen. Für den Nächsten zu beten ist daher eine fruchtbare Methode der Selbsterkenntnis. Indem wir für einen Mitmenschen beten, durchleuchten wir auch unsere Beziehung zu ihm. Im Gebet für den anderen verzichten wir auf alle Rechtfertigungsversuche, wir versuchen, den anderen im Lichte Gottes zu sehen. In diesem Licht geht uns dann auf, wie wir zum anderen stehen. In einem Väterspruch wird das Gebet für einen Bruder, der mich beleidigt hat, als ein Mittel gesehen, meine eigene Krankheit zu erkennen. Sobald ich aufhöre, nur die Fehler des anderen zu sehen, werde ich frei, mich selbst und meine Schuld zu erkennen.

Durch das Gebet füreinander werden wir entdecken, daß wir im Innersten mit allen Menschen verbunden sind, daß auch all das Dunkle und Böse der anderen in uns selber ist. Im Gebet für den anderen vergeht uns die Lust, alle Schuld auf die andern zu schieben. [...]

Im Danken versuche ich, alles so anzunehmen, wie Gott es gibt. Indem ich Gott für die Ereignisse meines Lebens danke, für die schönen wie für die leidvollen, nehme ich mich mit meiner Vergangenheit an. Und nur was ich angenommen habe, kann ich wirklich erkennen. Erst indem ich mich annehme als einen, den Gott so gewollt hat, kann ich mich selbst erkennen. Dann wird mir aufgehen, was Gott sich mit mir ausgedacht hat, was das Bild ist, das in mir Gestalt werden soll. Das gleiche gilt für die vielen Ereignisse und Widerfahrnisse. Ihren wahren Sinn entdecke ich erst, wenn ich darauf verzichte, selbst hinter den Sinn kommen zu wollen, und stattdessen Gott dafür danke, daß er mir all das zugemutet hat. Im Danken verzichte ich auf meine eigenen Lösungsversuche und vertraue Gott, daß er es gut gemeint hat. *1, 21f*

Ist nicht alles nur Einbildung?

Wenn ich allein in meiner Klosterzelle bete, dann kommen mir manchmal Zweifel: Stimmt das denn alles, was du dir von Gott denkst, oder ist das nicht alles Einbildung? Stellst du dir das so vor, weil es so schön ist, weil du damit gut leben kannst, weil es sich so besser predigen oder schreiben läßt? Wenn diese Zweifel kommen, versuche ich sie zu Ende zu denken. Ich sage mir: Ja, das kann sein, daß alles nur Einbildung ist; alle religiöse Literatur ist nur Einbildung, Beruhigung des Menschen, daß er besser leben kann, Illusion, um die Augen vor der bitteren Wirklichkeit zu verschließen. Doch wenn ich das zu Ende denke, dann kommt eine tiefe Gewißheit in mir auf: Nein, so absurd kann das menschliche Leben nicht sein. Ich kann mir einfach nicht vorstellen, daß all die Heiligen nur Illusionen nachgelaufen sind, daß alle Kultur nur Nervenberuhigung ist. Es ist die Grundfrage, ob wir Menschen überhaupt etwas von der Wahrheit erkennen können, oder ob wir nur im Dunkeln tappen und uns eine Illusion zurechtschneidern. Aber dann ist alles absurd.

Wenn ich diese Absurdität zulasse, spüre ich nicht nur innere Gewißheit, sondern dann entscheide ich mich auch für die Alternative des Glaubens: Ich will auf diese Karte setzen. Ich will einem heiligen Augustinus folgen und nicht den Skeptikern, die in der Absurdität des Daseins ihre Lebensphilosophie finden. Und dann bekommt für mich das Gebet eine neue Dimension. Ich darf mich an den Urgrund des Seins, an die Ursache der ganzen Schöpfung wenden als ein Du. Ich darf dieses Du ansprechen, das da hinter dem Schleier der sichtbaren Welt verborgen ist. Ja, dieser Gott, dieses geheimnisvolle Du hat mich zuvor angesprochen. Er ist eine Person, einer, der mich liebt, der den Schleier des Seins durchstoßen hat und mir in seinem Wort eine Ahnung von seinem Geheimnis eröffnet hat. *60, 15f*

Die lebendige Sprache des Leibes

Die Begegnung mit uns selbst in unserem Leib hat zwei Aspekte: Einmal ist der Leib ein Barometer, der mir untrüglich anzeigt, wie es um mich steht, wie es mir geht, wie ich mich fühle, wo ich etwas verdränge, wo ich Angst habe und mich festhalte. Ja, er sagt mir, wer ich eigentlich bin. Doch wenn der Leib nur ein Barometer wäre, das uns selbst und jedem, der uns anschaut, unsere innere Situation offenbart, dann würde uns das Üben mit dem Leib überfordern. Es würde uns nur schonungslos aufdecken, wer wir sind. Wir würden mit Schrecken feststellen, daß wir mit unserem Leib nichts verbergen können, daß wir im Leib allen Beschauern ständig zeigen, wer wir sind, auch wenn wir das gar nicht möchten. Unser Leib ist eben nicht nur Barometer, sondern auch ein Instrument, mit dem wir unsere innere Haltung ändern können.

Graf Dürckheim nennt den Leib ein Instrument der menschlichen Selbstverwirklichung. Im Leib können wir die für unsere Selbstwerdung wesentlichen inneren Haltungen einüben. Wenn z. B. ein junger Mensch kein Selbstvertrauen hat, wenn er nicht zu sich stehen kann, dann kann er durch das bewußte Stehen Selbstvertrauen einüben. Wenn er sich hinstellt wie ein Baum, der tief im Boden verwurzelt ist, dann wachsen in ihm Festigkeit und Vertrauen. Dann erfährt er sich anders. Und oft hilft so eine Übung im Leib mehr, als wenn wir ihm nur gut zureden würden, er hätte doch keinen Grund, kein Selbstvertrauen zu haben, er solle doch mehr auf seine positiven Seiten sehen usw. *46, 8f*

Mehr als dieses Leben

Wir werden krank, wenn wir unsere Gefühle und unsere tiefsten Bedürfnisse nicht mehr ausdrücken können. Zu diesen Bedürfnissen gehören auch die Ahnungen und Sehnsüchte der Seele. Nicht nur verdrängte Triebe oder unterdrückter Ärger können uns krank machen, sondern auch die verdrängte Sehnsucht. Unser Körper reagiert auch, wenn wir unsere Seele vernachlässigen. Und unsere Seele sehnt sich nach Gott und nach Gotteserfahrung. Sie ahnt, daß es doch noch mehr geben muß als dieses Leben, daß wir im Innersten mit Gott verbunden sind, daß Gott, der Urgrund allen Seins, in uns selber ist. Wenn wir diese Ahnungen nicht ausdrücken, sondern immer wieder übergehen, dann werden wir krank. Viele wissen heute nicht mehr, wie sie mit den Ahnungen und Sehnsüchten ihrer Seele umgehen sollen. Es fehlen heilende Räume, in denen die Seele zur Sprache kommen kann. Und es fehlen Übungsfelder, auf denen das, was uns im Tiefsten ausmacht, mit Leib und Seele trainiert werden kann. Die Gebetsgebärden wären so ein heilsamer Ort, an dem wir unsere tiefsten Sehnsüchte leibhaft zum Ausdruck bringen, an dem wir in Berührung kommen könnten mit den tiefsten Ahnungen unseres Herzens. Viele haben es heute verlernt, mit ihrem Leib richtig umzugehen, geschweige denn mir ihrer Seele.

In den Gebetsgebärden könnten wir die wahre Würde unseres Leibes und seine Einheit mit unserer Seele spüren. Unser Leib wird darin durchlässig für Gott. In ihm drücken wir unsere Seele aus mit ihrer Sehnsucht nach Gott. Und so erfahren wir uns in anderen Dimensionen.

46, 17f

»Können Sie knien?«

Die Gebetsgebärden haben vor allem deshalb eine heilende Wirkung, weil sie uns erfahren lassen, was der Glaube uns verheißt: daß wir mit Leib und Seele in der uns bergenden Hand Gottes sind und daß Gottes mächtige Gegenwart uns von uns selbst befreit. Das Sichfesthalten, das ängstliche Sichklammern an sein kleines Ich, an Menschen, an Besitz, das ist für Dürckheim das Grundübel des Menschen. Heil wird er nur, wenn er das Festhalten aufgeben und sich ganz und gar Gott überlassen kann. Gott befreit uns von uns selbst und zu uns selbst.

Das kann uns hautnah in einer Gebärde aufgehen, wie es bei der Frau geschah, von der Graf Dürckheim schreibt: »Einst fragte mich eine Frau: ›Wie soll man eigentlich beten?‹ ›Können Sie knien?‹ fragte ich zurück. Diese Frage traf sie offensichtlich an empfindlicher Stelle. ›Wie meinen Sie das!‹ fragte sie nun, etwas irritiert. ›Nun, ganz einfach‹, sagte ich. ›Sie knien vor Ihrem Bett nieder und geben sich so ganz und gar anheim ...‹ Die Frau stand auf und ging, fast ohne mich zum Abschied zu grüßen, hinaus. Am nächsten Tage berichtete sie: Erst sei sie, als sie von mir gegangen, wie von einem vernichtenden Schlage getroffen getaumelt, dann aber unversehens ins Laufen gekommen – immer schneller. An ihrem Hotel angekommen, sei sie die Treppen hinaufgestürmt, in ihr Zimmer hinein, habe die Türe verschlossen und sei geradezu auf ihre Knie gestürzt. Ja – und da nun sei es über sie gekommen ... Sie wußte nicht, wie ihr geschah und was es war, das ihr widerfuhr. Nur dieses habe sie gefühlt: In dieser Haltung sei sie selber wie ausgelöscht gewesen und machtlos, aber ganz erlöst ausgeliefert einem sie bergenden und ... Ja – nun wüßte sie wohl, worum es ging ...« (in: Ders., Die heilende Wirkung der reinen Gebärde, in: Wilhelm Bitter [Hg.], Meditation in Religion und Psychotherapie. Stuttgart 1958, 186f). *46, 21f*

Worte und Gebärden

Noch etwas anderes will das Gespräch mit Gott sein: der Ort der Intimität, an dem ich Gott alles sage, was in meinem Herzen ist an Sehnsucht, an Ahnungen, an Wünschen, an Wunden. Intim werden mit Gott, das heißt, ihm wirklich alle Gefühle auszudrücken, die in mir sind, oft genug verschüttet, weil ich selber Angst vor ihnen habe. Da kommen vielleicht sehr kindliche Gefühle hoch, wie die Sehnsucht nach Geborgenheit und Liebe, Gefühle, die ich vor mir selbst verberge, weil sie mir peinlich sind, weil ich meine, als Erwachsener sei ich doch darüber hinweg. Das Gebet will mir Mut machen, wirklich alles auszudrücken, nichts zurückzuhalten, meine tiefsten Sehnsüchte und alle Defizite meines Lebens, meine Liebe und das Angerührtsein in meinem Herzen. Dabei werde ich mit meinen Worten an Grenzen stoßen. Gebärden können mir helfen, meine intimsten Gefühle auszudrücken. So könnte ich die Hände über der Brust kreuzen und Gott meine Sehnsucht nach Intimität hinhalten.

Ein Mitbruder erzählte, daß er manchmal unter die Decke krieche und Gott all das sage, was er sich sonst nicht traue, daß er all die Gefühle Gott hinhalte, die eben nur unter der warmen Decke am Abend aufsteigen, und daß er manchmal ein Kissen an die Brust drücke und so bete, um Gott sein Bedürfnis nach Liebe und Zärtlichkeit zu zeigen. Wenn wir den Mut haben, das vor Gott anzusprechen und auszudrücken, was wir vor uns selbst verbergen, was wir nur in der intimsten Liebe zu einem Partner sagen würden, dann wird unser Leben tiefer und lebendiger. Es verliert alle Langweiligkeit und Durchschnittlichkeit. Wir werden echter und freier. Wir haben keine Angst mehr vor unserem eigenen Herzen. Das Herz beginnt zu schlagen. Wir fühlen: Wir sind wirklich da, wir leben. Es ist schön zu leben. Zugleich ist es natürlich auch schmerzlich. Es gibt keine Intimität ohne Verwundbarkeit. Aber gerade das macht uns lebendig und echt. *60, 25f*

Mich meinen Tränen überlassen

Jede therapeutische Behandlung kennt das Stadium des Weinens. Eine Analyse hilft dem Patienten nicht, wenn sie ihm nur die Ursachen für seine Neurose bloßlegt. Das reine Wissen kann der Patient wieder als Abwehr dagegen benutzen, sich dem eigentlichen Problem stellen zu müssen. Eine Einsicht, die ich habe, nützt mir nichts. Erst wenn sie über mich hereinbricht, kann sie mich heilen. Ohne emotionale Beteiligung ist keine Änderung des menschlichen Verhaltens möglich. Erst wenn der verdrängte Schmerz ins Herz darf, kann der Mensch auf die Ersatzschmerzen verzichten, die er sich zulegt, um sich vor dem eigentlichen Schmerz zu schützen. Jung sagt: »Die Neurose ist stets ein Ersatz für legitimes Leiden.« Wenn der Mensch dem ihm zugemuteten Leiden aus dem Weg geht, flüchtet er sich in die Krankheit. Die Heilung kann erst beginnen, wenn er den verdrängten Schmerz, das abgelehnte Leiden zuläßt.

Dieses Zulassen ist zumeist mit heftigem Weinen verbunden. Weinen entlastet den Menschen von den angestauten Gefühlen, die nach außen drängen. Tränen lindern den Schmerz. Man weint sich frei von seinen Schmerzen. Weinen wird zur einzigen Möglichkeit, einen Schmerz, der einen zu überwältigen und zu überfordern scheint, auszuhalten und auf ihn zu antworten. Der Mensch weiß keine andere Antwort mehr, weder in Worten noch in Gebärden, als sich dem Weinen zu überlassen, sich weinend loszulassen und so den Schmerz zuzulassen und ihn zugleich aufzulösen, abzuleiten. Weinen erleichtert, lindert, heilt. Die Tränen werden auf einmal befreiende, erlösende, selige Tränen. Der Schmerz schlägt um in Freude. Der Mensch erfährt in seinem Innersten ein Heilsein, das auch durch den Schmerz nicht mehr bedroht werden kann, eine Freude, an die Enttäuschungen und Mißerfolge nicht zu rühren vermögen. Es ist das Heil Gottes, das alles menschliche Unheil besiegt. *1, 38f*

Sich verwunden lassen, trauern, lieben

Im Weinen läßt der Mensch Schmerz und Leid an sich heran, in sich hinein. Heute versucht man mit allen Mitteln, Unlust und Leid zu meiden. Man schirmt sich dagegen ab. Es wird als Bedrohung für das innere Gleichgewicht empfunden. Doch das führt »unweigerlich in die Gefühlsverflachung und Lebensverarmung« (H. Fischle-Carl).

Der Mensch, der unfähig ist zu leiden, wird auch unfähig, sich zu freuen. »Wo nichts mehr erlitten wird, gibt es auch kein großes Glück. Langeweile und Leere sind die Folge, Surrogatsuche ist der nächste Schritt« (Fischle-Carl). Wer dem Schmerz aus dem Weg geht, wird auch unfähig zu lieben. Denn lieben kann nur, wer sich verwunden läßt. Im Weinen öffnet sich der Mensch dem Schmerz, nicht um ihn zu genießen, sondern um sich von ihm treffen zu lassen, um ihn in sich hineinzunehmen und zu verarbeiten. Die Psychologie spricht von Trauerarbeit und bedauert, daß die Menschen immer unfähiger werden zu trauern. Im Trauern wird der Schmerz verarbeitet, integriert, aufgelöst und so geheilt.

1, 37

Wie spricht Gott?

Aber da meldet sich schon der Zweifel: Wie sagt Gott denn etwas zu mir, wie kann ich ihn hören? Ich höre doch keine Stimme vom Himmel. Nein, ich höre keine lauten Worte. Aber beim Gebet kommen mir Gedanken. Und ich kann mich fragen, woher die Gedanken kommen. Die Psychologie würde sagen, die Gedanken tauchen aus dem Unbewußten auf. Aber warum jetzt gerade dieser Gedanke auftaucht, kann sie auch nicht mit Bestimmtheit erklären. Da ist es durchaus legitim zu sagen, Gott spreche in den Gedanken zu mir. Es sind meine Gedanken, die in meinem Hirn ablaufen und für Meßinstrumente registrierbar sind. Aber in meinen Gedanken spricht eben Gott zu mir. Natürlich kann ich das auch nicht mit Gewißheit sagen. Ich könnte mir ja auch selbst die Antwort geben. Woher kann ich erkennen, daß Gott in meinen Gedanken zu mir spricht? Die Mönche unterscheiden drei Arten von Gedanken: Gedanken, die von Gott kommen, die von den Dämonen stammen und die aus mir herrühren. Um welche Gedanken es sich jeweils handelt, das kann ich an ihrer Wirkung erkennen. Gedanken, die von Gott stammen, bewirken immer inneren Frieden und eine gelassene Ruhe. [...]

Wenn mir z. B. im Gebet einfällt, was ich falsch gemacht habe, so würden alle Selbstvorwürfe und Selbstzerfleischungen von den Dämonen kommen und nicht von Gott. Wenn ich vor Gott meine Schuld anschaue, dann richte ich meinen Blick mehr auf den barmherzigen Gott als auf meine Schuld. Und ich fühle mich mitten in meiner Schuld von Gott angenommen und geliebt. Der Blick auf Gott erzeugt also trotz meiner Schuld und trotz der Aufforderung umzukehren, einen inneren Frieden. [...]

Ob also Gott in den Gedanken zu mir spricht, das kann ich an der Wirkung der Gedanken und Gefühle erkennen. Wenn Gott zu mir spricht, erfüllt er mich immer mit einem tiefen Frieden und einer stillen Freude.

60, 27ff

Wenn Gott schweigt...

Das Schweigen Gottes erzieht uns dazu, auf das zu hören, was Gott von uns will, und es hindert uns daran, uns die Antwort selber zu geben. Es fordert uns heraus, uns noch weiter dem Geheimnis Gottes zu öffnen und unsere Bilder noch mehr von Gott zerbrechen zu lassen, bis wir offen werden für den wirklichen Gott. Es gibt Phasen des Gebetes, da wir an der Abwesenheit Gottes leiden. Wir haben das Gefühl, gegen eine leere Wand zu sprechen und keine Antwort zu bekommen. Ja, wir haben Angst, im Gebet allein mit uns selbst zu sein. Wir dürfen die Abwesenheit Gottes nicht vorschnell überspringen, sondern müssen sie aushalten. Natürlich ist Gott gegenwärtig, aber wir erfahren ihn als abwesend, weil wir selbst nicht bei uns sind, weil wir nicht in der Wahrheit sind.

Die Abwesenheit Gottes auszuhalten bedeutet daher, vor Gott wieder in die Wahrheit zu kommen, die eigenen Projektionen aufzugeben und den ganz anderen Gott hinter allen Vorstellungen zu entdecken. Und es bedeutet, daß wir das Gebet nicht selber machen können, sondern daß wir angewiesen sind auf Gottes kommen. Es ist seine freie Entscheidung, uns zu begegnen. Vielleicht wartet er mit der Begegnung, weil wir noch nicht fähig sind, ihm wirklich gegenüberzutreten. Er wartet solange, bis wir bereit sind, ihm entgegenzugehen. Und diese Bereitschaft nennt die Bibel Umkehr – metanoein, umdenken – seine Gedanken aus der Zerstreuung zurücknehmen und auf Gott hin wenden. Gott ist nicht ein Gedanke unter vielen. Und wir können ihm nicht begegnen, wenn wir mit unsern Gedanken außerhalb von uns spazierengehen. Wir müssen die Gedanken in unser Herz zurückbinden. Gott begegnen wir nur in unserem Herzen. Die Abwesenheit Gottes auszuhalten heißt, geduldig immer wieder in sein eigenes Herz zurückkommen, um dort auf Gott zu hören.

60, 30f

Zweifel halten lebendig

Wir können heute nicht mehr so naiv von Gott reden wie früher. Wir haben erfahren, daß selbst die Theologie von dem toten Gott sprach. Nach Gott Ausschau halten, das heißt, seine Abwesenheit auszuhalten und doch zugleich daran zu glauben, daß er ganz nahe ist, daß seine liebende und heilende Gegenwart uns einhüllt, daß er in unserem Herzen ist. Gott begegnen, das heißt für uns, daß wir durch die Zweifel unserer Zeit hindurchgegangen sind und durch sie hindurch dem Gott trauen, der uns in Jesus Christus sichtbar erschienen ist, der in Christus sein Herz geoffenbart hat. Und es ist ein menschliches Herz, das da in Christus erscheint, ein Herz, das wir verstehen können mitten in der Unverständlichkeit dieser Welt. Die Gottesfrage, die die Neuzeit radikaler als früher gestellt hat, könnte uns so sensibler dafür machen, was es heißt, diesem geheimnisvollen Gott, diesem Vater Jesu Christi begegnen zu können.

Die Zweifel halten uns in unserer Suche nach dem wahren Gott lebendig, sie hindern uns daran, uns vorschnell mit unserer Beziehung zu Gott zufrieden zu geben. Wir müssen uns immer wieder neu in das Geheimnis Gottes vortasten. Mitten im Gebet halte ich oft inne und frage: Was heißt das denn wirklich? Wer ist Gott wirklich? Und dann versuche ich, mein Fragen und Suchen mit dem Bild Jesu Christi zu konfrontieren. In Jesus ist dieser unfaßbare Gott sichtbar, da ist das Unverständliche verstehbar geworden. Dann halte ich in die Zweifel die Worte Jesu aus dem Johannesevangelium hinein: »Niemand hat Gott je gesehen. Der einzige, der Gott ist und am Herzen des Vaters ruht, er hat Kunde gebracht« (Johannes 1,18). »Wer mich gesehen hat, hat den Vater gesehen« (Johannes 14,9). [...]

Zum Gebet gehört wesentlich diese Spannung: die Zweifel an Gott zu Ende denken und sie mit Jesus Christus konfrontieren – und Jesus Christus anschauen und in ihm Gott erspüren. *60, 16f*

In den Raum Gottes vorstossen

Es gibt zwei Weisen des Gebetes: mein Leben vor Gott zur Sprache bringen, Gott alles erzählen und hinhalten, was in mir auftaucht. Und dann das Beiseitelassen des Alltags, der Gedanken und Gefühle und das Hinabsteigen in den Raum, der allein von Gott bewohnt ist. An diesem Ort erahne ich, daß Beten eine Wohltat für mich ist, eine Befreiung, ein Aufatmen. Es ist ein weiter Raum, in den ich im Gebet vorstoße. Niemand engt mich ein. Gott läßt mich dort weit werden, frei, echt. Ich komme nicht nur mit Gott in Berührung, sondern durch ihn auch mit meinem eigenen wahren Kern. In Gott finde ich auch in neuer Weise zu mir. Und dort kann ich auf neue Weise die Frage beantworten, wer ich eigentlich bin. Ich bin nicht nur der, der durch seine Vergangenheit bestimmt ist, durch seine Beziehungen, durch seine Arbeit, durch sein persönliches Fühlen, sondern ich bin von Gott berührt, ich bin gottunmittelbar. Ich bin der, in dem Gott selber wohnt. Ja, ich bin der, in dem Gott sein Wort sagt, ein einmaliges Wort, das er nur in mir spricht. In den Raum Gottes vorstoßen heißt auch, das Geheimnis des eigenen Selbst berühren, zu mir selbst finden. In diesem Raum hat keiner Macht über mich, da erreichen mich nicht die Sorgen des Alltags, da bin ich auch für Menschen unerreichbar, da bin ich allein mit meinem Gott.

Und das Wort Teresas von Avila, daß Gott allein genügt, das wird hier zu einer beglückenden Erfahrung. Teresa meint damit nicht einen moralischen Appell, alles zu lassen, sondern sie beschreibt ihre eigene Erfahrung, daß sie in Gott alles gefunden hat, daß das Einswerden mit Gott genügt, ihre tiefste Sehnsucht zu erfüllen. In Gott kommt das Herz zur Ruhe, da weitet es sich und darf das Glück kosten, das Gott ihm schenkt. [...]

An diesem Ort stoßen wir mitten in uns auf die Transzendenz, auf den Gott, der unser Ich transzendiert und uns gerade so zum Geheimnis des eigenen Selbst führt. *60, 37f*

»Lob der Zelle«

Zu dem Metropoliten Anthony kam einmal eine alte Dame, die klagte, daß sie trotz häufigen Betens nie ein Gefühl der Gegenwart Gottes habe. Der Metropolit gab ihr den Rat, sie brauche die nächsten Wochen überhaupt nicht zu beten, sie solle vielmehr einfach eine Viertelstunde dasitzen, den Frieden in ihrem Zimmer erspüren und sich an ihm freuen und dann vor dem Angesicht Gottes stricken. Nach einiger Zeit kam sie wieder und erzählte: »Es ist ganz merkwürdig. Wenn ich zu Gott bete, genauer, wenn ich zu ihm spreche, fühle ich nichts, doch wenn ich still dasitze, ihm gegenüber, dann fühle ich mich in seine Gegenwart eingehüllt« (in: Ders., Lebendiges Beten. Weisungen. Freiburg i. Br. 1976, 137).

Benedikt versteht das Gebet ähnlich als ein ständiges Leben vor den Augen des göttlichen Beschauers. Wir müssen nichts leisten, sondern wir sind vor ihm, und alles, was wir tun, tun wir vor seinen liebenden Augen. Das gibt unserem Leben eine andere Dimension. Das Leben vor den Augen des liebenden Gottes wird in der monastischen Literatur vor allem im »Lob der Zelle« beschrieben. Die Zelle ist der Raum, in dem der Mönch allein mit Gott ist und sich ohne Unterlaß mit ihm unterhält. So prägen die Mönche den schönen Satz: Cella est coelum. Die Zelle ist der Himmel, in dem wir zusammen mit Gott wohnen. Sie ist ein »valetudinarium« (Wilhelm von St. Thiery), ein Raum, in dem wir heil und gesund werden in seiner Gegenwart. In dieser Gegenwart Gottes, im stillen Verweilen vor ihm, da wächst auch die Liebe zu ihm. Es ist eine sehr menschliche Stille, Stille vor Gott, Stille bei Christus. Es ist wie bei einer Freundschaft. Man verweilt vor ihm, gemeinsam mit ihm, man ist da, ohne Absicht, frei von allem. Die Freude an der Gegenwart des anderen genügt. So kommt man in Gott zur Ruhe, erspürt etwas von der Stille der Ewigkeit.

60, 32f

Das Falten der Hände

Beim Üben dieser Gebärde ist es wichtig, daß wir gut dastehen. Wenn wir nicht in unserer Mitte stehen, sondern mit Stand- und Spielbein, dann werden die gefalteten Hände zur Farce. Sie drücken nichts mehr aus. Wir stellen uns also gut hin und halten die Handflächen erst ein paar Zentimeter voneinander entfernt. Wir versuchen, über den Zwischenraum hinweg den Kontakt mit der anderen Hand wahrzunehmen. Dann legen wir die Hände langsam ganz zusammen. Wir spüren, wie uns das sammelt. Die miteinander verbundenen Hände binden unseren unruhigen Verstand, sie verbinden das Widerstrebende in uns zu einer Einheit zusammen.

Und es entsteht in uns ein Kreislauf. Alle Gedanken und Gefühle, alle inneren Schwingungen gehen durch die gefalteten Hände hindurch. Und in diesem Strömen sind wir angeschlossen an den Kreislauf der göttlichen Liebe. Wir können nun die für uns gemäße Stellung der Hände ausprobieren. Wir können sie mit den Fingern nach oben oder nach vorne halten, vor den Bauch oder vor die Brust, am Körper anliegend oder weiter weg. Und wir können die Unterschiede spüren. In welcher Haltung könnten wir am intensivsten beten? Wo wird die Haltung kitschig und unnatürlich? Die Haltung kann uns in die Stille führen. Alles Störende wird ausgeschlossen. Wir binden uns selbst, um uns ganz Gott hinzuhalten.

Wenn ich bei der Meditation unruhig bin, dann falte ich die Hände und erfahre, daß ich wieder ruhig werde. Aber ich kann diese Gebärde nicht als Dauerhaltung praktizieren. Dann wird sie für mich unnatürlich. In Augenblicken höchster Sammlung und Ehrfurcht ist sie jedoch eine große Hilfe und für mich der angemessenste Ausdruck meiner Haltung Gott gegenüber.

46, 33f

Sich verbeugen

Als Übung stehen wir bewußt aufrecht. Wir stellen uns vor, wir stehen vor Gott als seine Partner. Gott schaut uns an. Dann neigen wir bewußt den Kopf und spüren nach, was das in uns auslöst. Dann heben wir den Kopf wieder, schauen Gott wieder als Partner an. Jetzt beugen wir langsam Kopf und Schultern und fühlen uns in diese Gebärde hinein. Wir können dabei verschiedene Handhaltungen ausprobieren, die Hände fallenlassen oder locker über dem Bauch kreuzen oder über der Brust gekreuzt halten. Jedesmal wird die Gebärde etwas anderes ausdrücken. Wir brauchen dabei keine Gebete zu sprechen, sondern sollen einfach ganz im Leib sein. Die Gebärde ist Gebet genug. Wir können uns dabei fragen: Wie erlebe ich mich, wie erlebe ich Gott und wie erlebe ich meine Beziehung zu Gott? Oder wir können in diese Gebärde ganz bewußt unsere Liebe zu Gott hineinlegen oder den Schmerz, der uns gerade drückt, den Schmerz über unser eigenes Versagen, unsere Enttäuschung, oder aber auch unsere Sehnsucht. Je nachdem, welches Gefühl wir in die Gebärde hineinlegen, werden wir sie anders erleben. [...]

Wir richten uns wieder auf und schauen Gott wieder an, spüren den Unterschied zwischen dem Aufrechtstehen als Partner und dem Sichverbeugen. Dann verbeugen wir uns tief, bis der Oberkörper im rechten Winkel zu den Beinen ist. Die Hände können wir entweder fallen lassen oder vor dem Bauch ineinander verschränken. In dieser Haltung sollten wir länger verweilen, uns da hinein spüren, wie wir uns so vor Gott fühlen. Wenn ich am Ende eines jeden Psalmes beim Chorgebet diese tiefe Verneigung mache, ist sie für mich ein tiefes Gebet. *46, 43f*

Die Gebärde des Kniens

Was Knien in uns bewirkt, erfahren wir, wenn wir zuvor bewußt wieder aufrecht vor Gott stehen, vor Gott zu uns selbst stehen. Dann gehen wir langsam in die Knie. Wir werden kleiner. Wir knien auf dem Boden und erfahren etwas von unserer Kleinheit vor Gott. Das erfahren wir aber nur, wenn wir wirklich auf dem Boden knien und nicht auf Kniebänken, die uns das Wesen des Kniens verfälschen. Wir können ein paar Minuten einfach daknien, die Hände lose fallen lassen. Dann können wir die verschiedensten Gebärden mit den Händen einnehmen, die Orantehaltung, die Haltung der offenen Schale oder die Hände flach nach vorne haltend in der Kreuzgebärde, oder mit gefalteten oder verschränkten oder vor der Brust gekreuzten Händen. Wir brauchen dann keine Worte zu machen, sondern beten einfach mit unserem Leib. Wir drücken aus, was gerade in uns ist.

Oder wir probieren Gebärden und horchen in uns hinein, was sie in uns auslösen. Allein durch die Gebärde kann ein lebendiger Dialog mit Gott entstehen, ein Dialog ohne Worte. Wir können das Knien auch mit einer Verbeugung verbinden, zuerst mit der Verneigung des Kopfes, am besten mit gefalteten Händen. Das ist eine stille Gebärde der Anbetung. Oder wir verbeugen uns so tief, daß wir mit der Stirn den Boden berühren. In dieser Haltung erahnen wir, was es heißt, sich selbst zu vergessen, das Kreisen um sich selbst aufzugeben, einfach vor Gott niederzufallen und ihn anzubeten. *46, 45f*

Die Gebärde des Sitzens

Bei vielen Völkern ist auch das Sitzen eine Gebetshaltung. Das Sitzen ist vor allem im hinduistischen Yoga, im buddhistischen Zen und im christlichen Hesychasmus die zentrale Gebärde bei der Meditation. Man meditiert sitzend, in sich gesammelt, vor Gott nach innen horchend, in die Stille lauschend, in Gott versunken. Auch im frühen Mönchtum war das Sitzen eine wichtige Gebärde der Meditation. [...]

Wir können aber das Sitzen selbst zum Gebet machen, indem wir in dieser meditativen Haltung das Jesusgebet beten oder ein Wort aus der Heiligen Schrift mit dem Atem verbinden und es etwa 20 bis 30 Minuten lang wiederholen. Das Sitzen ist die Gebärde der Meditation, es ist ein waches Sitzen, offen für das, was im Schweigen in uns hochsteigt, aber auch offen für das, was Gott uns im Schweigen sagen will. Wir wollen hier nicht auf die verschiedenen Methoden der Meditation eingehen. Wir können entweder die reine Schweigemeditation üben, wie sie im Zen üblich ist, wo es vor allem darauf ankommt, alle Gedanken loszulassen, um schweigend ganz gegenwärtig zu werden, oder die christlichen Formen der Meditation und Kontemplation. Die bei den Mönchen übliche Form ist dabei die ruminatio, das Wiederkäuen eines Schriftwortes, das mit dem Atem verbunden wird und in uns den Raum schaffen soll, in dem wir Gott erahnen und spüren. Wir sollen über das Wort nicht nachdenken, sondern es mit liebender Aufmerksamkeit und Hingabe verbinden, zu einem Weg zu Gott machen. So führt es uns immer tiefer in Gott hinein.

46, 48f

Unsere Arbeit in einem guten Licht

Henri Nouwen hat einen Grund für seine Erschöpfung bei der Arbeit entdeckt. Er sprach einmal mit dem Abt John Eudes über seine Erfahrung, daß ihn Vorträge und Gespräche mit Patienten sehr ermüden. Da deckt ihm der Abt die Gründe auf: Er stecke zuviel Energie in jede Begegnung mit Menschen, in jeden Vortrag, gleichsam als müsse er jedesmal von neuem beweisen, daß er es wert sei, daß ihm die Leute zuhören, daß sich der Patient ihm anvertraut.

»Sie setzen Ihre ganze Identität aufs Spiel und fangen jedesmal wieder am Nullpunkt an. Da werden Gebet und Meditation sehr wichtig, denn darin finden Sie Ihre tiefste Identität, und das bewahrt Sie davor, jedesmal, wenn Sie mit anderen Menschen zusammenarbeiten, Ihr ganzes Wesen aufs Spiel zu setzen« (in: Ders., Ich hörte auf die Stille. Sieben Monate im Trappistenkloster. Freiburg i. Br. 171998, 156f).

Weil wir in unserer Arbeit ständig unserer Identität und unserer Selbstbestätigung nachlaufen, überfordert sie uns. Wenn wir sie einfach täten als unsere Aufgabe, als Arbeit um des Dienstes willen, nicht um unserer Anerkennung willen, dann wären wir weniger verkrampft und verbissen und würden genauso viel oder gar mehr und effektiver arbeiten können. Wir wollen zuviel erreichen mit unserer Arbeit, was gar nicht im Sinn der Arbeit liegt: Wir wollen die Anerkennung durch die anderen, wir wollen gelobt und beachtet werden, wir wollen uns selbst beweisen, daß wir etwas können, daß unsere Arbeit etwas wert ist. Nouwen nennt das Nebenabsichten. Und diese Nebenabsichten verschlingen viel Energie. Natürlich sollten wir uns bei unserer Arbeit voll engagieren. Wenn ich einen Vortrag halte, muß ich mich wirklich auf die Menschen einlassen, aber ich muß es aufgeben, ihnen beweisen zu wollen, daß ich es wert bin, daß sie mir zuhören. Ich darf nicht um jeden Preis Erfolg anstreben. Ich muß sagen, was zu sagen ist. Die Reaktion der Zuhörer ist ihre Sache. Da darf ich nicht unbedingt eine positive Reaktion erzwingen wollen und das Thema so manipulieren, daß es meiner Suche nach Erfolg zu dienen hat. *17, 68f*

Vorausmeditation

In der Vorausmeditation stelle ich mich innerlich auf die Arbeit ein. Ich stelle mir vor, was heute alles auf mich zukommt, mit welchen Menschen ich zusammenkomme, welche Besprechungen nötig sind usw. Und dann bitte ich Gott um seinen Segen dafür. Ich übergebe ihm die Arbeit und die Menschen, denen ich begegne. Das entlastet mich von dem Druck, alles selbst leisten zu müssen, und von der Angst vor schwierigen Situationen, vor Besprechungen, in denen scheinbar unlösbare

Probleme anstehen. Wenn ich morgens beim Aufstehen alle Gedanken, die mir über die heutige Arbeit durch den Kopf schießen, vor Gott hintrage und ihn um seinen Segen bitte, dann überfordert mich die Arbeit nicht schon in aller Frühe, sondern ich kann ruhiger und gelassener an die Arbeit gehen.

Eine Form der Vorausmeditation ist, daß ich mir konkret den Ort meiner Arbeit vorstelle und dann denke: Dort in meinem Büro, an meinem Schreibtisch, in der Werkshalle, da ist Gott gegenwärtig. Ich werde in seiner Gegenwart arbeiten und mit den Menschen sprechen. Wie würde da die Arbeit ablaufen, wenn ich sie wirklich in Gottes Gegenwart verrichten würde? Wie wären meine Gebärden, wie mein Sprechen, woran würde ich tagsüber denken, was würde ich fühlen, wie wäre meine Grundstimmung, wie würde ich auf die Mitarbeiter reagieren? Das könnte mir helfen, die Arbeitsstätte nicht wie einen gottfremden Bereich zu betrachten, sondern als einen Ort, an dem ich mich von Gottes Gegenwart umgeben weiß.

Die Vorausmeditation arbeitet nicht über den Willen. Ich nehme mir also nicht vor, tagsüber immer an die Gegenwart Gottes zu denken. Das wäre eine Überforderung, die mich nur enttäuschen würde. Ich stelle mir vielmehr in der Phantasie vor, wie das wäre, wenn ich in der Gegenwart Gottes selbst gegenwärtig wäre. Ich träume mich in meine positiven Möglichkeiten hinein. In der Phantasie sehe ich dann, was in mir tatsächlich schon angelegt ist. In jedem steckt ja die Möglichkeit, ganz gegenwärtig zu sein, ganz in der Gegenwart Gottes offen für den Augenblick zu sein.

17, 63f

Das Jesusgebet und mein Alltag (1)

Das Jesusgebet atmet das Vertrauen, daß dieser Jesus Christus in mir ist. Er ist nicht der, der in ferner Vergangenheit gelebt hat, sondern er ist in mir. Die Mönche geben den Rat, beim Einatmen den Atem in das Herz strömen zu lassen und im Atem Christus selbst im Herzen zu spüren. Christus ist in mir. In der Wärme, die der Atem im Herzen erzeugt, kann ich seine liebende und barmherzige Gegenwart erahnen. Das Spüren des Atems im Herzen entlastet den Kopf, der sich normalerweise beim Gebet immer wieder störend meldet und uns mit immer neuen Gedanken in Unruhe versetzt. Im Herzen, das vom Atem warm wird, können wir in Jesus Christus zur Ruhe kommen. Wir begegnen ihm nicht nur in einem kurzen Augenblick, sondern wir bleiben in der Begegnung. So hilft das Jesusgebet, ständig in der Begegnung mit Christus und aus der Beziehung zu ihm heraus zu leben. Mein Herz ist von Christus angerührt. Ich spüre die Wärme in ihm.

So wie der Liebende den Geliebten in seinem Herzen spürt und anders seinen Alltag lebt, so erzeugt das Jesusgebet in uns eine Atmosphäre von Liebe, von Erbarmen, von Wohlwollen, in der es sich gut leben läßt. Der Raum, in dem wir leben, ist kein kalter und einsamer Raum, sondern ein von Jesus Christus bewohnter Raum, ein Raum, der von seiner liebenden und heilenden Gegenwart erfüllt ist und seine zärtliche Intimität atmet. In diesem Raum lebe ich immer aus der Begegnung mit Jesus Christus. Die Begegnung im persönlichen Gebet wirkt nach und prägt auch mein Arbeiten. Und das Jesusgebet erinnert mich ständig an diese Begegnung im Gebet und ruft sie immer wieder wach. Und so wird mein ganzes Leben zu einem Leben aus der Begegnung. In allem, was ich tue und denke, bin ich auf Jesus Christus bezogen, ich bin gebunden, daheim. Aus und in Beziehung leben macht unsere Existenz erst wertvoll.

60, 77f

Das Jesusgebet und mein Alltag (2)

Beim Ausatmen sollen wir in unserem Atem Jesus Christus selbst den ganzen Leib durchdringen lassen. Der Ausatem strömt nach unten, in den Beckenraum. Wir lassen den barmherzigen Geist Jesu in alle unsere Gefühle dringen, die in den inneren Organen ihren Sitz haben, in Ärger und Enttäuschung, Wut und Bitterkeit, und in unsere Triebe, die für die Griechen im begehrlichen Teil des Menschen, im Unterleib angesiedelt sind. Wenn Christi Geist da überall hinströmt, dann können wir uns mit allem, was in uns ist, aussöhnen. So kann uns das Jesusgebet immer mehr mit Barmherzigkeit und Güte zu uns selbst und zu allen Menschen erfüllen.

Nach dem Ausatmen ist ein kleiner Augenblick, in dem nichts geschieht, in dem wir weder ausatmen noch einatmen. Dieser Augenblick ist für die Lehrer der Meditation ganz entscheidend. Da zeigt es sich, ob ich mich wirklich loslasse und Gott übergebe oder ob ich an mir festhalte. Wenn ich diesen Augenblick nicht aushalte, sondern sofort selber den Atem einziehen will, dann lasse ich mich eben nicht in Gott hinein los. Dieser kostbare Augenblick des reinen Schweigens und reinen Nichtstuns ist der Ort, wo wir uns in die barmherzigen Arme Gottes fallen lassen und darin den Geschenkcharakter unserer ganzen Existenz erahnen.

Und es gibt mir die Gewißheit, daß Jesus Christus selber in mir ist und mit mir geht. Wenn das Gebet in mir ist, ist auch jesus Christus in mir und bei mir. Und dann lebe ich ständig aus der Begegnung mit ihm. Diese Begegnung gibt meinem ganzen Leben einen anderen Geschmack. Sie hält in alles, was ich tue, etwas von der liebenden Barmherzigkeit Gottes hinein. Sie macht das ganze Leben zu einem beständigen Gebet, zu einer Begegnung mit Gott in meinem Herzen. Das immerwährende Gebet ist dann auf einmal einfach da. *60, 78f*

Das Jesusgebet und mein Alltag (3)

Das Leben aus der Begegnung muß aber ganz konkret eingeübt werden. Es ist uns nicht in den Schoß gelegt. Die Mönche üben es, indem sie das Jesusgebet überall und jederzeit beten. Aber um es immer beten zu können, muß ich es erst einmal an bestimmten Punkten des Tages beten. Ich soll es an bestimmte Tätigkeiten knüpfen. Wenn ich z. B. morgens aufwache, soll ich bewußt das Jesusgebet sprechen. Wenn ich aus dem Haus gehe, wenn ich zur Arbeit fahre, wenn ich ein Haus betrete, wenn ich zu Menschen komme, beim Stundenschlag der Turmuhr, beim Klingeln des Telefons, überall könnte ich das Jesusgebet sprechen.

Die äußeren Dinge wären für mich Erinnerungszeichen, die dann mit der Zeit von selbst das Jesusgebet in mir hervorlocken. Wenn mich so die äußeren Dinge an die Gegenwart Jesu Christi erinnern, der sich meiner erbarmt, dann wird mein Leben anders. Es wird nicht mehr geprägt von den äußeren Ereignissen, sondern in allem begegne ich Jesus Christus. Überall und bei allem, was geschieht, lebe ich dann aus der Begegnung mit Christus. Und aus der Begegnung mit Christus heraus begegne ich dann den Menschen und Situationen meines Alltags auf neue Weise. Nicht die äußeren Geschehnisse bestimmen dann meine Gefühlslage, sondern Jesus Christus, dem ich in allem begegne. Die Nähe Jesu drängt die oft aufdringliche Nähe von Menschen oder von Problemen zurück. Und ich kann ihnen dann den Stellenwert geben, den sie brauchen. Ich lasse mich von ihnen nicht erdrücken, sondern ich begegne ihnen mit einem inneren Abstand. Weil ich überall aus der Begegnung mit Christus lebe, können mich die äußeren Ereignisse nicht mehr beherrschen. So ist es ja auch mit Menschen, die sich lieben. Weil sie um ihre Liebe wissen, weil sie aus ihrer liebenden Begegnung heraus leben, lassen sie sich nicht mehr von den Fakten des Tages bestimmen. Sie sind vielmehr von der Liebe bestimmt. So möchte die Begegnung mit Christus unser ganzes Leben prägen und es verwandeln. *60, 82f*

Ein Dialog der Liebe hebt an

Wir könnten natürlich die Begegnung zwischen Gott und uns im Gebet auch von Gott her betrachten. Allerdings müssen wir uns immer bewußt sein, daß wir dann auf sehr menschliche Weise von Gott reden (anthropomorph). Doch die Bibel spricht so menschlich von Gott und auch die Mystiker haben ihre Begegnung so beschrieben, daß Gott sich über ihr Gebet freut, daß er darauf wartet. Theologisch müssen wir sagen, daß Gott unser Gebet nicht braucht, er ist in sich genug. Aber von

der personalen Liebe Gottes her, die uns in Jesus Christus erschienen ist, können wir auch sagen, daß Gott aktiv mit uns umgeht. Er schaut uns wohlwollend an, und im Licht der Sonne, das unseren Leib durchdringt, können wir seinen Blick wahrnehmen. Er streichelt uns zärtlich in unserem Atem, der den ganzen Leib durchdringt, und hüllt uns ein mit seiner Gegenwart in der Atmosphäre, die uns umgibt. Und Gott wartet auf uns, daß wir uns ihm zuwenden und in der Begegnung mit ihm heil werden. Gott ist zugleich der, der in sich ruht und unser Gebet nicht braucht, weil er an sich selbst genug hat. Und er ist doch auch der, der sich freut, wenn wir seine Einladung annehmen und uns auf die Begegnung mit ihm im Gebet einlassen.

Das Geheimnis Gottes und das Geheimnis des Gebetes können wir nur erahnen, wenn wir zugleich in beide Richtungen denken und fühlen. Gott ist der Urgrund allen Seins, in den wir im Gebet hineintauchen dürfen, und er ist zugleich der Liebende, der auf die Antwort unserer Liebe wartet und dem wir als Partner begegnen dürfen, gleichberechtigt ihm gegenübertretend, von ihm ernst genommen. Wir dürfen ihn ansprechen, und er spricht uns an. Ein Dialog der Liebe hebt an, eine Begegnung, die immer wieder neue Aspekte an Gott und an uns aufleuchten läßt.

60, 41f

JUNI

Begegnungen mit Jesu Wort und Tun

Wege der Schriftauslegung (1)

Auf dem Hintergrund moderner Wissenschaftlichkeit wurde die Frage nach der Auslegung [der Bibel] zu Beginn unseres Jahrhunderts zu einem zentralen Thema der Theologie, vor allem der protestantischen. Die protestantische Exegese entwickelte verschiedene Methoden, die sich alle unter dem Namen historisch-kritische Methode vereinen.

Da gibt es die *religionsgeschichtliche* Methode, die die Parallelen in anderen Religionen untersucht, die *literarkritische*, die sich um den Urtext sorgt, die *formgeschichtliche*, die die verschiedenen literarischen Gattungen erforscht, also die Formen von Novelle, Paradigma, Legende, Mythos, Märchen, Wort überlieferung usw. unterscheidet und jeder Form ihre eigene Wahrheit zubilligt. Die formgeschichtliche Methode hat ihren bleibenden Wert. Sie hat uns von einem Wahrheitsbegriff befreit, der nur auf den Buchstaben sieht, und hat uns die Augen für die Wahrheit eines Märchens oder eines Mythos geöffnet. So wurde die Schöpfungsgeschichte eben nicht mehr als naturwissenschaftlicher Bericht über die Entstehung der Welt, sondern als mythologische Erzählung gesehen, die ihren bleibenden Wert hat, ohne mit dem evolutiven Weltbild in Widerspruch zu stehen.

Die vierte Methode war die *redaktionsgeschichtliche* Methode, die nach der Theologie fragt, die die einzelnen Redakteure, also z. B. die Evangelisten, ihrem vorgegebenen Stoff geben. So hat der Evangelist Lukas die griechische Philosophie und Literatur im Hintergrund, wenn er Jesus als den göttlichen Wanderer schildert, der immer wieder bei den Menschen einkehrt und sie mit göttlichen Gastgeschenken beschenkt (Philemon und Baucis). [...]

Die redaktionsgeschichtliche Methode zeigt uns die verschiedenen Weisen auf, wie die biblischen Autoren Christus jeweils für eine andere Mentalität interpretiert haben. Diese vier Methoden der historisch-kritischen Methode haben einen bleibenden Wert. Sie sind auch Voraussetzung für die tiefenpsychologische Schriftauslegung, die ohne sie willkürlich und unwissenschaftlich würde.

68, 13ff

Wege der Schriftauslegung (2)

In seiner tiefenpsychologischen Schriftauslegung geht Drewermann zurecht davon aus, daß die Autoren der Bibel etwas Geschehenes und Erfahrenes in Bildern beschreiben, in denen wir uns wiederfinden können. Mit den Bildern deuten sie immer schon das Faktum. Und nur wenn ein Faktum für uns gedeutet wird, gewinnt es für uns Bedeutung. Von den reinen Fakten, etwa von denen, die im Computer gespeichert werden können, können wir nicht leben. Leben können wir nur von Geschichten, in denen wir unser Leben wiederfinden und in denen die in unserer Seele angelegten Bilder und Symbole angesprochen werden. Diese Bilder nennt C. G. Jung Archetypen. Archetypen sind Bilder der menschlichen Seele, die sich in allen Menschen zu allen Zeiten finden, wenn auch in verschiedener konkreter Ausgestaltung. Nach Jung sind die Archetypen eigentlich noch keine Bilder, sondern Strukturmuster, die dann von konkreten Bildern ausgefüllt werden. Jung spricht vom kollektiven Unbewußten, an dem wir alle teilhaben und in dem wir auf die Archetypen stoßen. Das kollektive Unbewußte hat die Erfahrungen der ganzen Menschheit in sich gesammelt. [...] Die Autoren der Bibel und die Autoren aller Mythen und Legenden greifen nun unbewußt zu solchen Bildern, um für sie und für uns bedeutungsvolle Geschichten zu erzählen.

Die Erzählung war die erste Form der Psychologie. Der Weg der menschlichen Reifung wurde in Geschichten erzählt, in denen sich jeder wiederfand. Das Erzählen vermittelte Weisheit, Erfahrung, ja es vermochte zu heilen, wie die Einleitung zu der Märchensammlung »Tausendundeine Nacht« zeigt. Die Prinzessin erzählt solange Märchen, bis der Tyrann davon geheilt wird. [...]

Die Geschichte deckt uns auf, wer wir sind, was sich in unserer Seele tut. [...]

Zusammenhänge in meinem Leben gehen mir auf. Die Wahrheit der Geschichte und damit die Wahrheit meines Lebens leuchtet mir auf.

68, 18ff

Wer möchte nicht heil sein? (1)

Die tiefenpsychologische Auslegung eignet sich am besten für die Auslegung der Heilungsgeschichten. Die Exegeten sind sich heute darüber einig, daß Jesus Kranke geheilt hat. Aber die Frage ist, ob wir Jesus heute zutrauen, daß er uns zu heilen vermag. Eine heilende Bedeutung bekommen die Heilungsgeschichten der Bibel erst dann, wenn wir uns in den Kranken wiederfinden können und wenn wir als diese Kranken Jesus begegnen und uns mit unseren Wunden und Verletzungen ihm hinhalten. Die Krankheiten, die Jesus heilt, sind immer psychosomatische Krankheiten. Sie haben etwas mit unserer Seele zu tun. Bei den Kranken in der Bibel haben sich die seelischen Haltungen somatisiert.

Manchmal spüren wir die gleichen körperlichen Symptome wie die Menschen in den Heilungsgeschichten. Aber auch wenn wir körperlich gesund erscheinen, können wir die Haltungen in uns wahrnehmen, die die biblischen Krankheiten beschreiben. Wir brauchen nur wieder auf die Sprache des Volksmundes hören, die unseren Zustand in den Bildern der Krankheiten beschreibt, die Jesus heilt: Wir fühlen uns oft gelähmt, blockiert. Wir können nicht aus uns heraus. Wir sind gehemmt, die Lähmung fesselt uns. Oder wir sind blind, wir haben blinde Flecken, die wir einfach nicht wahrnehmen. Oder wir verschließen die Augen vor der eigenen Wahrheit und vor der Wahrheit unserer Welt, vor den Notleidenden, vor den Armen und Kranken um uns herum. Wir sind taub, wir wollen nicht hören, wir halten uns die Ohren zu vor dem Lärm um uns herum, aber auch vor Kritik und Zurechtweisung. Wir fühlen uns wie aussätzig, wir können uns nicht ausstehen, wir fühlen uns ausgeschlossen, den Blicken der anderen ausgesetzt. [...] Wir sind wie tot, vieles ist in uns abgestorben, starr und leblos geworden. *68, 29f*

Wer möchte nicht heil sein? (2)

Die Heilungsgeschichten beschreiben uns unseren Zustand, wie er unter der Oberfläche eines erfolgreichen Lebens schamhaft verborgen ist. Sie wollen uns ermutigen, ehrlich anzuschauen, wie es uns wirklich geht. Von alleine trauen wir uns oft nicht, der Wirklichkeit unseres Herzens ins Auge zu sehen. In den Heilungsgeschichten treffen wir auf Menschen, die genauso krank und verwundet sind wie wir. Und sie werden in der Begegnung mit Jesus geheilt. Nur von der Heilung ihrer Krankheiten her können wir es wagen, auch die eigenen Wunden zu betrachten und sie im Gebet und in der Meditation Christus hinzuhalten, damit er sie heile. Dabei ist es hilfreich, wenn wir genau die Schritte anschauen, mit denen Jesus die Kranken heilt. Sie beschreiben oft Prozesse des Heilwerdens, die bei uns wesentlich länger dauern. Und doch sind sie in ihrer Reihenfolge wichtig. Sie zeigen uns, wie auch bei uns Heilung geschehen kann.

Was für die Heilungsgeschichten gilt, können wir auch für die Totenerweckungen anwenden, die das NT berichtet. Auch da könnten wir etwa beim Jüngling von Naïn (Lukas 7,11-17) fragen: Was ist der Jüngling in mir, der leben möchte und nicht leben kann? Was will in mir zum Leben kommen, was will aufblühen? Warum kann es nicht leben, warum ist der Jüngling in mir gestorben? Kann er nicht leben, weil er der einzige Sohn seiner Mutter ist? Wenn ich solche Fragen stelle, reduziere ich die Geschichte von der Totenerweckung nicht auf etwas rein Bildhaftes. Persönlich habe ich keine Schwierigkeiten, an die tatsächliche Erweckung toter Menschen durch Jesus zu glauben. Aber wenn ich nur beim Faktum stehenbleibe, ohne mich selbst in der Geschichte wiederzufinden, bleiben mir die Geschichten fremd. Deshalb ist es legitim, die Totenerweckung auch bildhaft zu verstehen, damit sie mich hier und heute angehen.

68, 30f

Wer möchte nicht heil sein? (3)

Bei meinen Kursen über tiefenpsychologische Schriftauslegung lade ich die Teilnehmer ein, die Heilungsgeschichten mit folgenden Fragen zu bearbeiten:

1. Welche Krankheit wird hier beschrieben, wie wird sie beschrieben? Welche seelische Haltung drückt sich in der Krankheit aus? Was könnten die psychischen Ursachen sein? Versuche, zu den Bildern der Krankheit zu assoziieren! Welche Bilder und Assoziationen fallen dir ein?

2. Wie weit findest du dich im Kranken wieder? Welche Menschen kennst du, auf die die Beschreibung der Krankheit zutrifft? Was wird in dir selbst angesprochen, welche psychischen Haltungen, welche Erfahrungen?

3. Wie geschieht die Heilung in der Geschichte? Welche Schritte tut der/die Kranke, was tut Jesus? Versuche, die äußeren Schritte als innere zu verstehen!

4. Wie könnte für dich Heilung geschehen? Traust du Jesus zu, daß er dich heilt? Was bedeuten die Schritte der Heilung, wie sie die Geschichte erzählt, für den Prozeß deiner Heilung? Wo geschieht für dich Heilung?

5. Versuche, dich mit dem/der Kranken zu identifizieren und mit ihm/ihr ein Gespräch zu beginnen! Und dann sprich mit Jesus über dich und deine Krankheit!

68, 31f

Wer möchte nicht heil sein? (4)

Ich kann die Heilungsgeschichte (Johannes 5,1-9) so anschauen, daß ich mich mit dem Kranken identifiziere und mich in der Meditation oder in der Eucharistiefeier Jesus hinhalte, damit er mich heilt.

Ich kann die Geschichte aber auch auf der Subjektstufe deuten. Dann wäre Jesus ein Bild für mein Selbst, für den Teil in mir, der gesund ist und ganz, der mit Gott eins ist. Mein Selbst muß erst in Beziehung kommen zu dem Verkrüppelten und Lahmen in mir, zu dem, was nicht leben möchte und nicht lebensfähig ist. Ich muß das Kranke anschauen und erkennen, was die Ursache meiner Krankheit ist. Ich muß ein Gespräch mit dem Kranken in mir führen. Der kranke Teil in mir darf jammern und seine Not artikulieren. Aber mein Selbst darf sich davon nicht mitreißen lassen. Es braucht den Abstand und muß aus dieser inneren Distanz zu dem Kranken in mir das kraftvolle Wort sagen: »Steh' auf, nimm deine Bahre und geh'!« Die Heilung wäre dann ein Geschehen in mir selbst. Und Jesus als der Archetyp des Selbst stünde dann für den inneren Heiler, für den Meister in mir, der genau weiß, was für mich richtig ist, für den Arzt in mir, der durch die Begegnung mit dem Arzt Jesus Christus in der Meditation und in der Eucharistiefeier immer wieder hervorgelockt und gestärkt wird.

Die dritte Weise, die Heilungsgeschichte anzuschauen, wäre, daß ich mich mit Jesus identifiziere. Jesus zeigt mir meine eigenen Möglichkeiten auf. Indem ich sein Bild betrachte, komme ich in Berührung mit meiner Fähigkeit, für andere der Mensch zu sein, der sie ins Wasser, ins Leben führt, der sie in die eigene Tiefe führt, hin zu den Quellen auf dem Grund der Seele.

68, 37f

Mit aller Achtsamkeit zuhören

In der modernen Gruppenpsychologie gibt es eine Gesprächsregel, die von vielen Menschen nur schwer verstanden wird. Sie lautet etwa so: »Höre dem, der zu dir spricht, mit ungeteilter Aufmerksamkeit zu, und denke, während er spricht, nicht schon an deine Antwort.« Viele Menschen widersprechen dieser Regel und sagen, man müsse doch rechtzeitig seine Antwort überlegen, damit man gleich antworten könne, wenn der andere mit dem Reden aufhört. Tatsache ist aber, daß gerade hier der Punkt liegt, weshalb man sich oft so schwer verständigen kann. Man hört nur einen Teil der Worte des anderen, es gibt Mißverständnisse, und man redet aneinander vorbei. Wo dagegen der Sprechende merkt, daß der andere ihm ungeteilt zuhört, fühlt er sich ernstgenommen und dadurch entsteht eine Atmosphäre des Vertrauens, ohne die kein fruchtbares Gespräch zustandekommen kann.

Was hier aus der Erfahrung der Gruppenpsychologie gefolgert wird, ist genau das, was sich auf der Ebene des Glaubens nahelegt, wenn man die Worte Benedikts ernstnimmt. Wer nämlich ehrlich damit rechnet, daß in jedem Menschen Christus auf ihn zukommen und mit seinem Anspruch vor ihn hintreten kann, der wird mit aller Aufmerksamkeit zuhören. Er wird sich nicht von vorneherein gegen die Worte des anderen sperren oder sie nur mit der Brille seiner Vorurteile betrachten. Er wird die Worte des anderen an sich heranlassen, auch wenn sie ihm unangenehm sind oder ihn verletzen. Wer sich um die Liebe bemüht, wird bereit sein, sich verletzen zu lassen und den anderen als Last mitzutragen. [...]

Mit Liebe sprechen bedeutet dann, ohne Aggression reden, sich nicht rächen wollen, den anderen nicht treffen und verletzen wollen, auch nicht taktierend und mit Hintergedanken reden. *3, 11f*

Von der Heilkraft des Vertrauens

Es geht in der Annahme des andern um das Vertrauen in den positiven Kern des andern, und zwar um ein Vertrauen, das sich auch vom Anschein des Gegenteils nicht erschüttern läßt. Eine alte Mönchsgeschichte schildert anschaulich, wie ein Bruder das Vertrauen in den positiven Kern des andern trotz negativer Erfahrungen durchhält. Zwei Mönche zogen in die Stadt, um dort die Produkte ihrer Arbeit zu verkaufen. Am Eingang der Stadt trennten sie sich, um ihre Angelegenheiten zu erledigen.

Da wurde der eine von einer reichen Frau verführt und versündigte sich mit ihr. Seinem Bruder ließ er ausrichten, er solle nicht länger warten. Doch der Bruder wollte es nicht glauben. Zu dem, der ihm vom Fall seines Mitbruders berichtete, sagte er: »Gott gefällt nicht, daß man solche Dinge von meinem so verehrungswürdigen Bruder erzählt.« Und er betet sieben Jahre lang für seinen Bruder, auf den er am verabredeten Platz wartet, Sommer wie Winter, fastend und weinend. Schließlich begegnet ihm sein Mitbruder, in reichen und weichlichen Kleidern. Er gibt sich als sein ehemaliger Begleiter zu erkennen. Doch der Mönch sagt: »Du bist es nicht, denn jener war Mönch, und du bist ein Mensch dieser Welt.« Er glaubt also weiter an den guten Kern des andern. Er weigert sich, sich vom Anschein der Sünde täuschen zu lassen. Und der Glaube gibt ihm recht. Der andere entsagt dem sündigen Treiben und kehrt mit ihm ins Kloster zurück. [...]

Christus ist im andern deshalb so oft verdeckt, weil wir nicht an seine Gegenwart in ihm glauben. Wenn wir daran glauben könnten, dann könnte Christus im andern wieder sichtbar werden. Unser Glaube kann die Christusgestalt in ihm freisetzen. *3, 33f*

Ich habe ein Recht zu leben (1)

Die Gleichnisse tiefenpsychologisch auslegen heißt zuerst, sich in die Gefühle hineinspüren, die ein Gleichnis anspricht und voraussetzt. Es genügt nicht, wenn wir nur auf das tertium comparationis, auf den Vergleichspunkt schauen und die ganze Einkleidung des Gleichnisses überspringen. Es geht vielmehr darum, die Gefühlslage der Hörer zu erkennen. Das Gleichnis will die Gefühle des Hörers so zur Sprache bringen, daß sich der Angesprochene mit den Personen des Gleichnisses identifizieren kann. Jesus holt im Gleichnis den Hörer dort ab, wo er steht. Der Hörer fühlt sich verstanden und ernstgenommen. Aber dann eröffnet er auf einmal eine neue Sichtweise. Er durchbricht die Denkweise des Hörers und öffnet den Blick auf Gott hin als das eigentliche Ziel unseres Lebens.

Eugen Drewermann meint, die Gleichnisse würden unsere Antriebe auf ein jenseitiges Ziel hin umlenken und unsere Affekte sublimieren. Die Gleichnisse sprechen unsere Wünsche und Bedürfnisse, unsere Triebe und unsere Sicht der Dinge an, aber auf unmerkliche Weise lenken sie unsere Triebe auf ein neues überweltliches Ziel. Drewermann spricht von der Kunst des Gleichnisses, »den Hörer ... derart zu verzaubern, daß er auf der Welt seiner bisherigen Erfahrung in eine andere Welt versetzt wird, die seiner eigenen zwar vollkommen widerspricht, aber dennoch seinen recht verstandenen Wünschen auf das sehnlichste entspricht«. Viele Gleichnisse reden überhaupt nicht von Gott. Sie schildern einfach Erfahrungen aus dem menschlichen Alltag. Oft genug beschreiben sie unmoralische Verhaltensweisen der Menschen, nicht um sie zu rechtfertigen, sondern einfach als Tatsache. Bei solchen Gleichnissen, etwa beim Gleichnis vom ungerechten Verwalter (Lukas 16,1-8) oder vom gottlosen Richter (Lukas 18,1-8), geht es darum, die Gefühle der beschriebenen Personen »möglichst intensiv mitzuempfinden und mitzugenießen, um eben dadurch geläutert zu werden« (Drewermann).

68, 45f

Ich habe ein Recht zu leben (2)

Zur persönlichen Bearbeitung eines Gleichnisses gebe ich meinen Kursteilnehmern folgende Fragen zur Hand:

1. Was ist die Gefühlslage, die das Gleichnis beschreibt und voraussetzt? Welche Erfahrungen spricht Jesus mit dem Gleichnis an, welche Wünsche, welche Enttäuschungen, welche Nöte?

2. Wie geht Jesus auf die Situation des Hörers ein und wie vermittelt er ihm eine neue Sichtweise? Wie beschreibt Jesus die Gefühle des Hörers, und wie gelingt es ihm, sie zu verwandeln?

3. Es gibt verschiedene Wege, wie Jesus dem Hörer eine neue Sicht vermitteln kann,

✦ indem er die Haltung des Hörers aufgreift und sie so übertreibt, daß sie ad absurdum geführt wird,

✦ indem er mit Erfahrungen aus dem täglichen Leben oder mit Bildern aus der Natur auf die Frage des Hörers antwortet,

✦ indem er die Gefühle des Hörers behutsam verwandelt.

Welcher Weg wird hier im Gleichnis beschritten?

4. Was ist die frohe Botschaft des Gleichnisses? Welches Bild von Gott und welches Menschenbild wird hier vermittelt, und welche Gottes- und Menschenbilder werden ad absurdum geführt? *68, 47f*

Ich habe ein Recht zu leben (3)

Das Gleichnis vom gottlosen Richter und der Witwe (Lukas 18,1-8) darf nicht auf den Satz reduziert werden, daß wir allzeit beten und nicht nachlassen sollen. Denn wenn das Gleichnis nur diese Aussage machen möchte, bräuchten wir es nicht. Es geht auch hier darum, sich in die Gefühle dieser Witwe hineinzuspüren. Wie mag es einer Witwe gehen, die in einer Stadt lebt und von einem Feind bedrängt wird, die keine Lobby hat, niemanden, der sich für sie einsetzt, deren Recht auf Leben mit Füßen getreten wird?

Nicht einmal der Richter, der dazu da ist, ihre Rechte durchzusetzen, will ihr helfen. Sie ist seiner Willkür ausgesetzt. Es ist eine Witwe, eine Frau, die keinen Mann mehr hat, der sie schützt, der für sie kämpft. Sie ist auf sich allein gestellt. Es ist eine Frau ohne animus, ohne Schutzhaut, verletzlich, allen Nadelstichen neidischer Menschen ausgesetzt. [...]

Niemand schreitet ein, niemand tritt auf die Seite der Witwe. Sie ist allein gelassen, bloßgestellt, sie rennt vergeblich gegen einen Feind an, der sich immer wieder zurückzieht und doch überall ist. Aber diese Frau läßt nicht locker. Sie kommt immer und immer wieder zum Richter und fordert ihn auf: »Verschaff' mir Recht gegen meinen Feind!« Handle endlich, tu' etwas! Ich habe ein Recht zu leben. Ein Feind will mir mein Recht nehmen.« Es ist also eine mutige Frau, eine kämpfende Frau, die nicht aufgibt, auch nicht, als sie merkt, daß der Richter überhaupt keine Achtung hat vor dem Menschen und vor dem Recht. [...]

Jesus erzählt so, daß wir mit dieser Frau fühlen, die ihr Recht erhält gegen alle anfängliche Aussichtslosigkeit, daß in uns ein Mut wächst gegen alle Resignation. Es lohnt sich zu kämpfen. Wir haben ein Recht auf Leben. Und Gott wird uns dieses Recht auch verschaffen. *68, 51f*

DER SCHWIERIGE MITMENSCH

Eine Erfahrung der alten Mönche ist, daß Christus zu uns gerade auch durch den *schwierigen Bruder* spricht. Dabei sind es nicht die einzelnen Worte des Bruders, durch die uns Christus etwas sagen will, sondern das ganze Verhalten, ein Verhalten, das offensichtlich nichts mit Christus und seiner Lehre zu tun hat, sondern im Gegenteil ihm genau widerspricht. Und dennoch wird der Bruder, der Christus so unähnlich zu sein scheint, weil er mich kränkt und verletzt, von den Altvätern als Arzt bezeichnet, den mir Christus selbst gesandt hat.

Die Mönche haben offensichtlich die Erfahrung gemacht, daß mich der andere, der mich kränkt, auf meine eigene Krankheit stößt. Ich würde nicht so heftig auf beleidigende Worte reagieren, wenn sie mich nicht an einer schwachen Stelle treffen würden. Sie decken den Punkt auf, an dem ich mich selbst noch nicht angenommen habe. Denn wenn ich meine eigenen schwachen Seiten kennen und annehmen würde, dann könnte ich ein Wort, das mich daran erinnert, gelassen aufnehmen. Immer dann, wenn ich mich auf ein Wort eines anderen hin aufrege, muß ich mir eingestehen, daß da bei mir etwas noch nicht in Ordnung ist. [...]

Zum anderen hilft mir der schwierige Mitmensch zu einer besseren Selbsterkenntnis. Denn gerade die Fehler, über die ich mich bei den anderen aufrege, sind auch in mir vorhanden. »Was nicht in uns selber ist, das regt uns nicht auf«, sagt Hermann Hesse einmal in seinem Roman »Demian«. Wir brauchen uns also nur selbst zu beobachten, worüber wir uns bei den anderen aufregen, um zu erkennen, was unsere eigenen Fehler sind. Und so kann uns der andere helfen, die Fehler zu entdecken, die wir verdrängt haben, die wir vor uns selber nicht eingestehen, weil sie unsere innere Ehre ankratzen. *3, 19f; 22*

Was Glaube vermag

Bei der Deutung der beiden Worte (Lukas 17,6 und Markus 11,23), die uns zeigen wollen, was Glaube vermag, muß man sich in die Bilder hineinspüren. Wenn wir die Aufforderung Jesu wörtlich nehmen würden, dann könnten wir ja zu jedem Baum sagen, er solle sich ins Meer stürzen. Jesus will uns aber nicht zu Zauberkunststücken anleiten, sondern zum Glauben. Der Maulbeerbaum, der sich auf ein Wort des Glaubens hin ins Meer stürzen soll, ist bekannt wegen seiner tiefen Wurzeln. Er kann 600 Jahre alt werden und sich immer tiefer in die Erde verkrallen. Er ist ein Symbol für Standfestigkeit, aber eben auch für Starre, Unbeweglichkeit. Wenn sich dieser Baum auf ein Wort des Glaubens hin aus der Erde lösen und sich ins Meer verpflanzen soll, dann zeigt das die Wirkung des Glaubens. Durch den Glauben kommt Bewegung in unser Leben. Auf einmal wird alles anders. Wir sind nicht mehr fixiert auf unseren engen Standpunkt. Wir krallen uns nicht mehr krampfhaft an uns selbst fest, sondern wir werden verpflanzt ins Meer, wir kommen ins Wasser, in dem neues Leben entstehen kann.

Ohne Glauben wird unser Leben starr und unfruchtbar. Wir müssen uns krampfhaft an uns selbst, an unserem Besitz, an unserem Erfolg festklammern, und wir müssen uns an Menschen halten, von denen wir absolute Sicherheit und Halt erwarten. Aber mit diesem Festklammern können wir die tiefsitzende Angst in uns nicht überwinden, die Angst, daß uns unser Besitz genommen wird, daß die Menschen uns verlassen. Die Erde kann uns nicht letzten Halt geben, auch wenn wir uns noch so fest in sie hineinkrallen. Im Glauben erfahren wir eine tiefere Geborgenheit, als je ein Mensch oder Besitz oder Erfolg uns geben können. *68, 64f*

Worte zum Leben

Die Nachfolgeworte (Lukas 9,57-62) machen vielen angst. Sie meinen, dadurch überfordert zu werden. Jesus sei so radikal, daß man das gar nicht leben könne. Eine Weise, sich um diese Worte zu drücken, ist, sie nur für Priester und Ordensleute gemünzt zu sehen. Doch Jesus richtet seine Worte an jeden. Die Frage ist, was sie bedeuten. Was heißt es, Jesus folgen zu wollen, wohin er auch geht? Jesus folgen, das meint, seiner innersten Stimme folgen, nicht den Ratschlägen der Menschen trauen, sondern den Mut finden, in sich selbst hineinzuhorchen, zu vertrauen, daß in meinem Herzen Gott selbst zu mir spricht. Ich muß nur alle oberflächlichen Stimmen hinter mir lassen, in denen mein Über-Ich zu mir spricht, in denen die Gesellschaft mir etwas zuraunt, in denen mich Freunde zu etwas drängen wollen. Jesus spricht in meinem Seelengrund zu mir, dort, wo alle Stimmen schweigen, wo auch mein Ego still wird und Gott die Herrschaft abtritt. Die Stimme Jesu in mir klingt immer mit meiner innersten Ahnung zusammen. Und Jesus macht uns in den Nachfolgeworten Mut, uns von allen äußeren Einflüssen so frei zu machen, daß wir der Ahnung unseres Herzens folgen. [...]

Jesus ist für C. G. Jung der Arzt, der den Menschen aus der Umklammerung seiner Familie befreit und ihn vereinzelt. Er ist als einzelner wichtig und muß als einzelner seinen Weg gehen. Das allein befreit ihn von der Unreife des Verhaftetseins an die Familie und dadurch vom Ausgeliefertsein an seine Affekte. Auf diesem Hintergrund sind die Nachfolgeworte Jesu Worte zum Leben, Worte, die uns ermutigen, mehr auf das eigene Gespür zu hören als auf die Meinung und Maßstäbe der Familie. Im ersten Wort von den Füchsen und Vögeln, die ihre Höhlen und Nester haben, zitiert Jesus ein griechisches Sprichwort. Wenn wir unseren Weg als Menschen gehen, so müssen wir uns immer wieder bewußt machen, daß wir hier keine letzte Heimat haben. »Unsere Heimat ist im Himmel« (Philipper 3,20). Der Mensch hat einen göttlichen Kern, in uns ist die Sehnsucht nach wahrer Heimat.

68, 66ff

Mehr ehren als tadeln

Die Mönche berichten von verschiedenen Hilfen, wie ich den Glauben an die Christuswirklichkeit im Bruder einüben kann. Eine Hilfe besteht darin, daß ich versuche, das Positive im andern zu sehen, indem ich ihn *lobe.* So sagt ein Alter: »Wenn du deinen Nächsten kennenlernen willst, ehre ihn mehr, als ihn zu tadeln.«

In jedem Menschen steckt ein guter Kern. Doch er ist oft verhüllt, er kann sich nicht entfalten, weil er von andern nicht gesehen und angenommen wird. Im Loben durchbrechen wir die Hülle, hinter der sich der gute Kern versteckt. Den anderen loben, heißt, ihn in einer ganz tiefen Weise annehmen, ihn nicht bloß oberflächlich akzeptieren, sondern ihn in seinem eigentlichen Wesen annehmen. Daher verlangt die Annahme des andern im Loben den Glauben an das Gute und Wertvolle in ihm, den Glauben, daß Gott ihn als gut und einmalig geschaffen hat und daß Christus selbst in ihm ist.

Wer sich durch das Lob eines andern im Tiefsten angenommen weiß, der kann nun selber erst all das Positive in sich entdecken und entfalten. Unser Glaube an das Wertvolle in ihm ermöglicht nun ihm den Glauben, daß er etwas wert ist, daß Christus selber in ihm ist. So ist das Lob für uns die Bedingung, im andern an die Christuswirklichkeit zu rühren und sie durch die sie verbergende Hülle hindurch zu erkennen. Und für den anderen ist es eine Hilfe, daß er sich so entfaltet, daß seine eigentliche Gestalt zum Vorschein kommt, daß Christus in ihm Gestalt annimmt. *3, 31*

Zwei Seiten in uns selbst (1)

Die Geschichte von Maria und Marta (Lukas 10,38-42) ärgert viele Frauen, weil sie meinen, sie würden in der Kirche dazu verurteilt, nur zuhören zu müssen. In der Tradition wurde diese Geschichte immer herangezogen, um die Überlegenheit des kontemplativen Lebens über das aktive zu begründen. Doch wenn wir die Bilder sprechen lassen, dann können wir uns in der Geschichte selbst wiederfinden. Dabei können wir Marta und Maria als zwei verschiedene Menschentypen sehen oder als zwei Seiten in uns selbst.

Jesus ist bei Lukas der göttliche Wanderer, der umherzieht und immer wieder bei Menschen einkehrt, um ihnen göttliche Gastgeschenke auszuteilen. Marta nimmt Jesus in ihr Haus auf. Sie sorgt für Jesus, damit er sich wohlfühlt. Sie zeigt ihm Gastfreundschaft. Der Gast ist in der Antike immer auch der Fremde, der Feind, der durch die Gastfreundschaft zum Freund wird. Der Fremde bringt Neues mit sich. Doch Marta hat gar keine Zeit, auf das Fremde und Neue des Gastes zu hören. Sie sorgt für ihn und legt Jesus damit fest auf die Rolle des Gastes, der es sich bequem machen und sich wohlfühlen soll. Sie fragt gar nicht nach den Bedürfnissen des Gastes, sondern drängt ihn in eine feste Rolle, aus der er gar nicht ausbrechen kann. Und sie sorgt letztlich nicht nur für den Gast, sondern macht sich auch Sorgen über sich selbst und ihre Rolle. Der Gast soll sich bei ihr wohlfühlen, er soll sie als gute Gastgeberin erleben. Sie möchte gut dastehen im Urteil des Gastes. [...]

Maria läßt sich auf Jesus ein, sie läßt sich von ihm etwas sagen und so verwandeln. Und das lobt Jesus. Das Lob Jesu ist kein Tadel an Marta, sondern eine Bestätigung, daß das Hören besser ist als das Handeln, das dem andern oft genug etwas aufdrängt, was er gar nicht haben möchte. Wir müssen erst hören und auf den anderen horchen, bevor wir für ihn etwas tun. Unser Tun würde sonst nur zur Selbstrechtfertigung, zur Beruhigung unseres schlechten Gewissens dienen, aber nicht auf die Bedürfnisse der anderen antworten. *68, 80f*

Zwei Seiten in uns selbst (2)

Oft genug legen wir in unserer Seelsorge die Menschen auf eine ganz bestimmte Rolle fest. Wir halten einen Seelsorgebetrieb aufrecht und meinen, er würde den Erwartungen der Menschen entsprechen. In Wirklichkeit geht er an ihnen vorbei. Aber wir merken es nicht, weil wir nur die Marta leben und Maria verdrängen.

Marta und Maria können auch zwei Seiten in uns sein. Jeder von uns hat eine Marta in sich und eine Maria. Die Marta macht der Maria in uns Vorwürfe, sie will der kontemplativen und empfangenden Seite in uns, die erst warten und hören möchte, Schuldgefühle aufzwingen. Sie hält ihr vor, daß doch so viel zu tun sei, daß in unserer unheilschwangeren Welt keine Zeit zum nutzlosen Verschwenden, zum nur Dasitzen sei. Da muß man die Ärmel hochkrempeln und anpacken. Die Vorwürfe der Marta in uns klingen plausibel. Da brauchen wir den Herrn, da brauchen wir die Instanz des Selbst in uns, die diese Vorwürfe entkräftet, die sie als Rationalisierung entlarvt.

Wenn man die Geschichte auf der Subjektstufe auslegt, dann ist sie ein schönes Bild für unseren inneren Zustand und für gelungene Menschwerdung. Das Haus ist in den Träumen ja immer ein Bild für unser Bewußtsein. Im Haus unseres Lebens wohnen Marta und Maria, zwei Pole in uns, die oft genug friedlich zusammenleben, die aber einander widerstreiten, sobald ein Fremder eintritt. Wir können sie allein nicht zusammenbringen. Da braucht es Christus, da braucht es die Instanz des Selbst, die die auseinanderstrebenden Pole in uns verbindet. Die Verbindung geschieht im Gespräch. Marta muß mit Maria ins Gespräch kommen, um sie verstehen und akzeptieren zu können. Aber das Gespräch muß zugleich über Christus, über das Selbst gehen, damit es fruchtbar wird. Ohne Christus, als die innere Mitte in uns, würden die entgegengesetzen Pole in uns im Streit verharren. *68, 82f*

Sturm auf dem See (1)

Die Geschichte vom Seesturm und vom Wandel Jesu auf dem See (Matthäus 14,22f) beschreibt unseren Weg durch die Stürme unseres Lebens. Unser Leben geht naturgemäß durch Krisen, es wird immer wieder von inneren und äußeren Stürmen geschüttelt. Manchmal träumen wir von solchen inneren Turbulenzen, wir träumen, daß wir ins Meer geworfen werden oder daß wir auf stürmischer See dahintreiben. Jesus fordert die Jünger auf, ins Boot zu steigen und ans andere Ufer zu fahren. Das Boot ist ein Bild für das Ego, in dem wir uns festmachen und an dem wir uns festhalten. Unser Weg geht ans andere Ufer. Wir müssen das Wasser überqueren, ein Bild für das Unbewußte, durch das wir hindurchmüssen, wenn wir auf unserem inneren Weg weiterkommen möchten. Wasser kann auch ein Bild sein für Not und Bedrängnis, für die Angst, den Boden unter den Füßen zu verlieren.

Es ist Nacht. In der Nacht taucht vieles aus unserem Unbewußten auf, da sehen wir uns den inneren Stürmen ausgesetzt. Da entschwindet unter der Oberfläche eines erfolgreichen Lebens der feste Boden. Die Jünger geraten mit ihrem Boot in heftige Wellen. Ihr Boot wird vom Gegenwind hin- und hergewofen. Sie versuchen, mit eigener Kraft zu rudern. Aber je mehr sie rudern, desto mehr geraten sie in Bedrängnis. Unsere erste Reaktion auf die Verunsicherung durch das Unbewußte, auf die Krisen unseres Lebens, ist, daß wir die Zähne zusammenbeißen und mit eigener Kraft aus der Krise herausrudern möchten. Aber es gelingt uns nicht. Je mehr wir am Ego festhalten und es durch die Stürme hindurchführen möchten, desto mehr geraten wir in Bedrängnis. [...]

Es ist eine eigenartige Begegnung zwischen Jesus und den Jüngern. Die Jünger erkennen Jesus nicht, sie meinen, es sei ein Gespenst. Wenn wir uns an unserem Ego festklammern, wird uns selbst der Retter als gespenstische Bedrohung erscheinen. *68, 77f*

Sturm auf dem See (2)

Petrus wendet sich an Jesus: »Herr, wenn du es bist, so befiehl, daß ich auf dem Wasser zu dir komme.« Nur wenn er von der Fixierung auf sich selbst absieht und sich mit seiner ganzen Person auf Christus bezieht, kann er aus dem Boot aussteigen und über das Wasser schreiten. Wenn wir das Wort auf der Subjektstufe deuten, dann wendet sich das Ego, das sich bisher an sich selbst festgehalten hat, an das Selbst. Es nimmt Beziehung auf und wagt sich nun über den Bootsrand hinaus. Petrus steigt aus dem Boot. Jetzt hält er sich nicht mehr an sich fest, er schaut auf Jesus. Und indem er seine Augen auf Jesus richtet, kann er über das Meer gehen. Da verliert das Wasser, das Unbewußte, das Gefährliche, das Dunkle und Bedrohliche, seine Macht.

Petrus kann über das Wasser schreiten, aber nur solange, wie er auf Jesus sieht. Sobald er auf den Wind und das Wasser sieht, sobald er die Probleme anschaut, die Stürme in seinem Innern, die Gefahren um sich herum, bekommt er wieder Angst und geht unter. Nur die Beziehung zu Jesus Christus kann ihm das Vertrauen schenken, über das Schlüpfrige des Meeres zu gehen, durch das Unbewußte hindurch zu schreiten, ohne davon verschlungen zu werden. In seiner Angst wendet er sich an Jesus: »Herr, rette mich!« Sobald er sich wieder auf Jesus bezieht, erfährt er Hilfe. Jesus streckt seine Hand aus und ergreift ihn. Und er fragt ihn, warum er gezweifelt hat. Zweifeln heißt, daß man nach zwei Seiten sieht oder tritt, daß man auf zwei Wegen zugleich gehen möchte. Solange wir hin- und hergerissen werden zwischen dem Meer und Jesus Christus, solange werden wir im Wasser versinken. *68, 78f*

Sturm auf dem See (3)

Als Jesus und Petrus wieder ins Boot steigen, legt sich der Wind. Das ist ein schönes Bild der Selbstwerdung. Wenn ich allein in meinem Boot bleibe, dann kann ich mich noch so anstrengen. Ich werde untergehen.

Auf meinem Weg durch das Wasser des Unbewußten, durch die Krisen meines Lebens und durch die Stürme, die mich bedrängen, will mir Christus begegnen, mitten in der Nacht. Und nur wenn ich im nächtlichen Sturm offen bin für die Begegnung mit Christus, kann ich weiterkommen. Christus begegnen, das heißt: Ich muß das Ego erst einmal loslassen, ich muß aussteigen aus dem Boot, ich muß mich auf das Wasser wagen, ich muß in Berührung kommen mit dem Wasser, mit dem Unbewußten.

Und dann muß ich meinen Blick auf Christus richten, ohne zu zweifeln, ohne zwischen der Innen- und Außenwelt ständig hin- und herzuschwanken. Dann wird mich Christus sicher durch die Bedrohung meiner Seele hindurchführen, ohne daß mich die Wellen verschlingen können. Und ich muß Christus in mein Boot steigen lassen. Nur so kann ich innerlich Ruhe finden. Ohne Christus wird mein Boot ständig hin- und hergeworfen. Christus als der Grund meiner Seele ist der Garant, daß mein Boot, daß mein Ego zur Ruhe kommt und zum anderen Ufer gelangen wird.

68, 79f

Die Kunst, in Freiheit zu vergeben

Wir machen unser Verzeihen oft von der Reue des Schuldigen abhängig. Es ist ja schon etwas wert, wenn wir bereit sind, die dargebotene Hand der Versöhnung zu ergreifen und das Gewesene nicht mehr nachzutragen. Was aber, wenn der Schuldige keine Reue zeigt und einem sogar weiterhin Unrecht tut? Dann fällt das Verzeihen außerordentlich schwer. Eindrucksvolle Vorbilder haben wir in Jesus selbst und im Diakon Stephanus. Beide beten für ihre Feinde um Verzeihung, obwohl diese nicht im geringsten von ihrem mörderischen Werk ablassen. Es fliegt deshalb kein Stein weniger auf das Haupt des Stephanus, aber er ist trotzdem bis zu seinem letzten Atemzug bereit, seinen Feinden zu vergeben. Hier zeigt sich sehr deutlich, wieviel innere Kraft es fordern kann, von Herzen zu verzeihen. Es genügt dazu nicht ein passives Hinnehmen, sondern es fordert einen äußersten Einsatz an Liebe. [...]

Wenn wir bereit sind, einem Bruder zu vergeben, so müssen wir uns davor hüten, uns selbst für besser zu halten. Da es uns schwerfällt zu vergeben, meinen wir, wir täten etwas Großes, wenn wir die innere Schwelle überwinden und dem Bruder verzeihen. Doch das ist noch nicht die Vergebung, die Christus von uns fordert. In den Vätersprüchen wird immer wieder davor gewarnt, daß man sich in der Vergebungsbereitschaft über den Bruder erhebe. Wenn ein Bruder unsere Vergebung nicht annimmt, so liegt das nach Meinung der alten Mönche nicht immer an der Verstocktheit des Bruders, sondern an unserer Haltung, die mehr dem Stolz als der Demut entspringt. Wenn wir meinen, mit unserer Vergebung dem Bruder einen Gefallen zu erweisen, dann beschämen wir ihn und machen es ihm schwer, die Vergebung anzunehmen. *3, 38f*

Beten gegen die Rachsucht

Was sollen wir tun, wenn wir die Kraft zum Verzeihen nicht aufbringen? Wir sind oft zu sehr verletzt, und unsere Gefühle sind zu sehr aufgewühlt, als daß wir verzeihen oder unsere Gegner gar lieben könnten. Ist es nicht unmenschlich und auch unrealistisch, in einer solchen Situation Liebe zu fordern? Benedikt gibt dazu einen Hinweis, der in solchen Situationen hilfreich sein kann. Er sagt, wir sollten jene, die uns fluchen, nicht wieder verfluchen, sondern segnen, und in der Liebe zu Christus für unsere Feinde beten. Auch das kann uns schwer genug werden, aber man kann hier mit kleinen Schritten beginnen: mit einem Segenswunsch oder mit einem wohlwollenden Wort des Gebetes für den, der uns verletzt hat. Wir beginnen, vielleicht noch sehr zaghaft, die Liebe Christi in diese verwundete Situation einzulassen. Wir geben nicht nur unserem Ärger Raum, sondern auch dem Segen und dem Frieden Christi. Wo ich für den andern zu beten beginne, wird der Groll langsam abnehmen und die Wunde zu heilen beginnen. Aus dieser Erfahrung heraus sagt Evagrius Ponticus, einer der bedeutendsten Mönchsväter des 4. Jahrhunderts: »Wer für seine Feinde betet, kann nicht rachsüchtig sein.« [...]

Wer diesen Weg des Gebetes zu gehen bereit ist, wird erfahren, daß so der Groll im Herzen abnimmt, die eigenen Wunden heilen und Verzeihung möglich wird. Er wird auch erfahren, daß Feindesliebe keine welt- und wirklichkeitsfremde Forderung ist, sondern auf dem Weg verzeihenden Betens wenigstens anfanghaft möglich werden kann. Durch das Verzeihen findet der Mensch auch in eine neue Weite und Freiheit, die in seinem Groll vorher versperrt und blockiert war. *3, 40f*

Niemanden ändern wollen

Das Danken für den Mitmenschen ist nicht bloß für uns eine Hilfe, den anderen lieben zu lernen, es ist vielmehr auch ein Segen für den anderen. Die Erfahrung zeigt, daß schwierige, ja feindselige Mitmenschen sich positiv verändern können, wenn man anfängt, für sie zu danken. Wenn wir auf ihre Feindseligkeiten, auf ihre Sticheleien und Aggressionen selber aggressiv reagieren, so entsteht ein heilloses Durcheinander. Die Beziehungen werden hoffnungslos verfahren. Und es geht nur noch darum, wer mit seinen Sticheleien die Oberhand gewinnt und Sieger bleibt. Im Danken verlassen wir die Ebene von Sieg und Niederlage, die Ebene, auf der Aggression mit Aggression, Ablehnung mit Ablehnung beantwortet wird. Wenn ich Gott für einen anderen danke, dann verzichte ich darauf, auf seine negativen Verhaltensweisen negativ zu reagieren. Im Danken nehme ich den anderen an, so, wie er ist, ich danke Gott, daß dieser Mensch da ist und daß er so ist, wie er ist. Ich will ihn nicht ändern, sondern ich danke, daß es diesen Menschen gibt, daß Gott ihn geschaffen hat und daß er ihn so geschaffen hat, wie er ist.

Wenn ich den anderen im Danken annehme, so ermögliche ich es ihm, nun sich selbst anzunehmen. Denn oft ist er ja nur deswegen zu mir so stachelig und feindselig, weil er sich selbst nicht annehmen kann, weil er seine Fehler und Schwächen auf mich projiziert und sie bei mir bekämpft. Feindschaft entsteht ja zumeist aus der Projektion der eigenen Schattenseiten in den anderen. Letztlich bekämpft man immer sich selber im andern. Das Danken ermöglicht es dem andern, seine Projektion zurückzunehmen. Wenn er sich angenommen fühlt, kann er sich nun selbst mit seinen Schattenseiten annehmen und braucht sie nicht mehr in mir zu bekämpfen. Das gilt jedoch auch für uns selbst. Wir können den Feind, der uns von außen begegnet, nur lieben, wenn wir den Feind in uns lieben.

3, 44f

Christus in mir (1)

Jesus stirbt mit den Worten: »Es ist vollbracht!« Er hat am Kreuz über alle Kräfte gesiegt, die ihn vernichten wollten. Er hat alle Gegensätze dieser Welt miteinander verbunden. Er hat die tiefste Wunde geheilt, die es gibt: den Tod. Er hat den Tod verwandelt in Herrlichkeit. Am Kreuz verherrlicht Gott seinen Sohn. Der Tod am Kreuz, der schändlichste Tod, den die Antike kannte, wird zum Ort der Verherrlichung. Die Menschen töten Jesus, er aber übergibt im Tod seine Seele Gott, seinem Vater. Das ist das Geheimnis unseres erlösten Lebens. Das Leben wird uns oft genug übel mitspielen. Und zuletzt wird es uns töten. Aber keine Macht dieser Welt kann über uns herrschen. Im Letzten sind wir die Handelnden. In uns ist Christus als unsere innerste Mitte. Er ist in uns der König, dessen Königtum nicht von dieser Welt ist. Auch der Tod kann uns dieses Königtum nicht nehmen. Im Tod werden wir uns in Gottes barmherzige Hände übergeben, daß er auch uns verherrliche in seinem Reich. Das ist die Frohe Botschaft der Passionsgeschichte. Unser Leben wird oft genug Passion sein. Aber wenn Christus unsere Mitte ist, dann wird auch unsere Passion verwandelt werden, dann wird der Christus in uns durch alle Stationen des Leidens hindurchgehen, bis er sich im Tod Gott übergibt.
Die tiefenpsychologische Auslegung der Passion will nur fortsetzen, was Johannes mit seiner Deutung selbst schon begonnen hat: das Geschehen um Jesus von Nazaret auch als unsere Geschichte zu sehen, die Erlösung, die im Kreuz Christi geschehen ist, verständlich und erfahrbar zu machen. Wenn wir mit dem Bewußtsein durch die Stationen unseres Lebens und Sterbens gehen, daß unser Königtum nicht von dieser Welt ist, dann werden wir schon hier erspüren, was es heißt, erlöst zu sein, befreit von der Macht dieser Welt, hineingenommen in die Gemeinschaft mit Jesus Christus, der den Tod überwunden hat. *68, 89f*

CHRISTUS IN MIR (2)

Johannes deutet das Geschehen der Passion in der Szene, da ein Soldat Jesus die Lanze in die Seite stößt, so daß Blut und Wasser herausfließen. Johannes selbst deutet Blut und Wasser als Heiligen Geist, den Jesus in seinem Tod über alle Menschen ausgießt (Johannes 7,38f). Aus dem Herzen Jesu strömt der Heilige Geist in Form von Blut und Wasser auf alle Menschen aus. Jesus ist gerade in seiner Wunde die Quelle des Lebens für alle Welt. Als der am mütterlichen Baum hängende Sohn wird er selbst zur lebenspendenden Mutter. Für C. G. Jung ist der ans Kreuz geschlagene Jesus ein wichtiges Symbol für die Wandlung des Menschen von seiner Triebhaftigkeit zur Freiheit: »Der Held hängt sich sozusagen in die Zweige des mütterlichen Baumes, indem er an die Kreuzarme geheftet wird. Er vereinigt sich sozusagen im Tode mit der Mutter, und zugleich verneint er den Akt der Vereinigung und bezahlt seine Schuld mit der Todesqual. Durch diese Tat größten Mutes und größter Entsagung wird die Tiernatur am mächtigsten unterdrückt, weshalb ein größtes Heil für die Menschheit daraus zu erwarten ist« (in: Ders., Ges. Werke, Bd. 5, Olten 1973, 338f). Das Kreuz ist Symbol für den Lebensbaum und für die Mutter, die für »Todesüberwindung und Lebenserneuerung« steht (ebd., 346f).

Zugleich ist der im Herzen durchbohrte Jesus auch Bild für die gelungene Menschwerdung. Indem wir auf den verwundeten Jesus schauen, können auch wir den Mut finden, unseren Panzer abzulegen, mit dem wir unsere Wunden zu verdecken suchen, unter dem sie aber nur umso stärker schwären. Nur als Verwundete können wir wahrhaft Mensch werden, können auch wir zur Quelle des Lebens für andere werden. Eine Liebe, die sich nicht verwunden läßt, bleibt unfruchtbar. In unserer Wunde kommen wir in Berührung mit unserem Herzen, mit einem Herzen, das fühlen und lieben kann. *68, 90f*

Den Stein wegwälzen (1)

Die tiefenpsychologische Deutung der Auferstehungsgeschichten darf die Auferstehung nicht auf etwas rein Innerliches und Subjektives reduzieren. Aber sie nimmt ähnlich wie die frühen Kirchenväter die Auferstehung Jesu doch auch als Bild für unsere eigene Auferstehung, für unser Aufstehen aus dem Grab. Der Stein, der vom Grab weggewälzt wird, wird da zum Bild für die Steine, die uns blockieren und uns vom Leben abhalten. Oft liegt ein Stein gerade dort auf uns, wo etwas zum Leben kommen möchte. Aber wegen des Steines kann es nicht aufblühen. Manchmal sind es Menschen, die uns einengen und nicht leben lassen. Manchmal sind es Ängste, Hemmungen, Feigheit, die Unfähigkeit, sich selbst anzunehmen, die uns blockieren. Manchmal sind es auch traumatische Erfahrungen, die auf uns liegen. Sie waren so schlimm, daß wir sie gar nicht anschauen konnten. So sind sie zu einem Stein erstarrt, der uns vom Leben abhält. Auferstehung heißt nun, daß Gott den Stein von uns wegwälzt, damit das Leben in uns zur Blüte kommen kann. Vielleicht sind es auch Engel, die den Stein wegrollen, Menschen »in leuchtenden Gewändern« (Lukas 24,4), Menschen, die durchsichtig sind für Gott, die etwas von Gottes Güte und Barmherzigkeit ausstrahlen. [...]

Für die tiefenpsychologische Auslegung der Auferstehungsgeschichten könnten uns folgende Fragen helfen:

1. Was sind die Bilder, in denen die Auferstehung oder die Begegnung mit dem Auferstandenen beschrieben wird? In welchen Bildern wird der Tod, in welchen das Leben, die Befreiung zum Leben dargestellt?

2. Versuche, zu den Bildern zu assoziieren und die Bilder weiter auszumalen, dich selbst in den Bildern wiederzufinden. Beschreibe dein Leben, deine Befreiung zum Leben in diesen Bildern!

3. Wo und wie geschieht nach der Geschichte Auferstehung, und wo und wie geschieht für dich Auferstehung? Wo und wie kannst du dem Auferstandenen begegnen? Wie kannst du Auferstehung in deinem Alltag erfahren?

68, 92ff

Den Stein wegwälzen (2)

Es ist eine Liebesgeschichte, in die Johannes die Begegnung zwischen dem Auferstandenen und Maria von Magdala (Johannes 20,1-18) kleidet. Frühmorgens, als es noch dunkel war, kommt Maria Magdalena ans Grab. Das erinnert an die Worte des Hohenliedes: »Des Nachts auf meinem Lager suchte ich ihn, den meine Seele liebt. Ich suchte ihn und fand ihn nicht. Aufstehen will ich, die Stadt durchstreifen, die Gassen und Plätze, ihn suchen, den meine Seele liebt. Ich suchte ihn und fand ihn nicht. Mich fanden die Wächter bei ihrer Runde durch die Stadt. Habt ihr ihn gesehen, den meine Seele liebt? Kaum war ich an ihnen vorüber, fand ich ihn, den meine Seele liebt. Ich packte ihn, ließ ihn nicht mehr los« (Hohelied 3,1-4).

Auferstehung widerfährt nur dem, der liebt. Maria Magdalena ist nach der Deutung der Tradition die Sünderin, die Jesus viel geliebt hat, eine leidenschaftliche Frau, die nun zur Apostolin der Apostel werden darf. Offensichtlich war ihre leidenschaftliche Liebe die Bedingung dafür, daß sie verstehen kann, was Auferstehung heißt. [...]

Sie kommt noch in der Dunkelheit zum Grab und sieht, »daß der Stein vom Grab weggenommen war«. Sie läuft sofort zurück zu Petrus und dem Jünger, den Jesus liebte. Und sie sagt den Satz, den sie dreimal wiederholt in dieser Geschichte: »Man hat den Herrn aus dem Grab weggenommen, und wir wissen nicht, wohin man ihn gelegt hat.« Den, den sie geliebt hat, hat man nicht nur getötet, man hat sogar seinen Leichnam gestohlen, man hat ihn ihr ganz und gar genommen. Sie will ihn wieder haben, mit ihren Händen berühren. Petrus und der Lieblingsjünger laufen nun zum Grab. Johannes, der Mann mit einem liebenden Herzen, läuft schneller. Die Liebe ist schneller als der Verstand und als der Wille, den Petrus repräsentiert. Johannes läßt Petrus den Vortritt. Petrus geht ins Grab und sieht alles aufgeräumt, die Leinenbinden und das Schweißtuch, das zusammengebunden an einer besonderen Stelle liegt. Alles wird wahrgenommen, aber nichts verstanden. Johannes dagegen sieht und glaubt.

68, 99f

Den Stein wegwälzen (3)

Der Verstand kann Auferstehung nicht verstehen, nur die Liebe glaubt an ihre Möglichkeit. Johannes glaubt, aber er begegnet dem Auferstandenen nicht. Das bleibt Maria Magdalena vorbehalten, der leidenschaftlichen Frau, die viel gesündigt, aber auch viel geliebt hat. Es ist eine mutige Theologie, die die Sünderin zur ersten Zeugin der Auferstehung werden läßt. Es ist eine tröstliche und barmherzige Botschaft, die die frühe Kirche im Johannesevangelium bezeugt. Sie zeugt von einem weiten Herzen, weiter jedenfalls als die Herzen der späteren Moralprediger, die vor allem auf die Sündenreinheit pochten.

Maria, die leidenschaftlich liebende Frau, steht draußen vor dem Grab und weint. Weinend beugt sie sich in die Grabkammer hinein. Sie sieht zwei Engel in weißen Gewändern sitzen. Aber ihre Trauer ist so groß, daß das Licht der Engel nicht in sie eindringen kann. Die Engel ergreifen die Initiative und fragen sie: »Frau, warum weinst du?« Sie sprechen sie in ihrer Trauer an. Und wieder klagt Maria mit den gleichen Worten: »Man hat meinen Herrn weggenommen, und ich weiß nicht, wohin man ihn gelegt hat.« Sie sieht nur auf den, den sie sucht, den sie festhalten will, und sie ist blind für das Licht der Auferstehung, das schon leuchtet. Sie dreht sich um und sieht Jesus. Aber sie erkennt ihn nicht. Ja, selbst als Jesus sie liebevoll anspricht: »Frau, warum weinst du?«, erkennt sie ihn nicht. Sie ist so tief in ihrer Trauer gefangen, daß sie den, den ihre Seele liebt, nicht wahrnehmen kann. Sie bittet ihn: »Herr, wenn du ihn weggebracht hast, sag' mir, wohin du ihn gelegt hast. Dann will ich ihn holen.« Erst als Jesus sie mit ihrem Namen anspricht: »Maria«, als er mit dem Wort der Liebe ihr ins Herz trifft, da erkennt sie ihn. Berührt von seiner Liebe, die sie einst geheilt und ihr wieder ihre unantastbare Würde geschenkt hat, antwortet sie, indem sie ihn mit dem vertrauten Namen anredet: »Rabbuni, mein Meister«.

68, 100f

Den Stein wegwälzen (4)

Wenn wir das Geschehen tiefenpsychologisch deuten, können wir Petrus, Johannes und Maria von Magdala als drei Personen, als drei Typen sehen. Und wir können die Bedingung dafür erkennen, daß wir die Auferstehung erfahren und dem Auferstandenen begegnen können. Nicht Verstand und Wille, sondern die Liebe kann Auferstehung verstehen. Aber auch die Liebe des Johannes genügt nicht. Es braucht die leidenschaftliche Liebe Marias. Und es braucht die Schritte der Trauer, die Maria durchlebt, um dem Auferstandenen begegnen zu können. Maria steigt in das Grab ihrer Traurigkeit hinein. Sie läßt sich vom Verlust des Geliebten betreffen, sie durchleidet ihn. Trauernd und verzweifelt weint sie. Und im Weinen wird sie offensichtlich fähig, sich von dem ansprechen zu lassen, den ihre Seele liebt, von Jesus, der den Tod besiegt hat.

Das Wort der Liebe, das er während seines Lebens immer wieder Maria zugesagt hat, überdauert den Tod, es trifft sie jetzt von jenseits des Todes. Jesus, der zum Vater auffährt, spricht Maria mit dem gleichen Liebeswort an. Die Liebe ist stärker als der Tod. Aber das kann nur eine Liebe erfahren, die wie Maria von Magdala den Verlust des Geliebten durchleidet und ins Grab der Trauer hinabsteigt. Auf dem Höhepunkt ihrer Trauer und Ohnmacht, den Geliebten zu finden, da kann sie der Geliebte ansprechen, da durchbricht sein Wort der Liebe die Mauer zwischen Leben und Tod.

Wir können Petrus, Johannes und Maria von Magdala auf der Subjektstufe als drei Anteile in uns sehen. Dann will uns die Geschichte darin bestärken, daß wir der Maria-in-uns trauen, die allein fähig ist, dem Auferstandenen zu begegnen. Maria, das ist die anima in uns, die leidenschaftlich zu lieben vermag, die aber auch leidenschaftlich trauern kann, wenn sie verwundet wird. Der animus in uns schützt sich gegen Wunden und kann so auch nicht für eine Liebe aufgebrochen werden, die den Tod besiegt.

68, 101f

Neue Horizonte

Tiefenpsychologische Schriftauslegung ist für mich eine Weiterführung der spirituellen Bibelauslegung, wie sie Origines entwickelt hat und wie sie in der Tradition des Mönchtums immer geübt worden ist. Der tägliche Umgang mit der Schrift, für den Benedikt drei Stunden pro Tag reserviert hat, war für die Mönche nur fruchtbar, weil sie sich in den Bildern der Schrift wiedergefunden haben und weil sie sich in den biblischen Worten und Bildern vom lebendigen Gott immer wieder neu ansprechen ließen. Die Mystiker aller Zeiten haben dabei einen sehr freien Umgang mit der Schrift gepflegt. Sie haben immer in Bildern gedacht. Und sie hatten keine Probleme, die Bilder immer wieder neu auf das eigene Leben hin auszulegen. Nur wenn der Zusammenhang mit der geistlichen Tradition gewahrt wird, kann die tiefenpsychologische Auslegung für uns zum Segen werden. Wenn sie zur einzig möglichen Auslegungsmethode erklärt wird, verliert sie den Blick für die Wirklichkeit.

Psychologie ist ein wichtiger Bereich unseres Lebens. Wir müssen uns ihr stellen. Aber genauso wichtig sind die sozialen und politischen Verhältnisse. Daher ist etwa in Lateinamerika eine politische Sicht der Bibel eher angebracht als eine psychologische Auslegung. In Europa stehen wir in einer philosophischen Tradition. Wir müssen mit der Bibelauslegung auch unseren Verstand befriedigen. Deshalb erfüllt die historisch-kritische Methode eine wichtige Funktion. Sie liefert unserem Verstand wertvolle Informationen. Nur, wenn wir beim Verstand stehenbleiben, wird es gefährlich, denn dann verlieren wir den Kontakt zum Leben der Seele. Die tiefenpsychologische Auslegung eröffnet uns neue Horizonte. Sie ermutigt uns, uns den Bildern zu stellen und durch die Bilder hindurch dem zu begegnen, von dem allein wir alles Heil erwarten: Jesus Christus, dem Mittler zum Vater, dem Sohn Gottes, durch den Gott selbst zu uns spricht, um uns von aller Angst zu befreien und uns von unseren Wunden zu heilen. *68, 104f*

JULI

Wer bedarf nicht der Versöhnung und Verwandlung?

Gottes Wirken – grenzenlos

Wenn ich meinen Vortrag halte über Meditation, über die mystische Tradition des Mönchtums, über die spirituellen Methoden, die die frühen Mönche entwickelt haben, werde ich immer wieder gefragt, ob das nicht Selbsterlösung sei. Jede psychologische oder spirituelle Technik ist für viele schon eine Art Selbsterlösung. Und sie versuchen, entschieden zu vertreten, daß allein Jesus Christus uns erlöst habe und daß wir Erlösung nur in ihm erfahren könnten. Wenn ich dann noch von der

Weisheit anderer Religionen spreche, werde ich oft in meiner Rechtgläubigkeit in Frage gestellt, ob das denn noch christlich sei. Ich erlebe da oft eine Fixierung der Erlösung auf Jesus Christus. Auch wenn wir als Christen mit Paulus bekennen, daß Christus der einzige Mittler ist zwischen Gott und den Menschen, so müssen wir doch mit den Kirchenvätern daran festhalten, daß Gott schon seit Urzeiten zu den Menschen gesprochen und ihnen sein Heil und seine Erlösung geschenkt hat.

Gott ist für alle Religionen immer auch der erlösende Gott. Glaube ist in allen Religionen wesentlich der Glaube an das rettende und befreiende Wirken Gottes. Jesus Christus ist Gipfel und Vollendung der Erlösung. Aber wir dürfen nicht so tun, als ob Erlösung erst mit Jesus Christus anfange. Gott ist schon immer der erlösende Gott. Und er wirkt Erlösung auch in anderen Religionen. Die spirituellen Methoden, die die verschiedenen Religionen entwickelt haben, sind nicht Selbsterlösung, sondern Antwort auf Gott, der an uns wirken und uns heilen und befreien möchte.

81, 9f

Die Suche nach Erlösung – kein Thema mehr?

Viele Bücher sind nur für Theologen gedacht und nicht für die vielen Glaubenden, die sich Gedanken über ihren Glauben machen und sich oft im Stich gelassen fühlen. Daher will ich versuchen, die vielen Bücher, die ich selbst über Erlösung gelesen habe, in eine Sprache zu übersetzen, die das menschliche Herz anspricht. Erlösung ist ja nicht ein rein intellektuelles Thema, sondern sie betrifft unsere tiefste Sehnsucht. Ob mich die Frohe Botschaft der Bibel anspricht oder nicht, das hängt auch davon ab, ob ich da eine Antwort auf meine Fragen und Nöte finde und ob meine Sehnsucht nach Erlösung und Freiheit, nach einem geglückten Leben berührt wird.

Die Fragen, die mir Jugendliche immer wieder stellen, betreffen einmal die Erfahrung von Erlösung. Sie fragen, wo und wie wir denn heute Erlösung erleben können. Oft genug gehen solche Fragen mit der Feststellung einher, daß die Erlösung durch Jesus Christus doch unsere Welt nicht verwandelt hat. Die Kriege sind eher mehr geworden, die Menschen fühlen sich – so meinen die meisten – heute doch schlechter als früher, sie haben keinen Halt, und sie sehen keinen Sinn in ihrem Leben. Manche meinen auch, die biblische Botschaft von der Erlösung gehe sie nichts an, sie gebe keine Antwort auf ihre Fragen. Andere spüren in sich überhaupt keine Sehnsucht nach Erlösung. Ihnen geht es gut. Und sie wehren sich dagegen, das menschliche Leben erst in düsteren Farben zu schildern, um dann die erlösende Botschaft anzupreisen.

Die Menschen suchen überall nach Lebenshilfe. Sie nehmen mehr denn je psychologische Angebote wahr, oder sie suchen bei östlichen Religionen nach Techniken, glücklicher und zufriedener leben zu können. Viele finden im Christentum keinen Weg der Erlösung, sie hören die erlösende und befreiende Botschaft Jesu nicht aus der christlichen Verkündigung und Praxis heraus. *81, 7f*

Der in sich selbst verkrümmte Mensch

Die Dichter zwingen uns, uns immer wieder neu zu fragen, wo wir heute schuldig werden, wo wir Leben verweigern, wo wir unser Menschsein verweigern, das wir letztlich nur in Gemeinschaft leben können, wo wir uns in uns selbst verkriechen. Augustinus hat den in sich gekrümmten Menschen, den homo incurvatus, als Bild für die Schuld gesehen. Die Frage ist, wo wir in uns selbst verkrümmt sind, wo wir uns weigern, der Realität ins Auge zu sehen, der Realität des eigenen

Herzens und der Realität unserer Welt.

Schuld bedeutet für C. G. Jung Spaltung. Der Mensch isoliert sich nicht nur von der menschlichen Gemeinschaft, er verliert auch die Berührung mit sich selbst, mit seinem eigentlichen Kern. Sünde ist nach Jung die Weigerung, den eigenen Schatten anzunehmen, und das Projizieren seines Schattens auf die anderen. Der biblische Begriff vom Sündigen (hamartánein) meint ein Verfehlen. Man verfehlt sein Ziel, man verfehlt sein Menschsein.

Ein anderer Begriff ist amor sui. Der evangelische Therapeut Affemann meint, die Selbstverstrickung in der amor sui, die narzistische Selbstliebe, würde heute durch die Einwirkungen der Gesellschaft verstärkt, so daß – biblisch gesprochen – die Sünde heute überhand nimmt. Die Psychologen können also durchaus Schuld und Sünde in der menschlichen Gesellschaft und beim einzelnen wahrnehmen. Und sie erfahren in ihrer Beratung, wie sehr Menschen an dieser Unfähigkeit zur Liebe, an der inneren Spaltung und an der Lebensverweigerung leiden und wie sie unfähig sind, sich selbst aus dieser Verstrickung zu befreien.

81, 28f

ENTLASTUNG, NICHT ENTSCHULDIGUNG

Siegfried Lenz sagte: »Schuld ist etwas so Allgemeines wie die Sonnenfinsternis.« Wir können ihr nicht entrinnen, wir haben alle daran teil. »Wir sind alle irgendwie mitschuldig und müssen füreinander einstehen, weil wir im selben Netz hängen« (Lorenz Wachinger). Wir müssen uns heute auch der politischen und wirtschaftlichen Schuld stellen und sie verarbeiten. Erlösung von unserer Schuld heißt nicht einfach, daß wir die Augen vor eigener und fremder Schuld verschließen. Der Glaube, daß Christus uns erlöst hat, hilft uns vielmehr, unsere Schuld ehrlich einzugestehen und anzuschauen. Nur so kann auch heute Schuld aus der Welt geschafft werden. Erlösung bedeutet »die Befreiung von dem Druck der Schuld ..., nicht nur konkreter und wohl bewußter Verfehlungen, sondern von dem lähmenden Verstricktsein in Unüberschaubares« (Lorenz Wachinger). Das Wissen um unsere Erlösung aus der Schuld gibt uns also den Mut, eigene und fremde Schuld wahrzunehmen und zu bearbeiten. Es gibt uns auch die Freiheit, uns von unserer Schuld zu distanzieren.

Anstatt ständig mit Selbstvorwürfen um unsere Schuld zu kreisen, können wir den Altvater Antonius nachahmen, von dem es heißt: »Er ließ sich nie eine Sache gereuen, die vorbei war.« Der Glaube an die Erlösung befreit mich von der Fixierung auf meine Schuld. Ich schaue nicht auf mich, sondern auf Christus, der mir die Sündenvergebung zuspricht und der am Kreuze sterbend sich mit meiner Schuld identifiziert, um sie aus der Welt zu schaffen. Der glaubende Blick auf Christus am Kreuz gibt mir die Freiheit, meine Verfehlungen und Sünden loszulassen. Was vorbei ist, ist vorbei. Ich muß mich nicht rechtfertigen. Die Vergebung gibt mir die Freiheit, im Vertrauen auf Gott nach vorne zu schauen. [...]

Dabei erleben wir heute als psychologisch geprägte Menschen Schuld nicht als Übertretung von Geboten, sondern als Lebensverweigerung, als Denkfaulheit, als Unehrlichkeit, als Blindheit. *81, 34f*

DIE BELLENDEN HUNDE (1)

In dem Märchen schickt ein Vater seine drei Söhne aus, damit sie ganz bestimmte Aufgaben erfüllen. Der jüngste Sohn schert sich jedoch nicht um die Aufgaben des Vaters. Er lernt vielmehr jedesmal eine neue Sprache. So lernt er beim ersten Ausschicken die Sprache der bellenden Hunde, dann die Sprache der Frösche und schließlich die Sprache der Vögel, d. h. die Sprache der Leidenschaften, die Sprache des Unbewußten und die Sprache des Geistes. Auf seiner Wanderung kommt er an

eine Burg und möchte dort übernachten. Der Burgherr kann ihm aber nur den Turm anbieten. Er warnt ihn davor, weil dort wilde bellende Hunde hausten, die schon oft Menschen verschlungen hätten. Doch der junge Mann hat keine Angst. Er kennt ja die Sprache der bellenden Hunde. So nimmt er etwas zu essen mit und nähert sich wohlwollend den wilden Hunden: »Als er hineintrat, bellten ihn die Hunde nicht an, wedelten mit den Schwänzen gar freundlich um ihn herum, fraßen, was er ihnen hinsetzte und krümmten ihm kein Härchen. Am anderen Morgen kam er zu jedermanns Erstaunen gesund und unversehrt wieder zum Vorschein und sagte zu dem Burgherrn: ›Die Hunde haben mir in ihrer Sprache offenbart, warum sie da hausen und dem Lande Schaden bringen. Sie sind verwünscht und müssen einen großen Schatz hüten, der unten im Turme liegt, und kommen nicht eher zur Ruhe, als bis er gehoben ist, und wie dies geschehen muß, das habe ich ebenfalls aus ihren Reden vernommen‹« (Wilhelm Laiblin, Symbolik der Verwandlung im Märchen, in: W. Bitter (Hg.), Die Verwandlung des Menschen in Seelsorge und Psychotherapie, Göttingen 1956, 296). Der junge Mann gräbt den Schatz aus. Die verwunschenen wilden Hunde werden ruhig und friedlich und verlassen die Burg. Das ganze Land hat seinen Frieden. [...]

Die bellenden Hunde können meine Leidenschaften sein, meine Wut, meine Eifersucht, meine Sexualität, meine Empfindlichkeit, meine depressiven Stimmungen, meine Ängste. Sie bellen deshalb so laut, weil sie einen Schatz hüten. *71, 8ff*

Die bellenden Hunde (2)

Überall dort, wo es mich drückt, wo ich mit mir nicht zurechtkomme, wo ein Konflikt sich lauthals meldet, wo eine Krankheit unüberhörbar schreit, da liegt auch ein Schatz bereit. Gerade dort, wo es in mir brodelt, will etwas in mir zum Leben kommen und aufblühen. Verwandlung meint, daß ich nichts in mir ausschließe, sondern daß ich mit meinen Leidenschaften, Krankheiten, Konflikten, Problemen, ja auch mit meinen Sünden ins Gespräch komme. Dann werden sie mich zu dem Schatz führen, der in mir verborgen liegt, zu neuen Lebensmöglichkeiten, zu einer neuen Qualität, die ich bisher unterdrückt habe. Dort, wo ich mich ohnmächtig fühle und auf meine Unfähigkeit stoße, meine Fehler, meine Schwächen, meine Probleme in den Griff zu bekommen, dort liegt auch ein Schatz begraben. Statt meine Energie dazu zu verwenden, die Fehler gewaltsam zu beseitigen oder zu unterdrücken, sollte ich mit meinen Fehlern und Sünden, mit meinen Konflikten und Problemen ins Gespräch kommen, dann würden sie mir den Schatz zeigen, der auf dem Grund meiner Seele darauf wartet, geborgen zu werden, und sie würden mir zugleich auch den Weg zu diesem Schatz weisen.

Die Art, wie meine Leidenschaften oder Krankheiten bellen, gibt mir auch an, wie ich durch sie hindurch zur Quelle in mir vordringen kann. Das verlangt aber ein Umdenken in unserer Spiritualität. Unsere Spiritualität war oft zu männlich, zu animus-besetzt, zu sehr darauf aus zu unterdrücken, zu beherrschen, in den Griff zu bekommen, zu beseitigen. Wir haben in unserer Askese zu sehr unseren Willen eingesetzt, der kraftvoll und gewaltsam etwas überwindet oder vernichtet. Unsere Spiritualität müßte der anima in uns mehr Raum geben, sie müßte weiblicher, mütterlicher sein. Verwandlung entspricht dieser anima-geprägten Spiritualität. In der Verwandlung darf alles sein, da darf etwas wachsen, aufblühen, neu geboren werden. *71, 10f*

Die bellenden Hunde (3)

Was das Märchen von den drei Sprachen meint, ist mir ganz konkret bei der Begleitung einer Schwester aufgegangen. Die Schwester hatte immer wieder mit Husten zu tun, bei ihr bellten die Hunde also im wahrsten Sinn des Wortes. Der Arzt hatte die Behandlung abgelehnt, weil der Husten psychische Ursachen hätte. Im Gespräch versuchten wir gemeinsam zu erkunden, was der Husten ihr sagen, zu welchem Schatz er sie führen wollte. Husten hat etwas mit Aggression zu tun. Der Volksmund sagt ja auch: »Ich huste dir etwas.« Husten ist für die Zuhörer bei einer Predigt oder einem Vortrag oft die einzige Weise, ihre Aggressionen zu äußern. Zumindest sagt die Stärke des gemeinsamen Hustens etwas über die Akzeptanz bzw. Ablehnung des Vortrags aus. Der Schwester fielen gleich ihre Aggressionen ein, die sie als Kind hatte, weil ihre Geschwister immer im Mittelpunkt standen und sie gleichsam nur unter der Decke lebte. Das gleiche Gefühl, nur unter der Decke zu leben, hatte sie oft auch in ihrer Schwesterngemeinschaft. Sie kam gar nicht richtig zum Zuge, die anderen standen im Mittelpunkt. Sie konnte oder traute sich nicht, das Wort zu ergreifen.

Der Husten zeigte ihr nun, daß sich ihr innerster Kern dagegen wehrte, daß sie nicht mehr nur so dahinvegetieren wollte. Mit dem Husten sprechen, das würde bedeuten, seine Botschaft zu verstehen: »Ich will auch leben. Ich will nicht mehr unter der Decke leben. Ich will ich selbst sein, frei, echt, authentisch. Ich will Lust am Leben haben.« Der Husten gab ihr den Impuls, die Decke wegzuziehen, unter der sie lebte, die Fesseln zu zerbrechen, die sie gefangen hielten, und zu sich selbst zu stehen. Inzwischen hat sie neue Lebensmöglichkeiten in sich entdeckt. Sie lebt wirklich und wird nicht mehr gelebt. Sie traut sich, sich in Diskussionen einzumischen und Stellung zu beziehen. Ja, sie ist auf einmal kreativ, es gehen von ihr neue Ideen aus; sie hat eine konkrete Phantasie, was da in ihr wachsen möchte. Sie hat in sich den Schatz einer neuen Lebensqualität entdeckt und ausgegraben. *71, 11f*

DIE BELLENDEN HUNDE (4)

Das Märchen von den drei Sprachen geht noch weiter. Auf seiner Wanderung kommt der junge Mann an einem Teich vorbei und hört die Frösche quaken, daß er in Rom zum Papst gewählt werde. Was ihm das Unbewußte in der Sprache der Frösche sagt, macht ihn ganz traurig. Er zieht weiter nach Rom. Dort ist gerade der Papst gestorben, und die Kardinäle haben sich in der Peterskirche versammelt, um einen neuen Papst zu wählen. Da sie sich auf keinen Kandidaten einigen können, möchten sie den zum Papst wählen, den ein Wunder ihnen offenbare.

In diesem Augenblick betritt der Jüngling die Kirche. Zwei Vögel setzen sich auf seine Schultern nieder. Das ist den Kardinälen Zeichen für seine Erwählung. Trotz allen Sträubens wird er zum Papst gewählt und muß die erste Messe singen. Er kann weder Latein, noch kennt er sich in der Liturgie aus. Aber die beiden Vögel, die auf seiner Schulter sitzen, flüstern ihm alles ein, was er zu sagen hat.

Die Erwählung zum Papst, zum geistlichen Führer, zeigt die Verwandlung des Mannes an. Weil er auf die Sprache der bellenden Hunde, der Frösche und der Vögel hört, führen sie ihn ein in die menschliche und göttliche Weisheit und befähigen ihn, für andere zum geistlichen Begleiter und Führer zu werden. Weil er sowohl in seinen Leidenschaften und Krankheiten, als auch in seinem Unbewußten auf Gottes Stimme hört, schickt ihm Gott die Vögel seiner Weisheit, die ihm alles erschließen und offenbaren. Das ist sicher ein Bild für den Heiligen Geist, den Christus uns sendet, damit er uns in alle Wahrheit einführe.

Gott offenbart uns aber nur dann die Geheimnisse der Transzendenz, wenn wir wie der junge Mann im Märchen in den Turm unserer Leidenschaften hinabsteigen, um mit den bellenden Hunden in uns zu reden. Geistliche Erfahrung setzt das Vertrautwerden mit den eigenen Leidenschaften voraus. *71, 12f*

KEINE KRAFT MEHR ...

Was mit Elija geschehen ist (1 Könige 19,1–13), durfte ich bei einem Priester erleben, der nach zehn Jahren Dienst für die anderen auf einmal mit seiner Wut in Berührung kam. In ihm stieg eine starke Wut darüber hoch, daß er zehn Jahre nur die Erwartungen anderer erfüllt habe und zuvor schon immer die Erwartungen seiner Mutter. Er rebellierte und agierte seine Wut im Wald aus, indem er sie herausschrie und einiges zerbrach, was ihm in den Weg kam. Da spürte er auf einmal neue Lust am Leben, neue Lust auf seine Arbeit als Seelsorger. Auf dem Grund seiner Wut entdeckte er den Schatz neuer Lebendigkeit. Seine Wut verwandelte sich in neue Kraft, in Phantasie und Kreativität, in Freude am Formen und Gestalten. Wenn er seine Wut nur unterdrückt hätte, wäre er irgendwann einmal ausgeschlossen worden aus dem Haus seines Lebens. Er hat mit ihr gesprochen, wie mit den bellenden Hunden. Und sie haben ihn zum Schatz geführt.

Oder in der Sprache der Elijageschichte: Der Eifer für Gott hat ihn in eine tiefe Krise geführt. Er spürte keine Kraft mehr. Er entdeckte auf einmal in seinem Eifer für Gott und in seinem Dienst für die anderen eine tiefe Wut gegen sich selbst und gegen alle, denen er gedient hatte. Wenn wir unseren Ärger zu lange unterdrücken oder fromm umdeuten, werden wir irgendwann wie Elija ärgerlich über alle Menschen und wütend gegen Gott, der uns diese Situation zugemutet hat. Der Priester wurde durch die über lange Zeit hin unterdrückte Wut in die Wüste, in die Ohnmacht geführt. Er hatte keine Kraft mehr. Als er sich dieser Kraftlosigkeit stellte, entdeckte er neben seinem Kopf die neue Nahrung, von der er leben konnte, die Nahrung des Gebetes und der Meditation, die Nahrung, die aus der inneren Quelle in ihm strömte. *71, 49f*

VERWANDLUNG VON WASSER ZU WEIN

Die Ausleger tun sich schwer, die Rolle Marias, der Mutter Jesu, bei der Verwandlung von Wasser in Wein (Johannes 2,1–12) zu verstehen. Augustinus meint, weil Jesus sich anschicke, göttliche Taten zu vollbringen, erkenne er die Mutter nicht an, als wollte er sagen: »Was an mir ein Wunder tut, hast du nicht geboren, weil du meine Schwachheit geboren hast. Ich werde dich dann anerkennen, wenn eben diese Schwachheit am Kreuz hängen wird« (Joachim Gnilka). Sicher hat Johannes mit Absicht Maria zu Beginn von Jesu Wirken und am Ende unter dem Kreuz eine wichtige Rolle zugeteilt. Zu Beginn animiert Maria Jesus zum Wunder der Verwandlung. Am Ende übergibt Jesus seine Mutter Johannes und damit der ganzen Kirche. Das ist die johanneische Mariologie. Wenn wir aber den Text tiefenpsychologisch auslegen, bekommt er nochmals eine neue Bedeutung. Maria, die Frau, spürt den Mangel an Wein. Die Frau ist als Mutter mit dem Geheimnis der Verwandlung am meisten vertraut. Sie spürt, was dem Menschen fehlt. Sie sehnt sich als Mutter nach der Geburt des neuen Menschen, der nicht nur menschlich, sondern auch göttlich ist. Sie wendet sich an Jesus, ihren Sohn. Doch der distanziert sich erst mit seiner Frage: »Was willst du von mir, Frau?« Er muß seinen eigenen Weg gehen und seiner Stunde gehorchen, die ihm von Gott gesetzt ist. Aber er läßt sich dennoch von der Mutter zum Wunder bewegen. Die Mutter versteht auch hinter der Distanzierung die wahre Absicht ihres Sohnes. Wir müssen erst mit unserer anima in Berührung kommen, damit Verwandlung möglich wird. Die anima kann die weibliche Seite in uns bedeuten oder auch die Seele überhaupt. Sie erahnt das Geheimnis unseres Lebens. Erst wenn wir mit unserer anima in Beziehung kommen, kann Christus an und in uns Verwandlung wirken. [...]

Was wir dazu beitragen können, ist die Bitte unserer anima, die Sehnsucht unseres Herzens, die Beziehung zu unserer Seele, zu unserer Innenwelt. *71, 67f*

Von Saulus zu Paulus (1)

Die Verwandlung geschieht durch die Begegnung und durch das Gespräch, das Jesus mit seinem Verfolger führt. Auf die Frage, warum er ihn verfolge, antwortet Saulus mit einer Frage: »Wer bist du, Herr?« Er spürt, daß da ein anderer in sein Leben tritt, daß er nicht mehr einfach so weitermachen kann wie zuvor, daß sein bisheriges Lebenskonzept erschüttert wird. Die Stimme vom Himmel antwortet ihm: »Ich bin Jesus, den du verfolgst« (Apostelgeschichte 9,5). Christus sagt ihm, wem seine Wut letztlich gilt. Er meint, er würde für Gott kämpfen. Wirklichkeit wütet er gegen Gott und gegen Jesus Christus, seinen Gesalbten. Sein Eifer für Gott ist in Wirklichkeit Wut gegen Gott. Christus deckt ihm seine wirklichen Motive und Absichten auf. Und er zeigt ihm, daß er nicht auf Dauer gegen sein wahres Wesen leben kann: »Es wird dir schwerfallen, gegen den Stachel auszuschlagen« (Apostelgeschichte 26,14). Jeder Eifer kann blind werden. Wir fangen gut an, meinen, Gott zu dienen. In Wirklichkeit dienen wir uns selbst und unserem Vorteil. Im Eifer ist immer auch Streben nach Macht. Und in ihm steckt Gewaltsamkeit, Gewalt gegen andere, aber auch gegen sich selbst, gegen die Ahnungen des eigenen Herzens. Schnell können sich lautere Motive in unlautere verwandeln, Liebe in Haß, Eifer in Fanatismus.

Um diese negative Verwandlung wieder umzukehren, muß Christus selbst eingreifen und sich dem Verfolger bemerkbar machen. Wir müssen hier nicht entscheiden, ob das eine objektive Erscheinung war oder ob sich alles in der Psyche des Saulus abgespielt hat. Christus kann ja dem Menschen auch so gegenübertreten, daß er in seiner Seele etwas auslöst, daß er da alte Sicherheiten einstürzen läßt und eine neue Sichtweise schenkt.

71, 52f

Von Saulus zu Paulus (2)

Jesus gibt dem zu Boden liegenden Saulus einen Auftrag: »Steh' auf und geh' in die Stadt; dort wird dir gesagt werden, was du tun sollst« (Apostelgeschichte 9,6). Saulus, der bisher nach seinem Willen gelebt und gehandelt hat, wird nun mit einem anderen Willen konfrontiert, mit dem Willen Gottes. Und da er seine Ohnmacht spürt, ist er bereit, sich darauf einzulassen. Doch die Verwandlung braucht ihre Zeit. Als Saulus sich erhebt, spürt er, daß er blind geworden ist. Sein Leben, wie er es bisher verstanden hat, hat sich verdunkelt. Er blickt nicht mehr durch, er weiß nicht mehr ein noch aus. Die Konsequenz seiner engen Sicht ist die absolute Verdüsterung bis hin zur Blindheit. Drei Tage lang bleibt er blind. Er muß sich von anderen führen lassen. Und Saulus fastet. Er geht ganz nach innen. Außen ist alles für ihn dunkel und unverständlich geworden. Gott zwingt ihn, daß er seinen Blick nach innen richte, um dort die Verwandlung wahrzunehmen, die Gott schon lange vorbereitet hatte.

Eine plötzliche Verwandlung hat immer eine lange Zeit der Vorbereitung. Unbemerkt wandelt sich etwas im Unbewußten, bis es auf einmal auch nach außen tritt. Aber auch dann braucht die Verwandlung Zeit, alles im Menschen zu durchdringen. Christus schickt den Hananias zu Saulus, daß er ihm die Hände auflege, ihn heile und ihn mit Heiligem Geist erfülle. Aber auch damit war die Verwandlung noch nicht abgeschlossen. Paulus nimmt sich drei Jahre lang Zeit, um seine Erfahrung von Damaskus psychologisch und theologisch zu verarbeiten. Er zieht nach Arabien und meditiert in der Wüste, was ihm geschehen ist. Er erkennt, daß Gott selbst an ihm gehandelt, daß er seinen Weg geführt und ihm schließlich seinen Sohn Jesus Christus geoffenbart habe.

71, 53f

Von Saulus zu Paulus (3)

Die Verwandlung des Saulus in Paulus, den Völkerapostel, ist nicht an seinen natürlichen Anlagen und Charaktereigenschaften vorbeigegangen. Paulus war auch nach wie vor ein Eiferer, aber nun für die Freiheit Christi. Seine etwas zwanghafte Charakterstruktur machte ihm auch später zu schaffen. Aber entscheidend war, daß Paulus alle seine Eigenschaften nun in den Dienst des Evangeliums stellte. Er war nach wie vor empfindlich, gewisse neurotische Züge blieben. Aber sie waren im tiefsten verwandelt, sie wurden durchlässig für die Botschaft vom Kreuz Jesu Christi, von dem allein unser Heil kommt.

So dürfen auch wir keine Verwandlung erwarten, die uns von allen Schwächen und Fehlern, von unseren Empfindlichkeiten und Verletzungen befreien würde. Wir werden weiterhin unsere neurotische Struktur behalten, aber sie wird uns nicht mehr am Leben hindern. Das göttliche Leben wird sich vielmehr gerade in unseren Leidenschaften und Wunden offenbaren. Nicht die Leidenschaftsfreiheit ist das Ziel unseres geistlichen Weges, sondern die Verwandlung unserer Leidenschaften, so daß sie dem Leben dienen, so daß sie Gott leidenschaftlich verkünden. Unsere Wut wird dann nicht mehr blind sein, sondern sie wird eine Kraft sein, mit der wir uns von anderen abgrenzen können und mit der wir das Werk Gottes kraftvoll zu Ende führen werden. Unsere Empfindlichkeit wird nicht einfach verschwinden, aber sie wird uns nicht mehr daran hindern, auf andere zuzugehen. Sie wird vielmehr verwandelt zu Sensibilität für andere, zu Mitleid und Empathie. Und unser Eifer wird verwandelt in Ausdauer und Disziplin auf dem geistlichen Weg und in Durchhalten bei Enttäuschungen und Widerständen. *71, 54f*

Der brennende Dornbusch (1)

Der Dornbusch (Exodus 3,1–12) gilt für die Israeliten als wertlos, unbrauchbar, als trockenes Kraut am Rand der Wüste. So kann er für uns ein Bild sein für das Verdorrte und Starre in uns, für das Dürre und Leere, für das Übersehene und Verachtete, für das Gescheiterte und Verwundete in uns. Wenn Mose ausgerechnet diesen wertlosen Dornstrauch brennen sieht und in ihm die Herrlichkeit Gottes schaut, dann will Gott nicht nur ihm, sondern auch uns etwas Wesentliches über das Geheimnis der Menschwerdung aussagen. Mose hatte im Zorn einen Ägypter erschlagen und im Sand verscharrt. Er war Opfer seiner eigenen Leidenschaft geworden und mußte vor dem Pharao, der ihn töten wollte, aus Ägypten fliehen. In der Fremde mußte er leben und einsehen, daß er gegen das mächtige Ägypten nichts ausrichten konnte. Sein Eifer für sein Volk hat ihn in die Verbannung geführt. So ist sein Leben in der Fremde ausgetrocknet, fern von seinen Stammesgenossen ist er mit seiner Vision eines freien Israel gescheitert. Mose kann sich in dem Dornbusch wiedererkennen. Er ist auch am Rand der Wüste, wertlos geworden, verachtet, ausgedörrt, unbrauchbar, zu nichts mehr gut. Statt in Ägypten am Hof des Pharao zu sein, muß er nun in der Wüste das Vieh seines Schwiegervaters weiden. Er, der aus eigener Kraft seine Volksgenossen aus der Hand der Ägypter befreien wollte, ist jetzt genauso wertlos und unbrauchbar wie dieser Dornbusch. Den einzigen Sohn, den ihm seine Frau gebiert, nennt er Gerschom, Gast der Öde. Sein Sohn spiegelt ihm seine eigene Öde, sein eigenes Entfremdetsein wider.

Der Dornbusch steht für die Erfahrung, die viele in der Lebensmitte machen. Sie haben den Eindruck, daß ihr Leben gescheitert ist, daß sie auf den Trümmern ihres Lebens sitzen, daß alles sinnlos ist, leer, ausgedörrt. Sie spüren, daß sie vieles übersehen haben, an vielem vorbeigelebt haben, was hätte leben wollen. *71, 17f*

Der brennende Dornbusch (2)

Doch ausgerechnet in diesem Dornbusch erscheint Gott dem Mose mit seiner Herrlichkeit. Gott ist wie eine Flamme, die aus dem Dornbusch emporschlägt und ihn doch nicht verbrennt. Gott verwandelt gerade das Öde und Leere, das Gescheiterte und Ausgebrannte, das Übersehene und Verachtete, das Verwundete und Verletzte in uns zum Ort seiner Gegenwart. Anstatt über die Krise unserer Lebensmitte zu jammern, sollten wir mit den Augen des Mose Gott selbst darin ent-

decken. Es gibt nichts in meinem Leben, das keinen Sinn hätte, das nicht von Gott verwandelt werden könnte in Schönheit und Herrlichkeit. Das Bild des brennenden Dornbusches schenkt mir neue Augen, Augen des Glaubens, die gerade in dem Leeren und Dürren in mir das Licht Gottes entdecken. Wenn ich mich mit diesen Augen des Glaubens anschaue, dann erlebe ich mein Leben anders. Alles hat seinen Sinn. Alles war gut, auch das Scheitern, auch die Krisen, auch das Verdrängen. Alles kann von Gott verwandelt werden, auch das Verklemmte, auch das Kranke. Gerade in meinen Wunden will Gott aufleuchten. Gerade so wie ich bin, gescheitert, unbrauchbar, leer, vertrocknet, gerade so kann Gott mich wie Mose in seinen Dienst nehmen, gerade so kann er mich zum Zeugen seines Lichtes und seiner Liebe bestellen.

Doch ich muß wie Mose erst die Schuhe ausziehen. Ich brauche den Blick der Ehrfurcht, der glaubt, daß ich auf heiligem Boden stehe. Die Augen der Neugier werden Gott nicht in meinen Mißerfolgen entdecken. Da muß ich mit meinen Füßen die Erde berühren, den humus, da brauche ich die Demut, die humilitas, um mitten im Dreck meines Lebens Gottes Licht aufleuchten zu sehen. Es braucht eine Spiritualität von unten, die im Scheitern, in der Sünde, in der eigenen Ohnmacht Gottes Herrlichkeit entdeckt, so daß in der eigenen Erbärmlichkeit Gottes Erbarmen aufgeht. *71, 19f*

DER BRENNENDE DORNBUSCH (3)

Das Feuer, das den Dornbusch erleuchtet, aber nicht verzehrt, ist ein Bild für die Liebe, es kann auch ein Bild für die Sexualität sein. Die Feuersgluten, durch die Pamina und Tamino in der Zauberflöte schreiten müssen, stellen ihre leidenschaftliche Liebe dar. Sie müssen durch Feuer und Wasser hindurch, damit ihre Leidenschaft sich in wahre und tragfähige Liebe wandle. Der brennende Dornbusch verheißt uns, daß auch in uns die Liebe Vertrocknetes und Verdorrtes wieder zum Leben erwecken kann, daß die Liebe gerade das Verachtete und Schwache in Schönheit verwandeln kann. Die Liebe verwandelt, indem sie berührt. Durch zärtliche Berührung blühen Menschen auf, da werden Mauern weich, die zuvor Menschen voneinander getrennt haben, da kommt Licht in die dunkle Bitterkeit eines verschlossenen Herzens. Göttliche und menschliche Liebe kann unser leeres und ausgebranntes Herz verwandeln zu einem Ort von Licht und Herrlichkeit.

Gott beruft Mose am brennenden Dornbusch, indem er ihm sein eigenes Leben, seine eigene Niedrigkeit und Unbrauchbarkeit, vorhält, zum Befreier aus der Gefangenschaft Ägyptens. Zuvor wollte Mose Israel aus eigener Kraft befreien. Daran ist er jämmerlich gescheitert. Da ist er in seinem Zorn und in seiner Ohnmacht steckengeblieben. Jetzt, da er im Dornbusch seine eigene Schwäche angenommen hat, in der Gottes Herrlichkeit erscheint, kann er sich von Gott in Dienst nehmen lassen. Jetzt wird er zum Begleiter auf dem Weg in die Freiheit. In der Lebensmitte könnten wir uns im Blick auf den brennenden Dornbusch fragen, was wir in uns selbst in die Freiheit hinausführen sollten, wo wir in uns selbst gefangen sind, wo unser Leib verklemmt und verspannt ist, wo unsere Beziehungen uns einengen, wo wir uns selbst von Normen und Prinzipien gefangen nehmen lassen. *71, 22f*

Verwandlung des Todes (1)

Gehen wir der Auferstehungsgeschichte nach, wie sie uns Lukas überliefert (24,1–12). Da gehen Frauen frühmorgens mit wohlriechenden Salben zum Grab. Sie möchten den geliebten Toten einbalsamieren. Sie möchten ihn für immer schön herrichten, für immer in guter Erinnerung halten. Doch Jesus läßt sich nicht einbalsamieren, er läßt sich nicht feshalten. Er ist auferstanden. Das erste Zeichen seiner Auferstehung ist der Stein, der vom Grab weggewälzt ist. Der Stein, der das Grab behütet, ist ein Bild für die vielen Steine, die auf uns liegen. Da liegt gerade dort ein Stein auf uns, wo etwas in uns leben und aufblühen möchte, und er hindert uns am Leben. Er verhindert, daß unsere Ahnungen von Leben, die immer wieder in uns auftauchen, Wirklichkeit werden. Er blockiert uns, hält uns davon ab, aufzustehen, aus uns herauszugehen, auf andere zuzugehen.

So ein Stein kann die Sorge für unsere Zukunft sein, oder auch für die Zukunft dieser Erde. Es kann die Angst sein, die auf uns lastet, die Angst vor dem Versagen, die Angst, das zu sagen, was wir spüren, weil wir uns blamieren könnten, weil wir die Zuwendung und Bestätigung der anderen verlieren könnten. Der Stein kann die Unsicherheit und Hemmung sein, die uns nicht ausbrechen lassen. Aber auch andere Menschen können als Stein auf uns liegen. Sie können uns im Weg liegen als Stolpersteine, sie können uns aber auch das Tor zum Leben versperren. Wenn ein Stein auf unserem Grab liegt, vermodern und verwesen wir darin. Solange wir unsere tiefsten Gefühle und Bedürfnisse im Grab verschließen, solange werden wir vom Leben ausgeschlossen. Was da aber in unserem Grab verfault, das wirkt sich mehr und mehr auch in unserem bewußten Leben aus, das verbreitet einen üblen Geruch bis in unseren Leib hinein.

71, 69f

Verwandlung des Todes (2)

Der erste Schritt, wie wir selbst die Verwandlung der Auferstehung an uns erfahren können, besteht darin, in das Grab einzutreten. Wie die Frauen müssen wir in das Grab unserer Angst und unserer Traurigkeit hineinsteigen, in das Grab unserer verdrängten Wünsche und Bedürfnisse, unserer Dunkelheit, unserer Resignation und unseres Selbstmitleids, in das Grab unseres Schattens, in dem wir alles vergraben haben, was wir vom Leben abgeschnitten haben. Wir können aber nur deshalb in unser Grab hineinsteigen, weil es Gott in der Auferstehung Jesu bereits geöffnet hat. Es ist nicht mehr der Ort des Schreckens und der Angst. In unserem Grab, so sagt uns Lukas, finden wir mit den Frauen zwei Männer in leuchtenden Gewändern. Sie verkünden uns, daß der Herr auferstanden ist, daß er unser Grab verwandelt hat. Wenn wir tief genug in unser Grab hineingehen, werden wir auf seinem Grund diese lichtvollen Boten entdecken, die uns auf das göttliche Leben hinweisen, das aus dem Grab emporgestiegen ist.

Grab meint alles, was wir vom Leben ausgeschlossen haben, was wir verdrängt haben, weil es uns zu unangenehm war oder mit unserem Selbstbild nicht zusammengepaßt hat. In unserem Grab liegen unsere verdrängten Aggressionen und Bedürfnisse, unsere unterdrückten Gefühle und Wünsche. Wenn wir mit den Frauen hineinsteigen in das Grab unserer Traurigkeit und Angst, unserer verdrängten Lebensimpulse, und wenn wir mit unserer Traurigkeit, mit unserer Angst, mit unseren verdrängten Gefühlen und Antrieben sprechen, dann werden sie sich in leuchtende Boten verwandeln, die uns den Weg zum wahren Leben weisen, die uns auf den Schatz hinweisen, der in uns vergraben liegt.

71, 70f

Wenn meine Sprache nicht reicht

Die Botschaft von der Erlösung erreicht die Menschen heute kaum mehr. Religionslehrer klagen, daß sie keine Sprache finden, um die christliche Botschaft so zu verkünden, daß die jungen Menschen sie verstehen und sich davon angesprochen fühlen. Es braucht ein immer neues Ringen um eine Sprache, die Erlösung so beschreibt, daß sie uns im Herzen trifft. Natürlich braucht es nicht nur das Bemühen um eine neue Sprache, sondern auch ein Herz, das bereit ist, sich ansprechen zu

lassen. Auch am Ende dieser Kleinschrift bin ich nicht zufrieden mit dem Versuch, eine neue Sprache zu finden. Ich spüre, daß ich doch oft noch religiöse Formeln gebrauche, ohne sie so übersetzen zu können, daß sie jeden erreichen. So muß ich mich damit begnügen, einige Anstöße zu geben, wie wir Erlösung so erklären können, daß sie uns innerlich bewegt, daß sie auf unsere tiefsten Fragen antwortet und uns einen Weg der Freiheit und Liebe, einen Weg des Friedens und der Versöhnung, einen Weg des Lebens und gelungener Menschwerdung weist.

Entscheidend ist mir, wie und wo wir heute Erlösung erfahren können. Die theologische Reflexion über das Geheimnis der Erlösung will uns nicht bloß theoretische Antworten geben, sondern uns einweisen in das Geheimnis der Erlösung in unserem Leben. Ich erfahre in meinem Leben beides: das Leiden an mir selbst, an den Menschen um mich herum und an dieser Welt; es gibt aber auch Augenblicke, in denen ich spüre: Es ist alles gut. Ich erlebe Augenblicke tiefsten Friedens und Versöhntseins, wahrer Freiheit und Stimmigkeit. Da wird dann für mich zur Gewißheit, daß Gott mich erlöst. Da spüre ich in der Begegnung mit Christus, daß er meine Wunden heilt, daß sein liebender Blick mich aufrichtet und befreit. Und ich erfahre manchmal in der Meditation und manchmal bei der Kommunion, daß ich eins bin mit Gott, daß göttliches Leben, göttliche Liebe mich durchdringen und alles in mir verwandeln. Das sind dann Augenblicke, in denen die Erlösung gegenwärtig wird, in denen sie spürbar, fühlbar wird. *81, 99f*

Erlösung hier und jetzt (1)

Vor zwei Gefahren müssen wir uns hüten, wenn wir von Erlösung sprechen: von der Gefahr der Fixierung auf die Vergangenheit und von der Gefahr, Erlösung isoliert im Tod Jesu zu sehen. Wenn wir sagen, daß Christus uns erlöst hat, dann drücken wir damit zurecht aus, daß uns die Erlösung vorgegeben ist, daß wir uns nicht selbst erlösen müssen. Aber wir dürfen die Erlösung in Christus nicht so sehen, als ob vor und außer Christus nie Erlösung geschehen wäre. Gott ist für die Bibel immer der Erlöser und Befreier, der Retter, unser Heil und unser Licht. Die Frommen des Alten Testamentes erfuhren genauso wie die frühen Christen, die in den Psalmen ihre Gotteserfahrung ausgedrückt haben, Gott als den, der immer wieder herausreißt aus aller Not. Tag für Tag greift Gott in unser Leben erlösend ein. [...]

Wir können also nicht sagen, daß uns Gott nur damals in Christus erlöst hat. Was in Jesu Leben, Tod und Auferstehung geschah, hat vielmehr offenbar gemacht, was Gott immer an uns tut. Gott als der, der unsere Wunden heilt, hat sich in Christus als unser Heiland, als Arzt unserer Seelen, auf neue Weise geoffenbart. [...]

Im Tod Jesu ist Gott ein für allemal als der erlösende und befreiende Gott erkennbar geworden, da hat er uns seine Erlösung auf unzweideutige Weise mitgeteilt und dadurch sein erlösendes Tun, das immer geschieht, erklärt und erhellt. *81, 94f*

Erlösung hier und jetzt (2)

Die zweite Gefahr ist die Fixierung auf den Tod Jesu. Paulus hat zurecht das Wort vom Kreuz als Mitte und Maßstab jeder christlichen Verkündigung gesehen. Die Rede vom Kreuz Christi ist für ihn die »kritische Potenz« des Evangeliums (U. Luz, in: Karl Kertelge, Das Verständnis des Todes Jesu bei Paulus, in: Ders. [Hg.], Der Tod Jesu. Deutungen im NT. Freiburg i. Br. 1976, 126). Für Paulus ist der gekreuzigte Christus »das letzte und entscheidende Offenbarungswort Gottes« (Karl Kertelge). Das Kreuz wird für ihn »zum äußersten und dichtesten Ausdruck der Gegenwart Gottes in Christus« (ebd.). Das darf aber nicht dazu führen, daß wir das Leben Jesu überspringen. Die Evangelien sind der notwendige Hintergrund, auf dem wir die paulinische Verkündigung vom gekreuzigten Christus als Selbstoffenbarung Gottes sehen müssen. Für die Evangelien geschieht die Erlösung in allem, was Jesus tut, in seinen Worten, in seinen Heilungswundern, in seiner Begegnung mit Menschen. Der Tod am Kreuz faßt nur zusammen, was Jesus in seiner Verkündigung sagen wollte: »Das Reich Gottes ist nahe. Kehrt um, und glaubt an das Evangelium!« (Markus 1,15).

Die vier verschiedenen Bilder von Erlösung in den vier Evangelien sehen dabei die Beziehung zwischen dem irdischen Wirken Jesu und seinem Tod am Kreuz jeweils anders. Für Matthäus ist der Tod am Keuz der höchste Ausdruck der vergebenden Liebe Gottes. Für Markus ist das Kreuz der Gipfel des befreienden Wirkens Jesu. Jesus, der besessene Menschen aus der Macht der Dämonen befreit, vollendet seinen Sieg über die dämonische Finsternis im lauten Todesschrei, der zugleich ein Siegesschrei ist. Für Lukas ist der Tod Jesu am Kreuz der Test auf die Richtigkeit des Neuen Weges, den Jesus verkündet und den er uns als Anführer des Lebens vorausgeht durch den Tod hindurch zur Auferstehung. Für Johannes vollendet sich die Vergöttlichung durch die Menschwerdung Christi im Tod. [...] Die Evangelien sehen also den Tod Jesu nie isoliert, sondern immer im Zusammenhang mit seinem Leben und Wirken.

81, 96f

»Da hilft nur Beten«

Ein älterer Mitbruder erzählte aus seinem Leben, wie vielen Schwierigkeiten er begegnet sei, wie die Oberen den Gehorsam manchmal überstrapaziert und wie Mitbrüder ihn oft unfair behandelt hätten. Auf die Frage, wie er denn damit fertig geworden sei und wie er vor allem seinen Humor dabei behalten habe, antwortete er: »Da hilft nur Beten.« »Was haben Sie denn gebetet?« »Den schmerzhaften Rosenkranz: der für uns Blut geschwitzt hat und der für uns gekreuzigt worden ist. Das genügt.« Die ständige jahrelange Meditation von Getsemane und Golgota hat ihn befähigt, mit schwierigen Situationen fertig zu werden, daran nicht zu zerbrechen, sondern innerlich ruhig und heiter zu bleiben. Oft hilft uns das Analysieren im Gebet nicht weiter. Es bleibt uns nichts anderes übrig, als unsere Situation im Weg Jesu wiederzufinden und aus der Meditation des Kreuzwegs oder des schmerzhaften Rosenkranzes die Kraft zu finden, sie auszuhalten und durchzustehen. Wenn wir dann eine unlösbare Situation im Gebet immer wieder annehmen und durchtragen – in einer Art Voraus- und Nachmeditation anhand des Kreuzwegs oder des Rosenkranzes – dann wird sie sich zwar äußerlich nicht ändern, sich aber doch in ihrem Kern verwandeln, weil wir in ihr Christus begegnen.

Vielleicht müssen wir jahrelang mit einem Problem umgehen, das sich nicht lösen läßt. Manche Beziehungen zwischen Menschen sind eben so verfahren, daß sie sich nicht lösen lassen. Und oft ist es beim besten Willen nicht möglich, eine untragbare Arbeitssituation zu ändern. Vielleicht müssen wir jahrelang den Kreuzweg beten, um damit fertig werden zu können. Oder wir müssen immer wieder das gleiche Schriftwort meditieren, das gleiche Stoßgebet verrichten, um langsam in die Haltung Jesu hineinzuwachsen, der unser Leben mit seinen Problemen auch nicht gelöst, sondern durchlitten und gerade dadurch erlöst hat. *17, 73f*

SICH HINEINFÜHLEN IN DIE ANDEREN (1)

Das echte Beten führt immer auch zu einer tiefen Begegnung mit den Menschen. Dabei kann diese Begegnung entweder über das bewußte Beten und Denken, über das Sichhineinfühlen in den anderen geschehen, oder aber durch das Hinabsteigen in den eigenen Seelengrund, um mich in ihm im Tiefsten mit allen Menschen verbunden zu fühlen. Starez Siluan meint von diesem letzteren Gebet, er brauche keine Zeitung zu lesen, um für die anderen beten zu können. Im Gebet fühlt er sich tief verbunden mit allen Menschen. Aber Beten ist für ihn auch nichts Unverbindliches, sondern es heißt: sein Herzblut geben für die anderen, sich mit seiner ganzen Liebe und Hingabe in den andern einfühlen, mit ihm leiden und gemeinsam mit ihm vor Gott treten und sich gemeinsam vor Gott hinhalten.

Siluan beschreibt, wie er täglich für seine Arbeiter betet und wie sein Gebet eine Atmosphäre schafft, in der sich die Arbeiter angenommen fühlen und daher auch bereit sind, ihre Arbeit gut zu verrichten: »Nie komme ich morgens zu meinen Leuten, ohne vorher für sie gebetet zu haben, und mein Herz schlägt für sie voll Mitgefühl und Liebe. Gehe ich zu ihnen in die Arbeitsräume, dann kommen mir meist Tränen des Mitleids. Ich weise ihnen die Arbeit für den Tag zu, und solange sie arbeiten, bete ich für sie. Ich gehe auf meine Zelle und bete für jeden ganz persönlich. Ich stelle mich vor Gott hin und sage zu ihm: ›Ach, Herr, denk' doch an Nikolaus. Er ist noch jung, erst zwanzig. Er hat sein Dorf und seine Frau, die noch jünger ist als er, verlassen, und sie haben ein Kind. Stell dir vor, wie traurig sie sind, daß er fortgehen mußte. Aber sie hätten zu Hause von seiner Arbeit nicht leben können. Schütze seine Familie, solange er fort ist.‹ [...]

Während ich betete, begann ich die Nähe Gottes zu spüren. Allmählich wurde dieses Gefühl so stark, daß ich nicht mehr an Nikolaus, seine Frau, sein Kind und ihr Dorf denken konnte. Ich konnte nur noch an Gott denken. Seine göttliche Gegenwart zog mich immer tiefer und tiefer zu ihm hin, bis ich plötzlich im Herzen Gottes entdeckte, daß seine Liebe Nikolaus, dessen Frau und Kind voll Zärtlichkeit umfaßte« (in: A. Bloom, Schule des Gebetes. München 1972, 92f). *60, 46f*

Sich hineinfühlen in die anderen (2)

Das Gebet für den anderen führt nicht nur zu einer neuen Begegnung mit dem Menschen, für den wir beten, sondern es vertieft auch die Begegnung mit Gott. Gerade wenn ich für einen Menschen bete, den ich liebe, kann mich das Gebet in eine größere Nähe zu Gott bringen, wie es Siluan oben beschrieben hat. Der andere wird dann ein Bild, durch das hindurch ich auf Gott schauen kann. Und Gott bekommt durch den anderen ein menschliches Antlitz. Und meine Liebe zu Gott wird getragen von den Gefühlen zum geliebten Menschen. Manchmal leide ich daran, daß mein Gebet so blutleer ist. Ich will Gott lieben, aber ich fühle keine Liebe. Da kann mir das Gebet für den anderen helfen, in die Liebe zu Gott die ganze Palette der Gefühle hineinzulassen, die in der Beziehung zu einem geliebten Menschen von selbst hochkommen.

Dann erfahre ich Gott wirklich nahe, wirklich als den, der mich zärtlich umarmt, der mich wohlwollend und gütig anschaut, vor dem ich ausruhen kann, weil er mich versteht, vor dem ich gerne verweile, weil er allein wirklich genügt. Ich muß dann im Gebet den geliebten Menschen nicht vergessen, sondern ich kann durch ihn hindurch auf Gott schauen, der so ein menschliches Antlitz bekommt, ein liebendes und zärtliches Herz. Und ich kann meine Gefühle zum andern zu Ende fühlen und auf Gott hinlenken. Dann werde ich wirklich mit meinem ganzen Herzen Gott begegnen als dem, der mich liebt und den auch ich zu lieben versuche. *60, 50*

Gottes Liebe in mir einlassen

Es geht in der Feindesliebe nicht darum, daß wir uns besser vorkommen als die anderen, die wir als unsere Feinde bezeichnen. Das wäre eine Liebe von oben herab, die den anderen in Wirklichkeit verurteilt und richtet. Wir würden unsere Liebe dann als eine Wohltat betrachten, mit der wir den anderen aus unserer großen Barmherzigkeit und Langmut heraus beschenken. Wenn der andere diese Liebe ablehnt, fühlen wir uns entweder gekränkt oder aber noch mehr im Recht mit unserer Verurteilung.

Ein weiteres Mißverständnis der Feindesliebe besteht darin, daß wir meinen, wir könnten sie uns aus eigener Kraft abringen. Wir bräuchten bloß Christi Gebot mit letzter Konsequenz erfüllen. Doch man macht allzuoft bei besonders frommen Leuten, die vorgeben, ihre Feinde zu lieben, die Erfahrung, daß sie aggressiv, kalt, hartherzig und irgendwie unmenschlich erscheinen. Wenn wir uns fest vornehmen, wir müssen zu allen Menschen freundlich sein, weil Christus es so sagt, dann müssen wir all unsere negativen Gefühle, die eben auch in uns sind, verdrängen. Und unter dem Deckmantel christlicher Nächstenliebe wühlen die verdrängten Gefühle weiter und zeigen sich in schlechter Laune, Gefühlskälte, Empfindlichkeit und pharisäischer Hartherzigkeit. Vor lauter Tugendhaftigkeit merken wir gar nicht, wie wir von unseren Affekten zum Narren gehalten werden. C. G. Jung spricht von den »bekannten schlechten Launen und der Reizbarkeit der allzu Tugendhaften«. Die Feindesliebe eines »Tugendhaften« vermag den Feind nicht für sich zu gewinnen, sondern wird in ihm nur weitere Agressionen erzeugen, weil ihm soviel Tugend verdächtig vorkommt und er die dahinter verborgen liegende Ablehnung spürt. Wie ist dann überhaupt Feindesliebe möglich? Wir können den Feind nur dann so lieben, wie Christus es von uns verlangt, wenn wir uns selbst von Christi Liebe erfassen und umwandeln lassen und wenn wir für Christi Liebe durchlässig werden.

3, 46ff

Das Paradox der Anbetung

Ein beliebter Ort der Begegnung mit Gott oder mit Jesus Christus ist die Anbetung. Das Phänomen der Anbetung gibt es in allen Religionen. »Anbetung ist die Gott allein zukommende innere und äußere Verehrung, durch die das vernunftbegabte Geschöpf die absolute Erhabenheit und Einzigkeit Gottes und seine eigene vollständige Abhängigkeit von ihm anerkennt. Sie ist Grundhaltung jedes religiösen Menschen, der sich des Geheimnisses bewußt wird, das ihn umgibt und Grund alles Geschaffenen ist« (U. Krause, Anbetung, in: Lexikon für Spiritualität. Freiburg i. Br. 1988, 40). In der Anbetung falle ich vor Gott nieder, weil Gott Gott ist. Ich will nichts von ihm erbitten, ich will durch die Anbetung auch nichts erreichen, weder schöne Gefühle, noch Gelassenheit und Ruhe. Ich spreche in der Anbetung nicht über meine Probleme, ich lobe mich nicht, ich tadle mich nicht, ich falle einfach vor Gott nieder, weil er mein Herr ist, weil er mein Schöpfer ist. Wenn ich wirklich verstanden habe, was das heißt, daß ich von Gott geschaffen und von ihm in jedem Augenblick im Sein gehalten werde, dann bleibt mir nichts anderes übrig, als vor diesem Gott als meinem Schöpfer niederzufallen und ihn anzubeten. Ich bekenne in der Anbetung, daß ich ganz und gar von Gott abhängig und mit allen Fasern meines Wesens auf ihn bezogen und angewiesen bin, daß ich nichts in mir habe, was ich nicht von ihm empfangen habe. Und ich bekenne, daß er mein Herr ist, das Ziel meiner Sehnsucht. Es bleibt mir nichts anderes übrig, als staunend und anbetend vor ihm niederzufallen.

In der Anbetung kreise ich nicht mehr um mich und meine Probleme, sondern versuche, allein auf meinen Gott zu schauen. Ich vergesse mich selbst, weil Gott mich ganz und gar ergriffen hat, weil er allein wichtig ist für mich. Das Paradox ist, daß ich im Vergessen meiner selbst ganz gegenwärtig werde, ganz echt, ganz ich selbst. *60, 57f*

Ausdruck unseres innersten Wesens

Die Kirche hat die Dogmen immer dann aufgestellt, wenn falsche Deutungen unserer Erlösung durch Christus vorgetragen wurden. Die Dogmen grenzen ab und schließen irrige Deutungen aus. Aber sie sind nie letzte Wahrheit. Sie legen nur die Richtung fest, in der wir suchen sollen. Das Geheimnis Gottes und das Geheimnis unserer Erlösung sind immer größer, als menschliche Worte es ausdrücken können. Die Dogmen sind Bilder unseres Heils. Über Gott und über das Geheimnis unserer Erlösung kann man nicht in wissenschaftlichen Begriffen sprechen, sondern nur in Bildern, die Raum lassen für das je größere Geheimnis Gottes, das sich dem Zugriff unserer Begriffe entzieht. So sind die Dogmen keine Sätze, die vom Himmel gefallen sind und die wir einfach zu schlucken haben, sondern Pfähle, an denen wir uns vorantasten sollen, um das Geheimnis unserer Erlösung durch Jesus Christus immer mehr zu verstehen. Die Dogmen bleiben unsere Richtschnur, die wir nicht verlassen dürfen. Sie sind verpflichtend für unser Suchen. Sie schließen eine willkürliche Deutung des Glaubens aus, aber sie entheben uns nicht der Verpflichtung, immer weiter zu bedenken und zu erforschen, was sie eigentlich sagen wollen. [...]

Wenn wir die Dogmen so verstehen, dann bleiben sie keine dürren theoretischen Aussagen, sie lassen uns vielmehr einen Blick tun in das Geheimnis Gottes und in das Geheimnis des Menschen, der allein von Gott her richtig gesehen werden kann. Nehmen wir etwa das Dogma von der Dreifaltigkeit. Es sagt uns, daß der Geist, den wir in uns erfahren, nicht bloß Gabe Gottes, sondern Gott selbst ist, daß wir durch den Geist eingetaucht sind in Gott. Und Gott ist kein starres Sein, sondern in sich schon Bewegung, Gemeinschaft, Liebe. Das Dogma bringt also zum Ausdruck, was unser innerstes Wesen ist, daß Gott selbst in uns wohnt, daß Gott uns trägt als Vater, daß er in Jesus Christus unser Bruder geworden ist, der uns auf unserem Weg begleitet, und daß er uns seinen Geist gesandt hat, der uns durchdringt, mit göttlichem Leben erfüllt und uns mit dem Vater und dem Sohn eint. *39, 13f*

SINN DER DOGMEN

Nehmen wir das Dogma von der Aufnahme Mariens in den Himmel. Viele haben damit ihre Schwierigkeiten. Sie meinen, die Kirche würde da etwas über Maria sagen, was sie gar nicht wissen könne, was zumindest aus der Bibel nicht nachgewiesen werden könne. Doch das Dogma entfaltet nur das Geheimnis unserer Erlösung, es denkt darüber nach, wie die Erlösung durch Jesus Christus sich an uns auswirkt. Alle Aussagen über Maria sind Aussagen über den Menschen. In dem Dogma sagen wir also von Maria, was für uns alle gilt, was Gott an uns allen getan hat und tun wird. Und da bekommen die Aussagen auf einmal eine ganz aktuelle Bedeutung. Wir Menschen werden mit Leib und Seele zu Gott kommen. Leib, das meint alle Erfahrungen und Erlebnisse, die wir hier auf Erden machen. Im Leib treten wir in Beziehung zueinander. Im Leib drücken wir unsere Liebe aus, unsere Zuneigung. Leib beinhaltet unsere Verwundbarkeit, unser Fühlenkönnen, unsere Lebendigkeit, aber auch unsere Einmaligkeit, unsere Individualität, unser Mannsein und unser Frausein.

Das Dogma von der Aufnahme Mariens in den Himmel sagt etwas über die Würde des Menschen aus. Wir werden mit unserem Leib, d. h. mit unserer Sexualität, mit unseren Wunden, mit unseren Sehnsüchten, mit unseren Erfahrungen und mit unserem Fühlen im Tod zu Gott kommen. Alles wird hineingerettet in Gott. Es ist ein Dogma der Hoffnung. Wenn wir es meditieren, dann könnten wir entdecken, daß auch unser Leib ein Organ der Gottesbegegnung und Gotteserfahrung ist und daß die Erlösung den ganzen Menschen mit Leib und Seele verwandelt.

Ein Dogma ist immer ein Glaubenssatz, von dem man leben kann. Das ist auch ein Kriterium für die Interpretation. Es widerspricht den Dogmen, wenn man sich ihretwegen die Köpfe einschlägt, wer nun recht habe, wer nun die Wahrheit auf seiner Seite habe. [...] Die Wahrheit der Dogmen besteht darin, daß sie uns freimacht, weil sie uns unser wahres Wesen erschließt und uns danach leben läßt. Und so gilt als Kriterium ihrer Deutung, welche Frucht sie hervorbringt. *39, 14f*

MARTA UND MARIA (1) – BETRIEBSBLIND?

Marta meint es gut mit Jesus. Sie möchte, daß er sich in ihrem Hause wohl fühlt. Sie ist, so sagt uns Lukas, »ganz davon in Anspruch genommen, für ihn zu sorgen« (Lukas 10,40). Vor lauter Sorge kommt sie gar nicht dazu, Jesus zu fragen, ob er überhaupt essen möchte, ob er überhaupt die Bedürfnisse hat, von denen sie meint, daß er sie als Gast sicher haben müsse. Sie legt Jesus auf die Rolle des Gastes fest, der sich an den Tisch zu setzen hat, um zu essen. So ist Marta für uns eine Anfrage, wie oft wir uns für andere sorgen und vieles für sie tun, ohne je gefragt zu haben, ob sie das überhaupt möchten, ob das für sie überhaupt stimmt. Wir sind so mit unserer Sorge, mit unserer Arbeit beschäftigt, daß wir betriebsblind werden, daß wir gar nicht mehr fragen, warum wir das alles tun. Und wir sind dann beleidigt, wenn uns jemand kritisiert.

Ich erlebe es immer wieder, wie gerade Menschen, die viel arbeiten, höchst empfindlich sind gegenüber jeder Kritik. Sie arbeiten sich ja schon zu Tode. Wie kann es da jemand überhaupt wagen, einen in Frage zu stellen? Wie kann die Frau den Mann, der jeden Abend spät von der Arbeit kommt, darauf ansprechen, daß er sich mehr um die Kinder kümmern sollte, weil sie den Vater brauchen. Er meint, er tue doch schon alles für die Familie. Aber daß die Kinder seine Zeit viel lieber möchten als das Geld, das er für sie verdient, das verdrängt er. Oder wie kann der Mann von seiner Frau verlangen, mit ihm spazierenzugehen, da doch so vieles noch im Haushalt zu erledigen ist. Wie kann er von ihr Zeit für ein Gespräch erbitten, da sie doch alle Zeit für die Familie aufopfert. Oft genug verschanzen wir uns hinter unserer Arbeit, um nicht mehr in Frage gestellt zu werden, um uns selbst zu beweisen, daß wir alles richtig machen. *106, 57f*

Marta und Maria (2) – Der inneren Stimme lauschen

Marta und Maria sind zwei Seiten in uns. Maria ohne Marta, das wäre nur ein frommes Kreisen um sich selbst, das wäre spiritueller Narzismus. Marta ohne Maria würde schnell zum Aktionismus, zum Sichbeweisen durch Arbeit, durch helfende Nächstenliebe, die aber oft genug an den Bedürfnissen des anderen vorbeigeht. Auch in uns ist wohl die Marta stärker entwickelt. Sie hat die besseren Argumente für sich. Auch in uns ist die Stimme lauter, etwas zu tun, was man vorweisen kann, wo etwas dabei herauskommt. Wenn wir es wagen, wie Maria einfach in die Stille zu gehen und vor dem Herrn zu sitzen, um zu hören, was er uns sagen möchte, dann ertönt in unserem Innern gleich die Stimme der Marta: »Tue doch endlich etwas Richtiges. Es gibt soviel zu tun. Wie kannst du dich da einfach hinsetzen und deine Zeit mit Gebet und Meditation vergeuden!«

Da muß Jesus auch bei uns für die Maria Partei ergreifen. Maria läßt Jesus zu Wort kommen. Sie traut Jesus zu, daß er ihr etwas Neues und Wichtiges zu sagen hat. Ich kenne viele gute Christen, die nicht nur viel arbeiten, sondern die auch in ihrer Frömmigkeit sich selbst und anderen ständig etwas vorweisen wollen. Sie beten viele Gebete, sie leisten auch im Religiösen ihre Arbeit, aber sie geben Jesus gar keine Chance, daß er selbst zu Wort kommt. Sie wissen ja schon alles, was Jesus will. Es kommt für sie nur darauf an, möglichst viele Gebete oder fromme Werke zu verrichten, um sich dann stolz zurücklehnen zu können. In den Exerzitien setzen wir uns wie Maria zu Füßen Jesu und hören, was er uns sagen möchte. Vielleicht hören wir nur Schweigen. Vielleicht begegnen wir nur unserer eigenen Unruhe oder Leere. Aber gerade dann, wenn wir mit unserer Leere konfrontiert werden, kann auf einmal Gottes Stimme neu in uns gehört werden.

So möchte ich Sie einladen, in den nächsten Tagen sich bewußt Zeiten der Stille zu reservieren, in denen Sie in sich hineinhorchen, ob Gott Ihnen da etwas sagen möchte. Und wenn Sie nichts hören, halten Sie es trotzdem aus. Gott spricht nicht sofort. Er wartet erst, bis es in unserem Herzen still geworden ist, damit sein Wort auch wirklich gehört werden kann. *106, 59f*

ZUVIEL DES »GUTEN«

Vielleicht leben Sie in der Illusion, Sie könnten Ihr Leben ohne jede Schuld leben. Und das Wichtigste wäre, jede Schuld zu vermeiden. In der Begegnung mit Christus werden wir frei von dieser Schuldangst. Ich erlebe in Seelsorgegesprächen Menschen, die ständig die Schuld bei sich suchen. Sie lassen sich immer von anderen die Schuld zuschieben. In jedem Konflikt mit den Eltern sind sie schuldig.

Ich kenne eine Frau, die sich nicht von den Schuldgefühlen befreien

kann, die ihr die Mutter einimpft. Sie kann sich nicht wehren gegen die übertriebenen Erwartungen, die die Mutter an sie hat. Wenn sie sich selbst einmal einen Wunsch erfüllt, bekommt sie sofort Schuldgefühle. Es könnte ja sein, daß die Mutter nicht mehr lange lebt. Und dann würde sie sich immer Vorwürfe machen. Sie lebt in der Illusion, als ob sie gerade denen gegenüber, die sie liebt, völlig schuldlos sein könnte.

Keiner von uns ist ohne Schuld. Daher können Menschen so leicht über uns Macht gewinnen, wenn sie uns Schuldgefühle zuschieben. Im Gebet zu Christus, der uns all unsere Schuld vergibt, können wir frei werden von dieser Illusion. Wir werden nie total ohne Schuld sein. Entscheidend ist, daß wir unserem eigenen Gespür trauen, daß wir im Rahmen unserer Möglichkeiten auch für den anderen da sind, aber daß wir selbst es entscheiden dürfen, wieviel Zeit und Energie wir für andere einsetzen. Der unbewußte Anspruch, den viele verinnerlicht haben, daß wir immer nur für andere dasein müssen, ist unmenschlich. Er ist eine Illusion. Jesus hat ihn nicht gelebt. Er hat sich durchaus auch zurückgezogen, um allein mit dem Vater zu sein.

Als Übung schlage ich Ihnen vor, einmal der Reihe nach aufzuschreiben, was Sie heute alles tun, was Sie arbeiten, wen sie anrufen, wen Sie besuchen usw. Und dann fragen Sie im Gebet Jesus, ob er alles, was Sie tun, so von Ihnen möchte oder ob Sie da irgendwelchen Strickmustern folgen, ob Ihr Tun aus Ihrem Herzen strömt oder ob Sie damit nur die Erwartungen anderer erfüllen, ob Sie von innen heraus leben oder von außen bestimmt werden. *106, 68f*

AUGUST

Wem folgen – wohin gehen?

Wegeerfahrungen (1)

Die Heilsgeschichte beginnt mit dem Auszug Abrahams aus seiner Heimat (Genesis 12,1–3). Abraham macht sich auf den Weg, um den Verheißungen Gottes zu folgen. Dieser Auszug wird zum Urbild des Glaubens. Und der Glaube wird schon bald auf die Probe gestellt (Genesis 22,1–19). Abraham und sein Sohn Isaak gehen stumm nebeneinander. Der Vater soll seinen Sohn opfern, das Liebste, das er hat. Ist das nicht auch ein Bild für unseren Weg, auf dem wir verwundert über Gottes Wege dahingehen, grübelnd, ob wir wohl loslassen können, was er von uns verlangt? Wir können nur hoffen, daß ein Engel des Herrn uns zu Hilfe kommt und uns wie Abraham erkennen läßt, was wir hergeben und ihm überlassen sollen.

Eine Geschichte auf dem Weg ist auch die Erzählung von Jakobs Traum von der Himmelsleiter (Genesis 28,10–22). Jakob ist auf der Flucht vor seinem Bruder Esau. Steine liegen ihm im Weg. Und an einem dieser Steine träumt er, daß das der Ort Gottes ist. Im Traum erkennt er die Wirklichkeit, an der er sonst achtlos vorübergegangen wäre. Gott selbst ist gegenwärtig, er umgibt ihn mitten in der Wüste, mitten auf dem Weg. Gott erscheint ihm gerade an dem Stein, der ihm im Weg liegt. Und er setzt einen Gedenkstein, um diese Erfahrung festzuhalten, die ihm da widerfahren ist. Manchmal gehen wir an der Realität vorbei. Wir brauchen dann Träume, um zu erkennen, was wirklich ist, daß von jedem Ort unseres Lebens aus eine Leiter in den Himmel geht, gerade von den Steinen, die uns im Weg liegen. Sie könnten unseren Weg öffnen für die Gegenwart Gottes, die uns überall umgibt. *22, 45f*

Wegeerfahrungen (2)

Da gehen zwei Jünger nach Emmaus, traurig, enttäuscht, in ihrer Hoffnung betrogen. Unerkannt gesellt sich der Auferstandene zu ihnen. Er geht mit ihnen, legt ihnen die Schriften aus, und allmählich verstehen sie, bis ihnen beim Brotbrechen die Augen aufgehen und sie erkennen: Es ist der Herr selbst. Mit dieser Weggeschichte entläßt uns Lukas auf unseren Weg. Wir gehen unseren Weg nicht allein. Christus selbst geht mit uns. Und weil er mit uns geht, können wir unseren Weg verstehen. Die Emmausgeschichte wurde für viele Menschen zum Symbol ihres Lebens. In vielen Gegenden war es üblich, am Ostermontag einen Emmausgang zu machen. So eine Gewohnheit entsteht nur, wenn man sich in einer Geschichte wiederfindet und wenn man sich von diesem Gang eine Erhellung und Heilung seines Lebens verspricht.

Der Emmausgang war die Einübung in die Frohe Botschaft, daß der Auferstandene mit uns geht, mitten in unserem Alltag, auf all unseren Wegen. So ein Emmausgang kann uns von der Weggeschichte des Lukas mehr verstehen lernen als eine noch so gute exegetische Auslegung. Er kann uns leibhaft erfahren lassen: Jetzt, da ich gehe, leer und ausgepumpt, über bekannte und unbekannte Wege, mitten im Lärmen und mitten in der Stille, im Gedränge und in der Einsamkeit, enttäuscht und in meiner Hoffnung betrogen, das Durcheinander meines Lebens nicht verstehend, da geht Christus mit mir. Er geht neben mir und erschließt mir den eigenen Weg, deckt mir den Sinn meiner Geschichte auf, er erklärt mir, warum ich diesen Weg bisher gehen mußte: »um einzugehen in seine Herrlichkeit« (Lukas 24,26). Und wenn ich anhalte, können auch mir die Augen aufgehen, und ich werde erkennen: Ja, es ist der Herr. *22, 53f*

Unterwegs nach Hause

Wenn man sich fragt, warum in allen Religionen der Weg als Bild für das menschliche Leben genommen wird, so wird man darauf stoßen, daß die Erfahrungen, die Menschen auf dem Wege gemacht haben und immer noch machen, so tief gehen, daß sie für die menschliche Existenz schlechthin gelten. Es geht also beim Wandern nicht bloß um eine Fortbewegung, nicht bloß um körperliche Ertüchtigung, sondern es werden beim Gehen die tiefsten Schichten des menschlichen Bewußtseins angesprochen. Der Mensch erfährt sich selbst als einen, der wesentlich auf dem Weg ist. Er hat hier keine letzte Bleibe. Der Tod stellt jede Heimat in Frage. Der Tod zeigt dem Menschen, daß er in der Welt im Grund ein Fremdling ist, der nach einer ewigen Heimat sucht, wo er sich endgültig niederlassen kann. Und der Mensch spürt, daß er auf dem Wege immer weiter muß, daß er nicht stehenbleiben kann, ohne mit sich selbst uneins zu werden. Wenn er sich treu bleiben will, so muß er gehen. Wenn er Mensch werden will, muß er wandernd sich wandeln, um im Tod als der letzten Wandlung vom Leben ganz durchdrungen und verwandelt zu werden. Dann hat er seine Bestimmung erfüllt, dann ist er angekommen daheim.

Der Mensch ist nicht bei sich zu Hause, sondern er ist auf dem Weg nach Hause. Und er wird dort nur ankommen, wenn er aus sich selbst auszieht und sich auf den Weg zu Gott macht, der ihn anzieht und solange auf den Weg schickt, bis er sich nicht mehr bei Vorläufigem aufhält, sondern bei Gott selbst ankommt und bei ihm für ewig daheim ist. Im Wandern übt er sich in die Bestimmung seiner Existenz ein. Und eine Theologie des Wanderns läßt ihn bewußter erfahren, was er wandernd tut, daß er letztlich immer auf dem Wege ist, auf dem Wege nach Hause: Wohin denn gehen wir – immer nach Hause. *22, 65f*

Am Mysterium der Verwandlung teilhaben

Jeder Weg ist ein Wandlungsweg, ein Mysterienweg. Die Riten der Völker, durch die die Menschen in das Geheimnis Gottes eingeweiht wurden, waren ursprünglich Wege. Die Frühmenschen wagten sich gefährliche Wege in die oft tief im Innern der Berge liegenden Höhlen hinein, die ihnen als Kultorte dienten. Erich Neumann, der die Entstehung des Ritus von der Psychologie her beschreibt, spricht vom Archetyp des Mysterienweges,«an dessen Ende ein Wandlungsgeschehen steht«. »Dieser Wandlungsort aber ist nur auf einem Einweihungsweg zu erreichen, der durch ein todesträchtig gefährliches Labyrinth führt, in dem keine Bewußtseins-Orientierung möglich ist« (Erich Neumann). Die Labyrinthe, die man in mittelalterlichen Kathedralen findet, künden noch von dieser Erfahrung des Ritus als eines Weges in das Innere der Höhle, in der man die Erleuchtung und Wandlung erhoffte. Man geht das Labyrinth, seine vielen Verschlingungen und Kehren, um sich innerlich zu wandeln.

Den Weg gehen, bedeutet also auch, am Mysterium der Verwandlung teilzuhaben. Für uns Christen ist der Ritus die Teilhabe an Tod und Auferstehung Jesu. Jesus ist für uns der Weg, der uns durch den Tod zur Auferstehung, zur wahren Erleuchtung, zur Teilhabe am ewigen Leben führt. Jeder, der bewußt geht, begeht letztlich einen Ritus; er geht in die Verwandlung durch Tod und Auferstehung Jesu hinein. Für Neumann werden im Gehen der Gehende und der Weg eins. Das Gehen führt zur Individuation, zur Selbstverwirklichung, zum Einswerden mit sich selbst und mit Gott: »Das ganze Leben erweist sich als ein Ritual. Ritus heißt ja gehen, und im Zentrum des Individuationsprozesses steht die Erfahrung, daß die Riten und der die Riten Vollziehende, der Gehende und der Weg ein und dasselbe sind, oder daß, um es paradox zu formulieren, der Gehende der Weg ist, der sich selber geht« (Erich Neumann).

22, 59

Zu früh von spirituellen Wegen fasziniert

Es tut jungen Menschen nicht gut, zu früh zu meditieren, zu früh den Weg der Mystik zu gehen. Sie müssen sich erst mit ihrer eigenen Realität auseinandersetzen. Sie müssen ihre Leidenschaften anschauen und mit ihnen kämpfen. Dann erst können sie sich auf den inneren Weg machen, dann erst können sie ihr Herz ganz und gar an Gott festmachen. Heute gibt es viele, die zu früh von spirituellen Wegen fasziniert sind. Sie meinen, sie könnten diese Wege gehen, ohne vorher den beschwerlichen Weg der Selbsterkenntnis, der Begegnung mit den eigenen Schattenseiten, gegangen zu sein. Die Mönche warnen uns vor einer himmelstürmenden Spiritualität. Allzu leicht wird es uns wie dem Ikarus ergehen, der sich aus Wachs Flügel baute und dann abstürzte, als er der Sonne zu nahe kam. Die Flügel, die wir uns bauen, bevor wir unserer eigenen Wirklichkeit begegnet sind, sind nur aus Wachs. Sie tragen nicht. Die Amerikaner nennen den Weg dieser spirituellen Überflieger »spiritual bypassing«, spirituelle Abkürzung.

Es ist eine große Gefahr, daß wir die Meditation dazu benutzen, den Problemen aus dem Weg zu gehen, die wir eigentlich lösen müßten, etwa die Probleme unserer verdrängten Sexualität, unserer unterdrückten Aggressionen und unserer Ängste. Wenn daher junge Menschen zu fromme Gedanken äußeren, versuche ich immer, den anderen Pol mit ihnen anzuschauen: den konkreten Alltag, die Arbeit, die Schule, das Studium. Ich lehne ihre frommen Gedanken und Wege nicht ab und mache sie nicht lächerlich. Denn das steht mir nicht zu. Dafür ist viel zu viel echte Sehnsucht in ihrer Frömmigkeit. Aber es ist wichtig, daß ihre Frömmigkeit geerdet wird, daß sie den Alltag und die Arbeit durchdringt.

8823, 18

Damit das Herz wieder aufatme

C. G. Jung meint, daß wir immer beide Pole in uns haben: Angst und Vertrauen, Liebe und Aggression, Traurigkeit und Freude, Kraft und Schwäche. Oft aber sind wir auf einen Pol fixiert, z. B. auf die Angst. Die Angst äußert sich dann ständig in Gedanken wie: ›Ich kann das nicht. Ich habe Angst. Was denken die anderen von mir! Da blamiere ich mich.‹

Ich kann diese Angst befragen, was sie mir sagen möchte. Ich kann aber auch in diese Angst hinein Psalm 118 sprechen: »Der Herr ist mit mir, ich fürchte mich nicht. Was können Menschen mir antun?« Der Psalmvers wird die Angst nicht einfach vertreiben. Aber er kann mich in Berührung bringen mit dem Vertrauen, das auch in mir verborgen liegt. In mir ist ja nicht nur Angst, sondern immer auch Vertrauen. Das Schriftwort bringt mich also in Berührung mit dem, was schon in mir ist. Und dadurch kann das Vertrauen, das in mir ist, bewußt werden und wachsen. Das relativiert meine Angst. Die antirrhetische Methode bringt mich also ins Gleichgewicht. Sie steuert dem entgegen, daß sich in mir die negativen Gedanken festsetzen und mich bestimmen.

Eine andere Methode, mit meinen Gedanken umzugehen, ist die, sie mit einem andern zu besprechen. Heute sind die Sprechzimmer der Psychologen überfüllt, weil wir es nicht wagen, vor unseren Freunden offen über uns zu sprechen, vor allem über unsere negativen Gefühle, über unsere Leidenschaften, über unsere Schwächen und über unsere Schuld. So bleiben viele allein mit ihren Gedanken. Sie unterdrücken sie. Aber unterdrückt fangen die Gedanken an zu kochen, bis irgendwann einmal der Deckel hochgeht. Das Aussprechen der Gedanken nimmt ihnen – so sagen die Mönche – das Gefährliche und Zerstörende.

8823, 91f

Ursymbol Wallfahrt (1)

Wenn man nach den Gründen fragt, warum die Menschen in allen Religionen zu bestimmten Orten wallfahren, so liegen sie in der menschlichen Seele. Der Mensch stellt sich Gott nach seinem Bild vor. Und wie der Mensch Vorlieben hat für bestimmte Orte, so meint er, auch Gott bevorzuge einige Orte, an denen er besonders gegenwärtig und wirksam sei. Der Mensch möchte an der Wirkkraft Gottes teilhaben und pilgert daher zu den Orten, von denen er weiß, daß Gott da sichtbar

erschienen ist. Ein Hauptmotiv für die Wallfahrt ist der Wunsch, Gott deutlicher als sonst in seinem Alltag zu begegnen, und der Glaube, daß dies an ganz bestimmten Orten eher möglich sei. Weitere Motive sind die Bitte in bestimmten Anliegen, die Hoffnung auf Erleuchtung und seelische Stärkung, das Vertrauen, am Wallfahrtsort geheilt zu werden. Viele unternehmen eine Wallfahrt, weil sie ihre oder fremde Sünden sühnen und einen neuen Anfang setzen wollen. Die Wallfahrt bedeutet ferner eine Intensivierung des Gebetes, ein Gebet mit Leib und Seele, ein Gebet, bestätigt durch einen mühevollen Weg, unterstützt durch die Anstrengung des Fastens. Man geht nicht einfach zum Wallfahrtsort, wie man eine Wanderung oder eine Reise unternimmt. Man unterzieht sich erst besonderen Riten, man erbittet den Segen. Pilgerstab und Pilgertasche werden gesegnet und begleiten schützend den Wallfahrer. Während der Wallfahrt betet man und bereitet sich betend auf die Begegnung mit Gott am heiligen Ort vor.

Beten und Gehen gehören für die Wallfahrer zusammen. Betend geht man, und gehend betet man. Thomas Ohm hat den Zusammenhang von Beten und Gehen in den verschiedenen Religionen untersucht. Man geht zum Gebet, man bricht auf, verläßt die Welt und weltliche Tätigkeiten und geht hin zu Gott: "Ich will mich aufmachen und suchen, den meine Seele liebt" (Hohelied 3,2). *22, 33f*

Ursymbol Wallfahrt (2)

Für uns Christen ist jeder Wallfahrtsort auch Symbol für das himmlische Jerusalem, für das endgültige Ankommen bei Gott. Wenn man nach tagelangem Pilgern am heiligen Ort ankommt, empfangen vom Gnadenbild und von den für den Ort typischen Liedern, dann ahnt man etwas davon, was es heißt, für immer anzukommen, für immer daheim zu sein, sich auszuruhen, am heiligen Ort bei Gott zu sein, aufgenommen in die Schar der vielen Menschen, die bei Gott ihr Ziel gefunden haben. Wir brauchen die Erfahrung des Ankommens und Angekommenseins, um uns immer wieder neu auf den Weg zu machen. Das Ankommen hält unsere Sehnsucht nach der wahren Heimat wach und schickt uns immer wieder auf den Weg.

Diese tief im menschlichen Herzen sitzende Sehnsucht ist sicher der Grund, daß heute wieder viele junge Menschen bei den Wallfahrten teilnehmen. Besondere Faszination scheint die Wallfahrt nach Santiago de Compostela auszuüben. Die Bücher über die Pilgerwege nach Santiago werden immer mehr. Und die Straßen dorthin bevölkern sich mit zahlreichen Jugendlichen. Sie ahnen etwas von dem Geheimnis unseres Lebens, von dem Geheimnis, daß wir immer unterwegs sind auf ein Ziel hin, unterwegs zu einem Haus, in dem sich daheim sein läßt. Sie wollen an den Erfahrungen teilhaben, die vor ihnen die vielen Pilger gemacht haben, die im Mittelalter über Jahrhunderte hin über diese Straßen gezogen sind und in Santiago de Compostela etwas vom himmlischen Jerusalem erspürt haben. Neun Monate sind die Pilger damals unterwegs gewesen, vier Monate wanderten sie jeweils hin und zurück, einen Monat blieben sie am Ziel. Neun Monate brauchten sie für die neue Geburt, die sie sich von dieser Wallfahrt erhofften. Sie war ein Reinigungsweg für sie, ein Weg, auf dem Neues in ihnen wachsen konnte und nach dem sie daheim als Verwandelte, als Neugeborene ankamen.

22, 35f

Im Gehen meditieren (1)

Gehen ist ein Versuch, den Glauben einzuüben, sich den Glauben zu ergehen. Dabei gibt es verschiedene Methoden: Die 1. Methode besteht darin, das Gehen selbst als Meditation zu nehmen. Man versucht, ganz bewußt zu gehen und im Gehen zu spüren, was man da eigentlich tut. Man braucht das Gehen nicht mit Inhalten zu befrachten, über die man beim Gehen nachdenken will, sondern das Gehen selbst ist Meditation. Indem ich bewußt gehe, übe ich den Glauben ein, wie ihn die Heilige Schrift beschreibt als Ausziehen, Unterwegssein, Auf-Gott-hin-Pilgern. Diese Form der Meditation werden wir vor allem bei den alten Mönchen finden. Sie entspricht ihrer Theologie des Wanderns.

Eine zweite Methode, die ebenfalls von den alten Mönchen praktiziert wurde, besteht darin, daß man mit einem Wort geht. Gehend wiederholt man beständig das gleiche Wort, meistens einen Psalmvers, häufig ein Wort, das mit dem Gehen zu tun hat und uns unser Gehen tiefer verstehen läßt. Die dritte Methode ist ähnlich. Doch man geht nun nicht mit einem Wort, sondern mit einer Geschichte. Wir werden in der Heiligen Schrift viele Weggeschichten finden. Man kann sich mit so einer Weggeschichte auf den Weg machen. Man wird sich gehend in die Geschichte hineinversetzen, sich in die Rollen der Geschichte hineingehen und so sich den Sinn und die Erfahrung der Geschichte ergehen. Gehend nimmt man selbst teil an der Geschichte, erfährt seine heilende oder erhellende Wirkung an sich selbst.

Die vierte Methode, gehend zu meditieren, verbindet die körperliche Bewegung mit einer geistigen Anstrengung. Gehend denkt man über das nach, was man eigentlich tut. Man überlegt, was das im letzten bedeutet: Weg, auf dem Weg sein, Pilger sein, Fremdling sein auf dieser Erde, auf Gott zugehen. Was sagt das über uns, über unser Leben aus? Eine Theologie des Weges kann uns so neue Dimensionen unseres Gehens erschließen. *22, 9f*

Im Gehen meditieren (2)

Es geht den Mönchen um den inneren Weg. Und auf diesen Weg mache ich mich nur, wenn ich mich freigehe von allem, was mich daran hindert, ich selbst zu sein. Wandernd muß ich die Rollen ablegen, die ich spiele, die Masken abfallen lassen, die mein Wesen verdecken und entstellen. Wer bin ich, der da geht, wenn all das Zufällige wegfällt, wenn nicht mehr zählt, was ich geleistet habe, was ich bei den Menschen gelte? Wandernd gehe ich mich hinein in mein Wesen, in meine Wahrheit, in meinen Kern. Was die Menschen von mir halten, ist nicht wichtig, das fällt beim Gehen ab. Was ist mein Kern, wer bin ich wirklich vor Gott? Im Wandern ziehe ich aus aus allem Zufälligem und mache mich auf den Weg zu mir selbst, auf den Weg zu Gott, zu meinem Gott, zum Gott meines Lebens.

Ich brauche beim Wandern nicht ständig darüber nachzudenken, was mich bindet und wovon ich abhängig bin und wie ich davon freiwerden könnte. Beim Gehen kommen einem zwar viele Gedanken, und vieles wird einem auch gedanklich klarer. Doch das Wandern als leibhafte Meditation meint etwas anderes, nicht eine Meditation über etwas, sondern eine Einübung in etwas. Im Wandern übe ich den inneren Auszug ein. Ich gehe mich hinein in eine innere Freiheit. Indem ich mich dem Gehen überlasse, ziehe ich aus aus dem, was mich gefangenhält, ich ziehe aus aus Gewohnheiten, die mich fesseln, aus Bindungen an Menschen, ohne die ich nicht leben kann, aus der Unfreiheit, in die mich meine Bedürfnisse und Wünsche gebracht haben, ich lasse meinen Besitz hinter mir, Komfort und Bequemlichkeit. Ich verzichte auf den Kontakt mit Menschen. Für sie bleibe ich eine Zeitlang unerreichbar. So ziehe ich aus aus der Welt, aus der Verbindung mit ihr und gehe mich in eine immer größere Freiheit hinein, in die Freiheit des Glaubens, der sich an nichts festhält außer an Gott. *22, 20f*

Im Gehen meditieren (3)

Woher hat das Gehen die Fähigkeit, uns von Krankheit und Kummer zu befreien? Im Gehen sind wir ständig in Bewegung, und so kann sich auch in unserem Geist etwas bewegen. Die gleichmäßige Bewegung der Füße, die den Boden immer wieder berühren und sich von ihm wieder abheben, ermöglicht das Abgeben von Spannungen, die sich im Leib festgesetzt haben und immer auch seelische Konflikte ausdrücken. So geht man sich die Unruhe und den Kummer weg und wird immer ruhiger und ausgeglichener. Indem man bewußt die Füße aufsetzt und abrollt, läßt man alles abfließen, was den Leib und damit auch die Seele verspannt, verkrampft, verunreinigt. Man fühlt sich nach dem Wandern wie innerlich gewaschen, aufgeräumt. Der Müll ist weggegangen.

Wandern ist gerade für Menschen heilsam, die depressiv veranlagt sind. Statt über sich nachzugrübeln, sollten sich depressive Menschen auf den Weg machen, ihren Körper anstrengen. Durch Nachgrübeln kommt man oft nicht weiter, man gerät in einen Teufelskreis, aus dem man nicht mehr ausbrechen kann. Im Wandern wage ich mich heraus aus diesem Teufelskreis. Da bleibe ich nicht mehr nur im Kopf, im Denken und Grübeln, in dem ich mich selbst oft nicht wahrnehme und spüre, sondern oft neben mir stehe, mich aus einer gewissen Distanz heraus beobachte und manchmal gar nicht mehr weiß, wer ich bin. Im Wandern werde ich wieder eins mit meinem Leib. Ich spüre meinen Leib, ich schwitze, ich spüre Leben und Kraft in mir. Dieses Spüren des Lebens in mir entreißt mich der Depression, die mich am liebsten verschlingen möchte. Wer wandert, der läßt sich nicht verschlingen, er löst sich aus dem Sog der Gedanken, die einen ängstigen und einen wie eine dunkle Wolke überfallen. So haben schon die Mönche geraten, nach draußen zu gehen, wenn einen unangenehme Gedanken bedrängen und wenn das Nachdenken über sie nicht mehr weiterhilft. *22, 23f*

Im Gehen meditieren (4)

Wer versucht, sein Wandern einmal unter dem Aspekt zu sehen, daß er auf Gott zugeht, der kann erfahren, wie relativ für ihn alles wird, was er hier auf Erden tut. Er geht über diese Welt hinweg auf Gott hin. Der Boden entschwindet immer wieder seinen Füßen. Er bietet ihm keinen festen Halt. Wir gehen immer weiter, alles bleibt zurück. Wir berühren diese Erde mit jedem Schritt, aber wir verlassen sie auch ständig. Wir spüren, daß wir nichts mitnehmen können in den Himmel. So gehen wir uns in eine Freiheit gegenüber der Welt hinein, die uns das Gefühl vermitteln kann: Alles, was wir hier arbeiten und erreichen, worum wir uns hier sorgen, wofür wir uns verantwortlich fühlen, all das vergeht, all das kann unser Wesen nicht ausmachen. Wir sind auf dem Weg auf ein größeres Ziel, auf Gott hin, vor dem all unsere Sorgen und Mühen um die Dinge dieser Welt erst ins rechte Licht gerückt werden. Im Gehen geht uns das eigentliche Ziel unseres Lebens auf. Wir sind auf dem Weg zu Gott.

Diese Eigenschaft des Gehens, uns den Sinn und das Ziel unseres Lebens zu erschließen, läßt sich schon aus der Sprache herleiten. Das Wort »Sinn« bedeutet ursprünglich gehen, reisen, eine Fährte suchen, eine Richtung nehmen. Gehen heißt also, auf etwas sinnen, nach dem Sinn fragen, nach dem Ziel suchen. Wer sich auf den Weg macht, fragt nach dem Sinn seines Lebens. Im Gehen sucht er den Grund und das Ziel seines Unterwegsseins. Das Ziel unseres Gehens ist letztlich nie innerweltlich, wir gehen auf eine letzte Geborgenheit zu, auf eine Heimat, in der wir uns endgültig niederlassen können. Novalis hat diesen Aspekt des Gehens in seinem Roman »Heinrich von Ofterdingen« in die kurze Frage gefaßt: »Wohin denn gehen wir – immer nach Hause.« Unser Weg führt immer nach Hause, immer nach einer Heimat jenseits dieser Welt. Alles Ausruhen ist nur Symbol für das ewige Ausruhen.

22, 29f

Die Weite der frühen Mönche

Das Thema der geistlichen Begleitung ist seit einigen Jahren zu einem zentralen Thema der Spiritualität geworden. Überall werden Kurse angeboten, um geistliche Begleitung zu »erlernen«. Und viele suchen nach einem geistlichen Begleiter, der ihren spirituellen Weg mit ihnen gehen soll. Die Aufgabe des geistlichen Begleiters wird heute meistens vom Exerzitienleiter bei ignatianischen Exerzitien her entwickelt und beschrieben. Ignatius von Loyola geht es darum, den konkreten Willen Gottes zu erkennen. Er möchte die Menschen dazu führen, auf die inneren Bewegungen der Seele zu achten und das Wirken der Gnade zu erkennen, damit sie dann gehorsam Gottes Willen tun. Ignatius hat die Berufung des Menschen in dieser Welt im Blick. Und es ist für ihn immer eine Berufung zur Tat. Bei den frühen Mönchen ist wenig vom Willen Gottes die Rede und wenig von unserer Verantwortung für diese Welt. Den Mönchen geht es immer wieder um die Frage: »Wie kann ich das Heil erlangen, wie kann ich gerettet werden?« Das klingt zunächst sehr egoistisch. Aber darin liegt letztlich die Frage nach der Menschwerdung. Wie kann ich wahrhaft Mensch werden, wie kann ich der werden, als der ich von Gott her gedacht bin? Wie kann Selbstwerdung gelingen? [...]

Natürlich ist den Mönchen die Bibel immer als Hintergrund gegenwärtig, zumal sie ja oft die Heilige Schrift vollständig auswendig gelernt haben. Aber in den Ratschlägen, die sie den Ratsuchenden geben, beziehen sie die Bibel kaum ein. Da schlagen sie oft Übungen vor, die den Prozeß der Selbstwerdung in Bewegung bringen sollen, die den Fragenden mit der Wahrheit konfrontieren und ihn mit all seinen Gedanken und Gefühlen vor Gott stellen. *67, 7f*

GEISTLICHE MÜTTER

Im frühen Mönchtum war die geistliche Begleitung weit verbreitet. Ja, es war sogar Pflicht, daß jeder junge Mönch einen geistlichen Vater hatte, dem er seine Gedanken und Gefühle offenbaren mußte und dem er absoluten Gehorsam schuldete. Die Mönche sprechen dabei nicht von Begleitung, sondern von geistlicher Vaterschaft. Der geistliche Vater ist mehr als ein Erzieher, mehr als ein jüdischer Rabbi und Gesetzeslehrer. Seine Vaterschaft gründet in der Vaterschaft Gottes. Vater ist der, der einem andern Sein und Leben verleiht. Gott ist im absoluten Sinn Vater.
Von ihm her hat Christus seine Vaterschaft für uns empfangen. Und der geistliche Vater soll Christus, unseren Vater, nachahmen: »Da ihr also Väter seid, ahmet den Vater Christus nach und nähret uns mit Gerstenbrot durch die Lehre der Besserung der Sitten.«

Evagrius nennt Christus aber nicht nur Vater, sondern zugleich auch Mutter: »Ein und derselbe Christus kann, je nach dem Gedankenzusammenhang, sowohl als Vater wie auch als Mutter bezeichnet werden: Als Vater derer, die den Geist der Sohnschaft besitzen, als Mutter aber jener, die noch der Milch bedürfen und nicht fester Speise. So ward ja der in Paulus sprechende Christus zum Vater der Epheser, indem er ihnen die Geheimnisse der Weisheit offenbarte, zur Mutter aber der Korinther, indem er sie mit Milch tränkte.«

Und so gibt es im Mönchtum nicht nur geistliche Väter, sondern auch geistliche Mütter, die sog. Ammas. Ihre Mutterschaft ahmt Christus als unsere Mutter nach. Und ihnen traut man genauso zu, daß sie Menschen auf ihrem Weg zu Gott begleiten können, vor allem natürlich Frauen, deren Psyche sie besser verstehen. *67, 9f*

Ziel und Weg

Drei Gaben sind die Voraussetzung für den geistlichen Begleiter: die Gabe der *Kardiognosie* und der *Diakrisis*, und die Fähigkeit, *Dioratikos* zu sein. Kardiognosie hat ein Altvater, wenn er das eigene Herz mit seinen Abgründen erforscht hat und nun auch das Herz des anderen durch und durch kennt und es versteht. Diakrisis ist die Gabe der Unterscheidung. Der Altvater kann bei sich und bei anderen die Regungen der Seele daraufhin unterscheiden, ob sie von Gott, von den Dämonen oder aus dem eigenen Herzen kommen. Dioratikos ist der geistliche Vater, wenn er beim Ratsuchenden durch die Worte und durch die Gesten und Gebärden des Leibes hindurch auf den Grund der Seele zu schauen vermag, wenn er sieht, wie es wirklich um den anderen steht und wessen er bedarf. Das alles sind Gaben, die Gott dem Mönch schenkt, wenn er sich ehrlich bemüht, durch alle Eintrübungen der Seele hindurch Gott zu suchen. Das Ziel des Mönchtums ist das Einswerden mit Gott. Die Leidenschaften der Seele hindern jedoch den Mönch, sich ganz und gar für Gott zu öffnen. Daher muß er erst die Leidenschaften kennenlernen, er muß seine Psyche mit ihren Mechanismen kennen. Erst dann kann er die Hindernisse auf dem Weg zu Gott überwinden.

Die psychologischen Kenntnisse sind für die Mönche nicht Selbstzweck, sie dienen vielmehr dazu, den Kampf um die Reinheit des Herzens bestehen zu können und so Leib und Seele für Gott zu öffnen, damit Gott darin wohnen kann. Es geht im letzten nicht darum, die psychischen Mechanismen der Seele zu durchschauen, sondern das Wirken Gottes in der Seele zu verstehen. [...] Nur wenn ich die menschliche Seele mit ihren inneren Gesetzen kenne, kann ich in ihr auch Gottes Wirken erkennen. Ohne psychologische Erfahrung bin ich immer in Gefahr, psychische Mechanismen mit dem Wirken des Heiligen Geistes zu verwechseln. *67, 14f*

Wir brauchen Rituale

In der Geschichte des Mönchtums wurde der gesunde Lebensstil vor allem von Benedikt beschrieben. Für ihn war die klare Strukturierung des Lebens, der Arbeit, der Gemeinschaft, der Macht entscheidend für die Gesundung des Menschen. Und obwohl Benedikt seine Ordnung nur für eine kleine Gemeinschaft vorgesehen hat, wurde daraus ein Ordnungsfaktor für ganz Europa. Und aus kleinen Gemeinschaften, die nach dieser Ordnung lebten, wurde eine Quelle der Kultur für das ganze Abendland. Kultur ist geformtes Leben. Wenn ich mein Leben selber forme, wenn ich ihm eine Gestalt gebe, die mir entspricht und die mir guttut, dann habe ich zugleich Lust am Leben. Ich habe das Gefühl, daß ich selber lebe, anstatt gelebt zu werden. Es ist mein Stil, wie ich aufstehe, wie ich den Tag beginne, wie ich an die Arbeit gehe, wie ich die Mahlzeit gestalte, wie ich den Tag abschließe. Ein gesunder Lebensstil braucht gesunde Rituale. Wenn wir auf unsere Rituale nicht achten, schleichen sich unwillkürlich ungesunde und krankmachende Rituale ein, z. B. daß wir in den Tag hineinhetzen, das Frühstück herunterschlingen, immer zu spät kommen. Gesunde Rituale bringen mich in Ordnung, und sie schenken mir die Freude daran, mein Leben selbst zu gestalten.

Erhart Kästner schreibt über die Riten, die er auf dem Berg Athos beobachtet: »Neben dem Drang, die Welt zu gewinnen, liegt ein eingeborener Drang, immer Selbes aus uralten Formen zu prägen. In Riten fühlt die Seele sich wohl. Das sind ihre festen Gehäuse. Hier läßt es sich wohnen. ... hier stehen die gefüllten Näpfe bereit, die Opferschalen der Seele. Hier fährt sie aus, fährt sie ein; gewohnte Gaben, gewohntes Mahl. Der Kopf will das Neue, das Herz will immer dasselbe« (in: Ders., Die Stundentrommel vom Heiligen Berg Athos, Wiesbaden 1956, 65).

Gesunde Rituale geben dem Leben Vertrautheit, Geborgenheit, Klarheit. Da läßt es sich wohnen, daheim sein. *8823, 101f*

Sehnsucht nach Gott

Was wir von den Mönchen lernen können, ist die Sehnsucht nach Gott. Es ist die Sehnsucht, die sie anstachelt, in die Wüste zu gehen, konsequent mit den Leidenschaften zu kämpfen, die Askese treu durchzuhalten. Die Mönche sehnen sich danach, Gott zu erfahren, mit Gott eins zu werden, in Gott die Erfüllung aller Sehnsucht zu erleben. Gott ist für sie die Wirklichkeit schlechthin. Um Gottes willen verlassen sie die Welt, um Gottes willen nehmen sie den Kampf auf sich. Sie haben offensichtlich Gott geschmeckt und lassen deshalb nicht nach, bis sie ihn gefunden haben. Ein Altvater vergleicht den Mönch mit einem Hund, der den Geschmack des Hasen im Mund hat und deshalb nicht nachläßt, bis er ihn gepackt hat: »Ein Mönch soll die Hunde auf der Hasenjagd beobachten. Wie nämlich nur einer, der den Hasen erblickt hat, ihn verfolgt, die anderen aber, weil sie jenen Hund laufen sehen, ihm nachrennen, aber nur solange sie nicht ermüden, und dann plötzlich zurückkehren, und nur der erste, der den Hasen tatsächlich sah, ihn weiter verfolgt, bis er ihn gefaßt hat, und sich im Lauf nicht abhalten läßt, weil die anderen von ihrem Lauf umgekehrt sind, noch auch durch Abgründe, Wälder oder Gesträuch noch von kratzenden Dornen und Wunden abgehalten wird aufzugeben, bis er den Hasen faßt, so soll auch der Mönch, der Christus den Herrn sucht, unablässig auf das Kreuz schauen und alle Ärgernisse übersehen, die ihm begegnen, bis er zum Gekreuzigten gelangt ist« (Sprüche der Väter. Apophthegmata Patrum [= Apo], Graz 1963, 1148).

Das Ziel des Kampfes, der Jagd, des Weges, ist Gott. [...] Wenn wir wie der Hund auf der Hasenjagd den Geschmack Gottes in unserem Munde haben, dann lassen wir uns auf unserem spirituellen Weg nicht entmutigen, weder durch die ständigen Konflikte innerhalb der Kirche, noch durch die diffuse Depressivität, die unsere Gesellschaft prägt, noch durch die Säkularisierung unserer Zeit, in der von Gott oft so wenig zu spüren ist. *8823, 122f*

Die Würde jedes einzelnen

Der Weg zu Gott aber geht über unsere eigene Wirklichkeit, über die Beobachtung der Gedanken, über den rechten Umgang mit den Leidenschaften und über eine Askese, in der wir uns einüben in die Offenheit für Gott. Es ist eine *Spiritualität von unten*, die uns die Mönche lehren, eine Spiritualität, die den Mut hat, alles, was in uns ist, auch unsere Schattenseiten, anzuschauen und Gott hinzuhalten. Sie laden uns ein auf den Weg der Demut, auf dem wir durch Hinabsteigen in unsere Wirklichkeit zu Gott aufsteigen. Das Vorbild ist Jesus selbst, der vom Himmel herabgestiegen ist, um uns als seine Geschwister zu Gott emporzuheben. Für Paulus ist dies auch unser Weg: Nur der, der zuvor hinabgestiegen ist, kann zu Gott aufsteigen (vgl. Epheser 4,9f).

Wir werden nur auf dem Weg über die ehrliche Selbstbegegnung, über das Hören auf unsere Gedanken und Gefühle, auf unsere Träume, auf unseren Leib und auf unser konkretes Leben, auf unsere Arbeit und unsere Beziehung zu anderen Menschen, zu dem Gott kommen, der alles, was wir ihm hinhalten, verwandeln wird, bis auch in uns das Bild Jesu Christi aufscheint, das Bild, das Gott sich von jedem einzelnen von uns gemacht hat und das nur in und durch uns in dieser Welt erstrahlen kann. Die ganze Mühe, die die Mönche in ihrer Askese auf sich genommen haben, will nichts anderes, als dieses einmalige Bild Gottes in dieser Welt ohne Verfälschung aufscheinen zu lassen. [...]

Die Würde jedes einzelnen, der von Gott auf einmalige Weise geformt und in dem Gott jeweils ein anderes, dir und mir eigenes Wort aussagt, ist der Grund, warum uns die Mönche zur Askese einladen. Wir sollen und können an uns arbeiten, wir können unser wahres Selbst finden – und wir werden Gott finden, der im Gebet und in der Kontemplation unsere tiefsten Wunden heilt und uns die Sehnsucht unseres Herzens stillt.

8823, 124f

Empfangen und geben

Wer den anderen um Gottes willen heilt, den laugt sein Heilen nicht aus, sondern er wächst dadurch immer mehr in das Heil hinein, das Gott ihm schenkt. Er heilt nicht, um sich selbst zu bestätigen, sondern weil er für Gott durchlässig ist, der durch ihn die Menschen heilen möchte.

In erster Linie ist der geistliche Vater nach Evagrius jedoch nicht Psychologe und Arzt, sondern Mystagoge, der hinführt zur Kontemplation, zur Begegnung mit Gott und zum Einswerden mit Gott. Der geistliche Vater soll die Erkenntnis Gottes, die er erlangt hat, weitergeben. Das mindert seine Kontemplation nicht, sondern vertieft sie noch. So ermahnt Evagrius einen Priester, den Menschen die Erkenntnis nicht vorzuenthalten: »Du hast einen Schatz und nährst uns nicht, sondern verborgen hast du vor uns deinen Krug! Und was sollen wir von dem halten, sage uns, was da geschrieben steht: Ein menschenfreundlicher Geist ist die Weisheit? Oder wie reimt sich das mit dem, was im Psalm gesagt ist: Den ganzen Tag erbarmt er sich und leiht der Gerechte?

Was mich betrifft, so weiß ich, daß die Erkenntnis Gottes, indem sie nährt, genährt wird und wenn sie gibt, empfängt! Brich also dein Brot dem Hungernden, und den Obdachlosen führe in dein Haus. Der nämlich, der dir die Gabe des Priestertums gewährte, gebietet dir, dies aus deiner ganzen Seele zu tun!« (Brief 47).

Wer die Gabe der Erkenntnis hat, der darf daher nicht nur auf sich schauen, sondern er hat von Gott her die Aufgabe, das Brot der Erkenntnis auch für die Hungernden zu brechen und sich der Menschen zu erbarmen, die sich nach Gott sehnen. *67, 18f*

Mich meinen Wunden stellen

Viele Wunden, die wir mit uns herumschleppen, haben uns Menschen zugefügt, Eltern und Erzieher, Neider und Menschen, die mit sich selbst uneins sind. Ein Rat, den die Mönchsväter geben, meint, daß wir uns mit den Wunden aussöhnen und darin den Kern unserer Krankheit entdecken sollen. [...]

Die Wunden, die andere mir zufügen, weisen mich auf meine eigene Krankheit hin, auf die Stellen, die ich bei mir selbst nicht angenommen habe, und auf Seiten in mir, die ich verdrängt habe, auf Bedürfnisse, die ich nicht zugelassen habe, oder auf die Illusionen, die ich mir vom Leben gemacht habe, daß es mit mir immer gut gehen müsse, daß ich immer im Paradies leben würde. Der Mönchsvater rät hier, daß ich mich meinen Wunden stelle, daß ich durch sie hindurch auf den Grund meiner Seele schaue, auf Bedürfnisse, die ich unterdrückt habe, auf Verletzungen meiner Kindheit, die in den Wunden immer wieder aufbrechen. Und so meint der Mönchsvater, ich soll Christus in meinen Wunden erkennen. Er berührt mich an den wunden Stellen, um meine eigentliche Krankheit zu heilen. Die Wunden sind nur ein Symptom für eine tieferliegende Krankheit. Und die will mir Christus aufdecken, und sie will er heilen. Das verlangt, daß ich meine Wunden annehme und mich frage, was mir Christus darin sagen möchte, auf welche Grundhaltung er mich hinweisen möchte, die krank ist. Oft ist es eine Haltung von Selbstüberschätzung, die in der Illusion gefangen bleibt, mir dürfe doch gar nichts passieren, mich dürfe das Leben nicht verletzen, ich müsse immer der beste sein, immer der Gewinner. [...]

Ich muß die Krankheit nicht loswerden, sondern ich soll durch sie hindurch entdecken, was in mir eigentlich leben möchte, was meine individuelle Berufung ist, meine Weise, in dieser Welt Gott zu verstehen und zu bezeugen. *67, 71f*

Erspüren, was für den anderen gut ist

Es gibt Menschen, die die Leidenschaften nicht an sich heranlassen dürfen, weil sie sonst davon verschlungen würden. C. G. Jung meint, bei manchen dürfe man das Unbewußte nicht wecken, weil es sie überschwemmen würde. Aber es ist nicht nur eine Sache der verschiedenen Typen von Menschen, sondern es kommt auch auf die Situation und auf die Art der Gedanken an. Bei manchen Gedanken ist es besser, sie gar nicht zuzulassen, sondern sie sofort abzuschneiden. Bei anderen dagegen wäre das eine Flucht und würde uns nicht weiterführen. Da wäre es besser, sich mit ihnen auseinanderzusetzen. Ja, Evagrius rät sogar, daß wir uns mit den verschiedenen Leidenschaften vertraut machen, um sie dann besser bekämpfen zu können. Man soll die Leidenschaften zu Ende denken, dann werden wir erkennen, was sie uns sagen wollen. Der Zorn z. B. weist oft darauf hin, daß wir anderen zuviel Macht über uns gegeben haben. Dann sollten wir die Kraft, die in der Leidenschaft des Zornes steckt, nützen, um uns von der Macht des andern zu befreien. Oder wenn wir unsere Traurigkeit zulassen und uns in sie hineinspüren, können wir ihre tiefste Ursache entdecken. Vielleicht sind es übertriebene Wünsche, die wir an das Leben haben, vielleicht ist es eine tiefe Wunde in der Kindheit, eine Verlusterfahrung oder eine Verletzung, die noch nicht verheilt ist.

Die Kunst des geistlichen Vaters besteht nun darin, zu erkennen, welcher Weg für den einzelnen richtig ist, ob er die Gedanken abschneiden soll oder ob er sich mit ihnen beschäftigen und ihnen auf den Grund gehen soll. Dazu muß er sich in den anderen hineinspüren, und er muß auf den Geist Gottes hören, der ihm offenbart, was der andere braucht. Die *Diakrisis* ist nicht eine Fähigkeit, die er sich erwerben kann, sondern eine Gabe des Heiligen Geistes, um die er immer wieder beten muß. Es braucht die eigene Erfahrung im Umgang mit den Gedanken und Gefühlen, aber es braucht auch das Hören auf den Geist, damit er für den jeweiligen Augenblick erkennt, was für den anderen gut ist.

67, 57f

Sich von negativen Gedanken verabschieden

Eine Frau, deren Mann Alkoholiker war, spürte in sich Haßgefühle, ja sogar Mordgedanken ihrem Mann gegenüber. Sie beschuldigte sich, daß sie ganz schlecht sei, weil sie so etwas überhaupt denken könne. So geht es vielen Menschen, die sich für ihre negativen Gedanken beschuldigen. Die Mönche sind da barmherziger. Sie sagen, der Gedanke ist nicht schlecht, er hat einen Sinn. Ich muß nur die Kraft entdecken, die darin steckt. Im Haßgefühl dem Mann gegenüber steckt der Impuls: ›Ich habe auch ein Recht zu leben. Ich lasse mich nicht kaputtmachen.‹ Wenn ich diesen Impuls lebe, dann brauche ich den Haß nicht. Das Haßgefühl, das in mir auftaucht, ist nicht schlecht. Es ist ein Alarmsignal, daß ich einem andern zuviel Macht über mich zugestehe. Wenn ich das Signal höre und entsprechend handle, wird das Gefühl weichen. Wenn ich das Gefühl unterdrücke, werde ich den Haß nie loswerden. Und dann wird er mich zerstören. Wir sind also nicht verantwortlich für die Gedanken, die in uns auftauchen, wohl aber dafür, wie wir mit ihnen umgehen.

Aber – so sagt uns Abba Joseph – es gibt auch andere, für die es besser ist, negative Gedanken und Gefühle einfach abzuschneiden, sie gar nicht an sich heranzulassen. Wenn ich merke, daß ich immer wieder an Menschen denke, die mich verletzt haben, dann kann es hilfreich sein, mir diese Gedanken zu verbieten. Entweder ich denke die Gedanken wirklich durch und überlege, wie ich darauf reagieren soll. Ich verarbeite sie und kann sie dann ablegen. Aber wenn sie dann trotzdem immer wieder hochkommen, hat es keinen Zweck, noch weiter darüber nachzudenken. Dann muß ich sie einfach abschneiden, aus mir herauswerfen. Andere sind fasziniert von Selbstmordgedanken, die sie sich ausmalen. Da ist es notwendig, die Gedanken abzubrechen, wenn sie auftauchen. Sich zulange damit zu beschäftigen kann gefährlich sein.

8823, 81f

Die Botschaften der Angst

Der Dialog mit den Gedanken ist vor allem bei der Angst angebracht. Auch die Angst hat einen Sinn und will mir etwas sagen. Ohne Angst hätte ich auch kein Maß, da würde ich mich ständig überfordern. Aber oft blockiert mich die Angst. Wenn ich dann mit der Angst rede, kann sie mich auf eine falsche Lebenseinstellung hinweisen. Oft rührt die Angst von einem Perfektionsideal her. Ich habe Angst, mich zu blamieren, einen Fehler zu machen. Ich traue mich nicht, in der Gruppe zu reden, aus Angst, ich könnte stottern, oder die anderen könnten es nicht gut finden. Ich habe Angst vorzulesen, weil ich steckenbleiben könnte. Hier weist die Angst immer auf übertriebene Erwartungen hin.

Letztlich ist es Stolz, der Angst bewirkt. So könnte mich das Gespräch mit meiner Angst zur Demut, zur humilitas führen. Ich könnte mich aussöhnen mit meinen Grenzen, mit meinen Schwächen und Fehlern: ›Ich darf mich blamieren. Ich muß nicht alles können.‹

Es gibt aber auch Ängste, die nicht auf eine falsche Lebenshaltung hinweisen, sondern die notwendigerweise mit dem Menschen verbunden sind. Da ist die Angst vor der Einsamkeit, die Verlustangst, die Angst vor dem Sterben. In jedem Menschen ist ein Stück weit die Angst vor dem Tod. Bei manchen kommt sie jedoch oft bedrohlich hoch. Es wäre dann wichtig, mit der Angst zu sprechen: ›Ja, ich werde auf jeden Fall sterben.‹ Die Angst kann mir helfen, mich mit dem Tod auszusöhnen, einverstanden zu sein, daß ich sterblich bin. Wenn ich der Angst auf den Grund gehe, sie zulasse, so kann ich mitten in der Angst einen tiefen Frieden spüren. Die Angst wandelt sich in Gelassenheit, Freiheit und Frieden. *8823, 83f*

Das Zu-Ende-Denken

Wenn wir uns den Haß oder die Wut verbieten, werden sie immer wieder auftauchen. Poimen meint, wir seien nicht verantwortlich für die Gedanken, die in uns auftauchen, sondern nur dafür, wie wir damit umgehen. Wir sollen also unseren Haß und unsere Wut danach befragen, was sich in ihnen zu Wort meldet. Oft ist die Wut notwendig, daß wir uns von der Macht eines andern befreien. Wenn wir ständig wütend sind, geben wir dem andern Macht über uns, und damit schaden wir uns selbst. Aber wenn wir die Wut dazu benutzen, uns innerlich von ihm zu befreien, ihm nicht mehr soviel Macht über uns zu geben, dann hat die Wut eine positive Funktion, und dann wird sie auch vergehen.

Ähnlich ist es mit dem Haß. Der Haß als Impuls ist nicht schlecht, er will uns zwingen, uns vom andern zu befreien und uns selbst einen Raum zu schaffen, in dem wir leben können. Der Haß als Dauergefühl zerstört uns selbst. Wir werden vom Haß nicht frei, indem wir ihn unterdrücken, sondern indem wir den positiven Impuls daraus nehmen.

Eine Weise, mit den Gedanken einen Dialog anzufangen, ist, sie weiterzudenken, sie zu Ende zu denken. Dieses Zu-Ende-Denken ist vor allem dann angemessen, wenn wir sehr stark nach etwas verlangen, etwa bei Gefühlen der Eifersucht, bei Enttäuschung über die Eltern und bei der Sehnsucht nach einem guten Vater und einer verständnisvollen Mutter, beim Wunsch nach Zärtlichkeit, beim Wunsch nach Nähe, nach Menschen, die mich verstehen, nach einer idealen Gemeinschaft. [...]

Allerdings kann ich meine Sehnsucht nach einem liebenden Vater nicht zu Ende denken, bevor ich nicht auch meine Wut und Enttäuschung über meinen tatsächlichen Vater durchlebt habe. Zu Ende denken kann ich die Gefühle und Wünsche nur, wenn ich mich in sie auch wirklich hineinspüre und -fühle. *67, 83ff*

Der Weg des Erlaubens

Eine andere Weise des Dialogs mit den Gedanken ist, sich die Gedanken und Gefühle zu erlauben. Das gilt bei der Wut und beim Ärger. Wenn ich mir die Wut nicht verbiete, sondern sie mir erlaube, dann wird sie vergehen, dann steht am Ende der Wut vielleicht Verständnis für den, gegenüber dem ich meine Wut fühle. Vielleicht kann ich am Ende meiner Wut vergeben und so mich von der Macht des anderen befreien. Das Erlauben gilt auch für den Umgang mit den Bedürfnissen. Nur wenn ich

sie zugebe und sie mir erlaube, kann ich auch auf sie verzichten. Sonst werden sie mich ein Leben lang bestimmen. Vor allem aber gilt das Erlauben für meine Ängste. Ich kann die Angst sicher manchmal mit Vertrauensworten der Schrift besiegen. Wenn ich etwa in meine Angst hineinspreche: »Der Herr ist mit mir, ich fürchte mich nicht, was können Menschen mir antun!«, dann kann ich mitten in meiner Angst mit dem Vertrauen in Berührung kommen, das unter meiner Angst auf dem Grund meiner Seele verborgen liegt. Aber immer, wenn ich auf das fixiert bin, wovor ich Angst habe, nützt mir auch die antirrhetische Methode nicht. Denn ich benutze sie dann nur, um meine Angst loszuwerden. Ich darf keine Angst haben und so setze ich alles ein, um sie loszuwerden. Doch das ist ein Irrweg, der mich an meine Angst fesselt. Hier ist es besser, sich das, wovor ich Angst habe, zu erlauben.

Eine Schwester, die auf einmal nach 30 Klosterjahren nicht mehr vorlesen konnte, weil sie Angst hatte, sie bliebe stecken und ihre Mitschwestern würden sie für verrückt halten, kam zu mir, um ihre Angst loszuwerden. Ich riet ihr, sie solle sich vorstellen, sie ginge zum Lesepult, fange an zu lesen und bliebe nach einem Satz stecken. Wenn sie sich erlaubt, stecken zu bleiben, dann verliert sich die Angst. Das ist kein billiger Trick, sondern dahinter steht die Grundfrage, wie ich mein Leben verstehe. *67, 84f*

Spirituelle Dimension der Beratung

In einem Kurs »Spiritualität und Beratung« wurde mir im Gespräch mit den Erziehungs- und Eheberatern deutlich, wie wichtig die spirituelle Dimension in der Beratung ist. Die spirituelle Dimension besteht nicht darin, daß ich in der Beratung nach den Maßstäben der Kirche arbeite und ihre moralischen Normen vertrete, sondern daß ich die Menschen auf ihre unantastbare Würde hinweise, sie in den Raum führe, zu dem die Wunden und Schwierigkeiten ihres Lebens keinen Zutritt haben. Gerade in der Eheberatung stoßen die Berater oft auf unlösbare Konflikte. Auf der rein menschlichen Ebene kommen die Partner nicht weiter. Da ist es oft der einzig mögliche Weg, den einzelnen auf den Raum der Stille zu verweisen, zu dem auch der Partner keinen Zutritt hat, den Raum, der ganz heil ist, in den die Verletzungen des andern nicht hineinreichen. Das ist keine Flucht vor den Konflikten, sondern ihre Aufhebung auf eine andere Ebene.

Geistliche Begleitung würde zu kurz zielen, wenn sie nur Krisenmanagement wäre, wenn sie nur helfen würde, mit den Problemen des Alltags psychologisch richtiger umzugehen. Nach Evagrius Pontikus besteht die geistliche Begleitung gerade in der Hinführung zur Kontemplation. Der Weg zur Kontemplation ist dann aber auch die wirksamste Hilfe im Umgang mit den Lebenswunden. Denn im Raum der Kontemplation haben die Wunden keinen Zutritt. Da können sie mich nicht quälen. Sie werden mich zwar auf der emotionalen Ebene noch weiter beschäftigen. Aber im Gebet darf ich immer wieder in den Raum der Stille eintauchen, in dem alles heil und ganz ist, in dem ich einen tiefen Frieden mitten in allen Verletzungen und Schwierigkeiten erfahren darf.

67, 90f

In die Tiefe gehen

In der geistlichen Begleitung geht es nicht nur darum, den Menschen psychologische Methoden anzugeben, besser mit ihren Problemen zurechtzukommen. Unsere eigentliche Aufgabe ist es, sie immer wieder auf ihre Beziehung zu Gott hinzuweisen. Was macht das mit mir und meiner Beziehung zu Gott? Was will Gott mir darin sagen? Woher definiere ich mich? Was ist der Grund und das Ziel meines Lebens? Wenn ich etwa bei Beziehungsproblemen nur auf der Ebene der Beziehung bleibe und Ratschläge gebe, besser mit den eigenen Gefühlen und mit den Aggressionen umzugehen, dann kann das sicher helfen. Aber ich stoße nicht zum eigentlichen Kern des Menschen vor.

Wirksam kann ich ihm nur helfen, wenn sich der andere nicht mehr von seiner Beziehung her definiert, sondern wenn er in sich einen Raum entdeckt, zu dem der andere keinen Zutritt hat, wenn er in sich seine göttliche Würde erkennt, die ihm keiner nehmen kann. Wenn wir auf der Beziehungsebene bleiben, erleben wir häufig, wie verfahren manche Beziehungen sind und wie sie einfach nicht mehr zu heilen sind. Aber das heißt nicht, daß der Mensch unheilbar wäre. Heil wird er erst dann, wenn er in sich den Ort entdeckt, in dem Gott in ihm wohnt. Wo Gott in ihm wohnt, da ist alles heil. Da hat auch das Unheile der verfahrenen Beziehung keinen Zutritt. Da bin ich ganz ich selbst, da bin ich frei von allen, die mich verwundet haben oder mich verwunden möchten. Da erfahre ich, daß Gott selbst mich befreit von der Macht der Menschen und daß er mich heilt von den Wunden, die andere mir schlagen.

67, 91f

Stufen des Schweigens

Immer wieder loben die Mönche das Schweigen. Das Schweigen ist für sie der Weg, sich selbst zu begegnen, die Wahrheit des eigenen Herzens zu entdecken. Schweigen ist aber auch der Weg, frei zu werden vom ständigen Beurteilen und Verurteilen der anderen. Wir sind ja immer in Gefahr, jeden Menschen, dem wir begegnen, zu bewerten, einzuschätzen, zu beurteilen. Und oft genug finden wir uns dabei wieder, daß wir ihn verurteilen und richten. Schweigen aber hindert uns zu richten. Es konfrontiert uns immer wieder mit uns selbst. Es verbietet uns den Weg, unsere Schattenseiten auf die anderen zu projizieren. Die Alten wissen um die Gefahr, daß wir mit unseren Gedanken und Reden ständig um die anderen kreisen. Vom Altvater Agathon wird berichtet, daß er drei Jahre einen Stein im Mund trug, bis er zurechtkam mit dem Schweigen, bis er auch mit dem Herzen nicht mehr über den Bruder urteilte.

Oft braucht es die bewußte Übung des Schweigens, damit auch das Herz schweigen kann. Oft müssen wir uns ausdrücklich verbieten, über den anderen zu reden, damit wir ihn vorurteilslos anschauen können. [...]

Der zweite Aspekt des Schweigens ist das Loslassen. Im Schweigen lassen wir los, was uns ständig beschäftigt. Wir lassen alles los, was uns bestimmen möchte und woran wir uns krampfhaft festhalten. Solange wir an unserem Erfolg festhalten, stockt unser Leben. Solange wir uns an Menschen festklammern, wird die Beziehung gestört. Schweigen ist die Kunst loszulassen, um einen anderen Grund in sich zu entdecken: Gott selbst. Nur wenn ich in Gott meinen Grund gefunden habe, kann ich meinen Beruf, meine Rolle, meine Beziehungen, meinen Besitz loslassen. Dann definiere ich mich nicht mehr vom Wohlwollen des andern her, dann hängt meine ganze Identität nicht mehr an meinem Erfolg oder Besitz. Das Loslassen ist der Weg, um mit meiner inneren Quelle in Berührung zu kommen, um den wahren Reichtum in meiner Seele zu entdecken: Gott, der mir alles schenkt, was ich zum Leben brauche.

8823, 55; 57f

Gottes Verheissungen trauen

Im Glauben sehen wir auch unsere Mitmenschen von den Möglichkeiten her, die Gott mit jedem Menschen hat. Und wir sehen die ganze Welt von Gottes Verheißungen her. Die Verheißung des Friedens bei den Propheten ist dann keine leere Phrase, sie könnte Bewegung auch in unsere heutige Sehnsucht nach Frieden bringen. Wir sind zu sehr fixiert auf die Gegenwart, auf die Blindheit der Völker, auf die Sinnlosigkeit des Wettrüstens. Aus dem Gefühl der Ohnmacht heraus lassen wir uns zu Aktionen verleiten, die den Frieden herbeiführen sollen, ihn aber oft noch mehr zerstören.

Martin Luther King hat ein Stück Frieden verwirklichen können zwischen Schwarz und Weiß, weil er nicht auf die Gegenwart fixiert war, sondern einen Traum hatte, weil er von der Zukunft Gottes her lebte und fest stand in dem, was er erhoffte. Wir brauchen nicht alles selbst zu schaffen, weder bei uns selbst noch in unserer Welt. Wir sollten Gottes Verheißungen trauen. Gott hat mit uns und unserer Welt mehr Möglichkeiten, als wir uns ausdenken können. Und er hat uns in der Schrift seine Möglichkeiten geschildert. Wenn wir so tun, als ob seine Zusagen stimmen, dann können wir freier leben. Die Beengung der Gegenwart hält uns nicht mehr gefangen, wir nehmen mitten in der Enge eine andere Wirklichkeit wahr und leben von ihr her, von der Verheißung Gottes, die Gefangene singen macht und Freiheit und Friede für die Welt verheißt. Das ist keine Flucht vor der Realität in eine Idylle göttlicher Verheißungen, sondern ein Leben aus dem Glauben, der sich vom Faktischen nicht täuschen läßt, sondern feststeht in dem, was wir erhoffen und daher frei ist von dem Druck, alles selbst in die Hand nehmen und leisten zu müssen. *19, 70f*

Wegmarken geistlichen Lebens – Positive Einreden

Vorsätze, die wir uns machen, dienen uns oft als Ausrede, nichts an unserem Leben ändern zu müssen. Wir nehmen uns zwar vor, an uns zu arbeiten, einen Schritt nach vorne zu tun. Doch in Wirklichkeit bleiben wir stehen. Die Vorsätze beruhigen unser Gewissen, aber sie bewirken nichts. Ein Mitbruder meinte, Vorsätze seien das sicherste Mittel, uns daran zu hindern, etwas in unserem Leben in Bewegung zu bringen. Denn der Vor-satz läuft mir immer voraus, er richtet sich auf die Zukunft und bewältigt nicht die Gegenwart. Ich flüchte mich vor der Herausforderung des gegenwärtigen Augenblickes in die Unverbindlichkeit der Zukunft. Statt uns viele Vorsätze zu machen, sollten wir uns ganz einfache Dinge einüben. Und dazu eignen sich eben gerade die positiven Einreden.

Die Kunst des geistlichen Lebens besteht darin, die kleinen Dinge des Alltags zu einer Einübung in die Gegenwart Gottes zu machen. Dadurch können wir in uns etwas in Bewegung setzen. Wir sollten uns ehrlich fragen: Wollen wir wirklich etwas ändern in unserem Leben, wollen wir wirklich unser Leben ganz vor Gott und für Gott und mit Gott leben, oder wollen wir lieber so weitermachen wie bisher und unsere Vorsätze als Vorwand gebrauchen, stehenzubleiben, wo wir sind? Wenn wir wirklich auf Gott zugehen wollen, dann gibt es auch Wege dazu. Wir müßten ein Programm aufstellen, wie wir in kleinen Schritten uns in den Geist Jesu einüben können, ein bescheidenes Programm, das auch durchführbar ist. Wenn wir nur einen Gang, den wir täglich gehen, zu einer Einübung in die Gegenwart Gottes machen, dann hat sich damit schon etwas Entscheidendes in unserem Leben geändert. *19, 31f*

Den Einreden auf der Spur

Es ist nicht unwichtig, welche Sätze wir uns vorsagen. Die einen lähmen uns, halten uns in schlechter Laune, in Selbstmitleid und Ärger gefangen. Die anderen geben uns Kraft, Mut, inneren Schwung, die Bereitschaft, schwierige Dinge anzupacken.

Im Gespräch untereinander erkannten viele Jugendliche, wie sehr sie sich von negativen Einreden leiten lassen und wie wichtig es wäre, sie durch positive Einreden zu ersetzen. Denn alle Willensanstrengungen,

uns zu ändern, nützen nichts, wenn wir den negativen Gedanken in uns zuviel Raum lassen. Wir müssen an die Wurzel unserer Stimmungen heran. Und das sind die Einreden. Alle unsere inneren Haltungen unser Neid, unser Ärger, unser Selbstmitleid, unsere Ängste, unsere Wut, unsere Freude, unsere Geduld, unsere Zufriedenheit, unsere Liebe, sie alle formulieren sich in Sätzen aus, die wir uns immer wieder auch vorsagen. Unser Geist ist so strukturiert, daß sich alles in uns auch sprachlich formuliert. Wir haben nicht einfach Ärger, er drückt sich bei uns auch immer in irgendwelchen Sätzen aus. In den Sätzen wird uns unsere innere Haltung bewußt. Und mit den Sätzen können wir zugleich unsere innere Haltung beeinflussen.

Daher ist es eine wichtige Aufgabe, sich mit den Sätzen zu beschäftigen, die sich in uns von selbst formulieren und die doch eine so immense Wirkung auf unsere Einstellung, auf unsere Stimmung, auf unser Denken, Fühlen und Handeln haben. Wir wollen dabei die Erfahrungen der alten Mönche befragen. Wie sind sie mit ihren Gedanken umgegangen? Welche Ratschläge geben sie, auf die negativen Einreden zu reagieren? Und welche Methoden haben sie entwickelt, in uns solche Gedanken zu entwickeln, die uns heilen, uns für Gott öffnen und uns zu unserem eigentlichen Wesen führen? *19, 10f*

SEPTEMBER

Mein Alltag als Lebens- und Glaubensübung

»Einbildungen« des Glaubens

Wir leben ständig von Einbildungen. Die Frage ist, ob wir nach Einbildungen leben wollen, die uns die Wirklichkeit verstellen oder aber nach solchen, die uns die Wirklichkeit so deuten, wie sie ist. Die Einbildung des Glaubens erschließt uns die Realität so, wie sie wirklich ist, wie sie von Gott her ist. Wenn wir daher nach den Einbildungen des Glaubens leben, so leben wir realitätsgerecht und damit gesund. Man kann sich daher auch nicht Beliebiges einbilden. An der Realität erweist es sich, ob die Einbildung stimmt oder nicht. Allerdings ist die Wirklichkeit nie ganz eindeutig. Sie hat immer mehrere Seiten. Die negative Einrede läßt mich die Wirklichkeit durch eine negative Brille sehen. Was ich sehe, ist wirklich. Es ist aber nur ein Ausschnitt, eine negative Auswahl. Wenn ich die Wirklichkeit durch die Brille des Glaubens sehe, dann erkenne ich die Wirklichkeit in ihrer ganzen Fülle, ich sehe sie von Gott her und damit richtig.

Freilich kann man sich auch im Glauben etwas einreden, was nicht stimmt oder was einen Gott nicht näherbringt. Es gibt auch fanatische Einreden, die mit Schriftworten hantieren. Paulus gibt ein Kriterium an, an dem wir erkennen können, ob es eine selbsterdachte Einrede oder aber eine Einrede aus dem Glauben ist: es ist das Kriterium der Freude und Liebe, der Gelassenheit und Geduld, des Friedens, der Güte, Freundlichkeit und Treue (vgl. Galater 5,22). [...]

Ein Hauptkennzeichen, ob der Glaube echt ist, ist das Nicht-Richten, der Glaube an den guten Kern in jedem Menschen. Wenn einer durch seine Einbildungen fanatisch und eng wird, über andere schimpft und andere verurteilt, ist es immer ein Zeichen, daß er sich nicht dem Wort Gottes geöffnet hat, sondern sich mit seinen Worten die Wirklichkeit zurechtbiegen will, selbst wenn er seine Worte in Worte der Schrift kleidet.

19, 66f

GEFÜHLE, LEIB UND TRÄUME

Es sind vor allem drei Bereiche, die auf dem geistlichen Weg beachtet werden müssen, weil Gott uns darin begegnet und zu uns spricht: unsere Gedanken und Gefühle, unser Leib und unsere Träume. Gott spricht zu uns in seinem Wort, das uns die Heilige Schrift überliefert. Er spricht vor allem auch durch uns selbst, und da sind es eben diese drei Bereiche, die wir beachten sollen, um Gottes Wort für uns persönlich zu vernehmen. Für Evagrius Ponticus gibt es keine echte Gottesbegegnung ohne ehrliche Selbstbegegnung. Spiritualität wird leicht zu einer frommen Flucht vor sich selbst, wenn wir die Selbstbegegnung ausklammern. Indem wir uns selbst begegnen, begegnen wir schon Gott. Und umgekehrt: Sobald wir Gott näherkommen, kommen wir auch uns selbst näher.

Im alten Mönchtum wurde vor allem der Umgang mit den Gedanken und Gefühlen als entscheidender Schritt auf dem spirituellen Weg beschrieben. Aber wie ein Blick in die Bibel und in die geistliche Tradition zeigt, wurden auch die Träume beachtet. Man rechnete damit, daß Gott zu uns in den Träumen spricht. Heute fragen viele Menschen verzweifelt, wo sie denn Gott finden könnten und wo und wie Gott wirklich zu ihnen spreche. Sie sind skeptisch, ob Gott im Gebet zu ihnen spricht oder ob es die eigenen Gedanken sind, die sie sich selbst einreden. Die Mönche haben daher die Lehre von der Unterscheidung der Geister entwickelt, um uns ein Instrumentarium zu geben, wie wir im Gebet sensibel werden können für Gottes Sprechen zu uns. Im Gebet sind wir oft zu aktiv. Wir reden die ganze Zeit. Und wenn wir schweigen, erwarten wir, daß Gott nun endlich etwas sage. Wir schreiben Gott gleichsam vor, daß er sich vernehmbar mache. Wir zwingen ihn in unser Schema. Doch Gott läßt sich nicht von uns vorschreiben, wie und wann er zu uns reden solle.

52, 7f

VISIONEN – TRÄUME (1)

In den Träumen spricht Gott mit uns, aber es ist eine dunkle Sprache, eine Sprache in Rätseln. Wir sind jedoch darauf angewiesen, auf die Träume zu hören, wenn wir Gottes Wort für uns vernehmen wollen, wenn wir wissen wollen, wie wir richtig leben können. In unserem bewußten Leben sind wir oft blind und taub gegenüber Gott. Wir übersehen, was er uns sagen will. Wir hören nur auf unsere eigenen Gedanken oder auf die der Menschen um uns herum. Aber wir überhören

Gottes Stimme. Da muß Gott sich in unseren Träumen vernehmbar machen. So sind die Träume für die Israeliten etwas Heiliges, da Gott uns darin berührt und anspricht. Aber er spricht nicht nur, er erscheint auch in Visionen. Wenn die Bibel von Visionen spricht, dann meint sie nicht außergewöhnliche Ereignisse, Geschehnisse, die wir im Film festhalten könnten. Es sind immer Erscheinungen für Menschen gemeint, Erscheinungen, die sich in unserer Psyche bemerkbar machen und die wir mit unserem inneren Auge wahrnehmen können. Es sind keine Einbildungen, sondern Widerfahrnisse, genauso wie die Träume, die uns ja auch widerfahren, die wir uns nicht selbst einbilden. [...]

Zu Samuel spricht Gott mitten in der Nacht. Er wacht dreimal auf, weil Gott ihn ruft. Dreimal versteht er die Stimme nicht. Das letzte Mal antwortet er: »Rede, Herr, dein Diener hört« (1 Samuel 3,9). Diese Stelle wurde für einen amerikanischen Geistlichen zum Schlüsselerlebnis. Er litt an Schlafstörungen und suchte deshalb einen Therapeuten auf, um davon befreit zu werden. Doch der fragte ihn, ob er schon einmal überlegt habe, daß Gott mit ihm reden möchte, wenn er nicht schlafen kann. Und er erinnerte an Samuel. *52, 16f*

VISIONEN – TRÄUME (2)

Im Neuen Testament spielt der Traum vor allem bei Matthäus eine große Rolle. Die Geburt Jesu wird von Träumen begleitet. Joseph erfährt im Traum, daß seine Verlobte vom Heiligen Geist schwanger ist. Der Traum enthüllt ihm, was geschehen ist und was er zu tun hat. Und Joseph gehorcht. Er nimmt Maria zu sich. Der Traum ist für ihn nicht ein unverbindliches Wissen, sondern er verpflichtet ihn zum Handeln. [...]

Als das göttliche Kind geboren war, machten sich Sterndeuter aus dem Osten auf den Weg, um das Kind anzubeten. Auch sie hören auf Träume. Aber sie verbinden ihre Träume mit der Wissenschaft von den Sternen und mit ihrem geschichtlichen Wissen. So erreichen sie ihr Ziel. Der Stern weist ihnen den Weg, sie forschen in Jerusalem nach dem Kind. Und als sie es gefunden haben, fallen sie nieder und beten es an. Im Traum erfahren sie von Gott, daß sie auf einem anderen Weg heimziehen sollen. Und sie gehorchen, genau wie Joseph, dem nun wieder ein Engel im Traum erscheint, um ihn zur Flucht nach Ägypten aufzufordern. Und auf einen Traum hin kehrt Joseph wieder nach Israel zurück. So ist die Geburt Jesu von lauter Träumen umgeben. Im Traum erkennt Joseph das Geheimnis Marias und das Geheimnis des göttlichen Kindes. Und der Traum weist ihm den Weg, den er gehorsam zu gehen hat. Die Träume sind also verpflichtend. Sie wollen sich in die Realität des Lebens hinein auswirken.

Joseph gehorcht seinen Träumen, doch Pilatus hört nicht auf den Traum seiner Frau, die ihm bezeugt, daß Jesus unschuldig ist und ihn auffordert, seine Hände von diesem Mann zu lassen. Die Gerichtsverhandlung kann nicht erweisen, ob Jesus schuldig ist oder nicht. Doch der Traum zeigt es deutlich. *52, 18ff*

VISIONEN – TRÄUME (3)

Bei Lukas spielen die Träume vor allem in der Apostelgeschichte eine große Rolle. Petrus erfährt im Traum, daß er die Heiden zur christlichen Gemeinde zulassen solle und daß die jüdischen Gesetze keine absolute Geltung für sie haben. Sein Traum »kennzeichnet einen Wendepunkt in der frühen Missionsgeschichte der Urgemeinde« (H. Hark: Der Traum als Gottes vergessene Sprache, Olten [2]1984, 128). Von sich aus ist Petrus streng dem jüdischen Denken verpflichtet. Und er weigert sich, mit den Heiden Gemeinschaft zu pflegen. Da spricht Gott ihn im Traum an. Er zeigt ihm eine Schale voll von vierfüßigen Tieren, die den Juden als unrein gelten. Und er sagt zu ihm: »Steh auf, Petrus, schlachte und iß!« Und auf den Widerstand des Petrus antwortet die Traumstimme: »Was Gott für rein erklärt, nenne du nicht unrein« (Apostelgeschichte 10,13–15). Der Traum bricht seinen Widerstand. Petrus steht auf und geht mit den Boten des heidnischen Hauptmanns Cornelius nach Caesarea und tauft ihn dort. Als Begründung für sein Tun gibt er den Traum an. Diese Begebenheit zeigt, welch eminente Bedeutung man dem Traum in der Urkirche zumaß. Der Traum entscheidet über den Gang der Mission. Der Traum durchbricht menschliche Widerstände und gibt dem göttlichen Wirken Raum in Menschen, die von sich aus sehr eng sind. Er weitet ihren Horizont und treibt sie zu ungewohntem Tun an.

Das zeigt sich auch in der nächtlichen Vision des Paulus. Im Traum erscheint ihm ein Makedonier und bittet ihn: »Komm herüber nach Makedonien, und hilf uns!« (Apostelgeschichte 16,9). Und Paulus folgt der Einladung, weil er überzeugt ist, daß Gott ihn berufen hat, dort das Evangelium zu verkünden. So nahm auf einen Traum hin die Mission in Europa ihren Anfang. Solch weitreichende Entscheidung in der Missionsgeschichte wurde nicht aufgrund von bewußten strategischen Überlegungen gefällt, sondern aufgrund eines Traumes. *52, 20f*

VISIONEN – TRÄUME (4)

So hat der Traum in der Bibel eine zweifache Bedeutung. Einmal enthüllt er mir die Wahrheit über mich und über andere Menschen, über meinen persönlichen Zustand und über das Geheimnis meines Lebens, aber auch über die politische und religiöse Situation des Volkes oder eines einzelnen Menschen. Der Traum korrigiert und ergänzt meine bewußte Sicht, aber er eröffnet auch ganz neue Horizonte. Er läßt die Wirklichkeit in ihrem wahren Licht erscheinen. Gott zeigt mir dann im Traum die Wahrheit, er zieht den Schleier weg, der über der Wirklichkeit liegt. Aber der Traum ist auch Ort direkter Gottesbegegnung. Gott sendet nicht nur Botschaften über die Wirklichkeit, sondern er tritt uns entgegen, er kämpft mit uns wie im nächtlichen Ringen mit Jakob (Genesis 32,23–33), und er gibt sich selbst zu erkennen, er erscheint in Visionen und läßt sich in den Bildern des Traumes schauen.

Die zweite Bedeutung der biblischen Träume ist die konkrete Weisung. Gott gibt uns im Traum an, was wir tun und welchen Weg wir einschlagen sollen. Er zeigt uns, wie wir uns entscheiden sollen, und hilft uns so, eine Orientierung in unserem Leben zu finden. In der klaren Weisung liegt etwas Befreiendes, Eindeutiges. Wenn Gott im Traum einen Befehl erteilt, dann bleibt uns nichts übrig als zu gehorchen, selbst wenn wir den Sinn der Weisung nicht einsehen. Der Traum ist keine Gedankenspielerei, sondern er geht uns unbedingt an. Er hat Auswirkungen auf unser Tun, er verwirklicht sich in konkreten Taten in dieser Welt, ja er bestimmt wichtige historische Entscheidungen und Entwicklungen. Er setzt ein Geschehen in Gang, das weitreichende Folgen für alle Menschen hat. Gott selbst greift im Traum in die Geschichte ein und lenkt sie nach seinem Ratschluß und Willen. *52, 21f*

Exerzitien-Übung (1) – Mein Haus sichten

Exerzitien heißt, sein Haus leerfegen, damit Gott darin einziehen und alle Räume unseres Hauses bewohnen kann, damit Gott selber die Drachme in uns findet, die irgendwo verborgen in uns liegt.

Ich möchte Sie anregen, auf dem Hintergrund des Gleichnisses von der verlorenen Drachme (Lukas 15,8–19) einmal Ihr Lebenshaus zu malen. Es kommt nicht darauf an, daß Sie es schön malen. Zeichnen Sie Ihr Haus mit allen Stockwerken und Zimmern.

Was ist da alles im Keller? Gibt es da verschlossene Räume, zu denen Sie gar keinen Zutritt haben? Oder Räume, vor denen Sie Angst haben, weil da vielleicht Sprengstoff lagern könnte, oder weil da viel Verdrängtes herumliegt und die Fundamente des Hauses anfrißt? Wie ist das Erdgeschoß? In welchen Räumen halten Sie sich meistens auf? Wo fühlen Sie sich am wohlsten? Wo ist es kalt in Ihrem Haus? Wo laden Sie Gäste ein? Sind Sie wirklich selbst Herr in Ihrem Haus oder sind da Untermieter, die Ihnen das Leben schwer machen, Hausbesetzer, die Sie immer mehr herausdrängen aus Ihrem Haus? Solche Untermieter und Hausbesetzer können Ängste sein, die sich in alle Räume eingeschlichen haben, oder Sorgen, Ärger, Bitterkeit, Eifersucht. Wie ist das Obergeschoß? Welche Räume bewohnen Sie da am liebsten? Wohnt Gott in allen Räumen Ihres Hauses, oder haben Sie ihn aus manchen Zimmern herausgedrängt, weil es Ihnen unangenehm ist, wenn er sehen würde, was da drinnen ist?

Wenn Sie das Haus gemalt haben, dann können Sie in die einzelnen Zimmer hineinschreiben, was da an Gefühlen, Gedanken, Problemen und Sorgen wohnt.

106, 19f

Exerzitien-Übung (2) – Laut mit Gott reden

Und dann fragen Sie sich, wo wohl die Drachme in Ihrem Haus liegen könnte, wo Sie sich auf die Suche machen sollten oder wo Sie Gott einlassen müßten, damit er Ihnen die Drachme zeigt.

Der deutsche Mystiker Johannes Tauler meint, in den Krisen unseres Lebens würde Gott selbst in unser Haus kommen und nach der Drachme suchen. Und er würde es wie eine Frau machen, die die Möbel umstellt, die Stühle hochhebt, um die Drachme zu finden. Vielleicht liegt die Drachme gerade dort, wo Sie sich am besten eingerichtet haben.

Wenn Sie Ihr Haus vor Gott meditiert und durchbetet haben, dann versuchen Sie einmal, eine halbe Stunde laut mit Gott zu reden. Halten Sie Ihr Haus Gott hin, und erklären Sie es ihm. Und dann fragen Sie Gott, was er wohl dazu sagen möchte.

Versuchen Sie sich vorzustellen, daß Gott jetzt wirklich da ist. Und dann sagen Sie ihm alles, was Ihnen einfällt. Aber fragen Sie sich dabei immer wieder: Was ist die eigentliche Wahrheit meines Lebens? Wie steht es eigentlich um mich? Was sollte ich diesem Gott endlich einmal sagen, was ich bisher immer geheimgehalten habe? Wo sollte ich Gott eintreten lassen, damit er alle Kammern meines Hauses mit seinem Licht durchleuchtet? Halten Sie diese halbe Stunde lautes Beten durch, auch wenn Sie nach 10 Minuten am liebsten schweigen möchten. Wenn Sie Gott nicht spüren, sagen Sie es ihm. Wenn Sie Gott nicht spüren, drücken Sie Ihren Ärger vor Gott aus. Es ist nicht einfach, sich auf das laute Beten einzulassen. Aber vielleicht erfahren Sie dabei, daß es Sie in die Wahrheit führt. Und nur die Wahrheit wird uns frei machen. Ich wünsche Ihnen zu Beginn Ihrer Exerzitien ein gutes Gespräch mit Gott, daß Gott selbst beginnen kann, Ihr Haus zu erleuchten und zu bewohnen mit seiner Liebe und Barmherzigkeit. *106, 20f*

9. SEPTEMBER

Schweigen und Hören

In Exerzitien nimmt uns Jesus beiseite, weg von der Menge, weg vom Lärm unseres Alltags, weg von den vielen Menschen, die ständig um uns herum sind und uns beschäftigen. Im Griechischen heißt es: kat idian. Das kann auch bedeuten, in sein Haus aufnehmen, zu sich nehmen. Jesus möchte uns in den Exerzitien in sein Haus einladen, damit wir mit ihm wohnen. Er nimmt uns in sein Herz, damit wir an seinem Herzen lernen, was Gott in uns wirken möchte. Es ist ein Stück Sonderbehandlung, die wir da durch Jesus erfahren. Ich darf mit ihm allein sein. Und er wendet sich allein mir zu. Er nimmt mich in seine Schule, und er möchte meine Wunden heilen. Hier geht es um die Wunde des Taubseins und Stummseins.

Ich bin oft genug taub für das, was Gott mir sagen möchte. Ich habe meine Ohren zugestopft, so daß Gottes leise Stimme gar nicht zu mir vordringen kann. Mir hat ein Vater erzählt, daß er bei der Arbeit am Schreibtisch sein Kind überhört, wenn es schreit. So sind wir oft so sehr mit uns selbst beschäftigt, daß wir es überhören, wenn Gott uns ruft. Dann hören wir auch nicht, was Gott uns gerade durch unsere Mitmenschen sagen möchte. Wir hören nur das heraus, was uns bestätigt, aber nicht das, was in Frage stellt. Wir hören nicht die Zwischentöne heraus, in denen der andere uns seine eigentliche Not signalisiert. Wir hören zwar Worte, aber nicht den Menschen, nicht sein Herz, das nach Hilfe schreit.

Und wir sind stumm. Vielleicht bin ich verstummt, weil die anderen mich nicht verstehen, weil sie mich nicht ausreden lassen. Oder man hat mich mundtot gemacht, weil man mein Vertrauen mißbraucht hat. Oder ich bin Gott gegenüber stumm geworden, weil meine Worte ungehört blieben. Oder ich verschließe meinen Mund, weil ich Angst habe, meine Wahrheit vor den Menschen oder vor Gott zu offenbaren. Ich verstecke mich lieber hinter vielen Worten, auch hinter frommen Worten, damit nur ja keiner erkennen kann, wie es mir wirklich geht. *106, 23f*

Das Feuer in mir hüten

Wenn wir in uns hineinschauen, treffen wir nicht auf die Asche verbrannter Hoffnungen, sondern auf eine starke Glut der Liebe. Beten heißt, die Glut der göttlichen Liebe wieder in mir spüren und mich von dieser Glut erwärmen und beleben lassen, damit sie dann durch mich auch anderen Wärme spenden kann. Beten heißt, das Feuer in mir zu hüten, damit dann von diesem Feuer der göttlichen Liebe auch ein Funken auf die überspringen kann, mit denen ich zu tun habe.

So möchte ich Ihnen als Übung vorschlagen, daß Sie sich still vor Gott hinsetzen. Treten Sie ein in die Kammer Ihres Herzens, und versuchen Sie die Türe zu schließen. Gönnen Sie sich eine halbe Stunde oder eine Stunde, um einfach nur allein zu sein mit Ihrem Gott. Folgen Sie Ihrem Atem, und stellen Sie sich vor, wie Sie beim Ausatmen die Geröllschicht beiseite räumen, die über Ihrer inneren Zelle, über dem versiegelten Quell, über der Glut der Liebe liegt. Und dann nehmen Sie das Bild, das Sie am ehesten anspricht, das Bild der inneren Quelle, der Glut, die in ihnen brennt, das Bild des Allerheiligsten, in dem Sie heil werden, das Bild der inneren Zelle, in der Sie allein sind mit Ihrem Gott, in der Sie mit Gott reden können wie mit Ihrem Freund, wie Teresa von Avila sagt. Und bleiben Sie so eine halbe Stunde sitzen. Sie werden erleben, daß die Türen Ihres Herzens nicht immer verschlossen bleiben, daß da trotzdem immer wieder der Lärm Ihrer Gedanken eindringt. Aber kümmern Sie sich nicht darum. Schauen Sie die Gedanken an, und lassen Sie sie vorüberziehen wie eine Wolke. Ziehen Sie sich noch tiefer in die innere Kammer zurück, dorthin, wo nichts mehr hindringen kann.

Vielleicht gibt es ein paar Augenblicke, in denen Sie das Gefühl absoluter Stille haben. Das ist dann die Erfahrung, zu der Jesus uns in seiner Gebetschule führen will: allein zu sein mit Gott, eins zu werden mit dem, den meine Seele liebt, in Gott sein. *106, 42f*

In uns lebt ein Raum der Stille

Unser Beten soll im Verborgenen geschehen. Das meint nicht nur, daß wir es nicht vor aller Augen tun sollen. Das Verborgene meint vielmehr auch die innere Kammer, in die wir eintreten sollen. Beten heißt, in die Kammer des eigenen Herzens eintreten und dort die Türe vor dem Lärm der Welt verschließen. Beten ist etwas sehr Intimes. Es geschieht im innersten Raum unserer Seele. Dort begegnen wir Gott, der in unserem Herzen verborgen wohnt. In uns ist ein Raum der Stille, zu dem die Welt keinen Zutritt hat, zu dem der Lärm unserer eigenen Gedanken nicht vordringen kann. Es ist der Raum, in dem Gott selbst in uns wohnt. Und dort, wo Gott in uns wohnt, da kommen die eigenen Gedanken zum Schweigen, da schweigen die Selbstvorwürfe, die ärgerlichen Gefühle, da schweigt das Nörgeln über andere, da schweigt die Unzufriedenheit, die Bitterkeit, die Ehrsucht, die Berechnung. Da wird es ganz still in uns.

Und dort werden wir wahrhaft frei von der Macht dieser Welt, von der Macht der Menschen mit ihren Erwartungen und Ansprüchen, ihren Urteilen und Verurteilungen. Beten heißt nicht nur, daß wir mit Gott über unser Leben sprechen, daß wir ihn fragen, ob unser Leben so stimmt, wie wir es leben. Beten heißt nach den Worten Jesu vielmehr auch, daß wir in den inneren Raum der Stille eintreten und uns dort vor dem Lärm der Welt verbergen, um mit Gott allein zu sein, um Gott, der in diesem verborgenen Raum unseres Hauses wohnt, zu begegnen und in Gott zur Ruhe zu kommen. *106, 38f*

Mich mit meiner Stimme hören

Ein guter Weg ist für mich, daß ich das Gespräch mit Jesus laut führe. Ich sage ihm dann, was mich im Innersten bewegt. Ich bitte ihn, mich in die Wahrheit und in die Freiheit zu führen, mir das Wort zu sagen, das mir gerade jetzt in meiner Situation den Weg weist. Wenn ich laut mit Jesus rede, dann kann ich ihm nicht ausweichen, dann bleibe ich wacher. Und dann ist mein Herz mehr angesprochen. Jesus mit der eigenen Stimme anzusprechen und mich mit meiner Stimme anzusprechen und mich mit meiner Stimme zu hören, das berührt mich emotional, manchmal so tief, daß mir die Tränen kommen. Dann spüre ich, daß dieser Jesus jetzt wirklich da ist, mir ganz persönlich begegnet und mich anspricht. Und ich werde vor ihm mit meiner Wirklichkeit konfrontiert, mit all dem, was ich sonst unter der Oberfläche meines frommen Tuns verberge, mit meinen tiefsten Sehnsüchten, aber auch mit all dem, wo ich mich Gott gegenüber verschließe, wo ich meiner Wahrheit ausweiche, wo ich zurückbleibe hinter dem, was ich eigentlich möchte. Und zugleich erfahre ich in meiner so unangenehmen Wahrheit, daß ich ganz und gar angenommen bin, daß trotzdem alles gut ist. Dann überkommt mich ein tiefer Friede.

Jede Meditation verläuft anders. Es gibt auch Meditationen, in denen ich mich zwingen muß, dabeizubleiben, in denen ich immer wieder ausweichen möchte. Dann genügt es schon, einfach auszuhalten und mit meiner Unruhe und Leere mich Gott auszusetzen. Benedikt von Nursia nennt das »stabilitas«, Beständigkeit, Feststehen, Ausharren, Aushalten. Und die Mönchsväter ermahnen uns, in der Zelle auszuharren, unsere Wahrheit vor Gott auszuhalten. Wir brauchen uns gar keine frommen Gedanken zu machen. Entscheidend ist, so sagen die Mönche, daß wir in der Zelle bleiben, daß wir Gott unser oft so unruhiges Herz hinhalten. Dann kann Gott es auch verwandeln. *106, 10f*

Mich in Gott hineinfallen lassen

So wie mir das laute Beten manchmal hilft, in die Begegnung mit Jesus Christus zu gelangen, so drängt es mich manchmal auch zu einer bestimmten Gebärde, um alles in mir Christus hinzuhalten. Da ist die Gebärde der offenen Hände, in der ich ihm meine Sehnsucht ausdrücke, in der ich ihn erwartungsvoll bitte, daß er meine Leere ausfüllen möge. Manchmal falte ich auch die Hände, um mich von ihm binden zu lassen. Ich drücke damit aus, daß ich ganz und gar ihm gehöre und mich von ihm in Dienst nehmen lasse.

Wenn ich sehr betroffen bin von einem Wort oder von meiner eigenen Realität, dann lege ich mich flach auf den Boden, mit der Stirn auf den Händen. Es ist die Gebärde der prostratio, die mich an meine Profeß und Priesterweihe erinnert, in der ich mich ganz und gar Gott übergeben habe. In der prostratio spüre ich meine Ohnmacht, meine Hingabe aus eigener Kraft durchzuhalten. Und in dieser Gebärde drücke ich die Sehnsucht meines Leibes aus, mich in Gott hineinfallen zu lassen, von ihm getragen zu sein, in seiner Liebe geborgen und gehalten zu sein. In dieser Gebärde kommen mir von selbst die Psalmworte in den Sinn: »Gott, du mein Gott, dich suche ich, meine Seele dürstet nach dir. Nach dir schmachtet mein Leib wie dürres, lechzendes Land ohne Wasser«(63,2f).

Wenn ich innerlich unruhig bin bei der Meditation, dann sammeln solche Gebärden den Geist, der immer hin- und herwandern möchte. Und ich spüre, daß ich mit allem, was in mir ist, in der Begegnung mit Christus bin.

106, 12f

Vorsätze und Rituale

Manchmal hilft es, am Ende der Meditationszeit einen konkreten Vorsatz zu machen. Allerdings bin ich da etwas vorsichtig. Ich habe selbst in meinen ersten Klosterjahren erlebt, daß die Meditation zu sehr verzweckt worden ist, daß am Ende jeder Meditation ein Vorsatz stehen mußte. Und mit diesen vielen Vorsätzen habe ich mich überfordert. Denn so viele Vorsätze konnte ich gar nicht erfüllen. Statt »Vorsatz« sage ich lieber »Übung«. Überlegen Sie sich, was Sie konkret üben könnten, um die Meditation in Ihr Leben einfließen zu lassen. In den Meditationen habe ich am Schluß immer eine Übung angegeben, die helfen soll, daß die Wirklichkeit des Erfahrenen auch den Alltag prägen kann.

Manchmal kann am Ende auch ein konkreter Vorsatz stehen, etwas in Ihrem Leben zu ändern, z. B. den Tag anders zu strukturieren, die Arbeitsstelle zu wechseln, den Kontakt mit ganz bestimmten Menschen abzubrechen oder aufzunehmen, einen Konflikt endlich zu lösen, den ich lange vor mir hergeschoben habe.

Manchmal kann es eine Hilfe sein, daß Sie sich ein tägliches Ritual vornehmen, das Sie an die Erfahrungen der Meditation, des Gebetes erinnert. Es kann z. B. das Ritual sein, mit dem Sie Ihren Tag beginnen, eine bestimmte Gebärde, ein Gebet, das Ihnen während Ihrer Exerzitientage wichtig geworden ist. Oder es kann das Ritual des Tagebuchschreibens sein. Solche Rituale hängen nicht allein von unserem Willen ab, der oft sehr launisch ist und nicht genügend Durchhaltekraft hat. Rituale werden zu einer guten Gewohnheit. In ihnen kann Gott täglich an uns wirken und uns mit seinem Geist erfüllen, damit unser Alltag immer mehr von ihm durchdrungen wird. *106, 14f*

Ein Herz, das die Welt übersteigt

Der Geist selbst ist es, der in uns betet. Wir müssen uns gar nicht anstrengen, immer bewußt Worte zu formulieren. Unablässiges Gebet, das heißt, daß wir dem Geist trauen, der in uns betet. Für Augustinus besteht das unablässige Gebet darin, daß wir mit der Sehnsucht in uns in Berührung kommen. Im Grunde unseres Herzens sehnen wir uns nach Gott. Der Heilige Geist, der »mit Seufzen, das wir nicht in Worte fassen können« (Römer 8,26) für uns eintritt, facht in uns die Sehnsucht an, die in uns ist, von der wir aber oft genug im Getriebe des Alltags abgeschnitten sind. Im Heiligen Geist beten heißt dann, daß wir uns mit allem, was in uns ist, nach dem Gott der Liebe sehnen, der allein unsere Sehnsucht zu erfüllen vermag. »Willst du das Beten nicht unterbrechen, so unterbrich die Sehnsucht nicht«, so sagt Augustinus. »Denn die Sehnsucht ist dein ununterbrochenes Gebet.« Indem wir im Gebet mit der Sehnsucht unseres Herzens in Berührung sind, spüren wir, daß wir nicht nur Menschen dieser Erde sind, sondern zugleich Menschen des Himmels, Menschen, die jetzt schon in Gott sind.

Versuchen Sie, [...] bei allem, was Sie tun, mit der Sehnsucht Ihres Herzens in Berührung zu kommen. Spüren Sie, daß Ihr Herz diese Welt übersteigt, daß es sich nach Gott sehnt, nach bedingungsloser Liebe, nach endgültigem Daheimsein, nach absoluter Geborgenheit. Dann beten Sie. Sie brauchen nicht nach Worten zu suchen. Das Seufzen Ihres Herzens ist das Seufzen des Heiligen Geistes. Der Geist selber betet in Ihnen. Sie müssen Ihm nur Raum gewähren.

Dann wird der Geist Sie hineinführen in eine ganz vertrauensvolle und intime Liebe zum Vater. Mit Jesus dürfen Sie zum Schöpfer des Himmels und der Erde sagen: »Abba, lieber Vater.« Mit Jesus dürfen Sie sich als Sohn und Tochter Gottes wissen. Sie sind nicht mehr Sklave. Sie müssen nicht irgendwelche Gesetze erfüllen, sondern Sie sind frei, befreit zum geliebten Sohn und zur geliebten Tochter Gottes. Das ist wahres Leben. *106, 47f*

Was ist wirklich?

Die Frage nach den Träumen auf dem geistlichen Weg ist zunächst eine Frage nach der Wirklichkeit überhaupt. Was ist wirklich? Um diese Frage haben die Philosophen sich seit jeher schon gestritten. Können wir die Wirklichkeit erkennen, oder sehen wir nur einen Schein davon? Was ist wirklich, die geistige Welt der Ideen oder die Materie, das, was wir greifen können? Die Metaphysik sagt uns, daß Gott die eigentliche Wirklichkeit ist und daß wir nur wirklich sind, insofern wir an Gottes Sein teilhaben. Wenn wir diesen Satz der Metaphysik auf unser Leben beziehen, so entdecken wir, daß wir kaum danach leben. Theoretisch sehen wir das zwar ein, aber in unserem konkreten Wirklichkeitsverständnis ist das wirklich, was wir selbst tun. Wir stehen im Mittelpunkt unserer Wirklichkeit. Wir arbeiten, wir essen, wir denken, wir fühlen, wir planen, wir gestalten alles um uns herum. Gott hat da nur am Rande Platz, nur soweit wir ihm das zugestehen. Wir gestalten eben auch unser geistliches Leben, wir formen unser Gebet. Und da darf dann Gott in unser Leben einbrechen, aber auch da sind wir die Regisseure, die Gott die Rolle zuweisen, die er zu spielen hat. Im Grunde ist das eine sehr gottlose Wirklichkeit. Wir sind die Herren, und Gott ist an den Rand gedrückt. Selbst wenn wir fromm sind, stehen wir mit unserem frommen Tun im Mittelpunkt und nicht Gott.

Gegenüber dieser gottlosen Wirklichkeit unseres Lebens weist uns der Traum auf eine andere geistige Wirklichkeit. Wenn wir die Metaphysik ernst nehmen, dann ist Gott die wahre Wirklichkeit und wir sind nur wirklich, indem wir an ihm teilhaben. Gott ist uns näher, als wir uns selbst es sind, sagt Augustinus. Wir sind uns selbst entfremdet. Wir leben nicht nur in einer gottlosen, sondern auch in einer ich-losen, in einer selbst-losen Wirklichkeit. In den Träumen bricht die geistige Wirklichkeit in unser Leben ein. Und es ist nicht von vorneherein gesagt, daß die Träume unwirklicher seien als das, was wir im Bewußten wahrnehmen.

52, 9f

Die Träume der Heiligen

In der christlichen Tradition tauchen Träume immer wieder bei den Heiligen auf. So verdankt Hieronymus einem Traum seine Wandlung vom weltlichen zum christlichen Gelehrten (vgl. M. T. Kelsey, Träume. Ihre Bedeutung für den Christen, Metzingen [2]1982, 77). [...]

Benedikt erscheint seinen Schülern im Traum und teilt ihnen den Bauplan ihres Klosters mit. Er ist also ihr innerer Meister geworden, der sie durch Träume auf ihrem Weg begleitet und lenkt. Franziskus erkennt im Traum seine Berufung. Im Traum sieht er, wie er die Kirche Gottes wiederherstellen soll. Zunächst deutet er es auf das verfallene Kirchlein Portiuncula. Doch dann wird ihm klar, daß das eine größere Aufgabe meint. Als sich ihm immer mehr Brüder anschließen und er vom Papst die Bestätigung eines Ordens erbittet, da träumt Papst Innozenz, daß Franziskus die Kirche des Laterans stützt. Und aufgrund dieses Traumes approbiert er die Ordensgründung. Auch die Gründung des Dominikanerordens ist von Träumen begleitet. Dominikus träumt von einem Baum, auf dem schwarze und weiße Vögel sitzen. Der Baum wird abgehauen. Das veranlaßt ihn, seinen Orden auf ein neues Fundament zu stellen.

Viele Heiligenbiographien berichten von Träumen und Visionen. Wir meinen, Visionen seien etwas Besonderes, das nur Heiligen zustoße. Doch Kesley berichtet von einer psychologischen Untersuchung, die ergeben hat, daß zehn Prozent aller Menschen Visionen haben (vgl. Kelsey, 36). Doch die meisten trauen sich nicht, darüber zu sprechen, aus Angst, sie würden für verrückt erklärt. Wir sollen vor den Visionen keine Angst haben. Gott möchte uns darin erscheinen und uns etwas sagen. Aber wir sollen die Visionen auch nicht überbewerten. Die Mystiker aller Zeiten haben zwar immer wieder Visionen gehabt, aber sie haben sie nicht für das wichtigste Zeichen ihrer Frömmigkeit angesehen.

52, 30f

Traumdeutung – aber wie? (1)

Die Jungsche Psychologie unterscheidet eine Traumdeutung auf der Objektstufe und auf der Subjektstufe. Auf der Objektstufe sagen die Träume etwas über die Menschen aus, mit denen ich zu tun habe, über die Beschaffenheit der äußeren Dinge, von denen ich träume. So kann mich ein Traum darauf hinweisen, daß meine Leiter defekt ist oder daß ich vergessen habe, das Haus abzuschließen. Oft nimmt der Traum die Erfahrungen des Tages auf und nimmt die Tagesreste als Material, um mich auf Wichtiges aufmerksam zu machen. Der Traum hat auf der Objektstufe eine kompensatorische Funktion, d. h. er ergänzt meine bewußte Sicht der Dinge. Wenn ich tagsüber ein Gespräch mit einem Freund hatte, so hat mein Bewußtsein vieles nicht wahrgenommen, ich war beschäftigt mit Nachdenken und habe übersehen, wie es ihm eigentlich geht. Im Traum sagt mir das Unbewußte, was es am Freund wahrgenommen hat, etwa, daß es ihm schlecht geht, daß es dunkel in ihm ist usw. Ich kann natürlich genauso gut sagen: Gott will mir im Traum die Wahrheit des Freundes aufdecken. Zumindest weist mich Gott durch die Beobachtungen meines Unbewußten auf wichtige Seiten meines Freundes hin, die ich sonst übersehen würde. Da unsere bewußte Sicht oft von unserem Wunschdenken beeinflußt ist, ist es wichtig, auf die Sicht des Unbewußten zu hören. [...]

Als Grundregel der Traumdeutung gilt, daß ich den Traum erst einmal auf der Objektstufe interpretieren soll. Ich soll erst einmal fragen, was mir der Traum über Menschen, über Situationen, über Geschäfte, über meinen Beruf, über mein Engagement in einem Verein usw. aussagt. *52, 35f*

Traumdeutung – aber wie? (2)

Die zweite Methode der Traumdeutung ist die Deutung auf der Subjektstufe, d.h. alle Personen und alle Dinge, die ich im Traum sehe, sind Teile meiner eigenen Person und sagen etwas über meinen Zustand aus. Der Traum beschreibt mir in Bildern, wie es um mich steht. Oft genug sind Bilder hilfreicher, um die eigene Situation auszudrücken, als rationale Beschreibungen. Die Traumbilder sind jedoch offen für mehrere Deutungen. Sie sind zwar nicht beliebig deutbar, aber sie müssen doch

im Zusammenhang mit der eigenen Lebensgeschichte und mit der momentanen inneren Situation gesehen werden. Es hat also keinen Zweck, ein Lexikon der Traumsymbole zu lesen und zu meinen, Auto bedeute immer das Ich, Pferd immer meine Vitalität. Ich soll selbst assoziieren, was mir dazu einfällt. Die Kenntnis der Symbole kann zwar hilfreich sein, aber wir müssen zugleich die innere Freiheit behalten, die Symbole auf uns konkret zu beziehen. [...]

Wenn ich von einem Auto träume, das ich zwar mit dem Steuer lenken möchte, das aber hinfährt, wo es will, das sich einfach nicht lenken läßt, dann kann das ein Bild dafür sein, daß ich die Kontrolle über mich verloren habe, daß ich von anderen unbewußten Kräften gesteuert werde. Oder ich fahre mit dem Auto einen Berg hinauf. Ich gebe Gas, aber es rührt sich nichts, ich komme nicht vom Fleck. Dann muß ich fragen, warum ich nicht genügend Kraft in mir habe für die Aufgaben, die mich erwarten, ob ich nicht vor einem Berg von Problemen stehe, ohne vorher aufgetankt zu haben. Und ich kann überlegen, wo für mich Kraftquellen wären. Wenn ich den Traum mit Gott bespreche, dann will mich Gott auf meine innere Quelle hinweisen, die ich verschüttet habe, auf seine Gnade, der ich keinen Zutritt gestatte. Der Traum gibt dann keine konkrete Handlungsanweisung. Ich weiß beim Aufwachen nicht, was ich genau tun soll. Aber ich spüre doch, welches Thema die nächsten Tage und Wochen bei mir ansteht. *52, 37f*

TRAUMDEUTUNG – ABER WIE? (3)

Die Träume weisen uns aber nicht nur auf negative Seiten hin, die wir verdrängt haben. Oft sind sie auch eine frohe Botschaft. Dann zeigen sie uns, daß wir schon weiter sind, als wir glauben, daß sich in uns doch schon etwas getan hat, daß wir mehr ausgesöhnt sind mit uns, als wir wahrhaben wollen. So zeigt uns etwa ein Fluß, über den wir fahren oder gehen, um ans andere Ufer zu gelangen, daß wir schon einen entscheidenden Schritt nach vorne getan haben, daß wir das neue Ufer schon erreicht haben, daß ein neuer Abschnitt unseres Weges beginnt. Oder wir sehen in unserem Haus auf einmal ganz neue Räume, die wir bisher noch nie betreten haben. Das Haus ist ja ein Bild für die Gesamtheit der Psyche. Wir haben dann in uns selbst neue Räume des Lebens erschlossen. Eine Frau erzählte mir, daß sie im Traum einen großen barocken Saal in ihrem Haus betreten habe, den sie vorher noch nie gesehen hatte. Es tut sich in ihr also etwas auf, etwas Geräumiges, Schönes, etwas Freies und Spielerisches, wie es der Barock darstellt. So ein Traum bewirkt eine positive Grundstimmung. Wir erleben uns am nächsten Tag anders. Gott hat uns eine frohe Botschaft über unseren inneren Zustand überbracht.

Oft sind die Träume ambivalent. Wir können sie dann gar nicht einstufen in positiv und negativ. Wir müssen in sie hineinhorchen und sie beachten. Manche wollen ihren Traum nicht anschauen aus Angst, sie könnten etwas Unheilvolles bedeuten. Doch das ist Unsinn. Die Träume legen uns nie fest. Sie zeigen uns unsere Situation und mögliche Gefahren, damit wir wachsam werden und die Gefahr beachten und so vermeiden. Auch Gefahrenträume sind hilfreich. Sie wollen uns nicht in Panik geraten lassen, sondern das Steuer in uns herumreißen, damit wir nicht in den Abgrund fahren. Es kommt nur darauf an, daß wir die Träume umsetzen in unser Leben. *52, 40f*

Traumdeutung – aber wie? (4)

Oft träumen wir, daß wir zu spät kommen, zu spät zum Zug, zu spät zu einer Veranstaltung. Das ist ein Bild, daß wir im Leben zu spät kommen, daß wir den richtigen Zug verpassen, weil wir zu sehr an unserer Vergangenheit hängen, weil wir zuviel Altes mitnehmen wollen auf unseren Weg. Oder aber wir träumen, daß wir unseren Koffer vergessen haben. Wir können uns dann fragen, was uns für den inneren Weg fehlt, welche wichtigen Reisemittel wir nicht mitgenommen haben. Das kann die Stille sein, die wir brauchen, das Gebet, die Gnade Gottes, die wir beiseitelassen. Es können aber auch wichtige Kräfte und Fähigkeiten sein, die wir in uns zu entwickeln versäumt haben. Wenn wir das Geld vergessen haben, dann fehlt uns die nötige Energie, ein Persönlichkeitswert, den wir unbedingt für unsere Reise brauchen. Oft kommen wir zu spät im Traum, weil wir nicht auf die Zeit, auf die Gegenwart achten. Oder wir steigen in einen falschen Zug ein. Deutlicher kann uns der Traum kaum sagen, daß wir auf unseren Weg sehen sollen. Wo haben wir den Anschluß verpaßt? Wo sind wir in Gefahr, einen falschen Weg einzuschlagen, auf das falsche Pferd zu setzen? Wenn wir nach so einem Traum Gewissenserforschung halten, werden wir vieles in uns entdecken, was uns ohne Traum verborgen geblieben wäre. Der Traum ist der Schlüssel, der dann auch unserem reflektierenden Geist die Tür zu dem Raum aufschließt, der unsere gegenwärtige Situation am reinsten widerspiegelt.

Häufig sind auch Prüfungsträume, nicht nur in Zeiten schulischer und beruflicher Prüfungen. Sie zeigen immer, daß wir mit unserem Leben eine Prüfung zu bestehen haben. Wir brüten über Aufgaben, die wir zu lösen haben in unserer gegenwärtigen Lebensschule. [...] Solche Schulträume sollten wir meditieren, um herauszufinden, was denn unsere Aufgabe heute sei und wo wir an uns zu arbeiten haben, um die Prüfung, die Gott uns abverlangt, zu bestehen. *52, 43ff*

Ganzheitliche Spiritualität

Wir täten uns selbst und den Menschen [...] keinen Gefallen, wenn wir Gottes Sprache in den Träumen übergehen würden. Wir würden wichtige Bereiche unseres Lebens von der Verwandlung und Heilung durch Gott ausschließen. Und unserem geistlichen Leben würde es an Lebendigkeit und Echtheit, an Kraft und Wahrheit, an Freiheit und Weite, an Liebe und Güte, an Ausstrahlung und Faszination fehlen. Alle geistlichen Wege, die den Schatten ausschließen, führen immer in eine gefährliche Spannung. Zu leicht wird der Mensch dann zerrissen zwischen – einerseits – seinem guten Willen und seinem Streben, Gott zu lieben und ihm zu gehorchen, und – andererseits – seinem Schatten, der sich in seiner Erdverbundenheit, in seinen Bedürfnissen und in seinen Trieben äußert, auf der anderen Seite. Dann entstehen die religiösen oder ekklesiogenen Neurosen. Und der christliche Glaube würde dann trotz seiner Botschaft von der Liebe grausam mit den Menschen umgehen, sie überfordern und letztlich zerreißen.

Leider hat die Kirche in der Vergangenheit viele Menschen auf dem Gewissen, weil sie sie in eine unerträgliche Spannung gestellt hat. Daher ist es ein Gebot der Stunde, aus der reichen geistlichen Tradition der Kirche zu schöpfen und wieder jene ganzheitliche Spiritualität zu entwickeln, die alle großen christlichen Schulen auszeichnet, sei es die Schule des frühen Mönchtums oder der griechischen Mystik, sei es die ignatianische Spiritualität oder die Mystik eines Meister Eckhart oder der vielen großen Frauen, die so oft als nicht mehr linientreu beargwöhnt worden sind. Eine ganzheitliche Spiritualität kann es sich nicht leisten, den Leib auszuklammern und die Träume zu vernachlässigen. Erst wenn der ganze Mensch in den Blick kommt, kann er auch als ganzer heil werden. *52, 49f*

Ich darf sein, wie ich bin

In der Geschichte von der Heilung des Aussätzigen bei Markus 1,40–45 heißt es: »Im gleichen Augenblick verschwand der Aussatz, und der Mann war rein.« Das klingt zu schön, um wahr zu sein. So schnell geht es bei uns nicht immer. Aber wenn wir unseren Aussatz, all das Abgelehnte und Unansehnliche in uns im Gebet der heilenden Liebe Christi hinhalten, wenn wir seine Liebe in unsere Selbstablehnung einströmen lassen, dann kann es auf einmal sein, daß wir uns bedingungs-

los bejahen können. Auf einmal spüre ich: Ja, ich darf so sein, wie ich bin. Es ist alles gut. In den Exerzitien sollen wir die Wunden, die im Gebet auftauchen, Christus hinhalten. Denn alles, was wir von unserer Beziehung zu Christus ausschließen, das fehlt uns an Lebendigkeit, das blockiert unsere Beziehung zu Gott.

So lade ich Sie ein, in den nächsten Tagen all das Unansehnliche, das, was Sie bei sich selbst nicht leiden mögen, das, was Sie am liebsten verborgen halten, im Gebet immer wieder Christus auszusetzen. Üben Sie sich ein in das Gebet aus der Tiefe. Bekennen Sie im Gebet Ihre Ohnmacht, sich selbst besser machen zu können. Ergeben Sie sich in die barmherzigen und liebenden Arme Gottes. Halten Sie sich Jesus hin und stellen Sie sich vor, wie Jesus mit Ihnen fühlt, wie er die Hand nach Ihnen ausstreckt und Sie berührt. Und wie in seinem Wort »Ich will es – werde rein!« seine kraftvolle und heilende Liebe in Sie einströmt. Wenn Sie in diesen Tagen zur Kommunion gehen, können Sie sich vorstellen, daß in der Hostie Jesus selbst sich in Ihre Hand legt, Sie berührt und alles in Ihnen durchdringt, was Sie bei sich selbst ablehnen und verdrängen. Das Brot, das Sie in der Eucharistie essen, ist die fleischgewordene Zusage Gottes: »Ich will es – werde rein!«

Wenn er es will, daß Sie rein sind, dann sollten auch Sie es mit aller Kraft wollen, daß alles in Ihnen gut ist, weil es von Christus berührt ist, daß alles in Ihnen sein darf, weil Christus selbst gutheißt, was in Ihnen ist. *106, 34f*

Die Notbremse des Leibes

Krankheitssymptome zeigen uns oft, wo wir eine falsche Einstellung zum Leben haben. Wenn wir kein Maß haben für unsere Arbeit, dann führt das zum Herzinfarkt. Wenn wir unsere Angst unterdrücken, dann führt das zu Schwindelanfällen. Weil wir unsere seelischen Bedürfnisse nicht wahrhaben wollen und auf die Warnungen des Herzens nicht hören, werden wir krank. Die Krankheit ist die Notbremse des Leibes. Mit ihr will uns der Leib unüberhörbar warnen, daß wir so nicht weiterleben dürfen, daß wir unsere Einstellung zum Leben und unseren Lebensstil ändern müssen. Die Krankheit gibt uns eine Chance, unsere Situation zu erkennen und uns ihr zu stellen. Von uns aus würden wir die Ahnungen überhören, die manchmal in uns auftauchen, die Ahnung, daß unser Leben sinnlos geworden ist, daß die Ehe nicht mehr stimmt, daß unser Beruf nur noch Leerlauf ist.

Der Leib ist ehrlicher als unser Verstand. Mit dem Verstand sehen wir über die Ahnungen des Herzens hinweg. Wir wollen einfach nicht hinsehen, weil es unangenehm wäre. Der Leib zwingt uns, den Ahnungen des Herzens nachzugehen und auf den Ruf der Seele zu hören. Aber viele möchten am liebsten auch den Ruf der Krankheit überhören. Sie erwarten dann vom Arzt, daß er ihren Leib wie eine Maschine repariert. Und sie empören sich, wenn der Arzt von ihnen eine Änderung ihres Lebensstiles verlangt. Sie wollen nichts davon wissen, daß sie an sich etwas ändern müssen, wenn sie gesund bleiben wollen. *46, 16f*

Lectio divina (1) – Ich bin der geliebte Mensch

Die Mönchstradition kennt die Übung der lectio divina, der göttlichen Lesung. Sie lesen die Heilige Schrift nicht, um ihr theologisches Wissen zu vermehren, sondern sie lesen das Wort Gottes, um im Wort der Bibel Gottes Herz zu entdecken und sich von Gottes Wort verwandeln zu lassen. Wenn sie ein Wort ins Herz trifft, dann meditieren sie es, sie kosten und schmecken es. Wie Maria bewahren sie das Wort in ihrem Herzen und wenden es hin und her, sie fügen es im Heiligen Geist so

zusammen, daß es sie ganz und gar prägt. Das nennen die Mönche dann Meditation. Meditation heißt nicht, über das Wort Gottes nachzudenken, sondern es ins Herz fallen zu lassen, damit es das Herz erfüllt und verwandelt. Die Meditation des göttlichen Wortes, so sagen die Mönche, wird in uns die Sehnsucht nach Gott entfachen.

In der oratio, in einem kurzen affektiven Gebet antworten sie auf die Meditation und bitten Gott, ihnen die Sehnsucht ihres Herzens zu erfüllen. Das Wort führt uns dann in das wortlose Geheimnis Gottes. Das nennen die Mönche dann Kontemplation. Ich übersteige das Wort und ruhe aus im Schweigen mit Gott und in Gott. Das Wort hat mich zur absoluten Stille geführt, in der ich eins werde mit Gott, jenseits aller Worte und Gedanken und Bilder.

So möchte ich Ihnen als Übung die lectio divina vorschlagen. Lassen Sie das Wort aus der Verklärungsgeschichte »Du bist mein auserwählter, mein geliebter Sohn. Du bist meine geliebte Tochter« in Ihr Herz fallen. Versuchen Sie, es mit dem Herzen zu kosten, zu schmecken. Und stellen Sie sich vor: Wenn das stimmt, wenn das die eigentliche Wirklichkeit meines Lebens ist, wie fühle ich mich dann? Wie erlebe ich dann meine Fehler und Schwächen? Wie geht es mir dann in meiner Einsamkeit, in meiner Traurigkeit? Lassen Sie das Wort so tief ins Herz fallen, daß Sie es mit jeder Faser Ihres Leibes und Ihrer Seele glauben können, daß es zum Urwort wird, das Sie prägt. *106, 53f*

Lectio divina (2) – Einverstanden mit mir selbst

Sie werden erfahren, daß dieses Urwort Gottes heilender und befreiender ist als die vielen Worte, die Sie sonst verinnerlicht haben, wie: »Du bist mir eine Last. Du gehst mir auf die Nerven. Wenn du doch nicht so kompliziert wärest« – und wie die Worte alle heißen, die Sie von Kindheit an über sich gehört haben. Und dann versuchen Sie einen ganzen Tag lang mit diesem Wort zu leben: »Du bist mein geliebter Sohn, du bist meine geliebte Tochter.«

Betrachten Sie alles, was Ihnen begegnet, von diesem Wort her mit neuen Augen. Wie geht es Ihnen damit? Hat das Wort Gottes die Kraft, den Nebel Ihres Alltags aufzuhellen und das Licht vom Berg Tabor in ihre Dunkelheit leuchten zu lassen? Wenn Sie das Wort Gottes in alle Täler Ihrer Seele dringen lassen, in das Tal der Trauer, der Angst, der Selbstentwertung, des Selbstmitleids, dann kann in diesem Wort Gottes Liebe Ihr Leben verwandeln und Ihnen auch mitten im Tal Ihres Alltags die Gewißheit schenken, daß Sie geliebter Sohn, geliebte Tochter Gottes sind, daß die Liebe Gottes der eigentliche Grund Ihres Lebens ist. Und vielleicht wächst dann in Ihrem Herzen ein tiefer Friede, ein Einverstandensein mit sich, ein abgrundtiefes Vertrauen, daß Sie gewollt und geliebt sind, auserwählt und herausgenommen aus der Menge, einzigartig und einmalig.

Trauen Sie dem Wort Gottes. Es ist Nahrung für Leib und Seele. Denn der Mensch lebt nicht vom Brot allein, sondern von jedem Wort, das aus dem Munde Gottes kommt. Das Wort Gottes begleitet Sie auch mitten im Tal Ihres Alltags, wenn eine Wolke den Berg der Verklärung wieder verdeckt, wenn Sie nichts mehr spüren von der inneren Verwandlung, die Sie im Gebet erfahren haben. Wir brauchen beides: das Schauen der Herrlichkeit Gottes, die Kontemplation, in der wir Gottes Nähe erfahren, und den Glauben, der vom Hören kommt, die Bereitschaft, in Zeiten der Dürre auf das Wort Gottes zu hören und zu befolgen und uns in der Meditation vom Wort immer wieder in das wortlose Geheimnis Gottes führen zu lassen. *106, 54f*

Was ist die Leitidee meines Lebens?

Elija ist das Bild des Propheten. Er ist der größte Prophet des AT, ein Mann wie Feuer. Er zeigt uns, daß auch wir eine prophetische Berufung haben. Wenn wir im Gebet offen geworden sind für Gott, dann entdecken wir auch, zu welcher Sendung Gott uns ausersehen hat. Jeder kann in dieser Welt etwas von Gott sichtbar machen, was allein durch ihn aufleuchten kann. Jeder hat mit seinem Leben ein Wort zu sagen, das nur durch ihn erklingen kann. In den Exerzitien sollen wir unsere persönliche Berufung, unsere prophetische Sendung erkennen, damit wir sie authentisch leben können.

So möchte ich Sie zu folgender Übung einladen: Stellen Sie sich vor, Sie stehen kurz vor Ihrem Tod. Überlegen Sie, welchem Menschen Sie noch einmal schreiben möchten. Und dann schreiben Sie einen Brief, in dem Sie diesem Menschen sagen, was Sie in Ihrem Leben vermitteln wollten, was die eigentliche Botschaft Ihres Lebens sein sollte.

Sie brauchen keine Angst vor großen Worten zu haben. Wir werden nie ganz leben, was wir im Tiefsten unseres Herzens ersehnen. Aber trotzdem tut es uns gut, uns zu überlegen, wofür wir überhaupt antreten, was die Leitidee unseres Lebens ist. Warum stehe ich jeden Morgen so früh auf, warum nehme ich all die Unbilden in Kauf, die das Leben mit sich bringt? Warum strenge ich mich an? Was möchte ich in jeder Begegnung den Menschen vermitteln? Was sollen Sie an mir, an meinem Leib, an meiner Seele, an meinem Herzen, an meinen Augen, an meinen Worten ablesen? Was ist die tiefste Motivation für mein Leben, was möchte ich als letztes Wort, als mein Vermächtnis den Menschen hinterlassen? Bewahren Sie sich diesen Brief auf, damit Sie sich von Zeit zu Zeit bewußt machen, was Ihre prophetische Sendung in dieser Welt heute ist, was die tiefste Botschaft Ihres Herzens ist, was Sie den Menschen mit Ihrem ganzen Leben vermitteln möchten. *106, 50f*

Auferstehung erfahren

Geistliche Übungen wollen uns einüben in eine neue Sichtweise, mit der wir den Alltag bestehen sollen. Sie wollen uns neue Augen schenken, damit wir in allem, was wir tun, Christus selbst entdecken als den, der hineintritt in unser Leben und unseren grauen Morgen in die milde Wärme seiner Gegenwart verwandelt und der auch am Ufer der Ewigkeit steht, am Morgen, der keinen Abend mehr kennt und uns dort erwartet.

So gehen Sie in einer Meditation konkret Ihren Alltag durch. Fangen Sie morgens an, wenn der Wecker schellt, und gehen dann jede Stunde durch. Sie waschen sich, ziehen sich an, beten, frühstücken und gehen zur Arbeit. Und stellen Sie sich vor, daß in jedem Augenblick der Auferstandene bei Ihnen ist. »Es ist der Herr«, können Sie sich in jede Situation hineinhalten.

Dann werden Sie vielleicht erstaunt entdecken, wie sehr Sie normalerweise ohne Beziehung zu Christus leben, wie sich der Alltag verselbständigt hat. Aber wenn Sie alles achtsam und bewußt, im Bewußtsein der Gegenwart Christi tun, dann wird sich Ihr Alltag wandeln.

Auferstehung ist nicht etwas Fremdes und Unverständliches. Was Auferstehung heißt, das kann jeder in seinem Leben erfahren. Es geht nicht darum, sich zu streiten, ob das Grab Christi leer war oder nicht. Es geht vielmehr darum zu glauben, daß der Auferstandene mich heute aufrichten möchte, daß für mich heute Auferstehung Wirklichkeit wird, wenn ich aufstehe aus meiner Angst, wenn ich den Schritt zu einem Gespräch wage, das ich schon lange vor mir hergeschoben habe, wenn ich ausbreche aus der Enge einer Beziehung, die nicht mehr stimmt, wenn ich aufstehe aus dem Grab meines Selbstmitleids, wenn ich aufstehe und zu mir selbst stehe, weil Christus als der Auferstandene neben mir steht.

106, 96f

... UNSERE WUNDEN GEHEILT

In der Eucharistie hat uns Jesus das Vermächtnis seiner Liebe hinterlassen. In ihr wird sichtbar und greifbar, was er während seines ganzen Lebens getan hat. Da hat er zu den Menschen Worte der Liebe gesprochen, Worte, die ihnen die Liebe des Vaters zusagten, Worte, die aus seinem liebenden Herzen kamen. Da hat er Menschen, die sich selbst nicht annehmen konnten, aufgerichtet und ihnen Mut gemacht, zu sich zu stehen. Da hat er ihnen ihre unantastbare Würde gezeigt. Da hat er ihre Wunden geheilt. Da hat er Zöllnern und Sündern, die von den Frommen ausgestoßen waren, zum Leben und zu Gott zurückgerufen und ihnen einen neuen Weg aufgezeigt. Da hat er in Gleichnissen die Menschen dort abgeholt, wo sie mit ihrer Lebenserfahrung standen, und hat ihnen so von Gott erzählt, daß ihnen die Augen aufgingen. Johannes läßt Jesus beim letzten Mahl eine Abschiedsrede halten, in der er vor seinem Tod nochmals sagt, was ihm am Herzen liegt. Es sind Worte der Liebe, die die Grenze zwischen Himmel und Erde aufheben, zwischen Gott und Mensch, zwischen Leben und Tod.

Diese Worte der Liebe spricht in jeder Eucharistiefeier der erhöhte Christus zu uns. Er richtet diese Worte vom Himmel her an uns und doch auch als der, der mitten unter uns ist. Da wird Wirklichkeit, was Jesus in seiner Abschiedsrede sagt: »Wenn ich gegangen bin und einen Platz für euch vorbereitet habe, komme ich wieder und werde euch zu mir holen, damit auch ihr dort seid, wo ich bin« (Johannes 14,3). In der Eucharistiefeier sind wir dort, wo Christus ist. Es ist der vertraute Kreis der Jünger. Jesus öffnet uns sein Herz in seinem Wort und im Mahl. Da gibt er sich selbst: »Nehmt und eßt. Das bin ich selbst.« Ich gebe mich für euch, damit ehr leben könnt, damit ehr an meine Liebe und an die Liebe des Vaters glauben könnt und damit ihr einander genauso liebt. »Ich habe euch ein Beispiel gegeben, damit auch ihr so handelt, wie ich an euch gehandelt habe« (Johannes 13,15). *106, 86f*

Dann werden sich die Gefühle wandeln

Für mich ist das Jesusgebet die konkrete Einübung in das Leben in Christus und mit Christus.

So möchte ich Ihnen vorschlagen, [...] das Jesusgebet zu üben. Setzen Sie sich bequem hin, und achten Sie auf Ihren Atem. Lassen Sie sich von Ihrem Atem nach innen führen. Atmen Sie vor allem langsam aus. Dann verbinden Sie mit Ihrem Atemrhythmus das Jesusgebet. Beim Einatmen können Sie sich vorsagen: »Herr Jesus Christus« und beim Ausatmen: »Sohn Gottes, erbarme dich meiner«. Wenn Ihnen diese Formel zu lang ist, sagen Sie einfach: »Jesus« beim Einatmen und »Erbarme dich meiner« oder »Erbarme dich« beim Ausatmen. Denken Sie nicht über das Wort nach, sondern vertrauen Sie darauf, daß in diesem Wort Christus selbst in Ihnen ist und Sie mehr und mehr durchdringt mit seiner Barmherzigkeit. Lassen Sie sich von diesem Wort hineinführen in den inneren Raum, in dem Christus selbst in Ihnen wohnt, der voll ist von der Wärme seiner Liebe und seiner Barmherzigkeit. Wenn Sie mit dem Jesusgebet 20 oder 30 Minuten meditieren, dann können Sie zur Ruhe kommen, und Sie können dann erahnen, was es heißt, in Christus zu sein.

Ich mache beim Jesusgebet oft die Erfahrung, daß es mir gut tut, wenn Christus mich innerlich bestimmt, wenn ich durch seine Barmherzigkeit mit mir selbst barmherziger umgehe. Dann bestimmen mich nicht mehr Ärger, Angst, Eifersucht, Traurigkeit oder Leere. Dann bewirkt die Barmherzigkeit Jesu in mir einen tiefen inneren Frieden. Sie müssen die negativen Gedanken und Gefühle nicht vertreiben. Aber halten Sie das Jesusgebet in diese Gedanken und Emotionen hinein. Wenn Sie lange genug in Ihren Ärger, in Ihre Angst, in Ihre Selbstvorwürfe hineingesprochen haben »Jesus Christus, erbarme dich meiner«, dann werden sich die Gefühle wandeln, und auf einmal spüren Sie, wie Sie mit sich selbst barmherziger werden, wie die negativen Gefühle nicht mehr wie ein Berg auf Ihnen liegen, sondern zum Unrat werden. *106, 74f*

OKTOBER

Mit Herz und allen Sinnen

In der Schöpfung Gott erkennen

Die Phänomenologie unterscheidet zwischen Vorhandensein und Wirklichsein. Die Landschaft ist da unabhängig vom Wort. Aber wenn sie nicht ins Wort gefaßt wird, wenn sie nicht besungen wird, ist sie bloß vorhanden. Erst wenn ich darüber mit einem spreche, erst wenn ich sie lobe, erst wenn ich sie im Gedicht besinge, wird sie für mich und für andere wirklich. Erst das lobende Wort weckt das Leben, das in der Landschaft schlummert. So läßt das Lob des Schöpfers, das die Mönche im Chorgebet singen, die Schönheit der Schöpfung für die Menschen erstrahlen. Das Wort des Lobes wird so zum Mitschaffer und Erhalter der Schöpfung Gottes. Das ist wohl die höchste Würde des Gotteslobes, daß Gottes schöpferisches Wort in ihm selbst wirksam wird und die Schöpfung in der lobenden Antwort des von Gottes Gnade ergriffenen Menschen zur Vollendung kommt.

Vielleicht meinen manche, das sei zu hoch gegriffen. Aber wenn die Menschen an einem Kloster vorbeifahren und wissen, daß da Tag für Tag Gott gelobt wird, dann verändert sich für sie die Welt. Sie können sie wieder mit den Augen des Glaubens sehen, sie können wieder erkennen, daß es Gottes gute Schöpfung ist. Wer überall nur die Umweltzerstörung sieht, der wird blind dafür, in der Schöpfung Gott zu erkennen. Und wer die Welt nur für sich ausbeutet, der verliert den Blick für das Geheimnis der Schöpfung, in der Gott selbst erfahren werden kann. In einem benediktinischen Kloster wird die Schöpfung nicht nur besungen. Sie wird auch in ihrer Schönheit dargestellt in schönen Kirchenbauten, in der Art und Weise, wie Liturgie gefeiert wird. Da wird nicht einfach eine religiöse Pflicht erfüllt. Da entwickelt man Phantasie und Kreativität, um Gottes Schönheit würdig zu feiern. *100, 19f*

Gott und der Mensch im Mittelpunkt

Das benediktinische Gotteslob ist Ausdruck des Glaubens, daß Gott die eigentliche Wirklichkeit unseres Lebens ist. Gott ist genauso wirklich wie die Schöpfung, in der er uns begegnet und in der er sichtbar und erfahrbar wird. Den Primat Gottes in einer säkularisierten Welt hochzuhalten, ist eine wichtige Aufgabe der Mönche. Eine Studentin meinte einmal, sie käme deswegen an Ostern so gerne zu uns, weil das einer der wenigen Orte in der Kirche sei, wo Gott im Mittelpunkt stehe. Wenn Gott im Mittelpunkt steht, dann findet auch der Mensch zu seiner Mitte, dann entsteht auf einmal unter dreihundert jungen Leuten, die zum Osterkurs kommen, eine intensive Gemeinschaft.

Jeden Morgen, wenn ich um 5 Uhr durch den Kreuzgang zum Chorgebet in die Abteikirche gehe, sage ich mir vor, daß es nicht in erster Linie um mich geht, sondern um Gott, daß es jetzt nicht so wichtig ist, ob ich mich müde fühle oder nicht, ob ich Lust zum Beten habe oder nicht, sondern daß Gott da ist, daß Gott der Schöpfer der ganzen Welt und mein Schöpfer ist und ich sein Geschöpf, daß ich nur dann schöpfungsgemäß lebe, wenn ich meinen Schöpfer anbete und preise: »Der Herr ist König. Die Erde frohlocke. Freuen sollen sich die vielen Inseln« (Psalm 97,1). Das Lob des Schöpfers meint immer auch das Lob des Geschöpfes. Wer von Gott gut redet (benedicere), der muß auch vom Menschen und von der Schöpfung gut reden, der sieht jedes Geschöpf mit guten Augen und erkennt in ihm Gottes Herrlichkeit. Das führt zu einer optimistischen Grundhaltung, die uns gerade heute, da viele von Zukunftsangst und Hoffnungslosigkeit bestimmt sind, guttäte.

100, 21

Auftrag der Klöster

Der sorgfältige Umgang mit den Dingen hat im Laufe der Geschichte dazu geführt, daß Benediktinerklöster in Europa die Kultur weithin geprägt haben. Sie haben in ihren Bauten etwas ausgedrückt vom Geheimnis des Kosmos. Die Klosteranlage etwa von St. Gallen drückt aus, daß alle wichtigen Berufe innerhalb der Klostermauern angesiedelt waren. Es war eine Welt für sich. Die Kultur hat sich im sorgsamen Umgang mit der Natur ausgedrückt. Da die Klöster immer am gleichen

Ort blieben, haben die Benediktiner ihren Lebensraum auch gepflegt. Sie haben Gärten angelegt, in denen sie sich erholen konnten. Und sie haben eine Landwirtschaft aufgebaut, um sich ernähren zu können. Dabei haben sie nie Raubbau mit der Natur getrieben. Sie haben sie vielmehr gehegt und gepflegt, weil sie auch den nachkommenden Generationen einen lebenswerten Raum hinterlassen wollten. Und sie hatten Sinn für Wissenschaft und Kunst. In ihren Schreibstuben haben sie die Werke der griechischen Philosophie und Dichtung weiter überliefert. Sie haben mit Liebe die liturgischen Bücher ausgemalt. Und sie haben die Musik gepflegt, die das Herz des Menschen erfreut. Benedikt wollte nicht den großen Asketen, sondern den, der maßvoll mit dieser Welt umgeht und sich an ihr freuen kann.

Die Frage ist, wie wir Benediktiner heute unserer Tradition gerecht werden und in unserer Welt den Sinn für die Ehrfurcht vor allen Dingen vermitteln. Wie die Kirche allgemein hinken auch wir heute den ökologischen Strömungen zumeist hinterher. Von unserer Tradition her hätten wir die Aufgabe, die Ehrfurcht vor der Schöpfung nicht nur in unserem Umgang mit den Dingen auszudrücken, sondern auch in einem ökologischen Wirtschaften. [...]

Theoretisch sind wir uns natürlich einig, daß wir auf unsere Umwelt achten müssen. Aber sobald es praktisch wird, scheitert vieles auch am Geld oder an den Schwierigkeiten, die Ideen in die Tat umzusetzen.

100, 29f

Benediktinische Unternehmensphilosophie

Viele Menschen erzählen mir immer wieder, daß sie die meiste Energie nicht für ihre Arbeit verwenden können, sondern für die zwischenmenschlichen Reibereien, die in der Firma herrschen. Die kosten soviel Energie, daß nur noch wenig Kraft übrigbleibt, um effektiv arbeiten zu können. Natürlich braucht es zu einem gesunden Arbeitsklima auch eine gute Organisation. Die ist für Benedikt Ausdruck der Achtung vor dem Menschen. Chaos und Durcheinander, Willkür und Fahrigkeit sind für Benedikt immer Zeichen dafür, daß der Führende mit sich nicht im Einklang ist, daß er auf die eigene Seele nicht achtet und daß er keine Ehrfurcht vor dem Menschen hat. Daher verlangt Benedikt sowohl vom Abt als auch vom Cellerar einen hohen Reifegrad. Der Abt »sei nicht aufgeregt oder ängstlich, nicht maßlos oder engstirnig, nicht eifersüchtig oder argwöhnisch, weil er sonst nie zur Ruhe kommt.« Eifersucht und Argwohn werden auch in einer Firma ein Klima von Intrigen und Klatschsucht erzeugen, da sieht man nicht mehr klar, sondern versinkt in einem Sumpf von Gerüchten und unklaren Informationen. Die Weite und innere Ruhe, die Benedikt vom Abt fordert, wird ein menschliches Klima in der Gemeinschaft erzeugen und ihr so ermöglichen, weiterzugehen und effektiv zu arbeiten.

Gerade heute in einer Zeit, da die Arbeitslosigkeit immer mehr zum Problem wird, könnte die benediktinische Unternehmensphilosophie auch einen Beitrag leisten in der Diskussion, wie wir auf die Herausforderung unserer Zeit antworten sollen. Wir rationalisieren immer mehr Arbeitsplätze weg, weil die hohen Lohnkosten die Unternehmen ruinieren. Aber das ist ein Weg in die verkehrte Richtung. [...]

Aber Arbeit heißt eben nicht in erster Linie immer mehr produzieren, sondern die Schöpfung und das menschliche Leben so zu gestalten, daß das »Reich Gottes« sichtbar wird, daß es dem Willen Gottes und dem Heil des Menschen entspricht. *100, 42ff*

Die Kunst zu führen

Die benediktinische Arbeitsphilosophie hat in der Antike revolutionär gewirkt. Die Römer überließen die Arbeit den Sklaven. Der Freie verbrachte seine Zeit mit Spielen oder mit Kriegführen. Benedikt hat das Arbeitsethos des Mittelalters entscheidend mitgeprägt. Und er hat eine andere Weise des Wirtschaftens mitbegründet. Natürlich hatte Benedikt mehr die landwirtschaftliche und handwerkliche Produktion im Auge. Insofern kann sein Modell nicht einfach für unsere Zeit übernommen werden. Aber die Auseinandersetzung mit seiner Unternehmensphilosophie könnte auch heute dazu anregen, aus der Engführung der Diskussion, der es nur ums Überleben geht, herauszukommen und wieder den Menschen in den Mittelpunkt der Überlegungen zu rücken. Wenn der Mensch Lust hat an seiner Arbeit, dann wird er auch am effektivsten und kreativsten arbeiten. Für mich ist das die wichtigste Aufgabe des Führens, ein Arbeitsklima zu schaffen, in dem Menschen sich ernstgenommen fühlen. Das heißt nicht, daß man alles laufen läßt. Wenn man die Konflikte nicht anspricht, sondern ständig unter den Teppich kehrt, fühlen sich die Menschen nicht geachtet. Da entsteht dann eher ein Klima der Unklarheit. Keiner darf dem anderen zu nahe treten. Alles bleibt beim alten. Tabus dürfen nicht berührt werden. Das ist Verweigerung von Führung, aber nicht eine Führung, wie Benedikt sie fordert. Die Regel ermahnt den Abt immer wieder, Fehler nicht einreißen zu lassen, sondern sie schon zu Beginn mit der Wurzel auszurotten. Der Abt soll sich den Konflikten stellen und sie offen ansprechen. Nur so entsteht ein Klima, in dem sich die Menschen letztlich auch wohl fühlen und Lust am Arbeiten haben. [...]

Bei vielen Managern hört man heute ein ständiges Jammern, daß man nichts machen kann, daß die Leute sich nicht führen lassen, daß sie machen, was sie wollen, daß sie nicht motiviert sind usw. Für Benedikt gilt solches Jammern nicht. Es liegt immer an der Führung, was für ein Klima in der Firma herrscht. *100, 44f*

Das Zulassen von Nähe

Nicht der Wunsch nach sexuellen Kontakten ist das eigentliche Problem der Ehelosen, sondern der Wunsch nach Lieben und Geliebtwerden, nach Freundschaft und Intimität. Die Ehelosigkeit kann auch nur erfüllt gelebt werden, wenn jemand in guten menschlichen Beziehungen steht. Früher waren Privatfreundschaften in Klöstern verpönt, weil man sogleich eine Spaltung der Gemeinschaft befürchtete und homosexuelle Beziehungen vermutete. Heute ist diese Haltung einer positiveren Sicht von Freundschaft unter Ehelosen gewichen. Unser Abt meinte in einer geistlichen Konferenz, jeder müßte die Frage, ob er im Kloster einen Freund habe, positiv beantworten. Denn eine Freundschaft, in der er alles sagen kann, was ihn bewegt, ist für seine persönliche Reifung wie für sein geistliches Leben von entscheidender Bedeutung. Ohne Freundschaft gerät ein Mönch leicht in Isolation, oder er flüchtet sich in viele oberflächliche Kontakte oder in funktionale Kontakte wie geistliche Begleitung, bei denen er aber selbst sich nicht zu öffnen braucht. Ohne wirkliche Begegnung und ohne Zulassen von Nähe und Intimität in einer guten Freundschaft vertrocknet aber auch leicht das geistliche Leben.

Den Wert der Freundschaft haben in der christlichen Tradition viele besungen. Dabei wird vor allem die Freundschaft zwischen Männern gepriesen. Aber das Lob gilt in gleicher Weise auch der Freundschaft zwischen Frauen. Augustinus hat zeit seines Lebens von solchen Freundschaften gelebt. Und so sagt er über den Wert des Freundes: »Ohne einen Freund kommt nichts in der Welt uns freundlich vor.« Für ihn wird in der Person des Freundes Gott selbst sichtbar. *58, 45f*

Freundschaften der Ehelosen

Freundschaft ist für den Ehelosen auch möglich zwischen Mann und Frau. Die Geschichte zeigt viele Beispiele heiliger Freundespaare, für die ihre Freundschaft kein Gegensatz zu ihrer Gottesliebe war, sondern sie im Gegenteil vertiefte: Da sind Franziskus und Klara, Franz von Sales und Franziska von Chantal, Teresa von Avila und Balthasar Gracián und viele andere mehr. Natürlich darf das Beispiel dieser heiligen Paare nicht als Ausrede für die eigene Freundschaft mit einer Frau gelten, vor allem dann nicht, wenn diese Freundschaft nicht transparent ist für Gott. Vorsichtig bin ich auch immer, wenn ein Priester und eine Ordensschwester ihre Freundschaft in allzu geistigen und geistlichen Tönen preisen. Da wird oft die sexuelle Anziehung verdrängt und die ganz vitalen Bedürfnisse nach der Liebe eines Partners nicht eingestanden. Und eine gute Freundschaft zwischen ehelosen Männern und Frauen bedarf der Ehrlichkeit und Wachheit, nicht der Ängstlichkeit und Enge. Freundschaft ist immer ein Geschenk, das einem zufällt, das Gott selbst uns gibt. Wenn einer seine Einsamkeit nicht aushält und sich deshalb eine Freundin oder einen Freund sucht, dann ist das kein tragbares Fundament für eine gute Freundschaft. Aber wenn sich ehelose Männer und Frauen angezogen fühlen und auf einmal ihre Liebe zueinander entdecken, dann ist das zugleich auch eine große Chance, die eigene Sexualität in einer nicht-sexuellen Freundschaft in gesunder Weise zu leben. In der Freundschaft kann die Liebe eines Mannes oder einer Frau in uns viel Versteinertes zum Leben bringen und Verhärtetes aufweichen. *58, 46f*

Ehelosigkeit (1) – Berührung von Anima und Animus

Wenn der Eros in unsere Beziehung zu Gott einfließt, wird er unser unruhiges Herz immer näher zum Du Gottes führen, bei dem unsere Sehnsucht nach wahrer Intimität erfüllt wird. Doch da in manchen Klöstern der Eros aus Angst vor der Sexualität verbannt wurde und nun flügellahm auf der Klostermauer sitzt, ist auch die Spiritualität dort oft erlahmt und eingetrocknet. Die erotische Erfahrung im menschlichen Miteinander will und soll uns zur mystischen Erfahrung Gottes führen. Aber wirkliche Mystik bedarf auch wirklicher Erotik. Viele Mystiker haben uns das vorgelebt, etwa Teresa von Avila in ihrer Beziehung zu Gracián. Wenn wir im Sprechzimmer bei einem Beichtgespräch mit einer Frau erotisch angesprochen werden, brauchen wir keine Angst zu haben. Wenn wir den Eros in Aufmerksamkeit und Liebe verwandeln, anstatt heimliche Sehnsüchte zu nähren, wird der Eros das Gespräch bis zur Erfahrung einer ganz dichten Gegenwart Gottes führen können.

Wir können dann etwas erahnen von der Qualität menschlicher Begegnung und menschlichen Sprechens, wie es uns die berühmten Gespräche Augustinus' mit seiner Mutter Monika und Benedikts mit seiner Schwester Scholastika vor Augen führen. Das Gespräch wird transparent auf Gott hin, und wir erfahren – wie Benedikt und Scholastika –, daß anima und animus sich berühren und darin Gott selbst. Die erotische Begegnung von anima und animus ist für Papst Gregor den Großen in seiner Beschreibung der Begegnung zwischen Benedikt und Scholastika die Bedingung für mystische Erfahrung und zugleich eine Einführung in die kosmische Vision, in der Benedikt sich eins mit Gott und mit dem ganzen Kosmos fühlt.

Neben der Freundschaft ist die Gemeinschaft eine gute Hilfe, die Ehelosigkeit erfüllt zu leben. *58, 49f*

Ehelosigkeit (2) – Gemeinschaft als Chance und Schutz

Die Gemeinschaft ist eine Chance, sich im Spiegel seiner Brüder oder Schwestern selbst kennenzulernen, in seinen Eigenheiten abgeschliffen zu werden und Sensibilität zu entwickeln für andere. Die Gemeinschaft bewahrt vor der Ausformung zum typischen Junggesellen, der sich unmöglich benimmt und gar nicht merkt, wie er allen auf die Nerven geht. Wer in der Gemeinschaft lebt, bleibt in Bewegung. Er erfährt immer wieder Kritik und wird so gezwungen, an sich zu arbeiten. Vor allem erlebt er sich als sehr menschlich und wird von seinen Brüdern und Schwestern davor bewahrt, von der Wirklichkeit seines Alltags abzuheben. Manche alleinstehenden Priester werden ja von ihrer Gemeinde als Objekte ihrer Projektionen benutzt, entweder ihrer verherrlichenden oder vernichtenden Projektionen. Beides kann zur Gefahr werden, sich mit der Projektion der anderen zu identifizieren und von ihr her zu leben anstatt aus der eigenen Wahrheit. Mitbrüder und Mitschwestern sind selten davon überzeugt, daß eine/r aus ihrer Gemeinschaft heilig sei. Der alltägliche Umgang führt in die Wahrheit und zugleich in die Demut als den Mut, diese Wahrheit auch anzuerkennen.

Die Gemeinschaft ist aber zugleich auch Schutz. Wer sich nirgends geborgen fühlt, der sucht, irgendwo unterzuschlüpfen, nur damit er sich nicht allein fühlt. Und was liegt für den Mann näher, als bei einer Frau unterzuschlüpfen, und für die Frau, sich an einen Mann anzulehnen? Doch wer nur unterschlüpfen will, wird nie echte Freundschaft erfahren. Der Wunsch nach Geborgenheit kann einen sehr schnell in sexuelle Beziehungen bringen. Das eigentliche Problem ist dann nicht die Sexualität, sondern das Alleinsein. Aber oft entstehen dann sexuelle Verstrickungen, die beiden nicht guttun, weil beide sie nicht öffentlich leben können, und nicht, ohne ihrer eigentlichen Berufung untreu zu werden. Uns steht auch da kein Urteil zu. *58, 51f*

Ehelosigkeit (3) – Raum für Stärken und Schwächen

Natürlich gibt es genügend Ordensgemeinschaften, die für den einzelnen mehr eine Last sind als eine Quelle des Lebens. Das kommt oft von der Unfähigkeit, wirklich Beziehung einzugehen und Begegnung zu wagen. Wenn da einer den anderen nur kontrolliert, wird sich jeder seine menschlichen Kontakte außerhalb suchen. Es ist heute eine wichtige Aufgabe der klösterlichen Gemeinschaften, eine Form des Miteinanders zu finden, in der einer dem anderen auf reife Weise begegnet, in der einer dem anderen den Raum zum Atmen läßt, in der jeder sich öffnen, sich wohlfühlen, daheim sein kann. Damit eine solche Gemeinschaft gelingt, ist es notwendig, alles, was man hat, in die Gemeinschaft einzubringen, wirklich sein Leben mit den Brüdern und Schwestern zu teilen, seine Gedanken und Gefühle, seine Stärken, Schwächen und Grenzen.

Henry Nouwen hat einmal gesagt: Alles, was einer Gemeinschaft entzogen werde, schwäche ihre Lebendigkeit. Und gerade die Schwächen, die verschwiegen würden, fehlten der Gemeinschaft in ihrer Vitalität. Nach Benedikt sollte die Gemeinschaft so sein, daß die Starken herausgefordert und die Schwachen nicht entmutigt werden. In einer solchen Gemeinschaft entstehen dann auch gute Beziehungen untereinander, und man braucht sich nicht ständig vor Privatfreundschaften zu fürchten. Jede gute Freundschaft innerhalb der Gemeinschaft wird alle miteinander befruchten. In diesem Miteinander von Gemeinschaft und Freundschaft wird die Ehelosigkeit in einer positiven Weise gelebt werden, und die Sexualität ist darin mit ihrer belebenden Kraft integriert.

58, 52f

Schöpfungsspiritualität

Der heutige Mensch hat wieder ein neues Verständnis für heilende Rituale entdeckt. Ich erlebe immer wieder gerade Frauen, die mit der Erlösungsspiritualität nichts mehr anfangen können, die sich schwer tun, die alte Kreuzestheologie nachzuvollziehen, die vor allem die Sühne für unsere Sünden betont. Solche Frauen finden in der Schöpfungsspiritualität einen neuen Zugang zum Christentum. Sie spüren, daß die christlichen Feste ja einen kosmischen Hintergrund haben. Karfreitag und Ostern sind dann für sie nicht in erster Linie die Feier des unsere Schuld sühnenden Todes Christi am Kreuz und seiner Auferweckung durch Gott, sondern die Feier von Tod und Auferstehung, wie sie auch in der Natur sichtbar werden. Das Kreuz ist für sie ein Symbol für das Sterben, das sie in ihrem Leben und in der Natur immer wieder erfahren. Und die Auferstehung wird zum Bild für die aufblühende Natur und Zeichen der Hoffnung, daß auch mitten in ihrer Leere und in ihrer Starre neues Leben aufkeimt, daß Gott in ihnen einen neuen Anfang setzt, die Fesseln zerreißt, die sie vom Leben abhalten.

Es geht nicht darum, das Erlösungswerk Jesu Christi durch solche schöpfungstheologischen Bilder zu vernachlässigen, sondern in ihm auch die kosmische Dimension zu entdecken. Das wäre heute für viele Menschen ein neuer Zugang, um auch das Geheimnis der Erlösung zu verstehen, wie sie in Jesus Christus geschehen ist. Es ist ja nicht nur die Erlösung des sündigen Menschen, sondern genauso die Erlösung der Schöpfung, die »bis zum heutigen Tag seufzt und in Geburtswehen liegt«, die sehnsüchtig »auf das Offenbarwerden der Söhne Gottes« wartet (Römer 8,19 und 22). *100, 61f*

ACHTSAMKEIT

Das geistliche Leben, das der Schöpfungsspiritualität entspricht, besteht vor allem in der Achtsamkeit, im aufmerksamen Umgang mit der Schöpfung, mit den Dingen, mit den Menschen, im aufmerksamen Horchen auf Gott in allen Dingen. Wer achtsam lebt, der lebt in Beziehung mit sich selbst, mit der Schöpfung, mit Gott und mit den Menschen. Die eigentliche Krankheit unserer Zeit ist die Beziehungslosigkeit. Weil die Menschen die Beziehung zu sich und zur Schöpfung verloren haben, schlittern sie von einer Beziehung zur anderen, nur um sich überhaupt spüren zu können. Wenn ich aber die Beziehung zu einem Menschen brauche, um mit mir in Beziehung zu kommen, dann benutze ich einen Menschen, dann beute ich ihn aus und überfordere ihn mit meiner Beziehungslosigkeit. Weil viele nicht mehr in Beziehung zu den Dingen sind, gehen sie brutal mit ihnen um. Sie benutzen sie nur für die eigenen Zwecke, sie beuten sie aus, sie zerstören sie. Diese Beziehungslosigkeit beobachten wir heute bei vielen jungen Menschen. Die Lehrer in den Schulen können ein Lied davon singen, wie die Schüler mit der Einrichtung achtlos umgehen. Das ist nicht Bosheit, sondern Ausdruck ihrer Beziehungslosigkeit.

Die Beziehungslosigkeit führt noch zu einem anderen heute weit verbreiteten Phänomen, zur Ruhelosigkeit. Weil man nicht in Beziehung ist mit sich selbst, weil man nicht im Augenblick lebt, braucht man immer größere Anreize, um sich überhaupt noch zu spüren. Man muß dann möglichst weit weg in den Urlaub fahren, möglichst riskante Sportarten treiben, um überhaupt Leben zu erfahren. Wer mit sich in Beziehung ist, der spürt bei einem einfachen Waldspaziergang intensiv das Leben. [...]

Er atmet das Leben ein und hat darin alles, wonach er sich sehnt. Er lebt in Beziehung zu den Bäumen, spricht mit ihnen, spürt ihre Ausstrahlung. Er fühlt sich als Teil der Schöpfung, geborgen, getragen, wertvoll, lebendig. *100, 63f*

Wer hat »Lust am Leben«?

Wenn Benedikt Spiritualität vor allem als Achtsamkeit versteht, dann führt er uns zu einer Haltung der inneren Freiheit. In der Begleitung beobachte ich immer wieder Menschen, die geistliches Leben vor allem als Leistung mißverstehen. Sie meinen, sie müßten vor Gott etwas leisten, sie müßten soundso viele fromme Übungen machen, soundso viel beten und alle ihre Fehler mehr und mehr besiegen. Ein so verstandenes geistliches Leben ist sehr anstrengend. Und viele fühlen sich schnell überfordert. Spiritualität als Achtsamkeit will uns nicht überfordern, sie will uns vielmehr die Kunst lehren, intensiv zu leben, sie will uns zur »Lust am Leben« einladen. Wer ganz im Augenblick lebt, der kann ihn verkosten, genießen, für den wird die Erfahrung Gottes zugleich zur Erfahrung des vollen Lebens, des Lebens in Fülle. Wer dagegen sein geistliches Leben vor allem als Leistung versteht, die er vor Gott und vor sich und seinem schlechten Gewissen vollbringen muß, für den wird seine Frömmigkeit oft genug zur Verhinderung von Leben. Er lebt nicht wirklich, sondern er flüchtet sich in sein religiöses Tun wie in einen Lebensersatz. So bekommt er weder Geschmack an Gott, noch an sich und seinem Leben. Für Benedikt geht es darum, in der Schule des Herrn die Lust am Leben zu lernen. Christus selbst ruft uns zu: »Wer hat Lust am Leben?« Und Benedikt sagt von dieser uns zum Leben einladenden Stimme Christi: »Was könnte angenehmer klingen, liebe Brüder, als diese Stimme des Herrn, der uns einlädt? Seht, in seiner Güte zeigt uns der Herr den Weg zum Leben.« *100, 71f*

Ganz im Augenblick

Freiheit und Einheit, das sind die beiden wichtigsten Ziele eines achtsamen Lebens. Das sind auch die beiden tiefsten Sehnsüchte des Menschen, auf die Benedikt mit seiner Regel eine Antwort geben möchte. Der Mönch soll aufwachen aus dem Schlaf der Unfreiheit, um wach und achtsam zu leben. Und er soll heimkehren aus der Zerstreuung und Entfremdung zu Gott, bei dem er wahrhaft daheim sein kann, bei dem er erst ganz zu dem werden kann, der er von Gott her ist. Er soll eins werden mit sich selbst, mit seinem wahren Wesen, und zugleich auch eins werden mit Gott, mit den Menschen und mit der Schöpfung. Die Aufmerksamkeit und Achtsamkeit beschreiben die Kunst, im Augenblick zu sein, eins zu sein mit sich selbst, eins zu sein mit dem, was ich gerade tue, mit dem, was ich gerade berühre, womit ich umgehe.

Diese Sehnsucht nach Einssein war gerade für die Griechen charakteristisch. Die Griechen erlebten die Not des Menschen in der Zerrissenheit, im Hin- und Hergezerrtwerden zwischen den verschiedenen Bedürfnissen und Emotionen. Der Mensch fühlt so viele Wünsche und Gedanken in sich, die oft beziehungslos nebeneinander liegen. Er kann sie nicht zusammenbinden. So fühlt er sich zerrissen, zerteilt, gespalten. Der Weg aus der Zerrissenheit ist der Weg der Achtsamkeit. Er besteht darin, ganz im Augenblick zu sein, ganz in der Gebärde zu sein, ganz im Atem, ganz in den Sinnen. Wenn ich ganz in meinem Leib, in meinen Sinnen bin und so durch die Natur gehe, dann fühle ich mich mit allem eins, mit der Schöpfung und darin mit Gott und mit allen Menschen, die Teil dieser wunderbaren und geheimnisvollen Schöpfung sind.

100, 73f

Sinnlichkeit und Leibhaftigkeit in der Liebe zu Gott

Unsere Liebe zu Gott braucht Sinnlichkeit und Leibhaftigkeit, sie braucht Intimität und Zärtlichkeit, Eros und die Kraft der Sexualität. Auch die Liebe zu Gott verlangt nach leibhaftem Ausdruck. Das kann etwa in einer Gebetsgebärde geschehen, wenn wir Gott unsere leeren Hände hinhalten, damit er sie erfülle. Diese empfangende Gebärde kann die Sehnsucht unseres Herzens nach Gottes Liebe ausdrücken, der allein unser Herz zu beruhigen vermag. Eine andere Gebärde kann das Kreu-

zen der Hände über der Brust sein. Damit drücken wir aus, daß wir etwas Zartes und Kostbares in uns tragen, wie die Frau das Kind in sich trägt. Wenn wir dann mit dem ganzen Oberkörper hin- und herwiegen, kann darin unsere tiefe Sehnsucht nach Geborgenheit und Zärtlichkeit zum Ausdruck kommen. Es ist kein Ersatz für die Geborgenheit des Kindes bei der Mutter, sondern Ahnung davon, daß wir bei Gott die zärtliche Liebe einer Mutter erfahren dürfen.

Die intensivste Gebärde, mit der wir unsere Sexualität auf Gott richten, ist die prostratio. Rein äußerlich ist es die gleiche Gebärde wie beim Geschlechtsakt. Das ist sicher nicht zufällig. Indem sich der Mensch mit dem Gesicht zum Boden hinlegt, drückt er aus, daß er mit seinem ganzen Leib und mit der ganzen Kraft seiner Sexualität, die ihn auf ein Du und letztlich auf das göttliche Du verweist, Gott lieben und sich ihm ergeben möchte. In dieser Gebärde könnte er Psalm 53 beten: »Gott, du mein Gott, dich suche ich, meine Seele dürstet nach dir. Nach dir schmachtet mein Leib wie dürres, lechzendes Land ohne Wasser.« In dieser Gebärde fließt die Kraft unseres Blutes, die Kraft unserer Sexualität in unsere Beziehung zu Gott. Unsere Liebe zu Gott bleibt nicht mehr geschmacklos und langweilig, sie wird vielmehr unser ganzes Herz und unseren ganzen Leib in Gott zur Ruhe kommen lassen. *58, 63f*

Gebet als Ort der Intimität

Daß Gott das Du ist, das meine tiefste Sehnsucht nach Liebe erfüllt, kann ich erahnen, wenn ich das Gebet als Ort der Intimität erfahre. Ich sage Gott, was ich sonst nur dem geliebten Partner sagen würde, mit Worten, die aus dem innersten Herzen kommen und für andere vielleicht kindisch und peinlich wirken würden. Ich würde mich auf jeden Fall vor anderen genieren. Es sollen Worte der tiefsten Sehnsucht und Liebe sein, die den geschützen Raum des Gebetes brauchen. Wenn ich Gott wirklich das sage, wonach ich mich im Tiefsten sehne und was mein Herz wirklich bewegt, dann wird etwas in mir lebendig. Es strömt etwas in meinem Herzen. Es wird mir warm ums Herz. Und dann erfahre ich Gott als den, vor dem ich mein Herz ausschütten kann und vor dem ich sein darf, wer ich wirklich bin.

Vor ihm fühle ich mich dann daheim, wie sonst ein Mann sich bei seiner Frau daheimfühlt. Die Frage gelungener Ehelosigkeit ist für mich eine Frage nach meiner wahren Heimat. Wo fühle ich mich daheim? Dort, wo ich mich gut eingerichtet habe? Dort, wo liebe Menschen sind, mit denen ich mich unterhalten kann? Oder fühle ich mich wirklich bei Gott daheim? Ehelosigkeit wird nur gelingen, wenn ich mich vor Gott daheim fühle. Daheim sein kann man nur, wo das Geheimnis wohnt. Auch bei Menschen kann man sich nur daheim fühlen, wenn ich im Miteinander etwas von einem Geheimnis spüre, das uns beide übersteigt. Das Gebet ist für mich der Ort, wo ich in Berührung komme mit dem Geheimnis Gottes. Diesem Gott kann ich alles sagen, was mich bewegt. Ich fühle mich verstanden. Und dieser Gott ist es, zu dem meine tiefste Sehnsucht geht. Die Freundschaft zu Menschen, die mich emotional oft tiefer anrührt als meine Gottesliebe, kann mir dabei eine Hilfe sein, intensiver zu beten. Ich spüre in die Gefühle der Freundschaft hinein und durch sie hindurch und erahne auf dem Grund der Gefühle etwas von meiner intimsten Sehnsucht nach dem Gott, der mich liebt. *58, 56f*

Übung der Gottesgeburt (1)

Die christliche Tradition hat das Geheimnis der Gottesgeburt in vielen Bildern ausgedrückt. Folgende Übung könnte uns helfen, etwas vom Geheimnis der Gottesgeburt in uns zu erahnen:

Setze dich ruhig in dein Zimmer, tu' gar nichts, weder lesen noch schreiben noch nachdenken. Versuche, einfach dazusein, es zu genießen, dazusein, gegenwärtig vor dem gegenwärtigen Gott. Versuche, den Frieden zu spüren, der dich umgibt. Stell' dir vor, daß Gottes Gegenwart dich einhüllt. Bleib' einfach in seiner Gegenwart sitzen. Ruh' dich vor ihm aus, ohne Druck, etwas sagen zu müssen. Horche in dich hinein: Versuch', den Ort in dir zu entdecken, an dem es ganz still ist, an den keine Gedanken und Gefühle vordringen, an den niemand Zutritt hat, weder deine Probleme, noch deine Ängste, noch deine Mitmenschen, sondern allein Gott. Laß dich da hineinfallen und genieße es, mit deinem Gott allein zu sein. Gott befreit dich von dir selbst, von deinen Gedanken, von den Forderungen deines Über-Ichs, von den Erwartungen und Ansprüchen der Menschen.

Du kannst dir mit verschiedenen Bildern diesen Ort des Schweigens in dir vorstellen: Gott ist in dir wie eine Quelle lebendigen Wassers, das die trüben Wasser deiner negativen Gefühle und Stimmungen klar werden läßt. Vom Glaubenden hat Jesus gesagt: »Aus seinem Inneren werden Ströme von lebendigem Wasser fließen. Damit meinte er den Geist, den alle empfangen sollten, die an ihn glauben« (Johannes 7,38f).

Wenn du in dich hineinhorchst, stößt du vielleicht zuerst auf viel Schutt und Geröll, auf den Müll deiner unerledigten Probleme. Und du fühlst dich abgeschnitten von der Quelle des Lebens in dir. Du kannst dir vorstellen, daß du im Ausatmen diese Schuttschicht durchdringst und vorstößt zu der Quelle lebendigen Wassers, die in dir fließt. Im Einatmen kannst du dieses frische und klare Wasser dann in deinen Leib strömen lassen, damit alles Trübe und Staubige daraus vertrieben wird und du dich wieder frisch und lebendig fühlst. *58, 67ff*

ÜBUNG DER GOTTESGEBURT (2)

Gott ist in seiner Herrlichkeit in dir. Du kannst das Bild der Verklärung Christi meditieren. In Christus bricht das Eigentliche durch, und alles verklärt sich. Verklärung ist »der Durchbruch des Eigentlichen durchs Schemenhafte, des Lebendigen durch die Schatten, des Geliebten durchs Ungeliebte und die Ankunft des Langerwarteten« ... »Und das weiß auch jeder, daß nur die Liebesblicke es sind, die die Kraft der Verklärung besitzen. Nur dem Auge, das nicht liebt und nie geliebt hat, ist Verklärung nie widerfahren.«

Die Herrlichkeit Gottes, die in der Verklärung aufleuchtet und durchscheint, ist auch in dir. Henry Nouwen erzählt, daß ihm der Abt John Eudes den Satz zur Meditation aufgegeben habe: Du bist die Herrlichkeit Gottes. Versuche, dir das vorzussgen. Die Herrlichkeit Gottes ist in dir und will alles in dir von innen heraus schön machen und hell. Auch von dir gilt, was Paulus von uns allen sagt: »Die er gerufen hat, die läßt er gelten, zu denen sagt er sein Ja. Über sie breitet er seinen Lichtglanz, macht sie heilig und schön« (Römer 8,30, übers. v. J. Zink).

Gott ist das Feuer, das deinen Dornbusch brennen läßt, ohne daß er verbrennt. Der Dornbusch ist etwas Verachtetes. Mitten in der Wüste wächst er, trocken, stachelig, abweisend. Vielleicht ist dein Dornbusch die eigene Verletztheit, die Einsamkeit, die Launenhaftigkeit, die innere Zerrissenheit. Mitten in den Dornen deines Alltags brennt das Feuer Gottes. Es macht alles an deinem Dornbusch hell und schön. Aber der Dornbusch verbrennt nicht. Er bleibt stachelig und welk. Dein Alltag bleibt Alltag. Aber wenn du deine Schuhe ausziehst und alles ablegst, was dich festhält, kannst du mitten in deinem Alltag das Feuer der Liebe Gottes erkennen. Das Ausgedorrte und Tote in dir kann durch Gottes Gegenwart in dir zum Brennmaterial für Gottes begeisterndes Feuer werden.

Sowohl die Bibel als auch die christliche Tradition wollen uns in immer neuen Bildern anschaulich machen, was das Geheimnis der Gottesgeburt in uns ist. *58, 68f*

Übung der Gottesgeburt (3)

Ein anderes Bild, mit dem wir uns die Gottesgeburt vorstellen können, bietet uns das Jesusgebet an. Wer da in unserem Seelengrund geboren wird, das ist Jesus Christus, eine Person, zu der wir du sagen dürfen. Es ist nicht nur das Gelangen in den eigenen Grund, sondern eine personale Begegnung mit dem Christus, der in uns ist. Und dieser Jesus Christus ist von uns unabhängig. Er ist zwar auch ein Bild für unser Selbst. Aber zugleich ist er der ganz andere, der Unverfügbare, der uns begegnen möchte, damit wir in der Begegnung mit ihm verwandelt werden. Im Jesusgebet sprechen wir diesen Jesus Christus in uns an.

Wir können es entweder mit der klassischen Formel: »Herr Jesus Christus, Sohn Gottes, erbarme dich meiner«; dabei würden wir beim Einatmen bis »Christus« sprechen und beim Ausatmen den Rest. Oder wir können nur das Wort »Jesus« beim Einatmen sprechen und uns dabei vorstellen, wie der Atem in das Herz strömt und mit dem Atem Jesus Christus selbst in unserem Herzen wohnt und es mit Liebe und Wärme erfüllt. Beim Ausatmen können wir dann sagen: »erbarme dich meiner« und können uns dabei vorstellen, wie beim Ausatmen die Barmherzigkeit Jesu in den ganzen Leib strömt, vor allem in die Teile, in denen wir uns nicht annehmen können, wo wir im Widerstreit mit uns liegen. Dann können wir uns nach und nach mit allem in uns aussöhnen, gerade auch mit unserer Sexualität. Wir können dieses Wort in unsere Sexualität halten, dann wird sie getauft, dann wird sie zur Wunde, die uns für Gott aufbricht.

Es gibt jedoch auch den Weg, das Jesusgebet ohne die Formel zu beten und einfach nur »Jesus« zu sagen. Ich brauche es dann gar nicht mit dem Atem zu verbinden, sondern sage das Wort von Zeit zu Zeit mit der ganzen Sehnsucht meines Herzens. Es ist ein Liebeswort, ein Wort der Sehnsucht und Liebe an das Du, von dem ich die Erfüllung meiner Sehnsucht erwarte. *58, 73f*

Mystiker mitten in der Welt

Viele Menschen erleben immer wieder einmal Augenblicke »reinen Bewußtseins«. Sie erfahren, daß ihr Ich zurücktritt und sie einfach da sind, daß sie aufwachen aus ihrem Schlaf und auf einmal ganz bewußt sind, ganz eins mit sich selbst und eins mit der Welt. In diesem Einssein erahnen sie auch die Einheiten mit Gott, dem Grund allen Seins. Es gibt heute mehr Mystiker, als viele denken, Mystiker mitten in der Welt. Marsha Sinetar hat in ihrem Buch »Die Sehnsucht, ganz zu sein« solche Mystiker beschrieben, die mitten in der Welt leben und dort ihre Sehnsucht nach dem Unendlichen leben.

Ein Schreiner beschreibt seine Sehnsucht so: »Es gibt eine Konstante in meinem Leben, nämlich diesen allumfassenden Wunsch, diese Sehnsucht danach, mit der Einheit des Universums in Verbindung zu bleiben. Wahrscheinlich würden Sie das Gott nennen. Das gibt meinem Leben Wert und Sinn und die Kraft zum Weiterleben« (Marsha Sinetar). Die Mystiker innerhalb der Welt streben »nach einer neuen Art des Sehens und Hörens«. Eine Frau beschreibt ihre Erfahrung so: »Manchmal fühle ich mich wie in Ekstase. Stellen Sie sich vor, Sie sind zum ersten Mal verliebt. Sie merken, daß da etwas Wundervolles passiert, etwas sehr Ungewöhnliches. Sie können das spüren, dieses Gefühl von Liebe, das Ihrem Inneren entspringt und sich ausbreitet und nach innen und nach außen strahlt. Dann wieder ist es ein unermeßliches Glücksgefühl, das mein ganzes Sein erfaßt. Es ist so furchtbar schwierig, das anderen zu erklären.« *76, 39f*

Loslassen und Aufwachen

Der indische Jesuit de Mello hat die Mystik des Einswerdens als Erwachen oder als awareness (Bewußtwerden) bezeichnet. Er meint, daß die meisten Menschen schlafen. Wir halten an unseren Illusionen fest, an der Illusion von der Bestätigung durch Menschen, die wir brauchen, und an der Illusion des lieben Gottes, der unsere Bitten erfüllt. Mystik heißt, daß wir erwachen und mit der wahren Wirklichkeit in Berührung kommen. Viele Menschen gehen zum Psychologen, um Hilfe in ihren Beziehungsproblemen zu finden. Das – so meint de Mello – schafft zwar Erleichterung, heilt aber nicht wirklich. Man muß die Abhängigkeit von der Beziehung durchschauen, um wirklich geheilt zu werden. Ich muß spüren, daß das nur ein Aspekt der Wirklichkeit ist, daß die wahre Wirklichkeit Gott ist, in den hinein ich mich loslasse. Loslassen ist dabei nicht entsagen. Wenn ich auf etwas verzichte und ein Opfer bringe, hänge ich noch daran. »Entsagen Sie etwas nicht, sondern durchschauen Sie es. Suchen Sie, seinen wahren Stellenwert zu verstehen, und Sie werden ihm nicht mehr zu entsagen brauchen« (Anthony de Mello, Der springende Punkt. Wach werden und glücklich sein, Freiburg i. Br. ^{8}1998, 18).

Wenn wir wach werden, können wir unsere Vergangenheit loslassen. Wir brauchen sie nicht mehr zu bereuen oder zu betrauern. »Zu bereuen bedeutet, wach zu werden, und nicht: ›wegen seiner Sünden zu weinen‹. Werden Sie wach, und hören Sie mit dem Weinen auf. Wachen Sie auf! Man muß alles loslassen. Es ist wohlgemerkt kein physischer Verzicht, das wäre ja einfach. Wenn Ihre Illusionen schwinden, kommen Sie schließlich zur Wirklichkeit; und Sie können mir glauben: Sie werden nie mehr einsam sein, nie mehr. Einsamkeit läßt sich nicht durch menschliche Gesellschaft beseitigen. Einsamkeit wird durch Nähe zur Wirklichkeit aufgehoben« (ebd., 46, 59). *76, 40f*

Die Erotik der Mystiker

Für viele Mystiker waren affektive Beziehungen zu einem Mann oder einer Frau von großer Bedeutung. Das zeigt etwa der Brief Heinrichs von Nördlingen an Margarete Ebner. Heinrich schreibt ganz offen von seiner Bewunderung für Margarete: »Du meine ganz Getreue und meiner Seele sichere Zuflucht, ich weiß nicht, was ich sagen soll; denn mein Herz ward gar wundersamer Sehnsucht voll, als ich Deinen Brief las, und ich verlor Wort und Weise infolge des heiligen Duftes und göttlichen Geschmackes, der aus Deinen feurigen Worten in mich drang, und es ward ein gütlicher Krieg in mir zwischen großer Furcht und großer Begierde. Die Furcht gebot mir zu schweigen, aber die Begierde, die gebot mir zu reden und hat auch also gesiegt, daß mein Herz und mein Mund offenstehen und weit geworden sind, mit Dir, meinem Lieb in Gott, zu plaudern« (in: Christliche Mystik aus zwei Jahrtausenden, hg. v. Gerhard Ruhbach und Josef Sudbrack, München 1989, 198). In der deutschen Mystik inspirieren Männer wie Meister Eckhart, Tauler und Seuse die Frauen, die sie betreuen, und umgekehrt inspirieren die Frauen die Mystik der Männer.

Die erotische Sprache der Mystiker ist offensichtlich nicht rein literarisch, sondern entspringt ihrer Erfahrung von menschlicher Freundschaft und vom Einswerden mit dem Gott der Liebe. Wenn wir die Briefe der Freundschaft etwa von Teresa und Gracián und anderer Paare lesen, so spüren wir, »daß die Sinnlichkeit daran teilhat und daß der Eros in Zärtlichkeit verwandelt wird; in cortesia, würde der Troubadour des Herrn, Franz von Assisi, sagen. Dieser letzte Zug scheint mir wesentlich in der ›mystischen Freundschaft‹: die Erotik der Zärtlichkeit, der Intimität, wie sie durch van Ussel beschrieben wird, als eng verbunden mit ›einer Art religiösem Empfinden, mit etwas, was eins macht, was verbindet und die Grenzen von Zeit und Raum überschreiten läßt'« (Otger Steggink, Wie affektiv ist Mystik, wie mystisch ist Affektivität? in: Mystik, Bd. 1, Düsseldorf 1983, 138).

76, 62f

Mystik und Eros im Alltag (1)

Zwei Spuren möchten wir folgen, um dem Geheimnis von Mystik und Eros in unserem Alltag nachzuspüren. Da ist einmal die Spur der Mystik als in Berührung-Kommen mit der wahren Wirklichkeit. Mystik besteht nicht so sehr in Visionen und außerordentlichen Erlebnissen. Mystik ist vielmehr Einswerden mit der Wirklichkeit, mit meiner eigenen Wirklichkeit, Eintauchen in den eigenen Leib und in die Abgründe der Seele, Berühren meines innersten Kerns, meines Selbst. De Mello nennt diese Weise der Mystik das Wachwerden, »awareness«, Bewußtheit, Aufwachen aus dem Schlaf und in Kontakt-Kommen mit der eigentlichen Wirklichkeit. Wenn ich die eigentliche Wirklichkeit berühre, dann werde ich frei von den vielen Illusionen, die ich mir über mein Leben gemacht habe, dann werde ich frei von den Abhängigkeiten, die mich bestimmen. Und ich kann viele meiner Persönlichkeitsdramen vom Spielplan streichen und mich dem Spiel Gottes überlassen, in dem ich mich hineinspielen darf in das wahre Leben, in die Freiheit, in die Liebe, in meine authentische Rolle, die mir von Gott her auf den Leib zugeschnitten worden ist.

Diese Mystik ist eine sehr stille und nüchterne Mystik. Sie kann keine besonderen emotionalen Erlebnisse vorweisen. Ihre eigentliche Erfahrung ist die des Ganzseins, des Echtseins, des Freiseins und einer Liebe, die alle Fasern des Leibes und der Seele durchdringt. Es ist eine weltliche Mystik, die sich auf die Welt einläßt und sie gestaltet, die also im guten Sinn politisch wird. [...] Mystik ist Treue zum Leben, Treue zur Wirklichkeit, Sich-Überlassen an den Gott, der mir in meiner Arbeit im Alltag, der mir in der Welt begegnet. *76, 85ff*

Mystik und Eros im Alltag (2)

Die andere Spur ist die Kraft des Eros. Mit ihr kommen wir in Berührung, wenn wir die Sexualität in unser Menschsein integrieren und wenn die Sexualität unser Leben kultiviert. Die Sexualität war seit jeher der entscheidende Kultur schaffende Faktor. Sie wird nur dann zur Quelle unseres spirituellen Lebens werden, wenn sie in alle Bereiche unseres Lebens eindringt und sie verwandelt, wenn sie uns zu einem spirituellen Umgang mit der Materie führt. In der Regel Benedikts begegnen wir auf Schritt und Tritt diesem spirituellen Umgang mit der Welt. Da fordert Benedikt vom Cellerar: »Alle Geräte des Klosters und den ganzen Besitz betrachte er wie heilige Altargefäß« (RB 31,10). Wie ich die Dinge behandle, darin zeigt sich nicht nur meine Ehrfurcht vor Gott, sondern auch die Integration oder Desintegration meiner Sexualität. Sexualität will in jede zärtliche Berührung einfließen, sie will mir Lust schenken beim Ertasten der Dinge, beim Umgang etwa mit dem Handwerkszeug, mit dem Eßgeschirr, mit den Altargeräten. [...]

Für manche Menschen ist der sexuelle Akt der einzige Ort, wo sie sich selber spüren, wo sie über sich hinauswachsen. Für sie ist Leben und Sexualität in zwei Bereiche gespalten. Die Kunst wäre, das ganze Leben von der Sexualität durchdringen zu lassen. [...]

Wenn ich ganz in der Berührung bin, ganz in meinen Händen, in meiner Haut, ganz in meinem Leib, dann erahne ich zugleich, was Mystik ist und wie die Sexualität in allen Fasern meines Leibes und meiner Seele wirksam ist, dann sind Mystik und Eros eins miteinander.

76, 87f

MYSTIK UND EROS IM ALLTAG (3)

Unbewußt erleben viele Menschen die Verbindung von Mystik und Eros in ihrem Leben. Wir möchten sie nur ermutigen, ihre Erfahrungen ernst zu nehmen, sie dankbar zu meditieren als Gottesgeschenk. Andere fragen vielleicht nach konkreten Handreichungen, wie das denn gehen solle, Mystik und Eros in seinem Leben zu verbinden. Ein bescheidener Weg dazu wäre die Übung der Achtsamkeit, der bewußten Wahrnehmung dessen, was ist. Wenn ich achtsam dem Freund, dem Gatten, dem Gast die Kaffeetasse hinstelle, nicht nur wegen des Gastes, sondern auch wegen der Tasse, meinetwegen wegen der Atmosphäre im Raum, dann ist das Mystik und Eros.

Ein Vater bringt sein Kind ins Bett und bleibt noch einen Augenblick bei offener Türe stehen. Da leuchtet auf einmal alles, da geschieht Mystik und Eros. Es ist immer ein Geschenk, wenn wir solche Augenblicke erleben, in denen alles stillsteht, in denen wir nur im Schauen, im Spüren, im Horchen sind, in denen wir in Berührung sind mit der Wirklichkeit. Aber wir können die Achtsamkeit auch üben. [...]

Im Sakrament des Augenblicks wird das Sichtbare zum Ausdruck des Unsichtbaren, da geschieht Vermittlung von Mystik und Eros, da berühren wir im Sichtbaren den unsichtbaren Gott, da ist Mystik und Eros miteinander eins. Der buddhistische Mönch Thich Nhat Hanh spricht vom Weg der Achtsamkeit und gibt eine ganze Reihe konkreter Übungen an, diese Achtsamkeit in alle Lebensbereiche hineinfließen zu lassen: Wenn ich achtsam und wach in meinem Leib bin, ganz im Atem, nur noch reines Atmen, dann ahne ich etwas von der Lust am Einssein, von der Sehnsucht nach Verschmelzung, dann ist dieses stille Sein in meinem Atem erosdurchtränkt, dann geht mir für einen Augenblick etwas auf von Mystik und Eros. *76, 89f*

MYSTIK UND EROS IM ALLTAG (4)

Ein anderer Ausdruck erotischer Mystik können innere Bilder und Visionen sein. Morton Kelsey meint, jeder zehnte Mensch habe Visionen. Die Mystiker haben viele Visionen erlebt, zugleich aber kritisieren sie Leute, die sich mit ihren Visionen interessant machen. Die Visionen sind nur dazu da, unsere Liebe zu Gott zu intensivieren. Neben dem Phänomen, sich mit seinen Visionen wichtig zu nehmen, gibt es heute aber auch bei vielen Menschen eine Angst, über ihre Visionen zu reden. Man befürchtet, gleich in die psychiatrische Ecke gestellt und für abnormal gehalten zu werden. Mir erzählten einige recht nüchterne Menschen von ihren Visionen, daß sie bei der Eucharistie Christus gesehen hätten, daß sie nachts Maria oder einen Engel in ihrem Zimmer wahrgenommen hätten. Ich habe keinen Grund, an ihren Aussagen zu zweifeln. Es gibt auch heute noch Erfahrungen, die denen der mittelalterlichen Frauenmystik ähneln. Damals war es möglich, über seine Erlebnisse zu reden. Heute wird es eher belächelt. Natürlich sind solche Erfahrungen keine Offenbarungen Gottes, die der Offenbarung in der Heiligen Schrift etwas hinzufügen würden. Sie sind vielmehr zu deuten wie Träume. Es sind Erlebnisse in der Psyche, immer auch vermischt mit den Bildern des Unbewußten. Sie sind nicht die einzige Weise der Gotteserfahrung und auch nicht die Höchstform der Mystik. Aber dennoch sind sie Erlebnisse, die die Liebe zu Gott vertiefen, ja manchmal erst entflammen können. Sie sind geprägt von der Kraft des Eros. Wenn wir die Kritik eines Meister Eckehart und eines Johannes vom Kreuz an diesen Visionen mitbedenken, können wir uns ihnen doch ohne Angst zuwenden. *76, 91f*

Mystik und Eros im Alltag (5)

Mystik und Eros gehören zusammen. Aber sie werden immer auch in Spannung zueinander stehen. Wir können diese Spannung nicht aufheben. Manchmal droht sie uns zu zerreißen. Aber wenn wir uns mit dieser Grundspannung unseres Menschseins aussöhnen, dann kann Gott in unseren Leib und unsere Seele die Leiter hineinstellen, die – wie in der Jakobsgeschichte – den Himmel über uns öffnet und uns zu Gott führt. Dann werden sowohl unser Leib mit seiner Sexualität als auch unsere Seele mit ihrer unendlichen Sehnsucht die Holme der Leiter bilden, auf der wir zum Gipfel der Gottesliebe aufsteigen dürfen, auf der uns die Gipfelerfahrung der Ekstase in Gott hinein geschenkt wird.

Ohne den Holm des Leibes, ohne die Kraft der Sexualität und ohne die Phantasie des Eros wird die Leiter zu Gott zusammenstürzen. Jede Sprosse der Leiter zu Gott ist nur dann tragfähig, wenn sie Leib und Seele, Eros und Mystik, Sexualität und Transzendenz verbindet. Gott selbst, so sagt uns Benedikt in seiner Regel, hat uns in der Jakobsleiter ein Bild dafür gezeigt, wie wir Eros und Mystik miteinander verbinden können. Gott hat unseren Leib und unsere Seele, unsere Sexualität und unsere Transzendenz so zusammengefügt, daß sie uns über uns hinausführen, daß der Himmel sich über uns öffnet und Engel auf- und niedersteigen. In der mystischen Erfahrung tut sich der Himmel über uns auf, und wir dürfen einen Blick werfen auf den Gott, der mit uns geht, der uns mit seiner Liebe einhüllt und unserem Leben einen neuen Geschmack schenkt.

76, 107f

Sexualität der Eheleute und Ehelosen

Die Frage ist, welchen konkreten Weg Eheleute und Ehelose gehen sollen, um ihre Sexualität für ihre Gottesbeziehung fruchtbar zu machen. Der erste Schritt ist sicher, die Sexualität anzunehmen und sich mit ihr auszusöhnen. Dabei ist der Unterschied zwischen Eheleuten und Ehelosen gar nicht so groß. Ob sie die Sexualität nun genital leben oder nicht, es braucht für beide eine Kultur der Sexualität, die sich in der Erotik ausdrückt. Anstatt Sexualität zu unterdrücken, müssen sie in ihr nach dem »Transzendenzpotential« (Jellouschek) suchen, das wesentlich in ihr steckt.

Wenn ich der Bewegung meiner Sexualität nachspüre, dann kann sie mich über mich hinausführen und mich erahnen lassen, daß das Einswerden, das sie verheißt, über das Einswerden mit einem Menschen verweist auf das letzte Einssein mit Gott. Es geht nicht darum, zuerst die Sexualität zu beherrschen und dann sich der mystischen Erfahrung zu öffnen. Offensichtlich fließen die sexuellen und die spirituellen Energien gleichzeitig im Menschen. Die Aufgabe bestünde darin, die sich regende Sexualität immer wieder als Ansporn zu nehmen, über sie hinauszugehen und sich nach dem Gott auszustrecken, der die Sehnsucht, die sich in der Sexualität ausdrückt, erst in ihrer ganzen Tiefe zu erfüllen vermag. Wenn jemand, dem seine Sexualität Schwierigkeiten macht, in der Mystik die Lösung seiner Probleme sieht, ist er in Gefahr, Sexualität und Eros zu überspringen. Er wird in einer Pseudo-Mystik landen, aber nicht wirklich mit Gott eins werden. Er wird Mystik als Flucht vor seiner Sexualität benutzen, anstatt sich von seiner Sexualität und seinem Eros zur Mystik führen zu lassen. Wenn er sich mit seiner Sexualität ausgesöhnt und sie integriert hat, dann erst kann sie zu einer Quelle spritueller Erfahrung werden und in einer echten Mystik ihre Erfüllung finden.

76, 65f

Sexualität und Kreativität

Ein therapeutischer Berater, der selbst verheiratet ist, erzählte mir, daß seine Sexualität auch in der Ehe erst dann eine neue Qualität bekam, als er zu malen begann. Es geht nicht darum, wie ich die Sexualität beherrschen kann, sondern wohin sie fließt, wohinein sie strömen kann. Und es ist die Erfahrung vieler Eheloser, daß sie Lust an ihrem ehelosen Leben haben, wenn sie schöpferisch sind, wenn die sexuelle Energie in schöpferische Energie verwandelt wird. Deshalb ist es so wichtig, daß ein Kloster darauf achtet, daß jeder in seiner Arbeit kreativ sein kann, daß jeder die Energie, die in ihm steckt, auch schöpferisch einsetzen kann. Für den einen besteht die Kreativität darin, daß er in seinem Handwerk etwas schafft, daß er neue Techniken entwickelt oder etwas Schönes gestaltet, über das er sich freuen kann.

Ich habe als Cellerar erlebt, wie stolz unser alter Schreiner auf den runden Tisch war, den er für mein Büro geschaffen hat. Er konnte sich selbst nicht satt sehen am Formenreichtum des Holzes, das er kunstvoll immer wieder aufgeschnitten und so furniert hatte, daß überall Gesichter und Blumen hervorleuchteten. Da ging es nicht um Geld, nicht um Überheblichkeit, sondern um das Aufgehen in einem schöpferischen Prozeß. Andere sind kreativ in ihrem Unterrichten in der Schule, andere fühlen sich am lebendigsten, wenn sie malen, wieder andere, wenn sie schreiben oder wenn sie am Computer neue Programme entwerfen, wieder andere, wenn sie ihre Werkstatt gut organisieren und ihnen die Arbeit darin Spaß macht. Die Kreativität tut dem einzelnen gut. Er fühlt sich lebendig und kann sich so auf neue Weise in die Gemeinschaft einbringen. Und sie tut auf Dauer auch dem Kloster gut, weil sie wirtschaftlichen Nutzen bringt, ohne daß das Geld dabei im Mittelpunkt stehen würde. *100, 88f*

Arbeitspensum contra Begabung?

Leider haben viele Benediktinerklöster nicht verstanden, was Benedikt mit seiner Schöpfungsspiritualität gemeint hat. Sie haben daraus eine asketische Spiritualität gemacht, gerade im Blick auf die Arbeit. Da gibt es die Ideologie, daß nicht die Begabung des einzelnen wichtig ist, sondern allein der Arbeitsanfall in einem Kloster. Und alle anfallenden Arbeiten müssen eben von den Brüdern oder Schwestern geleistet werden, ganz gleich welche Begabungen sich unter ihnen finden. Damit wird aber die Lebendigkeit einer Gemeinschaft wesentlich beeinträchtigt. Wenn die Brüder und Schwestern keine Lust an ihrer Arbeit empfinden, wenn sie darin nicht schöpferisch sein können, wenn ihre ganze Lebensenergie nicht in die Arbeit hineinfließen kann, dann fühlen sie sich gebremst, dann stirbt etwas in ihnen ab. Die Unzufriedenheit wächst, und es entsteht ein Klima von Aggressivität, weil die Aggression nicht kreativ gelebt werden kann. Oft drückt sich das dann in einem hohen Krankenstand aus. Weil man die Energie nicht mehr nach außen fließen läßt, schlägt sie auf einen selbst zurück und macht einen krank. Dann wird auch das Argument der Armut, das man für diese Ideologie oft anführt, hinfällig. Denn dann wird das Leben teurer, als wenn jeder seine Begabung einbringen könnte.

Natürlich geht es nicht darum, daß jeder nur sein Hobby pflegt. Die Arbeit des einzelnen muß in den Rahmen der Gemeinschaft passen. Aber weil dieser Rahmen oft zu eng gezogen wird, wird viel Lebendigkeit abgeschnitten. Wenn die schöpferische Energie nicht mehr fließen kann, dann stauen sich die zwischenmenschlichen Probleme an. Das Klima in einer Gemeinschaft wird kühl. Die schöpferische Energie kann sich nur noch in zynischen Bemerkungen ausdrücken oder in der Phantasie, wie man am besten aus dem engen Rahmen aussteigen kann.

100, 91f

Eine optimistische Spiritualität

Wenn einer der Spur des Lebens folgt, dann kann es durchaus richtig sein, daß er diese Spur auch schützt, indem er z. B. täglich meditiert, indem er sich in eine gute Ordnung hineinbegibt, indem er heilende Rituale für sich entdeckt und sie in Treue und zugleich in Freiheit übt. Aber dann geht es eben nicht um Leistung, nicht um das fromme Tun, sondern immer um das Leben, dem alle religiösen Formen zum Sprung verhelfen wollen. Die Spur des Lebens ist zugleich der Weg, auf dem ich

mein ureigenstes Wesen entdecke, das einmalige Bild, das Gott sich von mir gemacht hat. Dort, wo in mir etwas lebendig wird, dort komme ich in Berührung mit meinem wahren Selbst, dort werde ich ganz ich selbst, dort erst kann ich das Geschöpf werden, das Gott einzigartig geschaffen hat. Aber dort, wo ich ganz ich selbst bin, erfahre ich mich nicht isoliert von den anderen Menschen, sondern als Teil der ganzen Schöpfung. Dort komme ich auch in eine tiefe innere Beziehung zu den Menschen, ja zu allen Geschöpfen.

Ich erfahre Gott nicht weltlos, sondern gerade in der Beziehung zur Welt, in der Beziehung zu den Bäumen und Steinen, zu den Bergen und Seen, zu den Blumen und Tieren. Das ist keine Naturschwärmerei, sondern Ausdruck einer tiefen spirituellen Erfahrung, daß Gottes Geist die ganze Schöpfung durchdringt und so auch durch jedes Geschöpf dieser Erde zu uns spricht. Wenn ich morgens nach unserem Frühchor meditierend durch unsere Bachallee gehe und dabei wahrnehme, was ist, dann fühle ich mich eins mit der Schöpfung, dann spüre ich das frische Leben, das überall aufblüht, auch in mir, dann erlebe ich Gott in der Weite des Atems und im Leuchten des Morgenrots. *100, 95f*

NOVEMBER

Berührt vom dunklen Geheimnis, das zurück ins Leben führt

Wie gelingt mein Leben?

In vielen Gleichnissen geht es Jesus um die gleiche Frage: Wie gelingt mein Leben? Und gerade in den drastischen Gleichnissen will er uns warnen, einem falschen Lebensentwurf zu folgen. So ein falscher Lebensentwurf kann sich sogar hinter einem anständigen und korrekten Leben verstecken. [...]

Im Gleichnis vom königlichen Hochzeitsmahl (Matthäus 22, 1-14) kümmern sich die Eingeladenen nicht um das Mahl. Der eine geht auf seinen Acker. Ihm sind sein Besitz und seine eigene Fruchtbarkeit wichtiger als das Hochzeitsmahl, das ja nicht nur für das ewige Leben nach demTod steht, sondern für das gelungene Leben hier, für ein Leben, das hier und jetzt schon eins wird mit Gott und hier schon, wie Athanasius sagte, ununterbrochen das Fest der Auferstehung feiert. Der andere geht in seinen Laden. Ihm ist sein Geschäft, seine Geschäftigkeit, seine Aktivität, wichtiger. Er möchte alles selber tun. Andere, so sagt das Gleichnis, »fielen über seine Diener her, mißhandelten sie und brachten sie um« (Matthäus 22,6). Es sind offensichtlich Menschen damit gemeint, die die innere Einladung zum wirklichen Leben gewaltsam niederschlagen, weil sie sich davon nicht verunsichern lassen möchten. Sie spüren, daß da noch eine andere Stimme in ihnen ist, die sie zum authentischen Leben einlädt. Aber sie haben sich so eingerichtet in ihrer eigenen Welt, daß sie diese Stimme nicht nur totschweigen, sondern totschlagen müssen.

Gott lädt nun alle Menschen ein, ohne Rücksicht auf ihre Herkunft und auf ihren moralischen Zustand. Alle, Böse und Gute, dürfen zum Hochzeitsmahl kommen. [...] In der Fassung des Gleichnisses bei Lukas (Lukas 14,15-24) sind es gerade »die Armen und die Krüppel, die Blinden und die Lahmen« (14,21), die zum Festmahl geladen sind. Also gerade die verwundeten und verletzten Menschen, die ihre eigenen Grenzen spüren, sind offen für die Verheißung des vollen Lebens, des Lebens mit Gott.

92, 82f

Innewerden, dass ich lebe

Wenn wir uns vorstellen, daß wir morgen sterben würden, dann würden wir nochmals ganz bewußt und intensiv den heutigen Tag erleben. Wir würden jeden Augenblick auskosten. Wir würden uns auf die Begegnungen vorbehaltlos einlassen. Wir würden auf jedes Wort achten, das wir sprechen, und abwägen, was wir eigentlich sagen möchten. Wir wissen alle, daß wir eines Tages sterben werden. Aber das verdrängen wir lieber. Das prägt nicht unser Leben. Daher ist eine wichtige Übung des geistlichen Lebens für Benedikt, sich täglich den Tod vor Augen zu halten. Diese Übung empfiehlt Benedikt nicht, um mit traurigem Gesicht durch die Welt zu laufen, sondern um das Leben auszukosten, um »Lust am Leben« zu haben.

Sich vor Augen zu halten, daß wir sterben werden, das heißt menschlich leben, so leben, wie es unserer menschlichen Existenz entspricht, die ja sterblich ist. Und es heißt für mich, achtsam und wach zu leben, mir immer wieder des Geheimnisses innezuwerden, daß ich da bin, daß ich atme, daß ich fühle, daß ich lebe, daß ich einzigartig bin auf der Welt, daß es einen Aspekt von Gott gibt, den nur ich in dieser Welt ausdrücken kann. Das Denken an den Tod dient dem Leben. Ich spüre dem Geheimnis des Lebens nach. Was bedeutet es zu leben, zu sein? Wie fühlt sich das Leben an? Wie schmeckt Leben? Und was heißt es, einmalig zu sein, etwas vermitteln zu dürfen, das nur ich vermag? Was heißt es, daß die Welt auf mich wartet, daß ich das Wort sage, das mir allein vorbehalten ist? *92, 9f*

Wofür es sich zu leben lohnt

Wenn sterbende Menschen das, was sie bewegt, nochmals zum Abschied ausdrücken können, dann ist das ein großes Geschenk. Es gibt ergreifende Szenen, wo eine sterbende Mutter oder ein sterbender Vater der um das Sterbebett versammelten Familie nochmals sagt, was ihr Vermächtnis für sie und für die künftigen Generationen ist. Aber wir haben keine Garantie, daß wir so gut vorbereitet sterben werden und daß wir uns da ausdrücklich von allen lieben Menschen verabschieden können. Bei Einzelexerzitien lasse ich die Exerzitanten oft einen Brief schreiben, mit der Vorgabe, sie würden kurz vor ihrem Tod an einen lieben Menschen schreiben, was sie in diesem Leben vermitteln wollten, was die Leitidee war, der sie gefolgt sind, was sie zum Abschluß als Zusammenfassung ihrer Lebensbotschaft nochmals sagen möchten.

Für manche ist eine solche Aufgabe fremd. Aber es tut uns gut, wenn wir uns einmal bewußt werden, warum wir überhaupt angetreten sind, warum wir uns abmühen, was uns denn antreibt, täglich neu den Menschen zu begegnen und unsere Arbeit zu tun. Was sind die Gedanken, die uns tief in unserem Herzen prägen? Was ist unsere tiefste Sehnsucht? Was möchte ich mit meinem Leben verkünden? Natürlich weiß ich, daß wir alle hinter diesen Leitideen zurückbleiben. Oft genug werden sie völlig verdeckt durch unsere Probleme, durch die Verletzungen unserer Lebensgeschichte oder durch unseren Ehrgeiz und unsere Empfindlichkeit.

Der Tod zwingt uns, uns immer wieder einmal Gedanken darüber zu machen, was unser Leben zusammenhält und prägt, was wir in dieser Welt für Spuren hinterlassen möchten, die für uns typisch sind. *92, 15f*

Spuren, die bleiben

Ein anderer Gedanke ist mir wichtig geworden, wenn ich an den Tod denke. Ich möchte in dieser Welt Spuren meiner Liebe hinterlassen, Spuren, die bleiben und einen Weg weisen, Spuren, auf denen andere weitersuchen können. Als Jesus wußte, daß seine Stunde des Sterbens gekommen war, da erwies er seinen Jüngern seine Liebe nochmals auf eindrückliche Weise. Johannes beschreibt diese letzte Spur seiner Liebe so: »Jesus, der wußte, daß ihm der Vater alles in die Hand gegeben hatte und daß er von Gott gekommen war und zu Gott zurückkehrte, stand vom Mahl auf, legte sein Gewand ab und umgürtete sich mit einem Leinentuch« (Johannes 13,3f). Er wäscht den Jüngern die Füße, Zeichen einer Liebe, die sich ganz und gar entäußert. In dieser Liebe berührt er gerade die schmutzigen und verwundeten Bereiche des Menschen, seine Füße, seine Achillesferse. Jesus wird zum Diener seiner Jünger. Und er drückt mit dieser Geste der Fußwaschung aus, was sein ganzes Leben geprägt hat: daß er von Gott gekommen ist, um solidarisch mit den Menschen zu sein, um ihre Wunden zu heilen und um gerade am Kreuz ihre tiefste Wunde zu berühren, die es gibt: die unheilbare Wunde des Todes. Mit dieser Symbolhandlung faßt Jesus also zusammen, was er mit seinem Leben gewollt hat. In ihr wird die Spur seiner Liebe tief eingegraben in unsere Welt. Diese Spur kann niemand mehr übersehen. Und sie hat seither unzählige Menschen animiert, dieser Spur der heilenden Liebe zu folgen. *92, 12f*

Wie ich sterben werde ...

Jesus ist am Kreuz keinen erbaulichen und heroischen Tod gestorben. Es war der schändlichste Tod, den die Antike kannte, am Kreuz vor den Augen der Gaffer mit der Atemnot und dem Tod kämpfen zu müssen. Jesu Tod am Kreuz zu meditieren heißt für mich, auch die Sehnsucht nach einem erbaulichen Tod loszulassen. Ich kenne in mir den Wunsch nach einem erbaulichen Tod, daß Menschen um mich stehen, die mir am Herzen liegen, daß ich klar bei Verstand bin, daß ich noch einmal ausdrücken kann, wofür ich gelebt habe und wofür ich sterben möchte. Aber ja zu meinem Sterben sagen heißt für mich auch, ja zu sagen zu dem Tod, den Gott für mich bereit hat, der vielleicht nicht so schön und harmonisch sein wird, wie ich das ersehne.

George Bernanos hat in zwei Büchern beschrieben, wie wir selbst unseren Tod noch loslassen müssen. In der »begnadeten Angst« stirbt die Priorin einen schweren Tod. Da wird nicht das Vertrauen, sondern die Angst ihres Herzens offenbar. Und im Roman »Der Abtrünnige« schreibt er von der jungen Frau, die vergewaltigt und ermordet wurde: »Sogar ihren Tod hat man ihr noch genommen.« Dostojewski schildert in seinen »Brüdern Karamasow« das Sterben des großen Starez. Alle erwarten einen erbaulichen Tod. Doch nach seinem Tod ist das ganze Haus von üblem Geruch erfüllt. Wir können uns nicht aussuchen, wie wir sterben. Der Tod ist auch ein Widerfahrnis von außen, das uns unerbittlich treffen und alle unsere eigenen Wünsche und Vorstellungen über den Haufen werfen kann. *92, 21f*

Die Vollendung des Loslassens (1)

Das Ziel des Loslassens ist die Neugeburt. Der Tod ist die Vollendung des Loslassens und zugleich die Geburt des Neuen schlechthin. Wenn wir in unseren nächtlichen Träumen davon träumen, daß wir krank sind und sterben, dann meint das meistens einen Wechsel in unserer Identität. Wir müssen Altes loslassen, damit der neue Mensch geboren werden kann. Auch wenn wir theoretisch alle wissen, daß Neues nur durch das Loslassen des Alten entstehen kann, so tun wir uns doch sehr schwer damit. Es fällt uns nicht so leicht, die Kraft loszulassen und uns damit auszusöhnen, daß wir schwächer werden. Es fällt uns schwer, Freunde loszulassen, die ihren eigenen Weg gehen. Es fällt uns schwer, uns selbst, unsere Rolle, unsere Identität loszulassen. Wir wissen nicht, was nachkommt.

In der Begleitung von Menschen erlebe ich oft, wie da jemand spürt, daß er den Panzer ablegen müßte, den er bisher um sich aufgebaut hat, um sich vor dem Leben und seinen Verwundungen zu schützen. Aber der Schritt von der Einsicht, daß der Panzer ihn abhält vom Leben, und dem Loslassen der alten Identität ist schwer. Er weiß ja nicht, was nachkommt. Das Alte ist ihm vertraut geworden. Damit kann er umgehen, auch wenn er häufig darunter leidet. Aber das Neue macht erst einmal Angst.

92, 17f

Die Vollendung des Loslassens (2)

Ähnlich ist es mit dem Tod. Wir glauben daran, daß wir im Tod uns selbst loslassen müssen, um das Neue und Unerwartete des ewigen und göttlichen Lebens empfangen zu können. Aber wir tun uns schwer, uns selbst loszulassen. Wenn es ans Sterben geht, dann spüren viele Menschen erst, wie sehr sie am Leben hängen. Das Paradox ist, daß gerade Menschen, die während ihres Lebens immer wieder gejammert haben, daß das Leben so schwierig sei, daß sie nichts davon hätten, sich mit aller Kraft ans Leben krallen, sobald es ihnen genommen wird.

C. G. Jung meint, ab der Lebensmitte bleibe nur der lebendig, der bereit ist zu sterben. Für ihn ist der Glaube an ein Fortleben nach dem Tod eine innere Gewißheit der Seele. Die Seele findet es vernünftig, im Tod eine Verwandlung und nicht Vernichtung zu sehen. Und indem sie sich darauf einrichtet, lebt sie gesund. Wenn ich im Tod ein Ziel sehe, dann werde ich bereit sein, meine Erfolge und Werke, meine Gesundheit und Kraft loszulassen. Die Auseinandersetzung mit dem eigenen Tod ist für Jung die Voraussetzung für erfülltes Leben. Wer im Tod ein Ziel sieht, der kann das Vergangene loslassen. Wer im Tod nur die Vernichtung erkennt, der muß sich krampfhaft an seiner Jugend festhalten. Seine psychologische Entwicklung bleibt stehen. Für Jung ist dieses Festhalten am Jungen und die Weigerung, sein Altwerden und Sterben anzunehmen, Pervertierung menschlicher Kultur.

Zur Kultur gehört die Weisheit des Alters, die aber nur wachsen kann, wenn wir uns mit dem eigenen Sterben auseinandersetzen und aussöhnen. Im AT hören wir immer wieder von Menschen, die lebenssatt bereit sind, den Weg allen Fleisches zu gehen. Sie sind dankbar für das Leben, das Gott ihnen geschenkt hat. Aber nun sind sie genauso bereit, es auch loszulassen und sich in Gottes Hände fallen zu lassen.

92, 19f

... BIS MAN DEN ORT DER LIEBE ERREICHT

Im Tod werden wir unserer eigenen Wahrheit begegnen. Keiner kann an seiner Wahrheit vorbei. Das ist das Gericht, von dem die Tradition spricht. Insofern hat auch dieser Begriff im Zusammenhang mit dem Tod seine Berechtigung. Aber nicht Gott wird von außen her über den Menschen richten. Vielmehr wird der Mensch sich selbst zum Gericht, indem er mit der Wirklichkeit seines Lebens konfrontiert wird.

Gericht meint, daß es um das Richtigsein geht. Der Mensch wird aufs neue ausgerichtet nach Gott. Und das kann sehr weh tun. Es ist eine Grundwahrheit, die ins menschliche Herz geschrieben ist, daß die Mörder nicht über ihre Opfer triumphieren dürfen. Es wäre gegen das Gerechtigkeitsempfinden der Menschheit, wenn die Nazi-Schergen am Schluß auch noch über ihre Opfer triumphieren würden. Es muß auch eine ausgleichende Gerechtigkeit geben. Aber wir dürfen sie uns nicht so vorstellen, daß Gott da von außen her Gericht spricht. Vielmehr werden die Mörder der Grausamkeit des eigenen Herzens begegnen und sie vor Gott aushalten müssen. Das wird ein unvorstellbarer Schmerz sein. Aber auch für diese Mörder gibt es im Tod die Möglichkeit zur Umkehr. Wenn sie die Liebe Gottes sehen, und wenn sie das Leid sehen, das sie anderen zugefügt haben, dann besteht immer noch die Chance, die Opfer um Vergebung zu bitten und sich selbst in die Barmherzigkeit Gottes zu ergeben. Aber es wird keine harmlose Sache sein. Das möchten die drastischen Bilder ausdrücken, wie sie etwa in der Tradition des dies irae immer wieder verwendet werden. Das ist ein Weg durch die Hölle der eigenen Wahrheit, durch die Feuersgluten des Hasses und der Lüge, bis man den Ort der Liebe erreicht. [...]

Wir werden so, wie wir geworden sind durch unser Leben, vor Gott treten und die Chance haben, uns für diesen Gott zu entscheiden. Die Entscheidung für Gott bedeutet dann auch, ja zu sagen zu dem Prozeß der Läuterung, auf den wir uns in der Begegnung mit Gott einlassen.

92, 40ff

Weil Gott mich liebt ...

Als Christen glauben wir nicht nur an die Unsterblichkeit der Seele, sondern daran, daß Gott selbst in der Auferstehung der Toten an uns wirkt und uns verwandelt und erneuert. Deshalb sprechen wir nicht einfach vom Fortleben nach dem Tod, als ob das ganz natürlich sei, sondern von der Auferstehung bzw. Auferweckung der Toten. Aber wir dürfen uns die Auferstehung der Toten auch nicht so abstrakt vorstellen, wie es manche evangelischen Theologen getan haben, die vom »Ganztod« sprechen. Sie glauben, daß der Mensch ganz und gar stirbt und daß es keine Kontinuität zwischen dem Tod und der Auferstehung gebe. Sie setzen die biblische Auferstehung dem griechischen Glauben an die unsterbliche Seele gegenüber.

Das Anliegen, daß wir den biblischen Begriff der Auferweckung nicht einfach mit Fortleben nach dem Tod verwechseln, kann ich akzeptieren. Aber für mich gibt es durchaus eine Verbindung der griechischen Unsterblichkeitshoffnung mit dem biblischen Glauben an die Auferstehung der Toten. Ich glaube daran, daß ich als Person auch im Tod nicht aus der Liebe Gottes herausfallen werde, daß Gott mich im Tod auferweckt und verwandelt zu der Gestalt, die er uns in der Bibel verheißen hat. Für mich ist die Auferstehungshoffnung begründet in der Gewißheit des Paulus: »Weder Tod noch leben, weder Engel noch Mächte ... können uns scheiden von der Liebe Gottes, die in Christus Jesus ist, unserem Herrn« (Römer 8,38f).

Weil Gott mich liebt, bin ich als Person und weil die Liebe Gottes den Tod übersteigt, werde ich als Person auch im Tod nicht vernichtet. Es gibt in mir etwas Todüberdauerndes, das einmalige Bild, das Gott sich von mir gemacht hat, den inneren, vom Lärm dieser Welt unberührten Raum der Stille, in dem Gott in mir wohnt. *92, 45f*

Versöhnt mit den Verstorbenen

Der Tod ist immer auch Beziehungsgeschehen. Er verändert und verunsichert die Beziehung der Eltern und Kinder, der Ehepartner, der Freunde. Viele haben Schuldgefühle, wenn ein Mensch stirbt, den sie geliebt haben und dem sie einiges schuldig geblieben sind. Bei jedem Tod eines vertrauten Menschen taucht die Frage auf, was wir versäumt haben, was wir noch mit ihm hätten besprechen sollen, wo wir ihm weh getan haben, wo wir an ihm vorbeigelebt haben. Manche sind dann untröstlich und machen sich immer Vorwürfe, daß sie den Verstorbenen verletzt haben. Und sie stellen sich vor, daß der nun ewig daran leidet.

Natürlich brauchen wir den Trauerprozeß, um vom Verstorbenen Abschied zu nehmen. Wir müssen uns in der Trauer auch mit unserer Schuld auseinandersetzen, um den Verstorbenen loslassen zu können, um versöhnt an ihn denken zu können. Aber wir dürfen uns auch vorstellen, daß der andere jetzt im Frieden Gottes ist, daß er nicht mehr unter den Wunden leidet, die wir ihm geschlagen haben. Vielmehr ist er jetzt ganz zu sich gekommen. Er sieht uns von einer ganz anderen Warte aus. Er versteht, daß wir eben auch nur Menschen sind, verletzte Kinder, die andere wieder verletzen. Der Tote trägt uns nichts mehr nach. Er leidet nicht mehr an den Wunden, die wir ihm geschlagen haben, an den Versäumnissen und Mißverständnissen. Er ist in der Vollendung, im Frieden. Aber wir können mit ihm nur wieder eine neue und gute Verbindung aufnehmen, wenn wir unsere Schuld ihm gegenüber angeschaut und in die Vergebung Gottes hineingehalten haben. *92, 53f*

Ein Neubeginn für Hinterbliebene

Von den Heiligen sagt die Kirche, daß sie in Gott hinein gerettet sind. Das glauben wir auch von den Toten, die wir persönlich gekannt haben. Sie sind bei Gott und treten bei Gott für uns ein. Sie sind für uns Vorbilder und Fürsprecher. Wir können uns im Gebet an sie wenden. Das heißt, die Toten sind nicht einfach entschwunden. Wir dürfen eine neue Beziehung zu ihnen aufnehmen. Sie können zu unserem Begleiter werden, der uns auf das Eigentliche hinweist.

Ich habe es öfter erlebt, daß der überlebende Ehepartner eine neue und gute Beziehung zu seinem verstorbenen Partner aufgenommen hat, daß da eine Gewißheit von seiner Nähe, von seiner Hilfe, von seiner Begleitung gewachsen ist. Aber bis so eine neue Beziehung zum Verstorbenen wachsen kann, braucht es Zeit, und es braucht die Trauerarbeit der Lebenden. Denn es gibt auch viele Fehlformen von Beziehungen zwischen Lebenden und Toten. Da halten manche auf unreife Weise am Verstorbenen fest. Da darf in seinem früheren Zimmer nichts geändert oder umgestellt werden. Da wird ein Kult mit Zeichen der Erinnerung getrieben. Da wird ständig das Vergangene wiederholt. Man bleibt in der Vergangenheit und möchte sie festschreiben. Der Tote ist aber nun bei Gott, in der ewigen Zukunft. Wir müssen das Bild, das wir gekannt haben, loslassen, um das unverfälschte Bild zu entdecken, in das er im Tod hineingestorben ist.

Um dieses ursprüngliche Bild zu entdecken, das der Tote jetzt darstellt, kann es natürlich helfen, immer wieder die Vergangenheit zu meditieren, sich zu fragen, was den Toten eigentlich getragen hat, was ihn im Tiefsten bewegt und umgetrieben hat, was er mit seinem Leben vermitteln wollte, was der tiefere Sinn seines Lebens war. Aber dann müssen wir eine neue Beziehung zu dem Menschen aufnehmen, wie er jetzt durch Tod und Auferstehung geworden ist. Was möchte er mir jetzt sagen? Was ist seine Botschaft in meine konkrete Situation hinein? Was ist sein tiefstes Wesen? *92, 54f*

Trauer braucht Zeit und Raum

Bei jedem von uns gibt es Erfahrungen von Verlust und Abschied. Nur wenn wir den Verlust eines Menschen betrauern, kann neues Leben in uns wachsen. Nur durch die Trauer hindurch können wir eine neue Beziehung zu den Menschen aufnehmen, die uns verlassen haben.

Der Trauerprozeß durchläuft normalerweise vier verschiedene Stufen. Da ist das *Verleugnen* des Todes. Man will ihn nicht wahrhaben. Es kann doch nicht wahr sein. Viele verdrängen den Verlust eines lieben Menschen, indem sie sich voll auf die Organisation der Beerdigung konzentrieren. Dann kommt das *Erinnern.* Immer wieder erzählt man sich, was man mit dem Toten erlebt hat. Manche verklären dann den Toten, um die negativen Gefühle, die ja immer auch mit hochkommen, nicht wahrhaben zu müssen. In manchen Familien verstummt man miteinander. Da traut man sich nicht, die Erinnerungen auszutauschen. Das blockiert die Trauer und führt zu Blockaden, die dann oft Jahre später in einer Therapie aufgearbeitet werden müssen.

Viele verweigern diesen Schritt des Erzählens auch deshalb, weil da eben nicht nur positive Gefühle hochkommen, sondern oft genug Schuldgefühle und Wut. Sie erschrecken über Wut und Eifersucht, die der Tod eines geliebten Menschen in ihnen auslöst. Sie verbieten sich diese Gefühle und empfinden sie als unpassend. Aber alle diese Gefühle haben ihren Sinn, und sie wollen und müssen angeschaut und bearbeitet werden. Da ist eine Frau wütend, daß der Mann sie mit ihren drei Kindern allein gelassen hat. Er hat es jetzt gut. Er ist im Himmel, aber sie darf sich nun allein abquälen. Sie hat niemanden mehr, mit dem sie über die Kinder und ihre Probleme sprechen kann, niemanden, an den sie sich anlehnen, auf den sie sich stützen kann. *92, 56f*

Brücken zu Verstorbenen

Die Träume von Verstorbenen weisen uns oft auf die Beziehung hin, die wir nochmals anschauen müssen. Das gilt vor allem von Träumen, in denen die Verstorbenen einen traurigen Eindruck machen und ihnen etwas fehlt, wo sie zu uns sprechen möchten und nicht können. Andere Träume von Verstorbenen zeigen uns die eigenen Wurzeln, die die Toten für uns darstellen. Wir haben teil am Reichtum ihrer Erfahrung, an ihrer Liebe, an ihrer Kraft, an ihrer Art, das Leben zu meistern. Diese Träume zeigen uns, daß es auch nach dem Tod eine lebendige Beziehung zwischen Menschen gibt, die sich lieben, daß der Tod keine absolute Grenze zwischen den Liebenden ist. Im Traum erscheinen uns die Verstorbenen als hilfreiche Begleiter oder als Menschen, die uns auf etwas hinweisen möchten, was wir sonst übersehen würden.

Auf jeden Fall sind Träume von längst Verstorbenen immer eine Einladung, sich neu mit den Toten zu beschäftigen. Genauso wie wir zu den Heiligen beten, können wir uns im Gebet auch an die Verstorbenen wenden, die wir gekannt haben. Das Gebet verbindet uns nicht nur mit Gott, sondern auch mit den Toten, die nun unwiderruflich bei Gott sind. Manche führen im Gebet auch ein Gespräch mit dem verstorbenen Gatten. Es ist aber kein Festhalten an ihm, vielmehr ist das Gespräch vom Glauben an Gott geprägt, bei dem der Verstorbene nun ist und von dem allein uns Hilfe kommen kann.

Für mich selbst ist die Eucharistiefeier immer wieder auch der Ort, an dem ich in Verbindung mit den Toten trete, vor allem mit meinem verstorbenen Vater und mit Mitbrüdern, die mir auf meinem Weg wichtig geworden sind. *92, 60f*

Mit Leib und Seele in den Himmel (1)

Wie sollen wir verstehen, daß wir mit Leib und Seele in den Himmel aufgenommen werden? Der Leib gehört wesentlich zum Menschen, zu unserer Person, zu unserer Geschichte, zu unserem Mitsein. Im Leib sammeln sich alle Erfahrungen, die wir während unseres Lebens machen. Der Leib ist der Gedächtnisspeicher, in dem sich Freuden und Schmerzen, Ekstase und Verzweiflung, Liebe und Haß einprägen. Im Leib drücken wir unsere Gefühle aus. Lieben heißt immer auch, leibhaft lieben. Das gilt nicht nur für den Höhepunkt menschlicher Liebe in der sexuellen Vereinigung, sondern für jede Liebestat, die immer leibhaft ist, ja auch für jedes Gefühl der Liebe, das sich im Leib ausdrückt. Mit dem Leib können wir zärtlich sein oder hart. Im Leib empfinden wir Trauer und Freude, Schmerz und Lust. Der Leib ist das Tor zum andern. Durch dieses Tor müssen wir schreiten, wenn wir Verbindung mit einem andern Menschen aufnehmen wollen. Gemeinschaft geht immer über den Leib.

Wenn wir mit Leib und Seele in den Himmel kommen, dann heißt das, daß alle unsere Erfahrungen, die wir während unseres Lebens hier auf der Erde machen, daß unsere Beziehungen, unsere Liebe, unsere Sehnsucht, unsere Hoffnung in Gott hinein aufgenommen und für ewig gerettet werden. Im Tod verläßt die Seele nicht den Leib, um ewig bei Gott zu sein, sondern der ganze Mensch wird in Gott hinein aufgenommen. Der Mensch mit seiner Sinnlichkeit wird zu Gottt kommen. Und der Mensch, der weiterhin Kommunikation erfährt, der solidarisch ist mit den andern Menschen.

Daher spricht die Tradition von der Gemeinschaft der Heiligen. Der Himmel ist nicht die selige Schau Gottes, die jeder für sich genießt, sondern das Fest der Menschen, die gemeinsam Gott loben und das ewige Hochzeitsmahl feiern. *92, 49f*

Mit Leib und Seele in den Himmel (2)

Mit Leib und Seele in den Himmel kommen, das bedeutet nicht, daß dieser Leib, in dem wir jetzt leben, ewig fortleben wird, daß etwa der Amputierte ewig so sein wird. Der Leib, den wir mit uns herumtragen und an dem wir oft genug auch leiden, wird im Grab verwesen. Der Leib, mit dem wir im Himmel sein werden, wird ein himmlischer Leib sein, wie Paulus sagt, ein verwandelter Leib. Paulus spricht vom geistlichen Leib, von dem Leib, der ganz und gar vom Geist durchdrungen und verwandelt ist. Und der ist zunächst einmal für uns unvorstellbar. Aber es wird ein Leib sein, der mit seinen Sinnen fühlen und spüren, lieben und sich freuen kann.

Augustinus sagt, wir sollten hier auf Erden in der Askese, im Fasten, gut mit unserem Leib umgehen, weil er für die Auferstehung bestimmt ist. Im Fasten können wir etwas erleben, daß wir durchlässig sind für Gott. Wenn ich ganz in meinen Sinnen bin, dann taucht da eine Ahnung auf, wie der Leib im Himmel sein wird, daß ich da ganz in meinem Leib und ganz in Gott bin, daß ich da mit allen Sinnen Gott erspüren darf. So wie der Leib verwandelt wird, wird der ganze Mensch im Tod verwandelt. Er wird nun für immer in das unverfälschte Bild Gottes verwandelt, in das Bild seiner Herrlichkeit. Dann wird unser Leib das reine Bild Gottes nicht mehr verstellen. In ihm wird dieses je einmalige Urbild, das Gott sich von jedem Menschen macht, sichtbar. Es wird ein Leib sein, der ganz und gar das Innere ausdrückt. *92, 51f*

Reinkarnation (1)

Das Reinkarnationsmodell will erklären, warum wir von der Vergangenheit beeinflußt sind. Es erklärt z. B. die Verschiedenheit der Kinder in der gleichen Familie damit, daß in jedem Kind ein anderer Vorfahre wiedergeboren wurde. Und es erklärt die Behinderungen der Kinder auch mit dem Schicksal des früher Geborenen. Im behinderten Kind wird ein Mensch wiedergeboren, der sich im vergangenen Leben verfehlt hat.

Als wir in einer Runde von Müttern darüber diskutierten, war ich schon erstaunt, daß von sechs Müttern drei an die Reinkarnation glaubten. Eine Mutter hatte ein taubes Kind. Sie wehrte sich vehement gegen die Vorstellung, ihr Kind sei behindert, weil es im früheren Leben gesündigt habe. Das sei doch eine Verschiebung des Problems. Was nützt es der Mutter, wenn sie weiß, daß in ihrem Kind ein anderer Mensch seine Schuld abtragen muß? Sie will sich jetzt ganz und gar auf das Kind einlassen, so wie es ist, ohne zu fragen, wie das gekommen sei. Jesus selbst bestätigt die Ansicht dieser Frau. Denn als er einem Blindgeborenen begegnet, fangen die Jünger die gleiche Diskussion an, wie sie die Befürworter der Reinkarnation heute immer wieder führen: »Rabbi, wer hat gesündigt? Er selbst? Oder haben seine Eltern gesündigt, so daß er blind geboren wurde?« (Johannes 9,2).

Sie fragen also auch nach der Schuld in der Vergangenheit. Da muß eine Ursache sein. Jesus wehrt sich gegen die Verlagerung des Problems in die Vergangenheit: »Weder er noch seine Eltern haben gesündigt, sondern das Wirken Gottes soll an ihm offenbar werden« (Johannes 9,3). Es hat keinen Zweck, ständig nach den Ursachen zu fragen. Wir können die Frage nach dem Warum nicht beantworten. Wir müssen die Krankheit und die Behinderung heute akzeptieren und darauf angemessen reagieren. *92, 68f*

Reinkarnation (2)

Die Reinkarnationstherapie, die den Menschen in frühere Leben zurückführen will, um dort seine Wunden zu heilen, ist für mich eine typische Flucht vor der gegenwärtigen Realität. Was nützt es mir, wenn ich vor fünfhundert Jahren ein Verbrecher gewesen sein soll? Ich muß mich meiner jetzigen Wirklichkeit stellen. Und die muß ich Gott hinhalten, damit er sie heute verwandle und heile. Jetzt will Gottes Herrlichkeit an mir offenbar werden. Wenn ich meine Wirklichkeit, so wie sie geworden ist, Gott hinhalte, dann kann er sie heute heilen und verwandeln, ohne die Geschichte meines Problems tausend Jahre zurückzuverfolgen.

Die Menschen, die mir von ihrer Reinkarnationstherapie erzählen, sprechen immer von ganz erstaunlichen Erlebnissen. Der eine war Soldat unter dem Kreuz Christi. Die andere war ägyptische Priesterin. Das hat mich skeptisch gemacht. Natürlich hat jeder von uns seine Geschichte. Und jeder hat seine Vorfahren, die sicher noch weiter in ihm wirken. Wir sollen uns unseren Wurzeln stellen, nicht nur den ganz persönlichen Wurzeln, die die Eltern uns anbieten, sondern auch den Wurzeln, die unser Stammbaum oder unsere Gegend für uns bereithält. Für mich ist es eine Flucht in die Vergangenheit, die man dann auch noch besonders interessant machen muß, wenn ich frühere Leben anschauen sollte. Die Wirkung der Vergangenheit kann ich sowohl mit Erbanlagen als auch mit dem kollektiven Unbewußten erklären oder auch mit der Ordnung der Liebe, wie sie der Therapeut Bert Hellinger verkündet. Ich muß da nicht auf frühere Reinkarnationen Bezug nehmen. *92, 69f*

Reinkarnation (3)

Die Befürworter der Reinkarnationslehre behaupten oft, daß die frühe Kirche die Reinkarnation gelehrt habe, ja daß die Bibel diese Lehre rechtfertige. Aber all die Gründe, die dafür angeführt werden, sind Scheingründe. Weder das AT noch das NT kennt die Lehre von der Reinkarnation. Wenn da die Meinung der Leute, daß Elija zuerst kommen müsse, um alles wieder herzustellen (vgl. Markus 9,11f), als Beweis zitiert wird, die Bibel kenne Reinkarnation, wird da etwas in die Bibel hineingedeutet, was so nicht da steht. Der Messias, so glauben die Juden, komme in der Kraft des Elija. Aber in ihm wird nicht Elija persönlich wiedergeboren. Elija hat vielmehr den Propheten schlechthin repräsentiert. Der Messias wird die prophetische Sendung des Elija verkörpern, genau so, wie er etwas von der königlichen Kraft Davids darstellen wird. Elija und David sind Typen, Urbilder für das Prophetische und Königliche. In der Taufe werden wir alle mit dem Chrisam gesalbt, wir werden zu Königen, Hirten und Propheten gesalbt. Jeder von uns ist ein königlicher Mensch, mit einer unantastbaren Würde. Jeder ist Hirte, er kann andere führen und leiten. Er hat die Aufgabe, Menschen zu heilen und ihnen zu helfen. Und jeder hat auch eine prophetische Sendung, eine Botschaft, die nur er der Welt in seinem Leben zu sagen hat.

Auch die frühe Kirche hat nicht an die Reinkarnation geglaubt. Origines hat die *apokatastasis panton* gelehrt, die Allerlösung am Ende der Welt. Aber er hat nicht die ewige Wiedergeburt verkündet. Seit Rudolf Steiner wird hier unsauber gearbeitet und werden der frühen Kirche Lehren untergeschoben, die so niemals vertreten worden sind. [...] Es ist zu erwarten, daß da nicht nur die kirchenamtliche Lehre verkündet wird, sondern daß da noch andere Vorstellungen mitschwingen. Aber zu behaupten, die frühe Kirche habe in Übereinstimmung mit dem Osten die Reinkarnation gelehrt, stimmt so nicht. Das ist vielmehr ein Märchen, das seit Rudolf Steiner zwar immer wiederholt wird, aber trotzdem nur erfunden ist. *92, 73f*

Wunder der Versöhnung

Heute gibt es überall neue Initiativen, Sterbende menschlich und geistlich zu begleiten, etwa in der Hospizbewegung oder in palleativen Stationen. Hier dürfen nicht nur die Sterbenden, sondern auch die Begleiter wichtige spirituelle Erfahrungen machen. Da können sie das Geheimnis des Todes für sich neu entdecken. Ich kann einen anderen nur soweit begleiten, als ich mich dem eigenen Tod zu stellen bereit bin.

Eine der ersten, die über die Begleitung von Sterbenden geschrieben hat, war die Schweizer Ärztin Elisabeth Kübler-Ross. Sie hat auch die vier Phasen des Sterbens beschrieben, die über Nichtwahrhaben, Auflehnung, Verhandeln schließlich zum Aussöhnen mit dem eigenen Tod führen. Wer die Auflehnung, Trauer und Wut des Sterbenden aushält, der darf oft auch beglückende Erfahrungen machen. Er darf spüren, wieviel Segen vom ausgesöhnten Sterben ausgehen kann. Eine Familie, die den sterbenden Vater begleitet hat, durfte die Heilung uralter Wunden erfahren und die Versöhnung, die vom Vater auf die ganze Familie ausging.

Wer diese Wunder der Versöhnung erfahren durfte, der weiß, daß er den Prozeß des Sterbens nicht beschleunigen darf, daß das Sterben ein Geheimnis ist, das ausgehalten und miterlebt werden muß, um seinen Segen dem Sterbenden und den Überlebenden schenken zu können.

92, 26

Das Geheimnis des Sterbens neu entdecken

Die Begleitung Sterbender gehört seit jeher zur Erfahrung wirklichen Lebens. Und sie gehört zur Kultur menschenwürdigen Sterbens. Neben all der Verdrängung des Todes und der Abschiebung Sterbender in Krankenhäuser entsteht heute ein neues Gefühl für menschenwürdiges Sterben, für die Notwendigkeit einer guten Begleitung Sterbender.

Auf der anderen Seite gibt es heute die Diskussion um das Sterbenlassen hoffnungslos Kranker und um aktive Sterbehilfe. Die Apparatemedizin hat heute dazu geführt, daß manchmal das Leben von Sterbenden künstlich verlängert wird. Ambulante Pfleger klagen darüber, daß sie Menschen weiter pflegen müssen, die man nicht sterben läßt, sondern gegen ihren und ihrer Angehörigen Willen künstlich weiterernährt. Das ist keine Kultur des Sterbens und auch keine Spiritualität des Sterbens. Da wird Leben oft künstlich weiter verlängert. Da ist dann der Zeitpunkt des Todes durch das Abschalten der Apparate bestimmt.

Umgekehrt gibt es die Tendenz zu aktiver Sterbehilfe, als ob jeder selbst entscheiden könne, wann er sterben möchte. Auch hier werden wichtige menschliche und geistliche Schritte übersprungen. Weil man das Loslassen und die Ohnmacht des Sterbens nicht aushalten kann, möchte man dem Prozeß selbst ein Ende setzen und überspringt dabei die Gesetze der eigenen Seele. Wer einen Sterbenden wirklich begleitet und die Verwandlung miterlebt hat, die da im Sterben geschieht, kann sich nicht für aktive Sterbehilfe einsetzen. Denn da wird das Geheimnis des Lebens manipuliert.

Den Mittelweg zu finden zwischen einer künstlichen Verlängerung des Lebens und einer aktiven Beendigung und auf diesem Weg das Geheimnis des Sterbens neu zu entdecken, darum geht es. *92, 26f*

Im Tod werde ich erkennen

Ich glaube daran, daß Gott im Tod meine tiefste Sehnsucht erfüllen wird. Dieser Sehnsucht habe ich hier Ausdruck gegeben. Schreiben ist für mich immer der Versuch, dem Geheimnis Gottes auf die Spur zu kommen, etwas von Gottes Liebe aufscheinen zu lassen, damit der Leser diese unbeschreibliche Liebe spüren kann und sich darin geborgen weiß. Ich weiß aber auch, daß ich im Tod mit Thomas von Aquin sagen werde: Alles, was ich geschrieben habe, ist nur Stroh, im Vergleich zu dem, was Gott denen bereitet hat, die ihn lieben. Mein Schreiben über den Tod ist nur der Versuch, meiner Sehnsucht Ausdruck zu geben, daß Gott das Ziel meines Lebens ist. Ich möchte etwas von der unbeschreiblichen Liebe Gottes erfahrbar machen, die uns hier und jetzt umgibt und die uns im Tod erwartet.

Aber ich weiß auch, daß im Tod nicht mehr zählt, was ich geschrieben habe, sondern nur das, was ich erhofft und geglaubt habe und wieviel Liebe in all meinem Tun und Streben war. Im Tod werde ich erkennen. Da werden die Worte aufhören, da wird das liebende Geheimnis Gottes selbst in seiner Unbeschreiblichkeit mich aufnehmen. Dann werde ich am Ziel meiner Sehnsucht sein, dann werde ich durch Gott ganz der sein, der ich von Ewigkeit her bin, dann werde ich schauen und kosten, wonach ich mein Leben lang gesucht und worum ich in meinem Schreiben gerungen habe. *92, 100f*

NEUROTISCH MORBIDE SPIRITUALITÄT

Die Spiritualität, die sich auf den Geist Jesu Christi beruft, wird den Menschen zur Freiheit der Kinder Gottes führen. Sie wird etwas von der Freiheit vermitteln, die Gott uns schenkt, wenn wir ihm in uns Raum geben. Der Ort, in dem Gott in uns wohnt, ist für die Menschen und ihre Ansprüche an uns nicht zugänglich. Da befreit uns Gott von der Herrschaft dieser Welt, von der Herrschaft der Erwartungen und Ansprüche der Menschen an uns. Diese Freiheit wird sich dann allerdings nicht in Zügellosigkeit äußern, sondern in einem Verhalten, das der Bergpredigt entspricht. Die Bergpredigt ist ja Ausdruck der christlichen Freiheitserfahrung und kann nur von daher richtig verstanden werden.

Wenn wir Kinder Gottes sind und nicht mehr von den Menschen und ihrer Bestätigung und Zuwendung gezeugt, dann sind wir frei von allem Zwang zur Selbstbehauptung und können so handeln, wie Christus es uns in der Bergpredigt schildert. Häufig überfordern spirituelle Grundsätze den Menschen. Das hängt mit einem falschen Vollkommenheitsideal zusammen. Der Mensch muß immer besser und reiner werden, bis er so vollkommen ist wie Gott. Doch das ist eine Utopie, die sehr grausam mit dem menschlichen Herzen umgeht. Um an diesem Ideal festhalten zu können, muß man alles Negative aus sich ausschließen und den eigenen Schatten verdrängen. Das aber zerreißt das menschliche Herz und versetzt es in Angt und Schrecken vor allem, was in seiner Seele immer wieder aufsteigt. Mögen die Worte noch so fromm klingen, sie bewirken gerade das Gegenteil. *57, 80f*

Geistliche Erfahrung vor Moral

Einer mystagogischen Spiritualität geht es um die Erfahrung des Lebens, das Gott uns geschenkt hat. Je mehr wir moralisieren, desto weniger Lebendigkeit haben wir in uns. Wenn zölibatäre Priester (Papst und Bischöfe eingeschlossen) ihre wichtigste Aufgabe darin sehen, die Sexualmoral hochzuhalten, vor allem die Sexualmoral für Frauen, dann sagt das mehr über ihre eigene psychische Situation aus, über ihren Schatten und über ihren Mangel an Spiritualität als über die Richtigkeit ihrer moralischen Forderungen. Natürlich gibt es kein geistliches Leben ohne Moral. Aber die Moral folgt der geistlichen Erfahrung und nicht umgekehrt. Die Herausforderung der New-Age-Bewegung, in der man ja gerade nach spiritueller Erfahrung sucht, zwingt uns, hinter den Sieg des Jansenismus auf die breite mystische Tradition des Christentums zurückzugreifen und sie wieder neu zu beleben.

Die Moralapostel fühlen sich häufig als Propheten, die Gott gesandt hat, die Unmoral der Zeit anzuprangern und die Flut des Verderbens aufzuhalten. Doch ihre flammenden Reden über die Verkommenheit der Menschheit zeigen die Zerrissenheit ihrer eigenen Seele und die Bedrohung durch den Schatten, den sie verdrängen. Deine Sprache verrät dich, sagt die Magd zu Petrus (vgl. Matthäus 26,73). Wenn wir über die Unmoral der Zeit sehr emotional schimpfen, sprechen wir immer auch über uns und verraten unser Angefochtensein und unseren heimlichen Wunsch nach dem, worüber wir so emphatisch reden. Eine heilende und aufbauende Wirkung geht von den Moralaposteln kaum aus, da sie ja in ihrem Moralisieren ständig um den Schatten kreisen. Es ist oft Ausdruck mangelnder Erfahrung der befreienden Botschaft Jesu Christi. Wenn wir das Leben, das Christus uns in Fülle geschenkt hat, glaubhaft verkünden, so wird Gott dadurch mehr Herzen zur Umkehr und Erneuerung anrühren und ihnen Hoffnung auf Heil und Erlösung schenken als durch das Moralisieren. *57, 79f*

Fenster für Gott

Wir brauchen Erfahrung im Glauben. Es genügt nicht, von den Menschen nur zu fordern, daß sie halt glauben müssen. Wir müssen sie in die Erfahrung Gottes führen. Und dazu gehört es auch, daß ihr Gefühl angesprochen wird und sich im Gottesdienst in Begeisterung ausdrücken darf. Aber wir müssen unsere Gefühle und Erfahrungen übersteigen auf den wirklichen Gott hin. Wir dürfen nicht stehenbleiben bei den Gefühlen, wir dürfen unseren Glauben nicht an Gefühlen messen. In den Gefühlen können wir Gott berühren, aber wenn wir zu sehr auf die Gefühle schauen und sie genießen möchten, entschwindet uns Gott. Wir bleiben nur bei uns selber stehen. Im Gefühl projizieren wir unsere Bilder auf Gott und verstellen uns den Blick auf den wahren Gott. Nur wenn wir die Bilder als Fenster für Gott benutzen, sind sie hilfreich. Wenn wir aber immer fragen, was uns ein Gottesdienst oder eine Meditation bringe, dann verzwecken wir Gott.

Eine Spiritualität, der es wirklich um Gott geht und nicht in erster Linie um die Gefühle, ist eine nüchterne Spiritualität. Ambrosius spricht von der nüchternen Trunkenheit des Geistes (sobria ebrietas), die er der blinden Begeisterung gegenüberstellt. Die Mystiker sprechen von Bildern der Kreatur, an denen wir gerne hängenbleiben. Und sie meinen, wenn eine Kreatur sich in uns einbildet und uns die Bedrängnis nimmt, dann wird sie in uns geboren, aber nicht Gott. Es geht darum, daß wir uns nicht von Gefühlen und Erlebnissen die Bedrängnis nehmen lassen, sondern von Gott. Gott will in uns geboren werden. Der Weg zu dieser Gottesgeburt geht über das Gedränge, über Krisen und Dunkelheiten, über Wüstenstrecken und Trockenheiten und über ein tiefes inneres Schweigen. *57, 91f*

Männliche und weibliche Spiritualität

Zu einer ganzheitlichen Spiritualität gehört, daß sie zugleich männlich und weiblich ist. Die männliche Seite zeigt sich in der Disziplin und Askese, in der Anstrengung des Willens, in der Planung und Gestaltung des geistlichen Lebens und im Versuch, unsere Fehler in Griff zu bekommen. Weiblich ist die Spiritualität, wenn sie das Leben in uns wachsen läßt, wenn sie nicht gleich ungeduldig alles selber schaffen will, sondern Gottes Geist Raum gibt, daß er in uns wirken kann. In der weiblichen Spiritualität gehen wir behutsam mit uns um. Anstatt gewaltsam alles Negative aus uns auszurotten, lassen wir das Gute in uns wachsen, schaffen wir in uns die Voraussetzungen, daß das Gute sich stärker entfalten kann als das Negative. Diese Form des geistlichen Lebens hat Jesus im Auge, wenn er uns aufruft, das Unkraut nicht sofort auszureißen, weil wir mit ihm auch den Weizen ausreißen würden. »Laßt beides wachsen bis zur Ernte« (Matthäus 13,30).

Die weibliche Spiritualität kommt auch in den Heilungsgeschichten zum Ausdruck, in denen Jesus mütterlich und liebevoll mit den Menschen umgeht. Wir haben dieses weibliche Element nötig, weil wir in unserem geistlichen Leben oft allzu hart und grausam gegen uns kämpfen. Wir wüten häufig gegen uns, weil wir uns unsere Fehler und Schwächen nicht verzeihen können. Askese sehen wir als etwas Männliches, als harten Kampf gegen unsere Laster. Das ist ein wichtiger Aspekt, aber er führt auch oft zur Ablehnung von uns selbst. Wir sollten zumindest die weibliche Seite der Spiritualität genauso in uns entfalten. Auch im geistlichen Leben sollen wir gut mit uns umgehen, wir sollten Formen des Gebetes oder der Meditation finden, auf die wir uns freuen können.

57, 96f

Glaube und Gemeinschaft

Wenn eine Spiritualität die Menschen einteilt in Glaubende und Nichtglaubende, in Rechtsgläubige und Ketzer, in Fromme und Unfromme, in Gute und Böse, dann ist das ein Zeichen einer krankmachenden Spiritualität. Wenn nach religiösen Besinnungstagen die Hälfte der Schulklasse von Christus begeistert ist und die andere nichts mehr von ihm wissen will und von den andern als ungläubig abgestempelt wird, dann ist der Glaube, der dort vermittelt wird, nicht der Glaube Jesu Christi. Jesus hat die Menschen nie so klassifiziert. Er hat gerade auch in den Sündern und Zöllnern den guten Kern und die Sehnsucht nach dem Glauben gesehen und angesprochen.

Der Glaube soll, wie es Benedikt in seiner Regel schreibt, die Starken herausfordern und die Schwachen ermutigen. Er soll uns einerseits nie in Ruhe lassen, andererseits uns nicht ständig mit einem schlechten Gewissen herumlaufen lassen. Das schlechte Gewissen ist nicht, wie es manche Priester meinen, Zeichen eines frommen Menschen, sondern weist eher darauf hin, daß jemand zu sehr um sich und seine Vollkommenheit kreist, anstatt auf den barmherzigen Gott zu schauen, der ihn annimmt und an dem er sich dankbar freuen darf. [...]

Glaubwürdiger Verkünder der Frohbotschaft Jesu kann man nur in Gemeinschaft sein. Denn nur im Miteinander erfahren wir, wie sehr wir auf Gottes Barmherzigkeit angewiesen sind und wie wir nur aus ihr heraus miteinander menschlich leben können. Daher können wir über Gottes Barmherzigkeit nicht abstrakt sprechen, sondern nur, indem wir sie im Miteinander erfahren und leben. *57, 86f*

Gesunder Lebensstil

Wer sich über lange Zeit auf eine gesunde Tagesordnung einläßt, kann erfahren, wie sie Leib und Seele in gleicher Weise guttut. Das benediktinische ora et labora meint letztlich, daß ein gesundes geistliches Leben nicht ohne gesunden Lebensstil möglich ist. Der gesunde Lebensstil bezieht sich auf die richtige Einteilung der Zeit, aber auch auf die Art, wie wir die wesentlichen Dinge unseres Tages tun. Er bezieht sich z. B. auf die Körperhaltung bei der Arbeit. Sind wir da verkrampft, oder haben wir ein Gespür für unsere Mitte, aus der heraus wir dann arbeiten? Welche Gedanken und Gefühle begleiten uns bei der Arbeit? Lassen wir ihnen freien Lauf, oder beeinflussen wir sie bewußt positiv? Sind wir auch bei der Arbeit mit Gott verbunden, oder sind wir irgendwo anders mit unserem Herzen? Sind wir gegenwärtig, ganz im Augenblick oder zerstreut, ausgegossen?

Der Lebensstil bezieht sich ferner auf die Rituale, mit denen wir den Tag gestalten. Es gibt gesunde und ungesunde Rituale, mit denen wir den Tag formen. Es gibt das ungesunde Ritual, morgens sich mühsam aus dem Bett zu quälen und in Hast das Frühstück herunterzuschlingen. Und es gibt das gesunde Ritual, bewußt aufzustehen, seinen Tag mit einem kurzen Gebet zu beginnen und sich zu freuen an allem, was man bewußt tut. In unseren persönlichen Ritualen finden wir unsere Identität, da können wir uns wohlfühlen, daheim.

Ein gesundes geistliches Leben braucht eine klare Form, einen gesunden Lebensstil. Sonst ist es zu sehr unserem Willen ausgeliefert. Und dann fühlen wir uns ständig überfordert. Das geistliche Leben braucht eine Form, in der es sich entfalten kann, und nicht immer neue Willensentschlüsse, mit denen der Mensch oft gewaltsam gegen sich vorgeht und dann häufig mit einem permanenten schlechten Gewissen herumläuft. Das schlechte Gewissen ist nie ein guter geistlicher Ratgeber. Ein gesunder Lebensstil läßt das geistliche Leben wachsen und wirkt so heilend auf Leib und Seele. *57, 45f*

Die Lampe reinigen …

Gott kann in der Krankheit an mir handeln, indem er mich heilt, aber auch, indem er mich auf die eigentliche Wirklichkeit hinweist. Was macht mein Leben aus, was gibt ihm seinen Wert, worauf kommt es letztlich an? In der Krankheit erfahre ich, daß das Eigentliche nicht meine Kraft und meine Gesundheit, nicht meine Leistung und nicht die Dauer meines Lebens ist, sondern die Durchlässigkeit für Gott. Es kommt nicht darauf an, was ich in meinem Leben alles vorweisen kann, wie stark ich bin, wie vielen Menschen ich geholfen habe, sondern allein, daß ich mich und mein Leben Gott übergebe, daß ich mich ihm zur Verfügung stelle, mich ihm hinhalte und es ihm überlasse, was er mit mir und in mir wirken will und wie lange er durch mich sein Wort in die Welt sprechen will. Entscheidend ist, daß ich für Gott durchlässig werde, für seine Liebe und Barmherzigkeit.

Wenn Gottes Licht durch mich in dieser Welt etwas aufscheint und Helle und Wärme spendet, dann ist es genug. Dann ist es nicht so wichtig, ob Gott durch meine Gesundheit oder Krankheit, durch meine Kraft oder Schwäche hindurchleuchtet. Wir müssen es Gott überlassen, wieviel und wo er mit unserer Lampe leuchten will. Unsere Aufgabe ist es nur, die Lampe von Schmutz zu reinigen, damit Gottes Licht durch sie durchscheinen kann.

Und – Gottes Licht kann auch durch einen kranken Leib scheinen, manchmal sogar intensiver als durch einen gesunden. In der Krankheit spüren wir, daß es nicht auf uns und unsere Kraft ankommt, sondern auf Gottes Liebe und Licht, die uns durchdringen wollen, um durch uns hindurch auch für die Menschen um uns herum erfahrbar zu werden.

57, 27f

KRANKHEIT ALS WEG ...

Die häufigsten Ursachen für das Entstehen von Krankheit sind die Agressionshemmung sowie die Lust- und Bedürfnishemmung. Weil man nicht gut umgeht mit seinen Aggressionen, seinem Wunsch nach Lust und mit seinen Bedürfnissen, wird man krank. Ein falscher Asketismus, der bei Christen weitverbreitet ist, ist oft schuld an diesen Hemmungen. Man verbietet sich Lust und Bedürfnisse. Wenn ein Bedürfnis aber nicht eingestanden wird, kann es sich in der Krankheit auf eher heimliche Weise sein Recht verschaffen. Wenn sich z. B. eine Frau ständig für die Familie aufopfert und ihr Bedürfnis nach Zuwendung und Zärtlichkeit nicht zuläßt, dann kann sie sich durch eine Krankheit unbewußt die Befriedigung ihres Bedürfnisses erzwingen. Da muß sich der Mann um sie kümmern, und die Kinder können nicht mehr nur von ihr fordern. Sie wird umsorgt, und man nimmt auf sie Rücksicht. In verschlüsselter Form hat sie der Familie ihr Bedürfnis nach Zuwendung und zugleich nach Ruhe vor den Erwartungen der anderen mitgeteilt. Manchen Menschen bleibt nur die Krankheit als Weg, ihren Wunsch nach Zuwendung oder auch nach Abgrenzung auszudrücken. Insofern kann die Krankheit auch eine Hilfe sein. [...]

Und gerade bei psychosomatischen Krankheiten sollte man nicht beim Kranken die Schuld suchen und überlegen, wo er psychische Probleme hat, sondern sollte seine Krankheit als Anlaß zur Gewissenserforschung nehmen. Wo bin ich schuld an seiner Krankheit? Habe ich mich ihm gegenüber so verhalten, daß ihm keine andere Lösung übrig blieb, als krank zu werden und mit seiner Krankheit mir seine wahren Bedürfnisse zu zeigen, die ich bisher übersehen habe? Und ich muß mir die ernste Frage stellen, ob und warum Menschen um mich herum krank werden. In einer Familie wird die Frau oft krank, wenn sie keine Möglichkeit hat, ihre Bedürfnisse zu leben. Aber auch die Krankheit des Mannes kann oft etwas aussagen über die Beziehung der Partner oder über die Situation in der Familie.

57, 17ff

Kränkung und ungerechte Behandlung

Zu dem Leid, das notwendigerweise mit unserer menschlichen Existenz verbunden ist, gehören vor allem Kränkung und ungerechte Behandlung. Benedikt rät den Mönchen: »Auch erfüllen sie das Gebot des Herrn, selbst bei Kränkung und ungerechter Behandlung, kraft der Geduld, mit der sie auf die eine Backe geschlagen, auch die andere hinhalten, um ein Hemd bestohlen, auch den Mantel lassen, gezwungen, eine Meile mitzugehen, zwei Meilen gehen. Mit dem Apostel Paulus ertragen sie falsche Brüder, erdulden Verfolgung und segnen, die ihnen fluchen.« Hier kann nur die Gesinnung Jesu helfen, mit den Verletzungen fertig zu werden, die uns verletzte Brüder und Schwestern täglich zufügen. So zitiert Benedikt hier die Bergpredigt. In ihr zeigt uns Jesus einen Weg, den Riß, der durch die menschliche Gesellschaft geht, durch Liebe zu heilen.

Aber auf diesem Weg wird der Mensch wie Jesus dem Kreuz begegnen, dem Kreuz der Einsamkeit und Verlassenheit, dem Kreuz des Schmerzes und der Verspottung. Entscheidend ist das letzte Wort Benedikts. Wir sollen die segnen, die uns fluchen. Indem wir Gutes über sie sagen, sollen wir das Böse, das sie zum Fluch treibt, verwandeln. Darum geht es Benedikt in der vierten Stufe der Demut, daß wir das Unrecht in die göttliche Gerechtigkeit verwandeln, das Böse in das Gute, den Schmerz in die Liebe, den Fluch in den Segen, die Dunkelheit des menschlichen Herzens in das Licht göttlicher Herrlichkeit. Der Verwandlungsweg ist für uns schmerzlich, aber er führt auch zu einem neuen Miteinander in der menschlichen Gemeinschaft. Ja, er wird auch unsere Beziehung zur Schöpfung verwandeln. Er wird die göttliche Liebe in die dunklen Bereiche der Schöpfung eindringen lassen.

100, 80f

DEZEMBER

In die Stille und ins Schweigen horchen

Advent – Einladung zur Selbstbegegnung

Im Advent feiern wir bewußt vier Wochen lang unsere Sehnsüchte. Indem wir sie feiern, bekommen sie eine positive Funktion. Wir brauchen unsere Sehnsüchte nicht zu verdrängen, wir brauchen nicht in Enttäuschung und Resignation zu fallen. Wir brauchen unser Leben auch nicht in übertriebenen Worten zu beschreiben, um die Enttäuschung nicht hochkommen zu lassen oder um sie vor den anderen zu verbergen. [...]

Im Advent stellen wir uns der Realität und zugleich unseren Sehnsüchten, die die Wirklichkeit unseres Lebens übersteigen. Wir bekennen, daß unsere Sehnsucht so groß ist, daß sie uns nichts und niemand erfüllen kann. [...]

Gerade in ganz intensiven Erlebnissen steigt in uns eine Sehnsucht auf, die noch mehr erwartet, die den Augenblick festhalten will oder noch eine Steigerung erhofft. Das erfahren wir in der Begegnung mit Menschen. Wenn wir einen Menschen lieben und im Gespräch mit ihm eine tiefe Übereinstimmung spüren und darin an ein Geheimnis rühren, das uns übersteigt, dann tauchen zugleich mit der Erfüllung neue Sehnsüchte auf. Wenn ein lieber Mensch uns das Erlebnis tiefer Geborgenheit schenkt, dann erahnen wir zugleich eine Geborgenheit und Liebe, die noch tiefer sind, als die, die wir erfahren. Es steigt in uns eine Sehnsucht nach endgültiger Geborgenheit auf, eine Ahnung davon, sich ganz in die Arme eines anderen fallen zu lassen und für immer anzukommen, daheim, geborgen zu sein. Jede tiefe Erfahrung weist über sich hinaus und ruft in uns etwas wach, das nur von Gott her zur Ruhe kommen kann. [...]

Wenn wir uns in unserer Sehnsucht von den Menschen auf Gott verweisen lassen, dann hält uns die Sehnsucht lebendig. Wir bleiben wach, wir strecken uns über die eigenen Grenzen hinaus und wachsen über unsere Enge hinaus.

29, 24f

ADVENT – WEG DER VERWANDLUNG

Im Advent sollten wir getrost all unsere Enttäuschungen anschauen. Mein Freund, mein Ehepartner, die Gemeinschaft, in der ich lebe, sie sind alle so durchschnittlich. Ich habe mehr erwartet von ihnen. Mein Beruf füllt mich nicht aus. Da ist soviel Routine und Alltag. Doch statt darüber zu jammern, sollte ich mir sagen: Es ist gut, daß das so ist, daß ich darin nicht meine letzte Erfüllung finde, daß die Menschen meinen Erwartungen nicht gerecht werden. Denn das läßt mich meine Sehnsucht auf Gott richten. Das treibt mich zu Gott. Wenn ich meine Enttäuschungen so betrachte, dann kann ich mich mit meinem durchschnittlichen Leben aussöhnen, ohne in Resignation zu fallen, im Gegenteil, gerade die Banalität meines Lebens wird meine Sehnsucht nach Gott wachhalten. Und so kann ich Advent feiern, das Warten, daß Gott selbst in dieses Leben, in diese Durchschnittlichkeit tritt und damit alles verwandelt.

Viele können diese Sehnsucht nicht aushalten. Sie müssen sie zustopfen. Und so wird ihre Sehnsucht in Sucht pervertiert. Man wird süchtig, weil man sich der eigentlichen Sehnsucht im Herzen nicht stellen mag oder es nicht mehr kann. Die Angst vor der Lücke, die die Sehnsucht in uns aufdeckt, ist so stark geworden, daß man das Loch in sich unter allen Umständen zudecken muß. Man würde sonst verunsichert in seinem Lebensentwurf, der ganz auf die Erfüllung diesseitger Wünsche ausgerichtet ist. Über den Zaun des Diesseits will man nicht schauen, aus Angst, der Blick könnte in ein Land fallen, das von Milch und Honig überfließt und uns zum Auszug aus dem eigenen Gebiet drängen würde. Es geht uns wie den Kundschaftern Israels, die fasziniert waren von dem Land der Verheißung, die aber aus Angst die Menschen in diesem Land als feindliche Riesen schilderten, weil sie den Auszug aus dem Vertrauten nicht wagen wollten. *29, 25f*

Advent – Spuren einer Verheissung

In der Adventszeit hören wir die Verheißungen Gottes, wie sie uns die Propheten überliefert haben. Da wird uns verkündet, daß mitten in der Wüste Wasser aufbrechen, daß die Schwerter zu Pflugscharen umgeschmiedet werden und der Wolf und das Lamm, der Panther und die Ziege friedlich beisammen wohnen werden. Das sind keine frommen Illusionen, in die uns die Propheten einlullen wollen. Es sind vielmehr Träume, in denen wir unsere eigenen Möglichkeiten entdecken. Es sind die Träume Gottes von uns. Und wir träumen uns im Advent in Gottes Träume von uns hinein, um unsere eigenen Möglichkeiten mehr und mehr zuzulassen. So spüren wir, wozu wir fähig sind. Wenn Gott kommt, dann wird die Wüste in unserem Herzen erblühen, dann wird mitten in unserer Leere und in unserer Dürre ein Quell aufbrechen und uns lebendig machen. Oder wie es das andere Bild aus dem Propheten ausdrückt, das wir in diesen Tagen immer wieder verwenden: Tau wird sich vom Himmel niederlassen und die Erde befruchten. Die Wolken des Himmels sollen den Gerechten herabregnen, damit neues Leben aufkeime, damit unsere Welt wieder bewohnbar werde.

Die blühende Wüste und der befruchtende Tau waren für Israel die Bilder, mit denen es das Kommen Gottes beschrieben hat. In unseren Breiten wurden mehr die Dunkelheit und die Kälte zu Symbolen unserer Welt, die auf das Kommen des Herrn wartet. In der Dunkelheit können wir uns nicht mehr orientieren, fühlen wir uns hilflos, allein gelassen. Wir finden keinen Weg nach Hause. In der Dunkelheit klammern wir uns an die Menschen, die in unserer Nähe stehen, um nicht in ein Loch zu fallen. [...]

So ist es eine befreiende Botschaft, wenn uns Jesaja zuruft: Das Volk, das da wandelt im Dunkeln, es sieht ein großes Licht (vgl. Jesaja 9,1). Dieses Wort kann unsere Angst beruhigen, es kann uns Licht bringen in unsere Dunkelheit. *29, 27f*

Äusseres oder inneres Schweigen

Wir brauchen uns nur einmal zu beobachten, wenn wir nicht beschäftigt sind, wenn unsere Aufmerksamkeit nicht durch Arbeit, Lesen oder sonst ein Tun gefesselt ist. Woran denken wir dann? Welche Gedanken steigen in uns auf, etwa wenn wir spazierengehen oder wenn wir irgendwo warten, beim Zahnarzt, auf dem Bahnhof? Was geht uns vor dem Einschlafen durch den Kopf? Diese unkontrolliert aufsteigenden Gedanken zeigen uns unseren inneren Zustand an. Die Mönche benutzen diese Gedanken, um zu erforschen, ob sie einem der acht Laster verhaftet sind: Völlerei, Unzucht, Habsucht, Traurigkeit, Zorn, Lustlosigkeit (acedia), Ruhmsucht oder Stolz.

Wir können uns ja einmal testen, wie oft wir dann, wenn wir äußerlich schweigen, an das Essen denken, oder wie oft wir etwas haben wollen, wie wir von Dingen träumen, die uns erstrebenswert scheinen, von einem Auto, einer Schallplatte oder einem Pullover. Oder steigen dann sexuelle Phantasien in uns auf? Oder überlassen wir uns ärgerlichen Gedanken oder der Traurigkeit? Heute ist es modern, frustriert zu sein und seinen Frustrationsgefühlen nachzuhängen, so daß jeder sie einem schon am Gesicht ablesen kann. Die alten Mönche würden sagen, er wird vom Laster der Traurigkeit beherrscht. Oder wie oft schimpfen wir innerlich auf andere. Wir denken uns schweigend glänzende Reden aus, mit denen wir den anderen fertigmachen, ihm zeigen, daß wir im Recht sind, daß wir ihm überlegen sind. Schweigend genießen wir dann unseren Groll und nähren ihn durch unser inneres Argumentieren und Schimpfen.

In uns reden die unbefriedigten Triebe, die ungestillten Bedürfnisse, in uns reden die nicht im Gleichgewicht gehaltenen Emotionen und Stimmungen, und in uns reden Eitelkeit und Ruhmsucht. Das äußere Schweigen sagt noch nichts darüber aus, wie weit wir gelernt haben, innerlich zu schweigen. *11, 24ff*

FEHLFORMEN DES SCHWEIGENS

Man kann das Schweigen von verschiedenen Gesichtspunken aus betrachten, als passives Nichtreden, als innere Haltung der Sammlung, als Kampf gegen Fehlhaltungen und als ein positives Tun, als den Akt des Loslassens. Schweigen als aktives Tun besteht nicht darin, daß wir nicht mehr reden und denken, sondern daß wir unsere Gedanken und unser Reden immer wieder loslassen. Ob einer schweigen kann, das zeigt sich nicht an der Menge seiner Worte, sondern an der Fähigkeit loszulassen. Manchmal verweigert sogar einer, der äußerlich schweigt, dieses Loslassen, um das es im Schweigen eigentlich geht. Er zieht sich auf sein Schweigen zurück, um unangreifbar zu sein oder um dem Kampf des Lebens auszuweichen, um an sich und seinem Idealbild von sich festhalten zu können.

Für manche ist das Schweigen eine Regression, ein Rückzug in die Verantwortungslosigkeit des Mutterschoßes. Diese Gefahr besteht vor allem für junge Menschen, die sich zu früh dem Schweigen als dem alleinigen Weg verschreiben wollen. Sie möchten sich im Schweigen weiter geborgen fühlen, sie weigern sich, sich vom Kampf des Lebens ihre Traumbilder zerstören zu lassen. So wird das Schweigen zu einem hartnäckigen Festhalten an sich selbst.

Wer redet, setzt sich immer den anderen aus, er bietet eine Angriffsfläche, seine Worte können kritisiert, lächerlich gemacht werden. Er kann sich mit seinen Worten blamieren. Manch einer schweigt aus innerem Stolz heraus, um sich in seinen Worten keine Blöße zu geben. Er kann sich und das Bild seiner Vollkommenheit nicht loslassen. Es wäre besser für ihn, wenn er das Risiko einginge, sich im Sprechen auch einmal zu blamieren. Wenn ich entdecke, wie komisch ich dahergeredet habe, und wenn ich Gott dafür danken kann, daß ich mich mit meinem Reden blamiert habe, dann lasse ich mich wirklich los. *11, 35f*

Die Flut der Gedanken, der Gefühle

Wenn im Schweigen alle möglichen Gedanken und Gefühle in mir auftauchen, so kann ich mit ihnen so lange kämpfen, mich mit ihnen so lange auseinandersetzen, bis sie zur Ruhe kommen. Das ist die eine Methode. Die andere Methode besteht darin, die Gedanken und Gefühle nicht so wichtig zu nehmen und sie einfach loszulassen. Loslassen meint nicht, daß ich sie unterdrücke, daß ich mich also anstrenge, sie aus mir zu vertreiben, damit ich endlich Ruhe habe. Ich schaue vielmehr den Gedanken oder das Gefühl an und lasse es los, nehme es nicht so wichtig. Der Gedanke ist da, aber er soll mich nicht beschäftigen. Wenn er im nächsten Augenblick wiederkommt, dann ärgere ich mich nicht, daß das Loslassen keinen Erfolg hatte, sondern ich lasse ihn wieder los. Die Gedanken kommen und gehen, sie besetzen mich nicht. Ich habe keine Angst vor ihnen, stehe nicht unter dem Leistungsdruck, sie loswerden zu müssen, sondern ich gehe mit ihnen gelassen um, ich lasse sie kommen und gehen, bis sie immer weniger kommen, bis ich allmählich davon frei werde. Selbst wenn ich das Gefühl habe, die Gedanken tauchen immer wieder auf und halten mich besetzt, brauche ich nicht zu resignieren. Ich muß sie zuerst annehmen: Das ist mein Problem, diese Gedanken sind ein Teil von mir, sie zeigen, wer ich bin. Und ich kann mit ihnen leben, selbst wenn ich mich mein ganzes Leben damit herumschlagen muß. Ich brauche Gott nicht vorzuweisen, daß ich sie besiegt habe oder von ihnen frei geworden bin.

Wenn ich die Gedanken so annehme, dann kann ich sie auch loslassen. Dann lasse ich mich von ihnen nicht in Beschlag nehmen und auch nicht in den Druck versetzen, sie doch endlich loszuhaben. Dieser Druck ist nur eine andere Weise, von den Gedanken beherrscht zu werden. Wenn ich darauf vertraue, daß ich von Gott angenommen bin mit all den Gedanken, die mich quälen und bedrängen, dann werde ich frei von diesem Druck, und dann lasse ich letztlich die Gedanken los.

11, 36f

Schweigen als Weg zur Selbstbegegnung

Schweigen meint nicht bloß, daß ich nicht rede, sondern daß ich die Fluchtmöglichkeiten aus der Hand gebe und mich aushalte, wie ich bin. Ich verzichte nicht bloß auf das Reden, sondern auch auf all die Beschäftigungen, die mich von mir selbst ablenken. Im Schweigen zwinge ich mich, einmal bei mir zu sein. Wer das versucht, der entdeckt, daß es zunächst gar nicht angenehm ist. Es melden sich da alle möglichen Gedanken und Gefühle, Emotionen und Stimmungen, Ängste und Unlustgefühle. Verdrängte Wünsche und Bedürfnisse kommen ans Licht, unterdrückter Ärger steigt hoch, ausgelassene Chancen, nicht gesagte oder ungeschickt gesagte Worte fallen einem ein. Die ersten Augenblicke des Schweigens enthüllen uns oft unser inneres Durcheinander, das Chaos unserer Gedanken und Wünsche.

Es ist schmerzlich, dieses Chaos auszuhalten. Wir stoßen auf die inneren Spannungen, die uns ängstigen. Doch im Schweigen können diese Spannungen nicht abfließen. Schweigend entdecken wir, wie es um uns steht. Das Schweigen ist wie eine Analyse unseres Zustandes, wir machen uns nichts mehr vor, wir sehen, was in uns vorgeht. *11, 15*

Zeit zu reden, Zeit zu schweigen

Für die heilende Bedeutung des Sichaussprechens haben wir heute viel Verständnis. Gerade weil viele Menschen heute unfähig zu echter Kommunikation sind, müssen sie es wieder lernen, sich auszusprechen und darin Befreiung von inneren Spannungen zu erfahren. Für viele ist es ein Problem, daß sie über das, was sie im Tiefsten verletzt, nicht sprechen können. Sie schlucken alles hinunter, fressen den Ärger, den Schmerz, die Enttäuschung in sich hinein, werden innerlich verbittert und bekommen Magengeschwüre davon. Für sie wäre es wichtig zu lernen,
über sich und ihre Verwundungen zu sprechen. [...]

Doch es kann ebenso hilfreich sein, Probleme erst einmal schweigend auszuhalten und nicht gleich darüber zu reden. Man kann innere Vorgänge und Prozesse auch zerreden. Für manche ist es fast eine Sucht, sich ständig über ihr Seelenleben zu verbreiten, siekultivieren ihre Probleme, indem sie sie jedermann vorzeigen. Für die Mönche hat das Schweigen therapeutische Funktion. Es soll helfen, Abstand zu gewinnen gegenüber Aufregung und Ärger, sich selbst zu erkennen, indem man den Ärger nicht gleich am andern abläßt, sondern ihn erst einmal zurückhält, um ihn zu analysieren. Bevor man ärgerlich auf den anderen reagiert, sollman erst einmal schweigend in den Grund seines Ärgers vordringen. Wir sollten uns erst einmal überlegen, ob unser Groll wirklich im Verhalten des anderen begründet ist oder aber in uns selbst, ob wir auf das verletzende Wort des anderen unverhältnismäßig reagieren. [...]

Das Schweigen kann uns helfen, Abstand zu unserem Ärger und Groll zu finden.

11, 16f

EIN ZWISCHENGESCHALTETES SCHWEIGEN

Das Schweigen kann auch Gift sein. Wenn einer meint, er brauche die anderen nicht, er könne alles mit sich allein ausmachen, so heilt das Schweigen nicht, sondern isoliert. Aus Stolz, seine Probleme einem andern mitzuteilen, will man sie mit Gewalt im Schweigen selber lösen. Doch das sind dann meistens nur Scheinlösungen. Die Mönche überlassen es der discretio zu unterscheiden, wo es nötig ist zu schweigen, und wo es besser wäre zu reden. Es kann ja durchaus nötig sein, den anderen auf sein Ärger hervorrufendes Verhalten aufmerksam zu machen. Schweigen wäre in einem solchen Fall eine fromme Ausrede, um sich vor dem Gespräch mit dem andern zu drücken. Aber wenn ich nicht gleich meinen Ärger dem andern gegenüber zeige, sondern erst einmal schweige, dann kann ich eher erkennen, ob es sich lohnt, den anderen anzusprechen und in welchem Ton ich das tun müßte.

Ein dazwischengeschaltetes Schweigen klärt, was an meinem Ärger übertrieben ist, ob mein Ärger mehr in mir und meiner Unzufriedenheit und Empfindlichkeit als im Verhalten des anderen begründet liegt. Und so wird meine Reaktion nach dem Schweigen angemessener. Der erste Dampf der Aggressionen ist weg, und ich kann in einem klärenden Gespräch sachlicher und weniger emotional mit dem andern sprechen. Und so kann das Gespräch für mich wie für den andern fruchtbar werden. *11, 20f*

Ein Raum der Erfahrung und Nicht-Erfahrung

In jedem von uns ist ein Ort, an dem es völlig still ist, ein Ort, frei von den lärmenden Gedanken, frei von Sorgen und Wünschen. Es ist ein Ort, an dem wir selbst ganz bei uns sind. Dieser Ort, der durch keinen Gedanken getrübt ist, ist für Eckhart das Wertvollste im Menschen, der Punkt, an dem die wahre Begegnung zwischen Gott und dem Menschen stattfinden kann. An diesen Ort des Schweigens müssen wir vordringen. Wir brauchen ihn nicht zu schaffen, er ist da, er ist nur verschüttet durch unsere Gedanken und Sorgen. Wenn wir diesen Ort des Schweigens in uns freischaufeln, dann können wir Gott begegnen, wie er ist. Wir halten uns dann nicht an uns und unseren Gedanken fest, sondern lassen uns völlig los, lassen uns fallen in das Geheimnis Gottes, das uns trägt. Wir schreiben dann Gott nicht vor, wie er uns zu begegnen hat, sondern werden offen für sein Kommen, wie er es uns zugedacht hat. Auch wenn wir diesen Ort des Schweigens in uns freilegen, können wir keine Gotteserfahrung erzwingen. Wir können ebenso nur Leere und Dunkelheit spüren. Aber wir sind dann offen für Gottes Kommen. Wir warten nicht neugierig und ungeduldig auf eine Erfahrung Gottes. [...]

Wir wissen im Glauben nur, daß er da ist, auch wenn wir ihn nicht erfahren. Auszuharren und zu warten, auch die Nicht-Erfahrung im Gebet auszuhalten, das feste Ufer der Gedanken und Bilder loszulassen, sich in Gottes Liebe fallen zu lassen, sich für Gottes Gegenwart zu öffnen, ohne die Gewißheit, etwas davon zu spüren, darin bestünde für die Mönche das Schweigen. Es ist ein Schweigen der Erfahrung und Nicht-Erfahrung zugleich, ein Schweigen, erfüllt vom Gespür für Gottes Nähe.

11, 64f

Wie und wovon ich rede

Wenn einer nichts für sich behalten kann, sondern alles herausreden muß, Gutes wie Schlechtes, dann hat man von ihm den Eindruck, er hat keinen Tiefgang. Er kennt keine Geheimnisse. Er kann nicht mit Geheimnissen leben, er kann sie nicht aushalten. Dann kann er aber auch nicht tiefer in ein Geheimnis eindringen. Er zerstört es, indem er sofort davon reden will. Letztlich äußert sich in diesem ständigen Reden eine Angst vor dem Geheimnis, eine Angst vielleicht vor Gott selbst. Im Reden will man alles benennen, alles durchschaubar, mitteilbar und damit beherrschbar machen. Worüber ich rede, das habe ich in der Hand. Ich werfe es einem andern zu. Also kann es mich nicht umwerfen.

Die zweite Gefahr des Redens ist das Urteilen über andere. Wenn wir unser Reden genau beobachten, so ist ein großer Teil Reden über andere. Wir verbreiten uns ständig über andere. Die andern sind ja so interessant. Sie liefern stets neuen Gesprächsstoff. Auch wenn man positiv über andere reden will, man ertappt sich doch dabei, wie man urteilt, einstuft oder eben sich selbst mit ihnen vergleicht. Häufig ist das Reden über andere ein Reden über sich selbst, ohne daß es einem bewußt ist. Man redet über die Dinge, die man selbst gerne hätte, oder über Dinge, die einem auf die Nerven gehen oder einen verunsichern und provozieren. Doch im Reden über andere bin ich mir eben nicht bewußt, daß ich über mich selbst und meine Probleme spreche. Und so führt es meist nicht zu größerer Selbsterkenntnis, sondern im Gegenteil zu einer Abwehr ehrlicher Selbstbeobachtung. Man hält sich die eigene Wirklichkeit vom Leib, indem man vom andern spricht. Und doch ist es unschwer für jeden Beobachter zu erkennen, daß man ständig sich selbst verrät. Unser Reden verrät einem aufmerksamen Zuhörer, wie es um uns steht, woran wir denken, womit wir uns beschäftigen, womit wir innerlich nicht fertig werden.

11, 10f

Mir gefallen lassen, dass Gott mich liebt

Wir haben Angst vor unseren Schwächen und sichern uns dagegen ab durch ein System von Vorschriften, das wir peinlich genau befolgen. Oder wir bauen uns ein Gebäude aus hohen Idealen auf, mit dem wir uns den Blick in den eigenen Abgrund verstellen wollen. Wir leben dann ständig in der ängstlichen Spannung, doch einmal auf unsere Schwächen zu stoßen. Oft verstecken sich diese Absicherungsversuche hinter frommen und erbaulichen Vorstellungen. Doch wenn wir entdecken, daß wir unsere Ideale mit einer gewissen Ängstlichkeit hüten und ängstlich an bestimmten äußeren Formen hängen, ist es immer ein Zeichen, daß wir hier unter einer Spannung stehen, von der wir uns frei machen sollten.

Eine Hilfe, von solchen Spannungen frei zu werden, ist das Vertrauen, daß ich in Gott geborgen bin, daß ich mich in seine Arme hineinfallen lassen kann, weil mich nicht strafende, sondern liebende Arme erwarten. Sich in Gott hinein loslassen hat etwas mit Liebe zu tun. Ich lasse es mir gefallen, daß Gott mich liebt, und ich vertraue darauf. Ich lasse meine Absicherungenlos, mit denen ich mich selbst gegen Gott absichern will, und lasse Gott an mich heran. Das ist keine asketische Leistung, die ich Gott vorweisen könnte. Ich verzichte auf alle geistlichen Erfolge und überlasse mich, so wie ich bin, mit all den mich bedrängenden Gedanken, Gott. Er darf nun die Führung übernehmen in mir, er darf nun zu meinem Besten handeln, und er darf seine Liebe zu mir nun auch zeigen. *11, 39f*

Mystik und transpersonale Psychologie (1)

Die transpersonale Psychologie hat sich in den letzten Jahrzehnten eingehend mit der Mystik und mystischen Erfahrungen beschäftigt. Sie zeigt, daß die Mystik nicht nur ein Weg zu Gott ist, sondern auch zur wahren Freiheit des Menschen. Die transpersonale Psychologie, wie sie heute vor allem in Amerika betrieben wird, hat viele Väter. Da ist vor allem Abraham Maslow, der eine Psychologie der Motivation entwickelt hat. Zu den Bedürfnissen, die den menschen motivieren, zählt er neben dem Bedürfnis nach Sicherheit, Besitz, Macht, Gruppenzuehörigkeit, Selbstwertgefühl und Selbstverwirklichung auch die sogenannten Metabedürfnisse, wie das Bedürfnis nach Wahrheit, Schönheit, Güte, nach Bewußtseinserweiterung, nach Einheit mit sich selbst und mit Gott, nach Selbsttranszendenz. Die Metabedürfnisse gehören wesentlich zum Menschen. »Sie gebieten Anbetung und Verehrung und verlangen Opfer. Es lohnt sich, für sie zu leben und für sie zu sterben. Sich in sie zu versenken und mit ihnen zu verschmelzen ist das höchste Glück, dessen der Mensch fähig ist« (Abraham Maslow).

Ebenso ist auch das spirituelle Leben ein wesentlicher Bereich des Menschen. »Ohne es ist die menschliche Natur nicht vollständig die menschliche Natur. Es gehört zum wahren Selbst, zur Identität, zum Kern des Menschen« (Maslow). Maslow spricht von den Gipfelerfahrungen, die er mit der mystischen Erfahrung vergleicht: »Der Mensch tritt ein in das Absolute, er wird eins mit ihm, und wenn auch nur für einen kurzen Augenblick. Dieser Augenblick verändert das Leben. Viele haben darüber gesagt, daß in ihm der Geist des Menschen innehalte und daß sich ihm in diesem zeitlosen Augenblick die paradoxe, veränderlich/unveränderliche Natur des Universums erschließe« (Marsha Sinetar). Solche Gipfelerfahrungen können wir bei der Geburt eines Kindes machen, in einem Gespräch mit Freunden, beim Versenken in Musik, in der sexuellen Verschmelzung mit einem Partner/einer Partnerin oder wenn unser Bewußtsein ganz klar wird, wenn wir zur reinen Bewußtheit erwachen. *76, 26f*

MYSTIK UND TRANSPERSONALE PSYCHOLOGIE (2)

Ein anderer Vater der transpersonalen Psychologie ist der italienische Psychologe Roberto Assagioli, der als Begründer der Psychosynthese gilt. Assagioli erforscht nicht nur das Unterbewußte, sondern auch das Überbewußte. Wer mit dem Überbewußten in Berührung kommt, der kommt am Grund seiner selbst an, und er erfährt eine Erweiterung seines Bewußtseins: »Die engen Grenzen des isolierten, von seinem Ursprung abgetrennten Ichs werden überschritten, verschwinden für einen Moment, und es entsteht das Gefühl, einem umfassenderen Bewußtsein anzugehören« (Assagioli).

Assagioli spricht vom Erwachen der Seele, vom ersten grellen »Blitz des spirituellen Bewußtseins, der das ganze Wesen transformiert und erneuert«: »Sehr häufig tritt auch das Gefühl der Erleuchtung im Sinne einer Lichtempfindung nicht-irdischen Ursprungs ein, durch welche die ganze Welt in einem neuen Licht erstrahlt und sich in neuer Schönheit darbietet. Dieses Licht läßt auch die Innenwelt erstrahlen und erhellt und zerstreut dabei alle Probleme und Zweifel. Es ist das intuitive Licht eines höheren Bewußtseins. Diese Empfindung ist oft auch begleitet von einem Gefühl der Freude, das bis zum Zustand der Glückseligkeit ansteigen kann. Ein weiteres Merkmal, das damit verbunden sein kann oder auch unabhängig davon auftritt, ist das Gefühl der Erneuerung, der Regenerierung, der Geburt eines neuen Seins in uns. Dann gibt es noch das Gefühl der Wiedererstehung, des Wiederemporsteigens zu einem verlorenen oder vergessenen Zustand« (Ders., Psychosynthese und transpersonale Entwicklung, Paderborn 1992, 29).

76, 27ff

Mystik und transpersonale Psychologie (3)

Roberto Assagioli kennt verschiedene Symbole für transpersonale Erfahrungen. Ein wichtiges Symbol ist das der Bewußtseinserweiterung, ein anderes das des Erwachens. Der Bewußtseinszustand des normalen Menschen ist oft ein Schlafzustand. Wir werden geprägt durch Illusionen, die wir uns über die Welt und über uns selbst gemacht haben. Wir sind oft genug »die Beute innerer Gespenster, von Abhängigkeiten und Komplexen« (ebd., 103). »Um erwachen zu können, muß man vor allem den Mut aufbringen, der Realität ins Auge zu sehen ... Der erste Schritt besteht deshalb darin, daß wir uns all dessen bewußt werden, was in uns existiert und wirkt. Der zweite Schritt ist dann, zu entdecken, was wir in Wirklichkeit sind: das Selbst, das spirituelle Ich, der Beobachter der menschlichen Tragikomödie« (ebd., 104).

Assagioli meint, viele Menschen würden aus jeder Situation eine Tragödie machen, weil sie zu sehr an ihr Leben gebunden seien. Befreiung wird möglich, wenn man lernt, »die menschliche Komödie aus einer gewissen Distanz von oben her zu beobachten, indem man vermeidet, sich zu sehr emotional darin zu verstricken. Man kann das Leben als ein Schauspiel verstehen, in dem jeder Mensch seine Rolle spielt. Diese sollte man auf bestmögliche Weise spielen, jedoch ohne sich allzusehr mit der dargestellten persönlichkeit zu identifizieren« (ebd., 211).

Das Erwachen kann auch als Erleuchtung erlebt werden. Wir sehen in uns selber klar, wir sehen den Dingen auf den Grund und wir nehmen das Licht wahr, »das der menschlichen Seele und der ganzen Schöpfung innewohnt« (ebd., 105). Erleuchtung »ist eine Vision, die die ganze Realität oder große Bereiche von ihr in ihrem Wesen und in ihrer Ganzheit zeigt. Sie ist die Wahrnehmung eines Lichts, das sich von dem Licht, das wir gewöhnlich sehen, unterscheidet und das von der Wirklichkeit selbst ausgestrahlt wird. Diese Art der Erleuchtung kann man als die Enthüllung der immanenten Göttlichkeit verstehen, der Einheit des universellen Lebens« (ebd., 78).

76, 29f

Mystik und transpersonale Psychologie (4)

James Bugental, ein anderer Vertreter der transpersonalen Psychologie, sieht das Ziel der Therapie darin, den Menschen zu seiner inneren Heimat zu führen. Das ist auch der Weg der Mystik, wie ihn die christliche Tradition verstanden hat. Bugental schreibt: »Meine eigene Erfahrung und die Erfahrung derer, die ich als Therapeut begleite, überzeugt mich davon, daß ein großer Teil unserer Sorgen und Nöte darauf zurückzuführen ist, daß wir als Verbannte leben, verbannt aus unserer Heimat, der inneren Welt unserer subjektiven Erfahrung« (in: Ders., Stufen therapeutischer Entwicklung, 216).

»Die wahre Heimat eines jeden von uns ist seine innere Erfahrung. Die eigentliche Mission der Psychotherapie besteht demnach darin, diesen Erfahrungsbereich freizulegen. ... Unsere Heimat liegt innen, und dort sind wir souverän. Solange wir diese uralte Wahrheit nicht neu entdecken, und zwar jeder für sich und auf seine Weise, sind wir dazu verdammt, umherzuirren und Trost dort zu suchen, wo es keinen gibt – in der Außenwelt« (ebd., 217).

Für Bugental ist der Weg zu dieser inneren Heimt die mystische Erfahrung Gottes: »Es gibt ein Wort, das, wie ich glaube, auf unsere unbeschreibbare Subjektivität hinweist – auf das unvorstellbare Potential, das in jedem von uns liegt, auf unsere Sehnsucht nach mehr Wahrheit und Lebendigkeit, auf unser tiefes Empfinden für die Tragödie des Menschseins, auf die endlos attackierte und doch unzerstörte Würde unseres Seins, auf das Gefühl des Wunderbaren, in dem wir ständig leben, wenn wir wahrhaft bewußt sind, und auf unseren Willen, dieses Wunderbare, das Wesen des Menschseins zu erkunden, und dieses Wort ist: Gott. Unsere Gottesahnung entspringt unserer tiefsten Intuition dessen, was letztlich in unserer eigenen Tiefe ist« (218f). *76, 36f*

Gedanken, Magenschmerzen, Müdigkeit

Auf alle Erlebnisse reagieren wir mit Gedanken, mit denen wir das Erlebte kommentieren. Aber zugleich reagiert unser Unbewußtes. Es nimmt anderes wahr als unser Verstand und zeigt uns seine Sichtweise oft im Traum. Und zugleich reagiert der Leib. Wir wissen, wie der Leib auf Gefahren reagiert, auf die Aussicht nach einem guten Essen usw. Komplizierter sind die vielen unbewußten Reaktionen unseres Leibes. Sie lassen sich vor allem dort beobachten, wo wir zuwenig bewußt auf

Erlebnisse reagieren. Wenn wir z. B. nicht wahrhaben wollen, daß die Situation am Arbeitsplatz unerträglich ist, daß uns der Mitarbeiter ständig verletzt, – wenn wir nicht durch bewußten Widerstand und durch Abgrenzen reagieren, dann übernimmt der Leib die Reaktion. Wir reagieren mit Magenschmerzen, wenn wir uns nicht anders gegen mächtige Menschen wehren können.

Ständiger Druck von anderen, dem wir nichts entgegensetzen, schlägt sich auf die Leber nieder und macht uns müde und schwach. Unsere Müdigkeit ist dann unsere Abwehr. Das Wahrnehmen der Krankheit sollte aber zu bewußteren Methoden der Abwehr führen, die nicht mehr in der Krankheit münden. Wir brauchen nur unsere Symptome zu befragen, dann sagen sie uns in Bildern, wie es um uns steht.

57, 61

Kultur des Wohnens

Auch unser Wohnraum kann uns krank oder gesund machen. Dabei geht es nicht nur um falsche Bauweise und giftige Baumaterialien oder einen falschen Standort über Wasseradern und Erdstrahlen. Dabei geht es auch um die Art und Weise, wie wir unseren Wohnraum eingerichtet haben. Es gibt eine pedantische Ordnung, aber es gibt auch eine Kulturlosigkeit des Wohnens, die der Seele schadet. Unsere Spiritualität sollte sich daher nicht zu gut sein, auch auf das Einrichten und Ordnen des Zimmers zu achten. In der äußeren Ordnung unseres Zimmers kann auch die Seele in Ordnung kommen. Freundliche Bilder und eine geschmackvolle Anordnung der Möbel tun auch der Seele gut. Wir sollen uns von den äußeren Dingen nicht abhängig machen, aber wir sollen auch berücksichtigen, daß wir Menschen sind, die von den Augen her leben und hygienisch mit den Augen umgehen sollen.

Die Anthroposophen legen – manchmal in übertriebener Weise – auf die Kultur des Wohnens und Lebens großen Wert. Mit bestimmten Farben und Materialien richten sie die Räume her. Wir können von ihnen lernen, daß es nicht gleichgültig ist, in welchem Raum wir leben, womit wir uns umgeben. Die äußeren Eindrücke prägen sich unserer Seele ein und können sie positiv oder negativ beeinflussen. Es wäre daher auch christlich, diesem Bereich gebührend Aufmerksamkeit zu widmen. Dazu gehört nicht nur der Wohnraum, sondern auch die akustische Umgebung. Die Musik, die wir hören, wirkt in uns weiter. Die Geräusche, die uns umgeben, beeinflussen uns. Daher muß ich gut mit meinen Ohren umgehen. Wenn ich sie ständigem Lärm aussetze, kann mich das krank machen. Es gibt auch eine Art von Musik, die etwas in mir kaputt trampelt. Das Gleiche gilt für das Fernsehen. Wir können nicht einfach zuschauen, ohne daß es auf uns wirkt. Die Frage ist, welche Bilder uns tagsüber begleiten, Bilder vom Fernsehen oder Bilder der Bibel, die uns heilen können. *57, 40f*

Kultur des Essens

Wie einer ißt und trinkt, das sagt viel aus über seine geistliche Reife. Wenn einer alles hinunterschlingt, wird er wohl auch mit der Schöpfung und mit Gott so umgehen. Er wird dann auch Bücher verschlingen und nicht mehr wirklich genießen können. Vielleicht hat er auch das Staunen verlernt. Die Art des Essens sagt etwas über unseren Weltbezug aus. Wir behandeln die Welt und Gott ähnlich, wie wir die Speisen behandeln. Zu einem geistlichen Leben gehört das Schweigen und Staunen, das Anbeten und vor Gott zur Ruhe Kommen. Ob einer das kann, zeigt sich auch in seiner Art zu essen. Nicht umsonst ist für Benedikt die Mahlzeit ein heiliges Geschehen. Die Mönche sollen nicht nur von den Gaben der Schöpfung essen, sondern gleichzeitig von dem Wort, das sie in der Tischlesung hören. Essen ist so ein geistig-geistliches Geschehen, ein Empfangen und Aufnehmen von Gottes Gaben und Worten. Die äußere Form des Essens hat Auswirkungen auf den ganzen Menschen, auf seinen Leib und seine Seele. Es gibt heute oft eine Kulturlosigkeit des Essens, in der alles nur noch möglichst schnell hinuntergeschlungen wird, um den Hunger zu stillen (fast food). Das Tischgebet wäre nicht nur eine fromme Übung, sondern könnte auch zu einer Kultur des Essens führen.

Auch wenn das Tischgebet nicht die Höchstform des Betens und oft nur Routine ist, so vermittelt es doch ein Gespür dafür, daß Essen etwas Heiliges ist, daß wir Gottes Gaben genießen dürfen. Und es gibt dem Miteinander einen gesunden Stil. Wenn jeder gleich anfängt zu essen, sobald etwas auf dem Tisch steht, kann kein Mahl mehr stattfinden, sondern nur noch ein stilloses Abfüttern. Wenn die geistlichen Schriftsteller des Mittelalters auch über so banal scheinende Dinge wie Tischsitten und Anstandsregeln geschrieben haben, so zeugt das von einem tiefen Wissen um die Wirkung des äußeren Tuns auf Seele und Leib.

57, 43f

Den Gefühlsstau lösen

Auf alles, was wir tun, reagieren wir mit Emotionen. Aber heute haben wir kaum mehr den Raum, in dem wir die Emotionen aus uns herauslassen können, ohne uns selbst und unseren Mitmenschen zu schaden. Im Psalmenbeten können die Emotionen aus uns heraus. Und so können wir sie loslassen. Wir müssen nicht mehr all die aufgestauten Emotionen mit uns herumtragen, die Emotionen von der Arbeit her, vom Umgang mit unseren Mitmenschen, von Erlebnissen mit uns selbst, von schönen und bedrückenden Erfahrungen her. Wenn wir keine Möglichkeit haben, die Emotionen in einer guten Weise auszudrücken, dann entsteht ein Stau, ein Überdruck, der sich in Explosionen entladen möchte. Oder aber wir fressen alles in uns hinein und lähmen uns selbst dadurch. Alle Energie geht dann damit verloren, die verschiedensten Gefühle einigermaßen unter Kontrolle zu halten.

Die Emotionen entstehen in uns nicht nur durch bewußt erlebte Ereignisse, sondern auch durch Bewegungen in unserem Unbewußten, durch Träume während der Nacht, aber auch durch viele unbewußte Vorgänge in unserer Seele während des Tages. Wenn das Unbewußte keine Ausdrucksmöglichkeit findet, dann blockiert es den Menschen. C. G. Jung meint, dann entstünden Komplexe im Menschen. Die Energien besetzen dann nebensächliche Ideen und lassen sie übergroß und überwichtig erscheinen.

Wenn wir auf dem Hintergrund dieser psychologischen Überlegungen das Psalmenbeten betrachten, so können wir uns gut vorstellen, daß es eine therapeutische Wirkung hat. Das Psalmengebet löst den Gefühlsstau auf, der in uns durch das Zurückhalten der Emotionen entsteht. Denn in den Psalmen können wir in einer gesunden und geformten Weise unsere Emotionen ausdrücken. Darüberhinaus bieten die Bilder und Symbole der Psalmen uns die Möglichkeit, die Inhalte und Energien unseres Unbewußten zu formen und sie so in die richtigen Bahnen zu lenken.

50, 43f

Was in der Seele geschieht

Wenn die Mönche von den Dämonen sprechen, so wollen sie die Wirklichkeit beschreiben, wie sie sie erfahren haben. Dazu steht ihnen als Instrumentarium eine Sprache zur Verfügung, die noch nicht in eine begriffliche und bildliche gespalten war, sondern in sich noch Begriff und Bild, Wort und Symbol vereinigte. Wenn wir ihre Beschreibung als Bilder für eine wirkliche Erfahrung auffassen, dann können sie uns eine echte Hilfe sein, die eigenen Erfahrungen zu verstehen und mit ihnen umzugehen. Wenn wir jedoch den Erfahrungsbereich verlassen und die Dämonen wissenschaftlich in Griff zu bekommen versuchen, dann verkehrt sich alles. Dann erklären wir nicht mehr unsere Erfahrungen mit unseren Gedanken und Emotionen, sondern schaffen neue Wesen und erzeugen Angst vor diesen selbständigen Wesen. Wir meinen, diese Wesen genauso überall antreffen zu können wie die Objekte unserer Außenwelt. Wir konstruieren dann Superwesen, je abscheulicher, umso interessanter. Damit aber haben wir gründlich mißverstanden, was uns die Mönche mit ihrer Dämonenlehre sagen wollen.

Gerade die Tatsache, daß die Mönche so schillernd von den Dämonen sprechen, daß sie sie manchmal mit den Gedanken und Leidenschaften identifizieren, manchmal wieder als Väter der Gedanken und Leidenschaften beschreiben, zeigt, daß es ganz und gar nicht auf das Wesen der Dämonen, sondern auf ihr Wirken und damit letztlich auf psychische Vorgänge ankommt. Die monastische Dämonenlehre beschreibt und erklärt, was in der menschlichen Seele geschieht, wenn sie sich auf die Suche nach Gott macht, wie sie von vielfältigen Anfechtungen bedroht ist, die sie von Gott und letztlich von ihrer eigenen Gesundheit abzuhalten suchen. *6, 29f*

NEGATIVES URTEILEN ERSETZEN

Wir können uns nicht vornehmen, nicht mehr über andere zu urteilen. Der Drang zum Urteilen ist zu groß in uns, als daß wir ihn einfach auslöschen könnten. Sätze wie »Schon wieder der, den kann ich absolut nicht ausstehen, das gibt es doch nicht« und wie sie alle heißen, mit denen wir über Menschen und Dinge urteilen, sind wie ein Reflex, der in uns automatisch ausgelöst wird, wenn wir bestimmten Menschen begegnen oder bestimmte Dinge sehen. Wir sind machtlos. Verstand und Wille kommen da zu spät. Aber wir können uns eben einen anderen Reflex, eine andere Reaktion auf bestimmte Menschen und Dinge angewöhnen. Es braucht einige Übung, bis so ein positives Reaktionsmuster einrastet und uns von selbst positive Sätze einredet. Der Mönchsvater Agathon reagiert wie von selbst auf seinen Drang zu urteilen mit dem Wort: Tu das nicht. Das ist sein Raster.

Es gibt noch andere Möglichkeiten positiver Raster. Man könnte erst einmal ruhig durchatmen und den Drang, gleich ein Urteil parat zu haben, im Atmen loslassen, um dann die Sache klarer und mit der Distanz dieser paar Sekunden sehen zu können. Oder man könnte sich angewöhnen, über jeden, der mich aufregt, ein kurzes Segenswort zu sprechen: »Herr, segne ihn« oder für ihn zu danken: »Danke, Herr, er meint es gut. Danke, daß es ihn gibt.« Solche Reaktionen kann man nicht im Einzelfall mit dem Willen steuern. Man muß sie einüben. Das braucht Zeit. Und am Anfang auch Energie. Man muß sich immer wieder kontrollieren. Aber sobald es eine gute Gewohnheit geworden ist, mit einem Gebetswort zu reagieren, kostet es keine Kraft mehr. Wir haben einen Reflex bewußt gesteuert und durch einen positiven ersetzt, der uns nun auch von selbst begleitet, wie es zuvor der negative getan hat. *19, 27f*

Im Schweigen – in Bildern

Ein Risikofaktor unserer Zeit ist der Lärm und das Überangebot von akustischen und optischen Reizen. Die akustische Umweltverschmutzung läßt uns nicht mehr in die heilsame Stille gelangen. Überall erreicht sie uns. Und überall dringen Bilder auf uns ein. Gegen diese Flut von Wort und Bild setzt Benedikt das Heilmittel des Schweigens. In der Stille kann der Mensch zu sich finden, kann er sich befreien von dem Lärm seiner Gedanken und zu dem Ort vorstoßen, an dem Gott selbst in ihm wohnt, zu dem Ort, zu dem die Probleme und Sorgen des Alltags keinen Zutritt haben. Von diesem Ort des reinen Schweigens aus kann der Mensch heil werden. Da kommt er in Berührung mit seinem wahren Kern, mit dem Bild, das sich Gott von ihm gemacht hat.

Aber wenn wir zu schweigen beginnen, steigen trotzdem zahllose Worte und Bilder in uns hoch. Ein Weg wäre, die Ebene der Bilder und Worte zu übersteigen und an den Ort des Schweigens, in den wort- und bildlosen Seelengrund einzutauchen, wie es die Mystiker empfehlen. Ein anderer Weg besteht darin, heilende Worte und Bilder dagegen zu setzen. [...]

Ein wichtiges Heilmittel wäre auch die Meditation biblischer Bilder. Denn es sind heilende Bilder. In der Ganzheitsmedizin spricht man von positiven und negativen Körperbildern. Wenn man einen Kranken ein Bild seines Körpers malen läßt, so malt er es häufig dunkel und zerrissen. Das Bild ist Ausdruck seines Körperbewußtseins. Und gegen dieses negative Körpergefühl setzt man bewußt als Heilmittel die Meditation positiver Körperbilder ein. Man kann sich etwa vorstellen, daß in unserem Leib eine Lichtquelle ist, die Licht in alle kranken Teile strömen läßt. Solche Imaginationsübungen werden bewußt in die Therapie einbezogen. Sie ermöglichen uns ein positives Leibgefühl und wirken heilend und erhellend. *57, 70f*

Lebendig, zärtlich wie das Kind

Das Kind wird nicht in der Hauptstadt geboren, nicht dort, wo wir unsere Geschäfte betreiben, wo wir Erfolg haben und etwas gelten, sondern in Betlehem, in der Provinz, in den unbedeutenden und vernachlässigten Teilen unserer Seele. Dort finden die Magier das Haus mit Maria und dem Kind, das Haus, in dem sie wahrhaft zuhause sein können, weil dort das Geheimnis wohnt. Und sie fallen vor dem Kind nieder und beten es an. Und indem sie sich selbst vergessen und vor dem Kind sich beugen, werden sie selbst wie ein Kind.

Die Künstler haben auf ihren Bildern dargestellt, wie die alten Männer auf einmal zärtliche Hände bekommen, wie ihre Augen leuchten, wie ihr Gesicht strahlt wie das eines Kindes. Und sie legen ihre Gaben nieder: das Gold als Zeichen ihres Besitzes. Sie brauchen nun ihren Reichtum nicht mehr, das Kind genügt ihnen. Es beschenkt sie mehr als alles Gold. Der Weihrauch ist Zeichen ihrer Sehnsucht. Die ist nun gestillt, nun sind sie wahrhaft angekommen daheim. Heimat erfährt man nur dort, wo das Geheimnis wohnt. Der Weihrauch verehrt das Geheimnis, Gott. So sagen es uns die Kirchenväter. So wie der Weihrauch zum Himmel steigt, so sehnt sich unser Herz nach dem Geheimnis, das uns daheim sein läßt. Im Haus, wo Maria und das Kind wohnen, da läßt es sich zu Hause sein.

Und die Magier bringen Myrrhe mit, ein Heilkraut, das der Legende nach aus dem Paradies stammt. Indem sie sich vor dem Kind vergessen und in der Anbetung aufgehen, spüren sie ihre Wunden nicht mehr. Und sie ahnen etwas von dem unverfälschten Anfang des Paradieses.

29, 34f

Weihnachten – die Gottesgeburt im Menschen

Wir feiern die Geburt Christi in Betlehem, um daran glauben zu können, daß in uns göttliches Leben ist. Ohne dieses Fest würden wir das göttliche Leben in uns übersehen. Wir würden das für Leben halten, was nach außen hin sichtbar ist: unser Arbeiten, unsere Erfolge und Mißerfolge, unser menschliches Miteinander, Anerkennung, Zuwendung, Liebe, unsere alltäglichen Freuden und Leiden. Wir würden daran vorbeisehen, daß in uns Gott selbst ist. Wir brauchen viele Symbole, um gegen die Macht der Fakten an das Geheimnis zu glauben, daß Gott in unsere Welt gekommen ist. Wir stellen Christbäume auf, zünden Kerzen an, wir singen Weihnachtslieder, die in Bildern das Geheimnis der Menschwerdung künden und in ihren trauten Melodien etwas davon vermitteln, daß unsere Welt anders geworden ist durch Gottes Kommen, daß wir uns in ihr ein Stück weit zuhause fühlen können. Und wir singen diese Lieder, um in uns neue Möglichkeiten zuzulassen: Liebe, Zärtlichkeit, Staunenkönnen, Ergriffenwerden, Fühlenkönnen. Wir besingen das göttliche Kind in der Krippe, um in uns selbst die Möglichkeiten eines Kindes zu entfalten: das Spontane und Unverfälschte, die Lebendigkeit und Echtheit, das Unverbrauchte und Unverdorbene. [...]

Der Gedanke von der Gottesgeburt im Menschen durchzieht die Schriften der deutschen Mystiker. Nach Johannes Tauler sind alle Leiden dieser Zeit nur die Geburtswehen für die Geburt Gottes in unserer Seele. Und für C. G. Jung ist die Gottesgeburt im Menschen das Ziel der menschlichen Selbstwerdung. Wenn Gott im Menschen geboren wird, dann kommt er von dem kleinen Ich weg zu seinem eigentlichen Wesen, zum Selbst. Für Jung sind die Symbole für das Selbst und für Gott identisch. Ohne Integration des Gottesbildes gelangt der Mensch nicht zum Selbst – oder in der Sprache der Mystiker – in seinen Seelengrund, in seinen Kern, in dem er wirklich er selbst ist. *29, 30f*

Weihnachten – wir sind immer nur der Stall

Wir dürfen die Gottesgeburt nicht mißverstehen, so als ob wir über Gott verfügen können. C. G. Jung sagt, der Mensch soll immer wissen, daß er nur der Stall ist, in dem Gott geboren wird. Wir sind nicht ein Palast, der für die Aufnahme Gottes bereit ist. Wir verdienen es nicht, daß Gott in uns ist. Wir können uns dies auch durch Askese oder Gebet oder Meditation nicht verdienen. Wir sind immer nur der Stall. Und in diesem Stall liegen Mist und Unrat. Wir brauchen das Unreine in uns nicht zu verdrängen. Wir werden von Gott dadurch gewürdigt, daß er trotzdem in uns wohnen will. Aber wir brauchen die Feier von Weihnachten, um daran glauben zu können. Denn von uns her können wir daran nicht glauben. In uns sehen wir oft nur das Dunkle, das Durcheinander, die Grenzen und Schwächen. Wir erleben uns oft weit weg von Gott. Da muß uns ein Fest vor Augen führen, daß Gott in der Krippe im Stall geboren wird, von Ochs und Esel umgeben, und daß gerade die Hirten, die wenig vornehmen Teile unserer Seele, kommen müssen, um dieses Kind anzubeten, während unser Verstand als der edelste Teil zurückbleibt mit seinen Entschuldigungen: Wir haben keinen Platz in der Herberge. Und wir brauchen die Lieder und die Kerzen, um daran glauben zu können, daß die Geburt Gottes in uns neue Saiten zum Klingen bringen kann.

29, 32

DAS LEBT ETWAS UNVERGÄNGLICHES IN UNS

Beim johanneischen Erlösungsmodell ist die Menschwerdung die eigentliche Erlösungstat Gottes. Indem Gott in der Menschwerdung auch die Sterblichkeit und Vergänglichkeit annimmt, erfüllt er den Menschen mit göttlichem und unvergänglichem Leben. Der Tod Jesu ist für diese Konzeption das sichtbare Zeichen, daß die Sterblichkeit des Menschen überwunden ist, weil sie in Gott hineingenommen worden ist. Johannes hat das in seinem Evangelium so ausgedrückt, daß er zwar die Passion Jesu ähnlich schildert wie die Synoptiker, daß er aber in der Passion Jesus als den eigentlich Handelnden sieht. Jesus, dessen Königtum nicht von dieser Welt ist, geht zwar den Weg des Leidens, aber die Menschen können ihm nichts anhaben. Er bleibt souverän. Denn in ihm ist eine göttliche Würde, die die Menschen ihm nicht rauben können. [...]

Durch die Vergöttlichung verwandelt Gott unser Leben. Wir werden wie Jesus den Weg der Passion gehen müssen. Aber mitten in unserer Passion können wir mit Jesus sagen: »Mein Königtum ist nicht von dieser Welt« (Johannes 18,36). Auch in uns ist nun eine göttliche Würde, die uns selbst die Menschen, die uns verletzen und kränken, die uns ablehnen und ausstoßen, nicht nehmen können. Auch unser eigenes Versagen, unsere Fehler, Schwächen, Krankheiten können uns dieses göttliche Leben nicht rauben. In uns ist schon mitten in der Passion unseres Lebens etwas Unvergängliches, etwas Göttliches. Das ist das Befreiende dieses Erlösungsmodells. Selbst der Tod kann uns nicht von dem Gott trennen, der schon in uns wohnt. Im Tod wird die göttliche Herrlichkeit, die jetzt schon in uns ist, erst in ihrer ganzen Schönheit offenbar.

Da wird das Bild sichtbar, das Gott sich von uns gemacht hat. Da kommen wir ganz zu uns selbst, da wird uns unser Leib nicht mehr unser wahres Wesen verstellen, da leuchtet Gottes Herrlichkeit auch in uns auf und durchdringt Leib und Seele. *81, 59f*

Der inneren Stimme trauen

Jesus nachfolgen, das bedeutet, den Weg zu sehen, den wir vor Gott in unserem Herzen als richtig erkannt haben, unserem inneren Gespür zu folgen und nicht den Forderungen von außen, den Maßstäben unserer Umgebung. Wir möchten zwar gerne der inneren Stimme folgen und unseren Weg gehen. Aber dann wollen wir diesen Weg doch wieder allen gegenüber rechtfertigen. Wir wollen, daß auch die Freunde und Verwandten ihn verstehen und gutheißen. Doch das ist für Jesus nebensächlich. Wir brauchen nicht Abschied zu nehmen, um den Verwandten unseren Weg zu erläutern. Wir sollen einfach gehen, unserer inneren Stimme trauen, in der Gott selbst zu uns spricht.

Jesus kann so nur sprechen, weil für ihn die Wirklichkeit Gottes alles andere überragt. Wenn wir im Glauben die Ego-Ebene übersteigen und das Geheimnis Gottes in uns gekostet haben, dann verstehen wir diese Forderungen. Dann sind sie nicht zu schwer, sondern dann sind sie auch Einweisungen in die Freiheit, konkrete Wege, wie sich unsere neue Existenz äußern kann. *39, 69*

Freund der eigenen Wahrheit

Ich erlebe immer wieder Menschen, die Angst haben vor der Psychologie. Sie meinen, wenn sie anfangen würden, ihre Träume anzuschauen oder ihre Kindheit zu erforschen, dann würde es in ihnen eine Explosion geben, dann bliebe von ihnen nichts mehr übrig, dann würde ihre Person völlig zusammenfallen. Ich nehme diese Angst immer ernst. Denn sie ist ein Schutz, den sie brauchen. Vielleicht sind sie überfordert, alleine in die Tiefen ihrer Seele zu schauen. Sie brauchen einen, der sich ähnlich liebevoll zu ihren verwundbaren Stellen hinabbeugt und sie berührt wie Jesus bei der Fußwaschung. Sie brauchen die Gewißheit, daß sie nicht verurteilt werden, daß es nichts in ihnen gibt, das sie von Gottes Liebe ausschließt, daß nichts in ihnen ist, was nicht von Gottes Geist verwandelt werden könnte. Erst wenn sie Jesu Botschaft glauben, daß er als Licht in ihre Finsternis gekommen ist, können sie sich der eigenen Dunkelheit stellen. Und das wird sie wahrhaft frei machen.

Solange sie auf der Flucht sind, müssen sie immer neue Strategien ausdenken, die eigene Wahrheit zu verdrängen. Und sie wissen, daß das nicht geht. Denn spätestens in der Nacht wird sie die Wahrheit einholen. Da werden sie Alpträume plagen. Oder aber der Leib wird ihnen ihre Wahrheit schonungslos vor Augen halten. Und sie wissen, daß sie ihre Wahrheit kaum vor anderen Menschen verbergen können. [...]

In allen Abgründen des Herzens wohnt Gott. Und weil Gott, die Liebe, in ihm wohnt, darf er alle Räume seines Lebenshauses betreten und andere in sie einladen. Das gibt ein Gefühl der Freiheit und der Ruhe. *102, 26f*

Stille, die allem Raum gibt

Ein Kriterium, ob wir wirklich Gott suchen und nicht das Erlebnis, ist die Bereitschaft zur Stille. Wer in seiner Frömmigkeit immer beschäftigt sein muß, wer immer etwas zu tun hat, wer immer laut beten oder singen muß, weicht mit dem Schweigen auch Gott aus. Er ordnet Gott in seine Gebete ein und schreibt ihm vor, wie er zu sein hat. Aber er hat Angst davor, Gott ungeschützt zu begegnen, sich von ihm in Frage stellen zu lassen.

Eine echte Gottesbegegnung braucht aber das schweigende Beten als den Ort, an dem wir uns Gott ungeschützt hinhalten, an dem wir vor ihm alles in uns auftauchen lassen, was in uns ist, Ahnungen, daß manches in uns doch nicht so stimmt, Ahnungen, daß wir uns etwas vormachen, daß wir an uns und an Gott vorbeileben. Wir brauchen das Schweigen als Weg, um wirklich mit Gott eins zu werden, mit dem Gott, der uns als Person gegenübertritt und uns liebend anschaut und anspricht, und mit dem Gott, der in uns ist als unser innerster Grund. In diesem Einssein mit Gott kommt unser geistlicher Weg ans Ziel. In der Einheit mit Gott werden wir auch eins mit uns selbst, eins mit allen Menschen und mit der ganzen Schöpfung.

Auf dem Weg der Einheit wird nichts in uns ausgeklammert, alles wird angesprochen und alles in die Beziehung zu Gott gebracht, auch das Dunkle, auch unser Schatten. Indem alles in uns auf Gott bezogen wird, kann es auch lebendig werden und unsere Liebe zu Gott vertiefen. Dann wird alles in uns Gott preisen, auch die Schakale und Strauße und alle wilden Tiere, wie Jesaja sagt (vgl. 43,20). [...]

Wer *alles* vor Gott hält, wird in sich eine große Freiheit und Lebendigkeit, Weite und Gelassenheit erfahren, er wird etwas spüren von dem Leben in Fülle, das Christus uns schenkt. *57, 93f*

DIE STILLE DER NACHT

Der Schlaf ist nicht nur die nötige Erholung für den Leib, sondern auch für die Seele. Im Schlaf regt sich die Seele in einer anderen Weise. Das Unbewußte wird aktiv, es meldet sich in den Träumen. Und die Traumrealität ist genauso wirklich wie die Realität des wachen Bewußtseins. Wenn wir gesund leben wollen, müssen wir daher auch die Traumrealität beachten. Wir sollen auf unsere Träume hören. In den Träumen deutet und kommentiert unser Unbewußtes die Tagesereignisse und unseren momentanen Zustand auf unserem Weg der Selbstwerdung.

Diese Deutung sollten wir beachten. Denn unsere bewußte Sicht der Dinge ist oft sehr einseitig. Im Traum können wir erkennen, was während des Tages wirklich abgelaufen ist und welche Bedeutung es für uns hat. Aber im Traum spüren wir auch, wie es eigentlich um uns steht. In Bildern sagt uns das Unbewußte, was unsere momentane Situation ist, wo wir uns auf Irrwegen befinden und wo auf einem guten Weg, wie wir zu Gott stehen, ob wir uns ihm verschlossen oder geöffnet haben und was für Schritte jetzt dran wären. Das Hören auf unsere Träume auch auf unserem geistlichen Weg bewahrt uns davor, an unserer Wahrheit und an Gott vorbeizuleben.

Im Schlaf tauchen wir nach dem jüdischen Denker Weinreb in die eigentliche Wirklichkeit ein. Wir werden angeschlossen an das göttliche Leben. Im Traum spricht Gott zu unserem Herzen. Wir schwingen ein in den göttlichen Intimbereich. Daher halten die Mönche das silentium nocturnum so hoch. Das nächtliche Schweigen gibt dem Schlaf und dem Traum den heilenden und heiligen Raum, den Raum, den die Antike im Tempelschlaf geschaffen hatte. Die Stille der Nacht täte uns allen gut. Mitten im Schweigen der Nacht steigt das göttliche Wort hernieder, um an unser inneres Ohr zu dringen. Die Weihnachtsliturgie sieht dieses nächtliche Schweigen als den Ort, an dem Christus aus dem Himmel herabkam, um Mensch zu werden. *57, 47f*

Textnachweis

Die Texte dieses Jahreslesebuchs stammen aus folgenden Veröffentlichungen von Anselm Grün. Die Nummerierungen im Haupttext und hier kennzeichnen die jeweilige Bandnummer der »Münsterschwarzacher Kleinschriften«:

1: *Gebet und Selbsterkenntnis.* Vier-Türme-Verlag Münsterschwarzach 1984, 7. Auflage 1994

3: *Christus im Bruder.* Zusammen mit Fidelis Ruppert, Vier-Türme-Verlag Münsterschwarzach 1979

6: *Der Umgang mit dem Bösen.* Vier-Türme-Verlag Münsterschwarzach 1979

7: *Benedikt von Nursia.* Vier-Türme-Verlag Münsterschwarzach 1979

11: *Der Anspruch des Schweigens.* Vier-Türme-Verlag Münsterschwarzach 1984, 6. Auflage 1994

17: *Bete und arbeite.* Zusammen mit Fidelis Ruppert, Vier-Türme-Verlag Münsterschwarzach 1982

19: *Einreden.* Vier-Türme-Verlag Münsterschwarzach 1983, 9. Auflage 1994

22: *Auf dem Wege.* Vier-Türme-Verlag Münsterschwarzach 1983

29: *Heilendes Kirchenjahr.* Zusammen mit Michael Reepen, Vier-Türme-Verlag Münsterschwarzach 1985, 6. Auflage 1995

32: *Glauben als Umdeuten.* Vier-Türme-Verlag Münsterschwarzach 1986

39: *Dimensionen des Glaubens.* Vier-Türme-Verlag Münsterschwarzach 1987

46: *Gebetsgebärden.* Zusammen mit Michael Reepen, Vier-Türme-Verlag Münsterschwarzach 1988

50: *Chorgebet und Kontemplation.* Vier-Türme-Verlag Münsterschwarzach 1989

52: *Träume auf dem geistlichen Weg.* Vier-Türme-Verlag Münsterschwarzach 1989, 6. Auflage 1994

57: *Gesundheit als geistliche Aufgabe.* Zusammen mit Meinrad Dufner, Vier-Türme-Verlag Münsterschwarzach 1989, 6. Auflage 1994

58: *Ehelos – Des Lebens wegen.*
Vier-Türme-Verlag Münsterschwarzach 1989

60: *Gebet als Begegnung.*
Vier-Türme-Verlag Münsterschwarzach 1990, 4. Auflage 1994

64: *Eucharistie und Selbstwerdung.*
Vier-Türme-Verlag Münsterschwarzach 1990, 4. Auflage 1994

67: *Geistliche Begleitung bei den Wüstenvätern.*
Vier-Türme-Verlag Münsterschwarzach 1991

68: *Tiefenpsychologische Schriftauslegung.*
Vier-Türme-Verlag Münsterschwarzach 1992, 3. Auflage 1994

71: *Bilder von Verwandlung.*
Vier-Türme-Verlag Münsterschwarzach 1993, 4. Auflage 1994

76: *Mystik und Eros.* Zusammen mit Gerhard Riedl,
Vier-Türme-Verlag Münsterschwarzach 1993, 3. Auflage 1994

81: *Biblische Bilder von Erlösung.*
Vier-Türme-Verlag Münsterschwarzach 1993, 2. Auflage 1994

82: *Spiritualität von unten.* Zusammen mit Meinrad Dufner,
Vier-Türme-Verlag Münsterschwarzach 1994, 2. Auflage 1994

92: *Leben aus dem Tod.* Vier-Türme-Verlag Münsterschwarzach 1995,
3. Auflage 1997

99: *Das Kreuz.* Vier-Türme-Verlag Münsterschwarzach 1996,
2. Auflage 1997

100: *Benediktinische Schöpfungsspiritualität.*
Zusammen mit Alois Seuferling,
Vier-Türme-Verlag Münsterschwarzach 1996

102: *Wege zur Freiheit.* Vier-Türme-Verlag Münsterschwarzach 1996,
2. Auflage 1997

106: *Exerzitien für den Alltag.*
Vier-Türme-Verlag Münsterschwarzach 1997, 4. Auflage 1998

8823: *Der Himmel beginnt in dir.* Das Wissen der Wüstenväter für heute,
Verlag Herder Freiburg i. Br. 1994, 6. Auflage 1998

WEITERE BÜCHER VON ANSELM GRÜN

50 ENGEL FÜR DAS JAHR
Ein Inspirationsbuch
HERDER/SPEKTRUM Band 5003, ISBN 3-451-05003-X

Engel der Zärtlichkeit, Engel des Aufbruchs, Engel der Ausgelassenheit: Die 50 Engel des Jahres sind inspirierende und diskrete Begleiter des Alltags, Beschützer in der Not, Boten einer anderen Wirklichkeit. Sie antworten auf unsere tiefe Sehnsucht nach einer Welt der Geborgenheit, der Leichtigkeit und der Schönheit. Sie sind Ausdruck der Hoffnung, daß unser Leben einen Sinn und ein Ziel hat. Ein himmlisches Buch, zum Schmökern und Verschenken.

HERZENSRUHE
In Einklang mit sich selber sein
HERDER/SPEKTRUM Band 5023, ISBN 3-451-05023-4

Seelischer Druck, Hektik, Streß, aber auch die Angst vor der Stille und innere Leere, darunter leiden viele. Leistung und Wohlstand allein können nicht bringen, wonach sich Menschen wirklich sehnen: innere Ruhe und Seelenfrieden. Anselm Grün beschreibt konkrete Wege zum Raum der Stille und der Ruhe im eigenen Leben, Chancen spirituellen Wachstums: Meditation, inneres Gespräch der Selbstwahrnehmung, Achtsamkeit, Fasten, Gebet und Fest können helfen, die eigene Mitte zu finden. Der moderne Seelenführer zu einem tieferen Leben.

Dem Himmel zur Ehre – Der Erde zum Zeichen

Menschliches Reifen im Ordensleben

Zusammen mit Christiane Sartorius

3. Auflage, 160 Seiten, Paperback

ISBN 3-451-23794-6

Wie kann heute für eine Ordensfrau und einen Ordensmann der Weg menschlichen Reifens und menschlicher Erfüllung im Leben einer Ordensgemeinschaft aussehen? Wie kann es gelingen, daß sich Lebens- und Glaubenspraxis wirksam durchdringen? Diesen spannenden, existentiellen Fragen sind Anselm Grün und Christiane Sartorius nachgegangen. Zahllose Gespräche mit ihresgleichen sowie vieljährige eigene Erfahrungen und Reflexionen sind in dieses ehrliche und Orientierung gebende Buch eingeflossen.

Und alles lassen, weil Er mich nicht lässt

Lebenskultur aus dem Evangelium

Zusammen mit Andrea Schwarz

5. Auflage, 220 Seiten, gebunden mit Schutzumschlag

ISBN 3-451-23778-4

Wenn zwei Erfolgsautoren Gehorsam, Armut und Jungfräulichkeit, die sogenannten »Evangelischen Räte«, neu buchstabieren, darf man etwas ganz Besonderes erwarten. So wie Anselm Grün und Andrea Schwarz diese alten Weisungen Jesu in die Sprache unserer Zeit übersetzen, eröffnen sie überraschend neue Perspektiven.

Ein ungewöhnlich kraftvolles und originelles Buch, eine Herausforderung zu einer neuen Lebenskultur aus dem Evangelium.